시집전상설(詩集傳詳說) 8
-시집전상설 15권 (詩集傳詳說 卷之十五)·시집전상설 16권 (詩集傳詳說 卷之十六)·
시집전상설 17권(詩集傳詳說 卷之十七)-

이 저서는 2017년 대한민국 교육부와 한국연구재단의 지원을 받아 수행된 연구임 (NRF-2017S1A5B4056044)

호산 박문호의 칠서주상설 27

시집전상설(詩集傳詳說) 8
-시집전상설 15권 (詩集傳詳說 卷之十五)·
시집전상설 16권 (詩集傳詳說 卷之十六)
시집전상설 17권 (詩集傳詳說 卷之十七)-

책임역주(주저자): 신창호
전임역주: 김학목·빈동철·조기영
공동역주: 김언종·임헌규·허동현

일러두기

1. 본서는 1921년 풍림정사(楓林精舍)에서 간행된 박문호의 『칠서주상설(七書註詳說)』(한국학중앙연구원 장서각 소장)을 저본으로 하였다. 아울러 아세아문화사(亞細亞文化社)에서 간행한 『호산전서(壺山全書)』 (1~8, 1987~1990)를 참고하였고, <호산 박문호의 『칠서주상설』 연구번역총서>의 번호 순서는 『호산전서』(제4~5책)의 목차에 따랐다.

2. 원전(原典)은 직역(直譯)을 원칙으로 하되, 필요한 경우에는 현대적 의미를 고려하여 의역(意譯)하며 풀이하였다. 원문은 번역문과 함께 제시하되, 원문을 앞에 번역문을 뒤에 배치하였다.

3. 역주(譯註)의 경우 각주(脚註)로 처리하고, 간단한 용어나 개념 설명은 본문에서 그대로 병기하여 노출하였다(예: 잡기(雜記): 잡다하게 기록함)). 주석은 인용 출처 및 근거를 찾아 제시하고, 관련 자료의 원문 또는 번역문을 수록하였다. 내용이 중복되는 부분일지라도 편장이 달라질 경우에는 다시 수록하여 연구 토대 자료로서의 편리성을 도모하였다.

4. 원전의 원문은 칠서의 '경문(經文)', 주자의 주석인 '주주(朱註)', 박문호의 주석인 '상설(詳說)'로 구분하되, '경문-주주-상설'순으로 글자의 모양과 크기를 달리 하였다. 경문의 경우, 별도로 경문이라는 표시 없이 편장별로 번호를 붙였다(예: 『논어』「선진」 1장 첫 구절은 「선진」이 『논어』의 제11편이므로 [11-1-1]로 표시; 나머지 경전도 편-장-절의 순서에 따라 번호를 매김).

5. 경전의 맨 앞부분에 '별도의 권(卷)으로 나누어져 있지 않는 부분'은 편의상 <권0>으로 표기하여 구분하였다.

6. 박문호의 주석인 '상설(詳說)'은 모든 구절에 ○를 붙여 의미를 분명하게 하였다.

7. 원문의 표점 작업은 연구번역 저본과 참고로 활용한 판본을 대조하여 정돈하였다. 『칠서주상설』 편제의 특성상, 혼란의 소지가 있는 부분은 번역에서 원전을 다시 제시하였다. 필요한 경우에는 원문이나 각주에서 경전(經傳;『 』)이나 편명(篇名;「 」), 구두(句讀); , ; .) 인용문(따옴표; " " ; ' ') 강조점(따옴표; ' ') 등을 구분하여 표시하였다.

8. 원전의 특성상, 경문의 바로 아래에 제시되어 있는 음운(音韻)이나 음가(音價)는 호산이 주자의 주석을 재인용한 것이 대부분이므로 상설(詳說)로 되어 있더라도 주주(朱註)로 처리하였다.

9. 원문이나 역주 가운데, 인명이나 개념어는 기본적으로 한글과 한문을 병기하되, 상황에 맞추어서 정돈하였다(예: 주자(朱子)의 경우, 때로는 주희(朱熹)로 표기하고, 개념어는 원문을 그대로 노출하기도 하고 풀이하기도 하였는데, 도(道)의 경우, 도리(道理), 이치(理致), 방법(方法) 등으로 해석함).

시집전상설 총 목차

시집전상설 1   시집전서상설(詩集傳序詳說)
                     시강령상설(詩綱領詳說)
                     시집전상설 1권 (詩集傳詳說 卷之一)
                     시집전상설 2권 (詩集傳詳說 卷之二)

시집전상설 2   시집전상설 3권 (詩集傳詳說 卷之三)
                     시집전상설 4권 (詩集傳詳說 卷之四)

시집전상설 3   시집전상설 5권 (詩集傳詳說 卷之五)
                     시집전상설 6권 (詩集傳詳說 卷之六)

시집전상설 4   시집전상설 7권 (詩集傳詳說 卷之七)
                     시집전상설 8권 (詩集傳詳說 卷之八)

시집전상설 5   시집전상설 9권 (詩集傳詳說 卷之九)
                     시집전상설 10권 (詩集傳詳說 卷之十)

시집전상설 6   시집전상설 11권 (詩集傳詳說 卷之十一)
                     시집전상설 12권 (詩集傳詳說 卷之十二)

시집전상설 7   시집전상설 13권 (詩集傳詳說 卷之十三)
                     시집전상설 14권 (詩集傳詳說 卷之十四)

시집전상설 8   **시집전상설 15권 (詩集傳詳說 卷之十五)**
                     시집전상설 16권 (詩集傳詳說 卷之十六)
                     시집전상설 17권 (詩集傳詳說 卷之十七)

시집전상설 9   시집전상설 18권 (詩集傳詳說 卷之十八)
                     시서변설상설(상) (詩序辨說詳說 卷上)
                     시서변설상설(하) (詩序辨說詳說 卷下)

차례

일러두기 / 4

시집전상설 15권 (詩集傳詳說 卷之十五)
3-3. 탕지십(湯之什)／ 14

[3-3-1-1] 蕩蕩上帝, 下民之辟. 疾威上帝, 其命多辟. 天生烝民, 其命匪諶, 靡不有初, 鮮克有終.／ 14

[3-3-1-2] 文王曰咨, 咨女殷商, 曾是彊禦, 曾是掊克, 曾是在位, 曾是在服. 天降慆德. 女興是力.／ 17

[3-3-1-3] 文王曰咨, 咨女殷商, 而秉義類, 彊禦多懟, 流言以對, 寇攘式內, 侯作侯祝, 靡屆靡究.／ 20

[3-3-1-4] 文王曰咨, 咨女殷商, 女炰烋于中國, 斂怨以爲德. 不明爾德, 時無背無側. 爾德不明, 以無陪無卿.／ 21

[3-3-1-5] 文王曰咨, 咨女殷商, 天不湎爾以酒, 不義從式. 旣愆爾止, 靡明靡晦, 式號式呼, 俾晝作夜.／ 23

[3-3-1-6] 文王曰咨, 咨女殷商, 如蜩如螗, 如沸如羹, 小大近喪, 人尚乎由行, 內奰于中國, 覃及鬼方.／ 25

[3-3-1-7] 文王曰咨, 咨女殷商, 匪上帝不時, 殷不用舊. 雖無老成人, 尚有典刑. 曾是莫聽, 大命以傾.／ 26

[3-3-1-8] 文王曰咨, 咨女殷商, 人亦有言, 顚沛之揭, 枝葉未有害, 本實先撥. 殷鑑不遠, 在夏后之世.／ 28

[3-3-2-1] 抑抑威儀, 維德之隅. 人亦有言, 靡哲不愚. 庶人之愚, 亦職維疾. 哲人之愚, 亦維斯戾.／ 30

[3-3-2-2] 無競維人, 四方其訓之. 有覺德行, 四國順之. 訏謨定命, 遠猶辰告. 敬慎威儀, 維民之則.／ 33

[3-3-2-3] 其在于今, 興迷亂于政, 顚覆厥德, 荒湛于酒. 女雖湛樂從, 弗念厥紹. 罔敷求先王, 克共明刑.／ 35

[3-3-2-4] 肆皇天弗尚, 如彼泉流, 無淪胥以亡. 夙興夜寐, 灑掃廷內, 維民之章. 修爾車馬, 弓矢戎兵, 用戒戎作, 用逷蠻方.／ 37

[3-3-2-5] 質爾人民, 謹爾侯度, 用戒不虞, 慎爾出話, 敬爾威儀, 無不柔嘉. 白圭之玷, 尚可磨也, 斯言之玷, 不可爲也.／ 39

[3-3-2-6] 無易由言, 無曰苟矣. 莫捫朕舌, 言不可逝矣. 無言不讎, 無德不報. 惠于朋友, 庶民小子, 子孫繩繩, 萬民靡不承./ 41

[3-3-2-7] 視爾友君子, 輯柔爾顔, 不遐有愆. 相在爾室, 尙不愧于屋漏. 無曰不顯, 莫予云覯. 神之格思, 不可度思, 矧可射思./ 44

[3-3-2-8] 辟爾爲德, 俾臧俾嘉. 淑愼爾止, 不愆于儀. 不僭不賊, 鮮不爲則. 投我以桃, 報之以李. 彼童而角, 實虹小子./ 48

[3-3-2-9] 荏染柔木, 言緡之絲. 溫溫恭人, 維德之基. 其維哲人, 告之話言, 順德之行. 其維愚人, 覆謂我僭, 民各有心./ 51

[3-3-2-10] 於乎小子, 未知臧否. 匪手攜之, 言示之事. 匪面命之, 言提其耳. 借曰未知, 亦旣抱子. 民之靡盈, 誰夙知而莫成./ 53

[3-3-2-11] 昊天孔昭, 我生靡樂. 視爾夢夢, 我心慘慘. 誨爾諄諄, 聽我藐藐. 匪用爲敎, 覆用爲虐. 借曰未知, 亦聿旣耄./ 55

[3-3-2-12] 於乎小子, 告爾舊止. 聽用我謀, 庶無大悔. 天方艱難, 曰喪厥國. 取譬不遠, 昊天不忒. 回遹其德, 俾民大棘./ 56

[3-3-3-1] 菀彼桑柔, 其下侯旬. 捋采其劉, 瘼此下民. 不殄心憂, 倉兄塡兮. 倬彼昊天, 寧不我矜./ 62

[3-3-3-2] 四牡騤騤, 旟旐有翩. 亂生不夷, 靡國不泯. 民靡有黎, 具禍以燼. 於乎有哀, 國步斯頻./ 65

[3-3-3-3] 國步蔑資, 天不我將. 靡所止疑, 云徂何往. 君子實維, 秉心無競. 誰生厲階, 至今爲梗./ 66

[3-3-3-4] 憂心慇慇, 念我土宇. 我生不辰, 逢天僤怒. 自西徂東, 靡所定處. 多我覯痻, 孔棘我圉./ 68

[3-3-3-5] 爲謀爲毖, 亂況斯削. 告爾憂恤, 誨爾序爵. 誰能執熱, 逝不以濯. 其何能淑, 載胥及溺./ 70

[3-3-3-6] 如彼遡風, 亦孔之僾. 民有肅心, 荓云不逮. 好是稼穡, 力民代食. 稼穡維寶, 代食維好./ 72

[3-3-3-7] 天降喪亂, 滅我立王. 降此蟊賊, 稼穡卒痒. 哀恫中國, 具贅卒荒. 靡有旅力, 以念穹蒼./ 74

[3-3-3-8] 維此惠君, 民人所瞻. 秉心宣猶, 考愼其相. 維彼不順, 自獨俾臧, 自有肺腸, 俾民卒狂./ 76

[3-3-3-9] 瞻彼中林, 甡甡其鹿. 朋友已譖, 不胥以穀. 人亦有言, 進退維谷./ 78

[3-3-3-10] 維此聖人, 瞻言百里, 維彼愚人, 覆狂以喜. 匪言不能, 胡斯畏忌./ 79

[3-3-3-11] 維此良人, 弗求弗迪. 維彼忍心, 是顧是復. 民之貪亂, 寧爲荼毒./ 81

[3-3-3-12] 大風有隧, 有空大谷. 維此良人, 作爲式穀. 維彼不順, 征以中垢./ 83

[3-3-3-13] 大風有隧, 貪人敗類. 聽言則對, 誦言如醉. 匪用其良, 覆俾我悖./ 84

[3-3-3-14] 嗟爾朋友, 予豈不知而作. 如彼飛蟲, 時亦弋獲. 旣之陰女, 反予來赫./ 87

[3-3-3-15] 民之罔極, 職凉善背. 爲民不利, 如云不克. 民之回遹, 職競用力./ 88

[3-3-3-16] 民之未戾, 職盜爲寇. 凉曰不可, 覆背善詈, 雖曰匪予, 旣作爾歌./ 90

[3-3-4-1] 倬彼雲漢, 昭回于天. 王曰於乎, 何辜今之人, 天降喪亂, 饑饉薦臻. 靡神不擧, 靡愛斯牲. 圭璧旣卒, 寧莫我聽./ 92

[3-3-4-2] 旱旣大甚, 蘊隆蟲蟲. 不殄禋祀, 自郊徂宮, 上下奠瘞, 靡神不宗. 后稷不克, 上帝不臨. 耗斁下土, 寧丁我躬./ 95

[3-3-4-3] 旱旣大甚, 則不可推. 兢兢業業, 如霆如雷. 周餘黎民, 靡有孑遺. 昊天上帝, 則不我遺. 胡不相畏, 先祖于摧./ 97

[3-3-4-4] 旱旣大甚, 則不可沮. 赫赫炎炎, 云我無所. 大命近止, 靡瞻靡顧. 羣公先正, 則不我助. 父母先祖, 胡寧忍予./ 99

[3-3-4-5] 旱旣大甚, 滌滌山川. 旱魃爲虐, 如惔如焚. 我心憚暑, 憂心如熏. 羣公先正, 則不我聞. 昊天上帝, 寧俾我遯./ 100

[3-3-4-6] 旱旣大甚, 黽勉畏去. 胡寧瘨我以旱, 憯不知其故. 祈年孔夙, 方社不莫. 昊天上帝, 則不我虞. 敬恭明神, 宜無悔怒./ 101

[3-3-4-7] 旱旣大甚, 散無友紀. 鞫哉庶正, 疚哉冢宰. 趣馬師氏, 膳夫左右, 靡人不周, 無不能止. 瞻卬昊天, 云如何里./ 103

[3-3-4-8] 瞻卬昊天, 有嘒其星. 大夫君子, 昭假無贏. 大命近止, 無棄爾成. 何求爲我, 以戾庶正. 瞻卬昊天, 曷惠其寧./ 106

[3-3-5-1] 崧高維嶽, 駿極于天. 維嶽降神, 生甫及申. 維申及甫, 維周之翰. 四國于蕃, 四方于宣./ 109

[3-3-5-2] 亹亹申伯, 王纘之事. 于邑于謝, 南國是式. 王命召伯, 定申伯之宅, 登是南邦, 世執其功./ 112

[3-3-5-3] 王命申伯, 式是南邦. 因是謝人, 以作爾庸. 王命召伯, 徹申伯土田, 王命傅御, 遷其私人./ 114

[3-3-5-4] 申伯之功, 召伯是營. 有俶其城, 寢廟旣成. 旣成藐藐, 王錫申伯, 四牡蹻蹻, 鉤膺濯濯./ 116

[3-3-5-5] 王遣申伯, 路車乘馬. 我圖爾居, 莫如南土. 錫爾介圭, 以作爾寶. 往近王舅, 南土是保./ 117

[3-3-5-6] 申伯信邁, 王餞于郿. 申伯還南, 謝于誠歸. 王命召伯, 徹申伯土疆, 以峙其粻, 式遄其行./ 118

[3-3-5-7] 申伯番番, 旣入于謝, 徒御嘽嘽. 周邦咸喜, 戎有良翰. 不顯申伯, 王之元舅, 文武是憲./ 120

[3-3-5-8] 申伯之德, 柔惠且直. 揉此萬邦, 聞于四國. 吉甫作誦, 其詩孔碩. 其風肆好, 以贈申伯./ 121

[3-3-6-1] 天生烝民, 有物有則. 民之秉彝, 好是懿德. 天監有周, 昭假于下, 保茲天子, 生仲山甫./ 123

[3-3-6-2] 仲山甫之德, 柔嘉維則. 令儀令色, 小心翼翼. 古訓是式, 威儀是力, 天子是若, 明命使賦./ 126

[3-3-6-3] 王命仲山甫, 式是百辟, 纘戎祖考, 王躬是保. 出納王命, 王之喉舌. 賦政于外, 四方爰發./ 128

[3-3-6-4] 肅肅王命, 仲山甫將之. 邦國若否, 仲山甫明之. 既明且哲, 以保其身, 夙夜匪解, 以事一人./ 131

[3-3-6-5] 人亦有言, 柔則茹之, 剛則吐之. 維仲山甫, 柔亦不茹, 剛亦不吐. 不侮矜寡, 不畏彊禦./ 133

[3-3-6-6] 人亦有言, 德輶如毛, 民鮮克舉之. 我儀圖之, 維仲山甫舉之. 愛莫助之. 袞職有闕, 維仲山甫補之./ 134

[3-3-6-7] 仲山甫出祖, 四牡業業, 征夫捷捷, 每懷靡及. 四牡彭彭, 八鸞鏘鏘. 王命仲山甫, 城彼東方./ 136

[3-3-6-8] 四牡騤騤, 八鸞喈喈. 仲山甫徂齊, 式遄其歸. 吉甫作誦, 穆如清風. 仲山甫永懷, 以慰其心./ 138

[3-3-7-1] 奕奕梁山, 維禹甸之. 有倬其道, 韓侯受命. 王親命之, 纘戎祖考, 無廢朕命. 夙夜匪解, 虔共爾位. 朕命不易, 榦不庭方, 以佐戎辟./ 140

[3-3-7-2] 四牡奕奕, 孔修且張. 韓侯入覲, 以其介圭, 入覲于王. 王錫韓侯, 淑旂綏章, 簟茀錯衡, 玄袞赤舄, 鉤膺鏤錫, 鞹鞃淺幭, 鞗革金厄./ 143

[3-3-7-3] 韓侯出祖, 出宿于屠. 顯父餞之, 清酒百壺. 其殽維何, 炰鱉鮮魚. 其蔌維何, 維筍及蒲. 其贈維何, 乘馬路車. 籩豆有且, 侯氏燕胥./ 146

[3-3-7-4] 韓侯取妻, 汾王之甥, 蹶父之子. 韓侯迎止, 于蹶之里. 百兩彭彭, 八鸞鏘鏘, 不顯其光. 諸娣從之, 祁祁如雲. 韓侯顧之, 爛其盈門./ 148

[3-3-7-5] 蹶父孔武, 靡國不到. 爲韓姞相攸, 莫如韓樂. 孔樂韓土, 川澤訏訏. 魴鱮甫甫, 麀鹿噳噳. 有熊有羆, 有貓有虎. 慶既令居, 韓姞燕譽./ 150

[3-3-7-6] 溥彼韓城, 燕師所完. 以先祖受命, 因時百蠻. 王錫韓侯, 其追其貊, 奄受北國, 因以其伯. 實墉實壑, 實畝實籍, 獻其貔皮, 赤豹黃羆./ 153

[3-3-8-1] 江漢浮浮, 武夫滔滔. 匪安匪遊, 淮夷來求. 既出我車, 既設我旟. 匪安匪舒, 淮夷來鋪./ 156

[3-3-8-2] 江漢湯湯, 武夫洸洸. 經營四方, 告成于王. 四方既平, 王國庶定. 時靡有爭, 王心載寧./ 157

[3-3-8-3] 江漢之滸, 王命召虎, 式辟四方, 徹我疆土. 匪疚匪棘, 王國來極. 于疆于理, 至于南海./ 158

[3-3-8-4] 王命召虎, 來旬來宣. 文武受命, 召公維翰. 無曰予小子, 召公是似. 肇敏戎

[3-3-8-5] 釐爾圭瓚, 秬鬯一卣. 告于文人, 錫山土田. 于周受命, 自召祖命. 虎拜稽首, 天子萬年./ 162

[3-3-8-6] 虎拜稽首, 對揚王休, 作召公考. 天子萬壽. 明明天子, 令聞不已. 矢其文德, 洽此四國./ 165

[3-3-9-1] 赫赫明明, 王命卿士, 南仲大祖, 大師皇父, 整我六師, 以修我戎, 旣敬旣戒, 惠此南國./ 168

[3-3-9-2] 王謂尹氏, 命程伯休父, 左右陳行, 戒我師旅, 率彼淮浦, 省此徐土. 不留不處, 三事就緒./ 171

[3-3-9-3] 赫赫業業, 有嚴天子. 王舒保作, 匪紹匪遊, 徐方繹騷. 震驚徐方, 如雷如霆. 徐方震驚./ 173

[3-3-9-4] 王奮厥武, 如震如怒. 進厥虎臣, 闞如虓虎. 鋪敦淮濆, 仍執醜虜. 截彼淮浦, 王師之所./ 175

[3-3-9-5] 王旅嘽嘽, 如飛如翰, 如江如漢. 如山之苞, 如川之流, 綿綿翼翼. 不測不克, 濯征徐國./ 176

[3-3-9-6] 王猶允塞, 徐方旣來. 徐方旣同, 天子之功. 四方旣平, 徐方來庭. 徐方不回, 王曰還歸./ 177

[3-3-10-1] 瞻卬昊天, 則不我惠. 孔塡不寧, 降此大厲. 邦靡有定, 士民其瘵. 蟊賊蟊疾, 靡有夷屆. 罪罟不收, 靡有夷瘳./ 180

[3-3-10-2] 人有土田, 女反有之, 人有民人, 女覆奪之. 此宜無罪, 女反收之, 彼宜有罪, 女覆說之./ 182

[3-3-10-3] 哲夫成城, 哲婦傾城. 懿厥哲婦, 爲梟爲鴟. 婦有長舌, 維厲之階. 亂匪降自天, 生自婦人. 匪教匪誨, 時維婦寺./ 183

[3-3-10-4] 鞫人忮忒, 譖始竟背, 豈曰不極, 伊胡爲慝. 如賈三倍, 君子是識, 婦無公事, 休其蠶織./ 186

[3-3-10-5] 天何以刺, 何神不富. 舍爾介狄, 維予胥忌. 不弔不祥, 威儀不類. 人之云亡, 邦國殄瘁./ 188

[3-3-10-6] 天之降罔, 維其優矣. 人之云亡, 心之憂矣. 天之降罔, 維其幾矣. 人之云亡, 心之悲矣./ 191

[3-3-10-7] 觱沸檻泉, 維其深矣. 心之憂矣, 寧自今矣. 不自我先, 不自我後. 藐藐昊天, 無不克鞏. 無忝皇祖, 式救爾後./ 192

[3-3-11-1] 旻天疾威, 天篤降喪, 瘨我饑饉, 民卒流亡, 我居圉卒荒./ 194

[3-3-11-2] 天降罪罟, 蟊賊內訌, 昏椓靡共, 潰潰回遹, 實靖夷我邦./ 195

[3-3-11-3] 皐皐訿訿, 曾不知其玷. 兢兢業業, 孔塡不寧, 我位孔貶./ 197

[3-3-11-4] 如彼歲旱, 草不潰茂, 如彼棲苴, 我相此邦, 無不潰止./ 198

[3-3-11-5] 維昔之富, 不如時. 維今之疚, 不如茲. 彼疏斯粺, 胡不自替. 職兄斯引./ 199

[3-3-11-6] 池之竭矣, 不云自頻. 泉之竭矣, 不云自中. 溥斯害矣. 職兄斯弘. 不烖我躬./ 201

[3-3-11-7] 昔先王受命, 有如召公, 日辟國百里. 今也日蹙國百里. 於乎哀哉, 維今之人, 不尙有舊./ 202

시집전상설 16권 (詩集傳詳說 卷之十六)

송 4 (頌 四)/ 208

주송(周頌)/ 210

4-1. 청묘지십(淸廟之什 四之一)/ 210

[4-1-1-1] 於穆淸廟, 肅雝顯相. 濟濟多士, 秉文之德, 對越在天, 駿奔走在廟. 不顯不承, 無射於人斯./ 210

[4-1-2-1] 維天之命, 於穆不已. 於乎不顯, 文王之德之純./ 217

[4-1-3-1] 維淸緝熙, 文王之典. 肇禋, 迄用有成, 維周之禎./ 222

[4-1-4-1] 烈文辟公, 錫茲祉福. 惠我無疆, 子孫保之./ 224

[4-1-5-1] 天作高山, 大王荒之. 彼作矣, 文王康之. 彼徂矣岐, 有夷之行. 子孫保之./ 229

[4-1-6-1] 昊天有成命, 二后受之. 成王不敢康, 夙夜基命宥密. 於緝熙,單厥心, 肆其靖之./ 232

[4-1-7-1] 我將我享, 維羊維牛, 維天其右之./ 235

[4-1-8-1] 時邁其邦, 昊天其子之./ 241

[4-1-9-1] 執競武王, 無競維烈. 不顯成康, 上帝是皇./ 250

[4-1-10-1] 思文后稷, 克配彼天. 立我烝民, 莫匪爾極. 貽我來牟. 帝命率育. 無此疆爾界, 陳常于時夏./ 254

시집전상설 17권 (詩集傳詳說 卷之十七)

4-2. 신공지십 (臣工之什 四之二)/ 260

[4-2-1-1] 嗟嗟臣工, 敬爾在公. 王釐爾成, 來咨來茹./ 260

[4-2-2-1] 噫嘻成王, 旣昭假爾./ 271

[4-2-3-1] 振鷺于飛, 于彼西雝. 我客戾止, 亦有斯容./ 279

[4-2-4-1] 豐年多黍多稌, 亦有高廩./ 285

[4-2-5-1] 有瞽有瞽, 在周之庭./ 290

[4-2-6-1] 猗與漆沮, 潛有多魚./ 300

[4-2-7-1] 有來雝雝, 至止肅肅./ 305
[4-2-8-1] 載見辟王, 曰求厥章./ 318
[4-2-9-1] 有客有客, 亦白其馬./ 325
[4-2-10-1] 於皇武王, 無競維烈./ 332

4-3. 민여소자지십(閔予小子之什　四之三)/ 338
[4-3-1-1] 閔予小子, 遭家不造./ 338
[4-3-2-1] 訪予落止, 率時昭考./ 348
[4-3-3-1] 敬之敬之. 天維顯思./ 355
[4-3-4-1] 予其懲, 而毖後患./ 363
[4-3-5-1] 載芟載柞, 其耕澤澤/ 370
[4-3-6-1] 畟畟良耜, 俶載南畝./ 389
[4-3-7-1] 絲衣其紑, 載弁俅俅./ 400
[4-3-8-1] 於鑠王師, 遵養時晦./ 409
[4-3-9-1] 綏萬邦, 屢豐年./ 416
[4-3-10-1] 文王旣勤止, 我應受之, 敷時繹思, 我徂維求定. 時周之命, 於繹思./ 423
[4-3-11-1] 於皇時周, 陟其高山./ 429

시집전상설 15권

詩集傳詳說 卷之十五

3-3. 탕지십(湯之什 三之三)

[3-3-1-1]
蕩蕩上帝, 下民之辟. 疾威上帝, 其命多辟. 天生烝民, 其命匪諶, 靡不有初, 鮮克有終.

넓고 큰 상제 백성의 군주이시다. 포학한 저 상제는 사악한 명을 많이 내린다. 하늘이 낳은 많은 백성들은 그 명이 미덥지 못하여, 처음에는 모두 다 선하였지만 끝까지 잘한 이는 적다.1)

詳說
○ 鮮, 上聲.
'선(鮮)'은 상성이다.

朱註
賦也. 蕩蕩, 廣大貌. 辟, 君也. 疾威, 猶暴虐也. 多辟, 多邪辟也. 烝, 衆. 諶, 信也.
부(賦)이다. 탕탕(蕩蕩)은 광대한 모양이다.2) 벽(辟)은 군주(君主)이다. 질위(疾威)는 폭학(暴虐)과 같다. 다벽(多辟)은 사벽(邪僻)함이 많은 것이다. 증(烝)은 무리이고, 심(諶)은 믿음이다.

詳說
○ 如字.
('辟, 君也'의 '辟') 본래의 발음대로 읽는다.

---

1) 정현의 「전(箋)」에서 다음과 같이 말하였다: "하늘이 이러한 백성들을 낳은 것은 그들을 가르치고 훈도하여, 마땅히 성실과 신뢰로 그들로 하여금 충성스럽고 후덕하도록 만들려고 함이 아니겠는가? 지금은 그렇지 않으니, 백성들은 처음에는 모두 선한 도(道)에 가까웠으나 이후에 악함과 속됨으로 변하였다.(天之生此衆民, 其教道之, 非當以誠信使之忠厚乎? 今則不然, 民始皆庶幾于善道, 后更化于惡俗.)"
2) 정현의 「전(箋)」에서 '탕탕(蕩蕩)'을 '법도가 폐해지고 파괴되는 모양(法度廢壞之貌)'이고, '려왕(厲王)이 이것으로 사람의 위에 처하여 천하의 군주가 되었다(厲王乃以此居人上, 爲天下之君)'라고 하였는데, 이것은 기본적으로 '상제(上帝)'로 군왕(君王)을 의탁한 것으로 보기 때문이다. 그러나, 여기서는 주자의 주석처럼, '탕탕(蕩蕩)'을 넓고 광대하다는 의미로 보고, '상제(上帝)'를 하늘의 상제로 보는 것이 더 적절하다.

○ 二辟字恐其相混, 故各訓音與義.
('辟, 君也'의 '辟'과 '多辟, 多邪辟也'의 '辟') 두 '벽(辟)'자가 서로 혼동될 것 같으므로, 각각 음과 뜻을 풀이하였다.

○ 諶音諶.
('諶, 信也'의 '諶') 언해(諺解)의 발음은 잘못이다.

朱註
○言此蕩蕩之上帝, 乃下民之君也. 今此暴虐之上帝, 其命乃多邪辟者何哉. 蓋天生衆民, 其命有不可信者, 蓋其降命之初, 無有不善, 而人少能以善道自終. 是以致此大亂, 使天命亦罔克終, 如疾威而多辟也. 蓋始爲怨天之辭, 而卒自解之如此. 劉康公曰: 民受天地之中以生, 所謂命也. 能者養之以福, 不能者敗以取禍, 此之謂也.

이 넓고 크신 상제(上帝)는 바로 아래에 있는 백성들의 군주(君主)인데, 지금 이 포학한 상제(上帝)가 그 명(命)이 마침내 사벽함이 많은 은 어째서인가? 하늘이 뭇 백성을 내시니, 그 명(命)에 믿을 수 없는 것이 있는 것은, 명(命)을 내린 초기에는 선하지 않음이 없으나 사람들이 선(善)한 도(道)로써 스스로 마치는 이가 적어서이다. 이 때문에 이처럼 큰 혼란을 불러 천명(天命) 또한 제대로 마치지 못하게 하여, 마치 포학하고 사벽함이 많은 듯한 것이다. 처음에는 하늘을 원망하는 말을 하다가 끝내는 스스로 해명하기를 이와 같이 하였다. 유강공(劉康公)이 말하기를 "사람이 천지(天地)의 마음을 받아 태어나니, 이른바 명(命)이라는 것이다. 능한 자는 명(命)을 길러서 복(福)을 받고 능하지 못한 자는 패하여 화(禍)를 취한다."라고 하였으니, 이것을 말한 것이다.

詳說
○ 毛氏曰: "以託君王也."
('此蕩蕩之上帝') 모씨(毛氏)가 말하였다: "군왕(君王)에게 기탁하였다."

○ 華谷嚴氏曰: "疾威厲王所爲, 而天實命之, 則無所歸咎也."
('今此暴虐之上帝') 화곡 엄씨(華谷 嚴氏)가 말하였다: "포학한 려왕(厲王)이 한 것이지만, 하늘이 실제로 명령하였다면 허물로 귀결될 것은 없을 것이다."

○ 性善可信.
('無有不善') 본성이 선함은 믿을 수 있다.

○ 所以不可信.
('人少能以善道自終') 믿을 수 없는 이유이다.

○ 補三句.
('是以致…多闢也') 세 구(句)를 보충하였다.

○ 華谷嚴氏曰: "王自暴棄不爲善, 豈天賦以惡哉."
('是以致…多闢也') 화곡 엄씨(華谷 嚴氏)가 말하였다: "왕이 스스로 선을 행할 것을 포기하였으니, 어찌 하늘이 악을 주었겠는가?"

○ 豐城朱氏曰: "其蕩蕩者, 猶自若也."
('是以致…多闢也') 풍성 주씨(豐城 朱氏)가 말하였다: "그 넓고 큰 것은 스스로 흔들림이 없는 것과 같다."

○ 慶源輔氏曰: "上四句."
('蓋始爲怨天之辭') 경원 보씨(慶源 輔氏)가 말하였다: "위 네 구(句)이다."

○ 慶源輔氏曰: "下四句."
('而卒自解之如此') 경원 보씨(慶源 輔氏)가 말하였다: "아래 네 구(句)이다."

○ 建安熊氏曰: "劉采邑康諡也. 定王同母弟."
('劉康公') 건안 웅씨(建安 熊氏)가 말하였다: "'유(劉)'는 채읍(采邑)이고, '강(康)'은 시호이다. 정왕(定王)이 어머니와 형제를 같이 한다."

○ 見『左・成・十三年』.
('劉康公曰…敗以取禍')『좌전(左傳)・성공(成公)・13년』이다.

○ 建安熊氏曰: "中猶言性也, 此理無過不及, 故謂之中. 此乃所賦之命也, 順者得福, 逆者得禍."

('劉康公曰…敗以取禍') 건안 웅씨(建安 熊氏)가 말하였다: "'중(中)'은 본성을 말하는 것과 같으니, 이 리(理)는 지나침과 미치지 못함이 없으므로 중(中)이라고 한다. 이것은 바로 부여된 명(命)이니, 따르는 자는 복을 얻고, 거스르는 자는 화를 얻는다."

○ 豐城朱氏曰: "此章正意在末二句."
('此之謂也') 풍성 주씨(豐城 朱氏)가 말하였다: "이 장의 바른 뜻은 마지막 두 구(句)에 있다."

○ 蓋以下論也.
('此之謂也') 이하는 논의(論)이다.

[3-3-1-2]

文王曰咨, 咨女殷商, 曾是彊禦, 曾是掊克, 曾是在位, 曾是在服. 天降慆德. 女興是力.

문왕이 탄식하였네. 아, 너 은의 주(紂)야, 저들 포악한 자와 착취를 일삼는 자가 높은 자리에 앉아 정사를 하게 함은3) 하늘이 악덕을 내림이고, 네가 그렇게 힘써서니라.4)

朱註
賦也. 此設爲文王之言也. 咨, 嗟也. 殷商, 紂也. 彊禦, 暴虐之臣也. 掊克, 聚斂之臣也. 服, 事也. 慆, 慢. 興, 起也. 力, 如力行之力.
부(賦)이다. 이것은 문왕(文王)의 말로 가설(假設)한 것이다. 자(咨)는 슬픔이다. 은상(殷商)은 주(紂)이다. 강어(彊禦)는 포학한 신하이고, 부극(掊克)은 착취하는 신하이다. 복(服)은 일이다. 도(慆)는 태만함이고, 흥(興)은 일어남이다. 역(力)은 역행(力行)의 역(力)과 같다.

詳說

---

3) 정현의 「전(箋)」에서 다음과 같이 말하였다: "려왕(厲王)이 비방하는 것을 그치게 하니, 목공(穆公)과 조정의 신하들이 감히 왕의 악행을 비난할 수 없었으므로, 위에서 문왕이 은의 주(紂)를 탄식하여 절실하게 풍자하였음을 진설하였다.(厲王弭謗, 穆公朝廷之臣, 不敢斥言王之惡, 故上陳文王咨嗟紂以切刺之.)"
4) 정현의 「전(箋)」에서 다음과 같이 말하였다: "려왕(厲王)이 잘난 체하고, 너희 신하들은 또한 서로 허락하여 힘써 행동한다. 악행에 경쟁함을 말한 것이다.(厲王施倨慢之化, 女群臣又相與而力爲之. 言競于惡.)"

○ 疊山謝氏曰: "彊, 彊梁. 禦, 如禦人之禦."
('彊禦, 暴虐之臣也') 첩산 사씨(疊山 謝氏)가 말하였다: "'강(彊)'은 포악하고 날뛴다는 것이다. '어(禦)'는 '어인(禦人: 사람의 말문을 막다)'의 어(禦)와 같다."

○ 慶源輔氏曰: "慢天."
('慆, 慢') 경원 보씨(慶源 輔氏)가 말하였다: "태만한 하늘이다."

○ 『書·泰誓』曰: "商王受, 力行無度."
('力, 如力行之力') 『서(書)·태서(泰誓)』에서 말하였다: "상왕(商王) 수(受)는 힘써 행함에 법도가 없었다."

朱註
○詩人知厲王之將亡. 故爲此詩, 託於文王所以嗟嘆殷紂者. 言此暴虐聚斂之臣, 在位用事, 乃天降慆慢之德而害民. 然非其自爲之也, 乃汝興起此人, 而力爲之耳.

시인(詩人)은 려왕(厲王)이 장차 망할 줄을 알았다. 그러므로 이 시(詩)를 지어 문왕(文王)이 은주(殷紂)를 애석해하여 탄식하는 것으로 가탁한 것이다. "이 포학하고 착취하는 신하들이 지위에 있어 정사를 하는 것은 하늘이 태만한 덕(德)을 내려 백성을 해친 것이다. 그러나 이는 하늘이 스스로 한 것이 아니고, 바로 네가 이 사람들을 일으켜 힘써 이런 짓을 하게 한 때문이다."라고 말한 것이다.

詳說
○ 至託言之始, 乃序作詩之本事亦『集傳』之一例也.
('詩人…爲此詩') 가탁하는 말에 이르러서, 바로 시(詩)를 지은 본래의 일을 배열하는 것도 『집전(集傳)』의 한 예이다.

○ 慶源輔氏曰: "不敢直刺其惡, 且厲王之惡大略似紂故耳."
('託於文王所以嗟嘆殷紂者') 경원 보씨(慶源 輔氏)가 말하였다: "감히 곧바로 그 악을 비난하지 않은 것은 려왕(厲王)의 악과 더불어 대략 주(紂)와 같았기 때문이다."

○ 華谷嚴氏曰: "二章以下設爲託詞, 所謂借秦爲論耳."

('託於文王所以嗟嘆殷紂者') 화곡 엄씨(華谷 嚴氏)가 말하였다: "2장 이하에서 가탁하는 말을 설정한 것은 이른바 '차진위론(借秦爲論: 남을 빌어 논의하다)'일 따름이다."

○ 其意視直言益親切.
('託於文王所以嗟嘆殷紂者') 그 뜻은 직언(直言)을 보여주어 친절함을 더하였다.

○ 曾是, 猶乃是也, 恠之之詞.
('言此…在位用事') '증시(曾是)'는 내시(乃是)와 같으니, 기이하게 여기는 말이다.

○ 臨川王氏曰: "彊禦、掊克."
('乃天降慆慢之德') 임천 왕씨(臨川 王氏)가 말하였다: "포악한 것과 착취를 일삼는 것이다."

○ 添三字.
('而害民') 세 글자를 첨가하였다.

○ 補此句.
('然非其自爲之也') 이 구(句)를 보충하였다.

○ 補二字.
('此人') 두 자를 보충하였다.

○ 在位、在服.
('乃汝興起此人') 높은 자리에 있는 것과 정치를 하게 함이다.

○ 豐城朱氏曰: "厲王之惡, 貪暴而已."
('而力爲之耳') 풍성 주씨(豐城 朱氏)가 말하였다: "려왕(厲王)의 악은 탐욕스럽고 포학할 따름이다."

[3-3-1-3]

文王曰咨, 咨女殷商, 而秉義類, 彊禦多懟, 流言以對, 寇攘式內. 侯作侯祝, 靡屆靡究.

문왕이 탄식하셨네. 아, 너 은의 주(紂)야, 선한 사람들 등용해야 하는데, 포학하여 원망이 많은 자들로 유언비어로 대응하게 하니, 도득질하는 자 안에 두었구나. 원망하고 저주하는 일이 언제나 끝날지 모르겠다.[5]

朱註

賦也. 而, 亦女也. 義, 善. 懟, 怨也. 流言, 浮浪不根之言也. 侯, 維也. 作, 讀爲詛. 詛咒, 怨謗也.

부(賦)이다. 이(而) 또한 너이다. 의(義)는 선(善)이고, 대(懟)는 원망함이다. 유언(流言)은 근거없이 떠도는 말이다. 후(侯)는 유(維)이다. 작(作)은 '조(詛)'로 읽으니, 조축(詛祝)은 원망하고 비방하는 것이다.

朱註

○言汝當用善類, 而反任此暴虐多怨之人. 使用流言以應對, 則是爲寇盜攘竊, 而反居內矣. 是以致怨謗之無極也.

"너는 당연히 선한 부류들을 등용해야 할 것인데 도리어 포학하고 원망이 많은 사람을 임용(任用)하여 근거없는 헛소문으로 대응하게 하니, 이것은 도적질하고 훔치는 자들이 도리어 안에 있는 것이다. 이 때문에 끝없는 원망과 비방을 불러오는 것이다."라고 한 것이다.

詳說

○ 秉.

---

[5] 공영달(孔穎達)의 「소(疏)」에서 다음과 같이 말하였다: "모씨(毛氏)는 '문왕(文王)이 '자' 하고 너 은상(殷商)의 주(紂)를 탄식하였다. 너는 정치를 하는 신하들을 잡는데, 당연히 선한 사람들을 써야 하지만, 왜 선한 사람들을 쓰지 않고 도리어 악한 사람들을 신임하여 백성들을 힘써 막아 유언비어로써 마침내 그 악한 일을 이루고, 또 도적질하고 훔쳐서 간악하게 된 자들을 왕이 신임하고 안에서 일을 처리하도록 하는가? 소인(小人)이 일을 하는 것은 자주 서로 비방하며 마침내 군주와 신하가 서로 괴멸되고 다투게 하여 서로 의심하는 데로 치닫는다.'라고 생각하였다.(毛以爲, 文王曰咨, 咨嗟汝殷商, 汝秉執政事之臣, 宜用善人, 何爲不用善人, 反更信任彊御衆懟爲惡之人, 爲流言以遂成其惡事者, 又寇盜攘竊爲奸宄之人, 王信任之, 使用事于內. 小人用事, 數相謗毁, 遂令君臣乖爭, 以致相疑.)"

○ 善人.
('善類') 선한 사람들이다.

○ 補當字.
('汝當用善類') '당(當)'자를 보충하였다.

○ 補任人字.
('而反任此暴虐多怨之人') '임(任)', '인(人)'자를 보충하였다.

○ 新安胡氏曰:"與前章彊禦相應."
('而反任此暴虐多怨之人') 신안 호씨(新安 胡氏)가 말하였다: "이전 장의 '강어(彊禦)'와 상응한다."

○ 補使字.
('使用流言以應對') '사(使)'자를 보충하였다.

○ 慶源輔氏曰:"自以人多怨己, 而恐禍及也, 故詭謀譎計採取不根之言, 以應對於上."
('使用流言以應對') 경원 보씨(慶源 輔氏)가 말하였다: "저절로 남이 자신을 많이 원망하여 재앙이 미칠 것을 걱정하므로, 남을 속이는 간사한 꾀로 근거없는 말을 모아서, 윗 사람에게 응대하는 것이다."

○ 慶源輔氏曰:"詛視指厲王, 而言人君好用暴斂多怨之人, 則怨謗必將反移於己也."
('是爲寇盜…無極也') 경원 보씨(慶源 輔氏)가 말하였다: "원망하고 비방함은 려왕(厲王)을 가리켜 군주가 포학하고 착취하여 원한이 많은 사람들을 임용하기를 좋아하면, 원망과 비방은 반드시 도리어 자기에게 옮겨감을 말한 것이다."

[3-3-1-4]

文王曰咨, 咨女殷商, 女炰烋于中國, 斂怨以爲德. 不明爾德,

> 時無背無側. 爾德不明, 以無陪無卿.

문왕이 탄식하셨네. 아, 너 은의 주(紂)야, 너희가 중앙의 나라에서 기승을 부려 원성을 칭송으로 여기는구나.6) 네 덕을 밝히지 못하고, 주위에는 옳은 사람 하나 없고, 너의 덕이 밝지 못하니, 시종도 공경대부도 없다.7)

朱註

賦也. 炰烋, 氣健貌. 斂怨以爲德, 多爲可怨之事, 而反自以爲德也. 背, 後. 側, 傍. 陪, 貳也, 言前後左右公卿之臣, 皆不稱其官, 如無人也.

부(賦)이다. 포효(炰烋)는 기세(氣勢)가 건장한 모양이다. 원망스러운 일을 거두어 덕(德)으로 여긴다는 것은 원망스러운 일을 많이 하고는 도리어 스스로 덕(德)으로 여기는 것이다. 배(背)는 뒤이고, 측(側)은 곁이며, 배(陪)는 이(貳)이니, 전후좌우(前後左右)와 공경(公卿)의 신하들이 모두 그 관직에 걸맞지 못하여 사람이 없는 것과 같다고 말한 것이다.

詳說

○ 諺音誤.
  ('炰烋') 언해(諺解)의 발음은 잘못이다.

○ 疊山謝氏曰: "氣勢威聲如虎狼炰烋之狀."
  ('氣健貌') 첩산 사씨(疊山 謝氏)가 말하였다. "기세(氣勢)와 위협하는 소리가 마치 호랑(虎狼)이 포효하는 모습과 같다."

○ 孔氏曰: "謂副貳王者, 則三公也."
  ('斂怨…貳也') 공씨(孔氏[孔穎達])가 말하였다. "왕을 보좌한 자라고 말한 것은 삼공(三公)이다."

○ 本文言後以該前.

---

6) 정현(鄭玄)의 「전(箋)」에서 다음과 같이 말하였다. "'포효(炰烋)'는 스스로 자만하는 기세가 강건한 모양이다. 대중들을 수렴하여 원한을 만들지 않는 사람은 그가 덕이 있어서 임용함을 말한다.(炰烋, 自矜氣健之貌. 斂聚群不逞作怨之人, 謂之有德而任用之.)"

7) 모씨(毛氏)는 "뒤에도 신하가 없고, 옆에도 사람이 없다(背無臣, 側無人也.)"라고 하였는데, 이것에 대하여 정현(鄭玄)의 「전(箋)」에서 다음과 같이 말하였다. "신하도 없고, 사람도 없다는 것은 현자(賢者)가 등용하지 않음을 말한다.(無臣、無人, 謂賢者不用.)"

('言前後') 본문에서 뒤를 말하여 앞을 포괄하였다.

○ 去聲.
('皆不稱其官'의 '稱') 거성이다.

○ 添如字.
('如無人也') '여(如)'자를 첨가하였다.

○ 慶源輔氏曰: "承上章怨謗, 而言王用暴虐之人, 肆行斂怨, 皆由不明在我固有之德故也. 而其所以不明其德, 則又以王之臣無一人稱其官故也."
경원 보씨(慶源 輔氏)가 말하였다: "윗 장의 원망과 비방을 이어서 왕이 포학한 사람들 임용하고 방자하게 행동하여 원망을 거두는 것은 모두 자신이 본래 가지고 있는 덕을 밝히지 못했기 때문이다. 그리고 그 덕을 밝히지 못한 이유는 왕의 신하 중에 한 명도 그 관직에 걸맞은 자가 없기 때문이다."

[3-3-1-5]

文王曰咨, 咨女殷商, 天不湎爾以酒, 不義從式. 旣愆爾止, 靡明靡晦, 式號式呼, 俾晝作夜.

문왕이 탄식하셨네. 아, 너 은의 주(紂)야, 하늘은 널 술에 빠뜨리지 않았는데, 옳지 못한 일만 따라 행하였다.8) 너의 몸가짐 흐트러져, 밤낮으로 쉬지 않고 마시며, 떠들고 소리쳐 낮을 밤으로 삼았구나.9)

---

8) 정현(鄭玄)의 「전(箋)」에서 다음과 같이 말하였다: "하늘이 너의 안색을 술과 같아지도록 하지 않았는데, 술에 빠진 것, 이것이 바로 너의 잘못이니, 따라 본받아 행동해서는 안 된다.(天不同女顔色以酒, 有沉湎于酒者, 是乃過也, 不宜從而法行之.)"

9) 『정의(正義)』에서 말하였다. "위에서 임용함에 그 적당한 사람이 아닌 것을 말하였는데, 여기서는 그 함께 따라 행함에 법도가 아닌 것을 말하였다. 문왕(文王)이 '자'하고 너 은상(殷商)의 주(紂)를 탄식하였으니, 너희들 군주와 신하가 어찌 이처럼 즐기고 황폐한가? 하늘은 너의 안색을 술로 빠지게 하지 않았는데, 너는 스스로 이 술에 빠져서, 안색을 (술과) 같게 할 따름이다. 이것은 바로 너의 잘못된 일이니, 따라 본받고 행동해서는 안 된다. 네가 이처럼 술에 빠진 것은 이미 너의 용모에 잘못일 뿐만 아니라, 낮과 밤도 없이 술을 쉬지 않고 마셔 취함에 이르고, 부르고 소리쳐 환호하며 밤낮으로 일찍이 일을 돌보지 않으니, 이것이 크게 괴멸하는 이유이다.(正義曰: 上言任非其人, 此言其共從行非度. 文王曰咨, 咨嗟汝殷商, 汝君臣何爲耽荒如是, 天不湎然同汝顔色以酒, 汝乃自耽此酒, 使色同耳. 此乃過誤之事, 不宜從而法行之. 汝沉湎如是, 旣已愆過于汝之容止, 又無明無晦而飮酒不息, 及其醉也, 用是叫號, 用是歡呼, 使晝日作夜, 不嘗視事, 此所以大壞.)"

> 朱註

賦也. 湎, 飮酒變色也. 式, 用也. 言天不使爾沈湎於酒, 而惟不義是從而用也. 止, 容止也.

부(賦)이다. 면(湎)은 술을 마셔 얼굴빛이 변한 것이고, 식(式)은 사용함이다. "하늘이 너로 하여금 술에 빠지게 하지 않으셨는데, 오직 불의(不義)한 일을 따라서 행동한 것이다."라고 한 것이다. 지(止)는 행동거지이다.

> 詳說

○ 與上下三式字之爲語辭者不同, 故特訓之.
('式, 用也') 위와 아래 세 '식(字)'자의 말의 쓰임이 같지 않으므로, 특별히 풀이하였다.

○ 慶源輔氏曰: "應首章末四句, 後章匪上帝不時同."
('天不使爾沈湎於酒') 경원 보씨(慶源 輔氏)가 말하였다: "첫 장 마지막 네 구(句)에 조응하고, 뒷 장 '匪上帝不時(상제가 나쁜 시기를 준 것이 아니다)'와 같다."

○ 豊城朱氏曰: "信任小人."
('而惟不義是從而用也') 풍성 주씨(豊城 朱氏)가 말하였다: "소인(小人)을 믿고 등용하는 것이다."

○ 慶源輔氏曰: "慫謂幡幡怭怭也. 號呼所謂號呶也. 俾晝作夜, 則渾不視事也."
('止, 容止也') 경원 보씨(慶源 輔氏)가 말하였다: "'연(慫)'은 경솔하고 오만한 것이고, '호(號)', '호(呼)'는 소리치고 지껄이는 것이며, '비주작야(俾晝作夜)'는 혼란하여 일을 제대로 보지 못하는 것이다."

○ 豊城朱氏曰: "靡明靡晦, 窮日夜以荒湛也."
('止, 容止也') 풍성 주씨(豊城 朱氏)가 말하였다: "'미명미회(靡明靡晦)'는 밤낮으로 (술에 빠져) 지내는 것이다."

○ 靡晦諺讀戞詳.

'미회(靡晦)'에 대한 언해(諺解)의 훈독(訓讀)은 좀 더 살펴보아야 한다.

[3-3-1-6]

文王曰咨, 咨女殷商, 如蜩如螗, 如沸如羹, 小大近喪, 人尚乎由行, 內奰于中國, 覃及鬼方.

문왕이 탄식하셨네. 아, 너 은의 주(紂)야, 원성은 매미소리처럼 시끄럽고, 불만은 끓는 국처럼 부글부글하여, 모든 일 잘못되어 가는데, 군주는 그 행실 그대로하여, 장안의 분노는 오랑캐 나라까지 뻗쳤도다.

朱註
賦也. 蜩螗, 皆蟬也. 如蟬鳴, 如沸羹, 皆亂意也. 小者大者, 幾於喪亡矣. 尚且由此而行, 不知變也. 奰, 怒. 覃, 延也. 鬼方, 遠夷之國也, 言自近及遠, 無不怨怒也.

부(賦)이다. 조(蜩), 당(螗)은 모두 매미이다. 매미의 울음과 같고 끓는 국과 같다는 것은 모두 어지러운 뜻이다. 작은 일, 큰 일이 거의 망쳐지고 있는데도 아직도 이것을 그대로 따라 행하여 변할 줄을 알지 못한 것이다. 비(奰)는 노함이고, 담(覃)은 뻗침이며, 귀방(鬼方)은 먼 오랑캐의 나라이니, 가까운 데로부터 먼곳에 이르기까지 원망하고 노여워하지 않는 이가 없음을 말한 것이다.

詳說
○ 音條.
  ('蜩') 발음은 조(條)이다.

○ 音祈.
  ('幾於喪亡矣'의 '幾') 발음은 기(祈)이다.

○ 改也.
  ('變也') 고치는 것이다.

○ 諺音小誤.

('玁') 언해(諺解)의 발음은 조금 잘못이다.

○ 新安胡氏曰:"商曰鬼方, 周曰獫狁."
('鬼方, 遠夷之國也') 신안 호씨(新安 胡氏)가 말하였다: "상(商) 나라에서는 귀방(鬼方)이라고 하였고, 주(周) 나라에서는 험윤(獫狁)이라고 하였다."

○ 主殷商而言鬼方.
('鬼方, 遠夷之國也') 은상(殷商)을 위주로 귀방(鬼方)을 말하였다.

○ 慶源輔氏曰:"人之怨怒, 豈有旣哉. 中國鬼方所以極言之也."
('言自近及遠…怨怒也') 경원 보씨(慶源 輔氏)가 말하였다: "사람이 원망하고 노함이 어찌 이미 가지고 있었겠는가. 중앙의 나라에서 귀방(鬼方)은 극단적으로 말한 것이다."

[3-3-1-7]

文王曰咨, 咨女殷商, 匪上帝不時, 殷不用舊. 雖無老成人, 尚有典刑. 曾是莫聽, 大命以傾.

문왕이 탄식하셨네. 아, 너 은의 주(紂)야, 상제가 나쁜 시기를 주신 게 아니라, 은(殷)이 옛 신하를 등용하지 않아서이다.10) 비록 원로대신 없다지만 그래도 법을 가지고 있는데, 끝내 들으려 하지 않아 나라의 운명이 기울었도다.11)

朱註

賦也. 老成人, 舊臣也. 典刑, 舊法也.
부(賦)이다. 노성인(老成人)은 옛 신하이고, 전형(典刑)은 옛 법이다.

朱註

言非上帝爲此不善之時, 但以殷不用舊, 致此禍爾. 雖無老成人與圖先王舊

---

10) 정현(鄭玄)의 「전(箋)」에서 다음과 같이 말하였다: "이것은 주(紂)의 혼란을 말한 것인데, 그 태어남이 그 적절한 시기를 얻지 못함이 아니라, 바로 선왕(先王)의 옛 법을 사용하지 않고 가서 치달은 곳이다.(此言紂之亂, 非其生不得其時, 乃不用先王之故法之所致.)"
11) 정현(鄭玄)의 「전(箋)」에서 다음과 같이 말하였다: "'노성인(老成人: 나이가 오래되고 완성된 사람)'은 이윤(伊尹), 이척(伊陟), 신호(臣扈) 같은 부류이다. 비록 이러한 신하가 없다고 하더라도, 여전히 항상 옛 법을 섬겨서 참고하여 사용할 수 있다.(老成人, 謂若伊尹, 伊陟, 臣扈之屬. 雖無此臣, 猶有常事故法可案用也.)"

政, 然典刑尙在, 可以循守, 乃無聽用之者. 是以大命傾覆, 而不可救也.
상제(上帝)가 이 좋지 못한 때를 만들려는 것이 아니라, 다만 은(殷)나라가 옛 신하를 등용하지 아니하여 이 화(禍)를 불렀을 뿐이다. 비록 함께 선왕(先王)의 옛 정사를 도모할 만한 노성(老成)한 사람이 없다 하더라도, 따라 지킬 만한 법은 아직 남아 있는데, 끝내 이것을 받아들여 쓰는 자가 없었다. 이 때문에 대명(大命)이 기울어 구제할 수가 없었다라고 말한 것이다.

詳說

○ 補善字.
('非上帝爲此不善之時') '선(善)'자를 보충하였다.

○ 慶源輔氏曰: "猶言不辰也."
('非上帝爲此不善之時') 경원 보씨(慶源 輔氏)가 말하였다: "좋은 시기를 만난 적이 없다고 말하는 것과 같다."

○ 舊政.
('不用舊'의 '舊') 옛날의 정치이다.

○ 添此句.
('致此禍爾') 이 구(句)를 보충하였다.

○ 添此句.
('雖無老成…先王舊政') 이 구(句)를 보충하였다.

○ 添此句.
('可以循守') 이 구(句)를 보충하였다.

○ 音福.
('傾覆'의 '覆') 발음은 '복(福)'이다.

○ 添此句.

('而不可救也') 이 구(句)를 보충하였다.

[3-3-1-8]
文王曰咨, 咨女殷商, 人亦有言, 顚沛之揭, 枝葉未有害, 本實先撥. 殷鑑不遠, 在夏后之世.

문왕이 탄식하셨네. 아, 너 은의 주(紂)야, 사람들이 또한 말하였지, 나무뿌리 드러나 뽑힐 때, 가지 잎은 아직 성해도, 실제로 뿌리가 먼저 끊긴다고. 은(殷) 나라 거울은 먼 데 있지 않으니, 하걸(夏桀)의 시대에 있었다.

朱註
賦也. 顚沛, 仆拔也. 揭, 本根蹶起之貌. 撥, 猶絶也. 鑒, 視也. 夏后, 桀也.
부(賦)이다. 전패(顚沛)는 넘어지고 뽑히는 것이다. 게(揭)는 나무뿌리가 움직여 일어나는 모양이다. 발(撥)은 절(絶)과 같다. 감(鑑)은 살피는 것이다. 하후(夏后)는 걸(桀)이다.

詳說
○ 皮八、本末二反也.
('仆拔'의 '拔') 피(皮)와 팔(八), 본(本)과 말(末)의 두 반절이다.

○ 音厥.
('蹶起'의 '蹶') 발음은 궐(厥)이다.

朱註
言大木揭然將蹶, 枝葉未有折傷, 而其根本之實已先絶, 然後此木乃相隨而顚拔爾. 蘇氏曰: 商周之衰, 典刑未廢, 諸侯未畔, 四夷未起, 而其君先爲不義, 以自絶於天, 莫可救止, 正猶此爾. 殷鑒在夏, 蓋爲文王歎紂之辭. 然周鑒之在殷, 亦可知矣.
큰 나무가 뿌리가 뽑혀 쓰러지려 할 때에는 가지와 잎은 꺾이고 상함이 없으나 그 근본(根本)의 실제는 이미 먼저 끊어지니, 그런 뒤에야 이 나무가 마침내 서로 따라 넘어지고 뽑힘을 말한 것이다. 소씨(蘇氏)가 말하기를 "상주(商周)가 쇠망했을 때에 전형(典刑)이 폐(廢)해지지 않았고, 제후(諸侯)가 배반하지 않았고, 사방 오랑캐들이 일어나 쳐들어 오지 않았는데, 그 군주(君主)가 먼저 불의(不義)한 일을 하여 스스로 하늘에 단절하였으니, 구제하여 그치게 할 수 없었음이 바로 이와 같다."라고 하였다. 은(殷)나라의 거울이 하(夏)나라에 있다는 것은 문왕(文王)이 주왕(紂王)을 탄식할 말이다. 그러나 주(周)나라가 거울로 삼을 것이 은(殷)나라에 있음을 또한 알 수 있다.

詳說

○ 猶固也.
  ('其根本之實'의 '實') '고(固: 진실함)'와 같다.

○ 本文只說喩意.
  ('言大木…相隨而顚拔爾') 본문은 단지 비유한 뜻을 말하였다.

○ 照上章.
  ('商周之衰, 典刑未廢') 윗 장에 조응하였다.

○ 華谷嚴氏曰:"王者, 天下之本."
  ('其君先爲不義'의 '其君') 화곡 엄씨(華谷 嚴氏)가 말하였다: "왕노릇 하는 것은 천하의 근본이다."

○ 見『書・泰誓』.
  ('其君先…自絶於天') 『서(書)・태서(泰誓)』에 보인다.

○ 二句補正意.
  ('然周鑒…亦可知矣') 두 구(句)는 바른 뜻을 보충하였다.

○ 慶源輔氏曰:"每章必以文王咨商爲言, 蓋欲厲王之知所警也. 其末又云殷鑑在夏, 則其感發於王者尤切矣."
  ('然周鑒…亦可知矣') 경원 보씨(慶源 輔氏)가 말하였다: "매 장은 반드시 '문왕자상(文王咨商: 문왕이 상[商]을 탄식하다)'으로 말을 시작하였는데, 려왕(厲王)이 경계하는 바를 알게하려고 한 것이다. 그 마지막에 또 '은감재하(殷鑑在夏:

은 나라의 거울은 하 나라에 있다)'라고 한 것은 왕에게 감하여 발동한 것이 더욱 절실한 것이다."

○ 末二句總收上七咨商二句意.
마지막 두 구(句)는 위 일곱 개의 '자상(咨商)' 두 구(句)의 뜻을 총괄적으로 수렴하였다.

朱註

蕩八章, 章八句.
여기까지가 탕(蕩) 8장이고, 각 장은 8구(句)이다.

詳說

○ 廬陵彭氏曰: "板蕩之詩深刺其王之惡, 蓋大臣憂國愛君之心, 不敢不如是也."
여릉 팽씨(廬陵 彭氏)가 말하였다: "'板'장, '탕(蕩)'장의 시(詩)는 그 왕의 악함을 깊게 비난하였으니, 대개 대신(大臣)이 나라를 걱정하고 군주를 아끼는 마음은 감히 이와 같지 않을 수 없는 것이다."

○ 二詩相爲表裏, 故什雖異而篇則比耳.
두 시(詩)는 서로 표리(表裏)가 되므로, 십(什)이 비록 다르다고는 하지만 편(篇)은 비견할 만할 따름이다.

[3-3-2-1]

抑抑威儀, 維德之隅. 人亦有言, 靡哲不愚. 庶人之愚, 亦職維疾. 哲人之愚, 亦維斯戾.

삼가고 치밀한 위의(威儀)는 안에 지닌 덕의 징표이다. 사람들이 또 말들 하네, 명철한 이가 어리석다고.[12] 보통 사람이 어리석음은 치우친 기질 탓이지만, 명철한 이의 어리석음은 상도

---

12) 모씨(毛氏)는 "'미철불우(靡哲不愚: 명철한 이가 어리석다)'는 나라에 도(道)가 있으면 지혜롭고, 나라에 도(道)가 없으면 어리석다.(靡哲不愚, 國有道則知, 國無道則愚.)"라고 하였는데, 정현(鄭玄)의 「전(箋)」에서 다음과 같이 말하였다. "사람이 위의(威儀)에 있어서 치밀한 것은 그 덕(德)이 반드시 엄정한 것이다. 옛날에 현자(賢者)는 도(道)를 행함에 마음이 평정하여 밖으로 엿보아서 안을 알 수 있었으니, 마치 궁실(宮室)

에 어긋난 것이다.

朱註
賦也. 抑抑, 密也. 隅, 廉角也. 鄭氏曰: 人密審於威儀者, 是其德必嚴正也. 故古之賢者, 道行心平, 可外占而知內, 如宮室之制, 內有繩直, 則外有廉隅也. 哲, 知. 庶, 衆. 職, 主. 戾, 反也.

부(賦)이다. 억억(抑抑)은 치밀함이다. 우(隅)는 모서리가 반듯한 것이다. 정씨(鄭氏)가 말하였다: "사람이 위의(威儀)를 치밀히 하고 살피는 자는 그 덕(德)이 반드시 엄정(嚴正)하다. 그러므로 옛 현자(賢者)들은 도(道)가 행해지고 마음이 화평하여 외면을 점쳐 내면을 알 수 있었으니, 마치 궁실(宮室)의 제도에 안에 먹줄을 친 듯 똑바르면 밖에 반듯한 모서리가 있는 것과 같다." 철(哲)은 지혜이고, 서(庶)는 무리이며, 직(職)은 주로 함이고, 여(戾)는 위반됨이다.

詳說
○ 一無審字.
('人密審於威儀者') 어떤 판본에는 '심(審)' 자가 없다.

○ 外.
('道行') 외면이다.

○ 內.
('心平') 내면이다.

○ 以外占之.
('可外占') 외면으로 점을 치는 것이다.

○ 東萊呂氏曰: "此詩以威儀爲主, 修身之道至切至近莫過於此."
('而知內,···廉隅也') 동래 여씨(東萊 呂氏)가 말하였다: "이 시(詩)는 위의(威儀)를 위주로 하여, 수신(修身)의 도(道) 지극히 절실하고 가까운 것이 이보다 더한

의 제도는 안으로 똑바르면 밖으로 품행이 바르고 절조가 굳은 것과 같다. 지금 왕의 정치가 포학한데, 현자(賢者)들 모두 우매한 체하며 (정치를) 하지 않고, 용모는 불초(不肖)한 것처럼 하고 있다.(人密審于威儀抑抑然, 是其德必嚴正也. 古之賢者, 道行心平, 可外占而知內, 如宮室之制, 內有繩直, 則外有廉隅. 今王政暴虐, 賢者皆佯愚不爲, 容貌如不肖然.)"

것은 없다."

○ 篇中凡四言儀是一篇之綱領也.
('而知內,…廉隅也') 편(篇) 속에서 네 개의 의(儀)를 말한 것은 한 편의 강령(綱領)이다.

○ 去聲.
('哲知'의 '知') 거성이다.

朱註
○衛武公作此詩, 使人日誦於其側, 以自警. 言抑抑威儀, 乃德之隅, 則有哲人之德者, 固必有哲人之威儀矣. 而今之所謂哲者, 未嘗有其威儀, 則是無哲而不愚矣. 夫衆人之愚, 蓋其稟賦之偏, 宜有是疾, 不足爲怪. 哲人而愚, 則反戾其常矣.
위무공(衛武公)이 이 시(詩)를 지어서 사람으로 하여금 날마다 곁에서 외우게 하여 스스로 경계하였다. "치밀한 위의(威儀)는 바로 덕(德)의 단면이니, 그렇다면 철인(哲人)의 덕(德)이 있는 자는 진실로 반드시 철인(哲人)의 위의(威儀)가 있다. 그런데 지금 이른바 철인(哲人)이란 자는 일찍이 위의(威儀)가 있지 아니하니, 이것이 철인(哲人)치고 어리석지 않은 이가 없다는 것이다. 보통 사람의 어리석음은 부여받은 기질에 편벽됨이 있어서이니, 이러한 병통이 있는 것이 당연하여 괴이할 것이 없지마는 철인(哲人)으로서 어리석음은 그 상도(常道)에 위반되는 것이다."라고 말한 것이다.

詳說
○ 華谷嚴氏曰: "修身治國平天下之道, 與『中庸』、『大學』相表裏."
('衛武公…以自警') 화곡 엄씨(華谷 嚴氏)가 말하였다: "몸을 닦고 나라를 다스려 천하를 평화롭게 하는 도(道)는 『중용(中庸)』,『대학(大學)』과 서로 표리(表裏)이다."

○ 添四句.

('言抑抑威儀… 未嘗有其威儀') 네 구(句)를 첨가하였다.

○ 慶源輔氏曰:"觀賓之初筵一詩, 則當時習俗都無威儀, 可知矣."
('則是無哲而不愚矣') 경원 보씨(慶源 輔氏)가 말하였다: "'빈지초연(賓之初筵)'한 시(詩)를 본다면 당시의 습관과 풍속은 모두 위의(威儀)가 없었음을 알 수 있다."

○ 音扶.
('夫衆人之愚'의 '夫') 발음은 부(扶)이다.

○ 添四句.
('則是無哲而不愚矣…稟賦之偏') 네 구(句)를 첨가하였다.

○ 職.
('宜有是疾'의 '有') 책임이 있다.

○ 臨川王氏曰:"天性之疾也."
('是疾') 임천 왕씨(臨川 王氏)가 말하였다: "천성(天性)의 병통이다."

○ 添此句.
('不足爲怪') 이 구(句)를 첨가하였다.

○ 補常字.
('哲人而愚則反戾其常矣') '상(常)'자를 보충하였다.

[3-3-2-2]

無競維人, 四方其訓之. 有覺德行, 四國順之. 訏謨定命, 遠猶辰告. 敬愼威儀, 維民之則.

더없이 훌륭한 사람이면 사방이 그를 본받는다. 정직한 덕행에는 주변의 나라가 따른다.[13]

---

13) 정현(鄭玄)의 「전(箋)」에서 다음과 같이 말하였다: "군주가 정치를 하는 데, 현명한 사람을 얻는 것보다 더 강한 것은 없다. 현명한 사람을 얻으면, 천하 사람들이 교화되고, 그 풍속에서 큰 덕행이 행해지면, 천하

천하를 위한 계책을 분명하게 호령하고, 원대한 계책을 때에 맞추어 선포하며, 몸가짐을 조심하고 삼가야 백성들의 본보기가 되리라.

朱註

賦也. 競, 強也. 覺, 直大也. 訏, 大. 謨, 謀也. 大謨, 謂不爲一身之謀, 而有天下之慮也. 定, 審定不改易也. 命, 號令也. 猶, 圖也. 遠謀, 謂不爲一時之計, 而爲長久之規也. 辰, 時. 告, 戒也. 辰告, 謂以時播告也. 則, 法也.
부(賦)이다. 경(競)은 강함이다. 각(覺)은 곧고 큼이다. 우(訏)는 큼이고, 모(謨)는 계책이니, 대모(大謨)는 자신의 한몸을 위한 계책을 하지 않고 천하(天下)에 대한 염려가 있음을 말한다. 정(定)은 살펴 확정하여 고치거나 바꾸지 않음이고, 명(命)은 호령이다. 유(猶)는 도모함이니, 원모(遠謀)는 일시(一時)를 위한 계책을 하지 않고 장구(長久)한 계책을 세움을 말한다. 진(辰)은 제때이고, 고(告)는 경계함이니, 진고(辰告)는 제때에 고(告)함을 말한다. 칙(則)은 법(法)이다.

詳說

○ 諺音誤.
 ('訏, 大'의 '訏') 언해(諺解)의 발음은 잘못이다.

○ 橫說.
 ('大謨…天下之慮也') 횡(橫)으로 넓게 훑어 말한 것이다.

○ 謀也.
 ('猶, 圖也') 계책을 도모함이다.

○ 竪說.
 ('遠謀…長久之規也') 세로로 깊게 말한 것이다.

○ 告於四方.
 ('辰告, 謂以時播告也') 사방에 알렸다.

사람들이 그 정치를 따른다. 위에 있는 자들이 도(道)를 창궐한 바를 말한 것이다.(人君爲政, 無疆于得賢人. 得賢人則天下敎化, 于其俗有大德行, 則天下順從其政. 言在上所以倡道.)"

朱註

○言天地之性人爲貴. 故能盡人道, 則四方皆以爲訓. 有覺德行, 則四國皆順從之. 故必大其謀, 定其命, 遠圖時告, 敬其威儀, 然後可以爲天下法也.
천지(天地)의 성(性) 중에 사람이 귀하다. 그러므로 능히 사람의 도리(人道)를 다하면 사방(四方)에서 모두 법(法)으로 삼고, 정직한 덕행(德行)이 있으면 사방의 나라들(四國)이 모두 순종한다. 이렇기 때문에 반드시 그 계책을 크게 하고 분명하게 호령하며, 계획을 장구(長久)히 하고 때에 따라 고(告)하며, 그 위의(威儀)를 공경히 한 뒤에야 천하(天下)의 법(法)이 될 수 있음을 말한 것이다.

詳說

○ 出『孝經』.
('天地之性人爲貴')『효경(孝經)』에 나온다.

○ 添道字, 按鄭氏謂無强於得賢人.
('故能盡人道') '도(道)'자를 첨가한 것은 정씨(鄭氏[鄭玄])의 주석을 살펴보건대, 현인(賢人)을 얻는 것보다 더 강한 것은 없는 것을 말한다.

○ 疊山謝氏曰: "人君以一身之法爲天下之法."
('故必大其謀…爲天下法也') 첩산 사씨(疊山 謝氏)가 말하였다: "군주는 자기 한 몸의 법으로 천하의 법을 삼는다."

[3-3-2-3]

其在于今, 興迷亂于政, 顚覆厥德, 荒湛于酒. 女雖湛樂從, 弗念厥紹. 罔敷求先王, 克共明刑.

그런데 지금은 정사를 혼란하게 하여 타고난 덕을 저버리고 술에 빠져 지내는구나.[14] 그대 술에 빠져 즐기지만 물려주신 조상을 생각하지 않고, 선왕의 도를 널리 찾아 밝은 법을 실행

---

14) 정현(鄭玄)의 「전(箋)」에서 다음과 같이 말하였다: "'우금(于今)'은 지금 려왕(厲王)을 말한다. '흥(興)'은 존경하고 숭상함과 같다. 왕이 소인(小人)을 존경하고 숭상하여 정사(政事)에 미혹된 것으로써, 그 공덕(功德)을 무너뜨리고, 그 정사(政事)를 황폐하게 하며, 또한 술을 과도하게 즐겼다. 소인(小人)을 아끼는 것이 심함을 말하였다.(于今, 謂今厲王也. 興, 猶尊尙也. 王尊尙小人, 迷亂于政事者, 以傾敗其功德, 荒廢其政事, 又湛樂于酒. 言愛小人之甚.)"

하지 않는구나.15)

詳說

○ 覆音福.
'覆'의 발음은 복(福)이다.

朱註

賦也. 今, 武公自言己今日之所爲也. 興, 尚也. 女, 武公使人誦詩, 而命己之詞也. 後凡言女, 言爾, 言小子者放此. 湛樂從, 言惟湛樂之是從也. 紹, 謂所承之緒也. 敷求先王, 廣求先王所行之道也. 共, 執. 刑, 法也.

부(賦)이다. 금(今)은 무공(武公)이 자기가 지금 하는 바를 스스로 말한 것이다. 흥(興)은 숭상함이다. 여(女)는 무공(武公)이 사람으로 하여금 시(詩)를 외우게 하고 자기에게 명하는 말이니, 뒤에 무릇 여(女)라고 말하고, 이(爾)라고 말하고, 소자(小子)라고 말한 것은 이와 같은 의미이다. 담악종(湛樂從)은 지나치게 쾌락만을 따름을 말한다. 소(紹)는 계승한 바의 전통을 말한다. 선왕(先王)을 널리 구한다는 것은 선왕(先王)이 행하던 바의 도(道)를 널리 구하는 것이다. 공(共)은 집행함이고, 형(刑)은 법(法)이다.

詳說

○ 鄭氏曰: "猶尊尚也."
('興, 尚也') 정씨(鄭氏[鄭玄])가 말하였다: "존경하고 숭상함과 같다."

○ 一無是字.
('惟湛樂之是'의 '是') 어떤 판본에는 '시(是)'자가 없다.

○ 補道字.
('廣求先王所行之道也'의 '道') '도(道)'자를 보충하였다.

---

15) 정현(鄭玄)의 「전(箋)」에서 다음과 같이 말하였다: "너희 군주와 신하들은 비록 술을 즐기고 서로 따르지만, 너를 계승할 후손들이 장차 네가 한 바를 본받을 것을 생각하지 않고, 선왕(先王)의 도(道)와 능히 법도를 집행할 수 있는 사람을 넓게 찾지 않는가? 절실히 질책한 것이다.(女君臣雖好樂嗜酒而相從, 不當念繼女之后人將效女所爲, 無廣索先王之道與能執法度之人乎? 切責之也.)"

○ 音拱.
('共, 執'의 '共') 발음은 공(拱)이다.

○ 慶源輔氏曰:"所承之緒甚重, 不可不念. 先王之法甚明, 不可不執也."
('共, 執. 刑, 法也') 경원 보씨(慶源 輔氏)가 말하였다:"계승한 바의 전통은 매우 중요하여 염두에 두지 않을 수 없고, 선왕의 법은 매우 밝아 잡지 않을 수 없다."

[3-3-2-4]
肆皇天弗尚, 如彼泉流, 無淪胥以亡. 夙興夜寐, 灑掃廷內, 維民之章. 修爾車馬, 弓矢戎兵, 用戒戎作, 用遏蠻方.

이에 하늘이 버리시니 샘물이 흐르듯 쉬이 서로 이끌어 망하지 않겠는가. 일찍 일어나고 밤늦게 자며 뜰 안을 깨끗이 청소하여 백성들의 본보기가 되어라. 그대의 수레며 말과 활과 화살 병기 수리하여 전쟁에 대비하며 오랑캐 멀리 물리칠지어다.

詳說
○ '泉流', 坊本作'流泉'.
'황류(泉流)'는 민간의 판본에서는 '유천(流泉)'으로 되어 있다.

朱註
賦也. 弗尚, 厭棄之也. 淪, 陷. 胥, 相. 章, 表. 戒, 備. 戎, 兵. 作, 起. 遏, 遠也.
부(賦)이다. 불상(弗尚)은 싫어하고 버림이다. 윤(淪)은 빠짐이고, 서(胥)는 서로이며, 장(章)은 본보기이고, 계(戒)는 대비함이며, 융(戎)은 전쟁이고, 작(作)은 일어남이며, 적(遏)은 멀리이다.

朱註
言天所不尚, 則無乃淪陷相與而亡, 如泉流之易乎. 是以內自庭除之近, 外及蠻方之遠, 細而寢興洒掃之常, 大而車馬戎兵之變, 慮無不周, 備無不飭也.

上章所謂訏謨定命, 遠猶辰告者, 於此見矣.
"하늘이 싫어하여 버리면 몰락하여 서로 더불어 망함이 샘물이 흘러가는 것처럼 쉽지 않겠는가. 이 때문에 안으로는 가까운 정원으로부터 밖으로는 멀리 오랑캐 지역까지 미치며, 작게는 자고 일어나며 물 뿌리고 청소하는 일상생활로부터 크게는 거마(車馬)와 융병(戎兵)의 변(變)에 이르기까지 두루 염려하지 않음이 없고 삼가 대배하지 않음이 없다."라고 말한 것이다. 위 장에 이른바 천하를 위한 계책을 분명하게 호령하며, 원대한 계획을 때에 따라 선포한다는 것을 여기에서 볼 수 있다.

詳說

○ 慶源輔氏曰:"承上章而言如此, 則必爲天所棄."
 ('天所不尚') 경원 보씨(慶源 輔氏)가 말하였다: "윗 장을 이어서 이처럼 말한다면 반드시 하늘이 버릴 것이다."

○ 去聲.
 ('泉流之易'의 '易') 거성이다.

○ 倒釋以便文.
 ('無乃淪陷…泉流之易乎') 거꾸로 해석하는 것이 글에 편하다.

○ 並去聲.
 ('灑掃') 다 거성이다.

○ 錯擧.
 ('車馬戎兵之變') 잘못 거론한 것이다.

○ 慶源輔氏曰:"近而吾民有所儀表, 遠而蠻方有所畏避."
 ('慮無不周備無不飭也') 경원 보씨(慶源 輔氏)가 말하였다: "가깝게는 우리 백성들이 표명하는 바이고, 멀게는 오랑캐 지역이 두려워 피하는 바이다."

○ 論也.
 ('上章所謂…於此見矣') 논의(論)이다.

[3-3-2-5]

> 質爾人民, 謹爾侯度, 用戒不虞, 愼爾出話, 敬爾威儀, 無不柔嘉. 白圭之玷, 尙可磨也, 斯言之玷, 不可爲也.

그대 백성을 안정시키고, 그대 법도 삼가서, 예기치 못한 일을 경계하고, 그대 말을 삼가며, 그대 몸가짐을 조심하여, 언제나 안온하고 착할지어다.16) 하얀 옥의 흠결은 갈아낼 수가 있거니와, 입 밖에 낸 말의 흠결은 어찌할 수가 없느니라.

朱註

賦也. 質, 成也, 定也. 侯度, 諸侯所守之法度也. 虞, 慮. 話, 言. 柔, 安. 嘉, 善. 玷, 欠也.

부(賦)이다. 질(質)은 이룸이고, 정함이다. 후도(侯度)는 제후(諸侯)로서 지켜야 할 바의 법도(法度)이다. 우(虞)는 생각함이고, 화(話)는 말이며, 유(柔)는 편안함이고, 가(嘉)는 선(善)이며, 점(玷)은 결함이다.

詳說

○ 慶源輔氏曰: "惟成而後能定."

('質, 成也, 定也') 경원 보씨(慶源 輔氏)가 말하였다: "오직 이루고 난 후에 확정할 수 있다."

朱註

○言旣治民守法, 防意外之患矣, 又當謹其言語. 蓋玉之玷欠, 尙可磨鑢使平, 言語一失, 莫能救之, 其戒深切矣. 故南容一日三復此章, 而孔子以其兄之子妻之.

이미 백성을 다스리고 법도(法度)를 지켜 의외(意外)의 환난(患難)을 막고, 또 마땅히 그 언어(言語)를 삼가하여야함을 말하였다. 옥(玉)의 결함은 오히려 줄로 갈아서 평평하게 할 수 있는데, 언어(言語)는 한 번 잘못하면 구제할 수가 없으니, 그 경계함이 깊고 간절하다. 그러므로 남용(南容)이 하루에 세 번 이 장(章)을 반

---

16) 정현(鄭玄)의 「전(箋)」에서 다음과 같이 말하였다: "이 때에 만민(萬民)이 자신의 직분을 잃고, 또한 기꺼이 공(公)의 일을 쫓아가지 않았다. 그래서, 다시 향읍(鄕邑)의 대부(大夫)를 경계하고 모든 나라의 군주에 미쳐서, 너희 만민(萬民)의 일을 평안히 하고, 조심히 네가 군주의 법도를 하게 하며, 두루 준비하여 억측하지 않고 그 일에 도달하였다.(此時萬民失職, 亦不肯趨公事, 故又戒鄕邑之大夫, 及邦國之君, 平女萬民之事, 愼女爲君之法度, 用備不億度而至之事.)"

복하여 읽자, 공자(孔子)께서는 그 형(兄)의 딸을 그에게 시집보내셨다.

詳說

○ 眉山蘇氏曰: "失民心慢侯度, 則將有不虞之禍."
('旣治民…患矣') 미산 소씨(眉山 蘇氏)가 말하였다: "백성의 마음을 잃고 제후로서 지켜야할 법도를 등한시하면 장차 생각지도 모하는 재앙을 가질 것이다."

○ 略威儀句, 蓋此章主意在言語也. 柔嘉二字之義, 亦屬言語意爲多.
('又當謹其言語') 위의(威儀) 구(句)를 생략한 것은 이 장(章) 주요한 뜻이 언어(言語)에 있기 때문이다. '유가(柔嘉)' 두 자의 의미 또한 언어(言語)에 귀속되어 뜻이 다양하다.

○ 音慮.
('鑢') 발음은 려(慮)이다.

○ 爲.
('莫能救之'의 '救') (본문의) '위(爲)'이다.

○ 此句以下論也.
('其戒深切矣') 이 구(句) 이하는 논의(論)이다.

○ 慶源輔氏曰: "前但言威儀, 至此章又兼言話言, 皆德之符也. 下四句又極言言語之不可不愼."
('其戒深切矣') 경원 보씨(慶源 輔氏)가 말하였다: "앞에서 단지 위의(威儀)를 말하였는데, 이 장에 이르러서 언어(言語)를 겸하여 말하였으니, 모두 덕(德)의 표시이다. 아래 네 구(句)는 언어(言語)를 삼가지 않을 수 없음을 최대한 말하였다."

○ 定宇陳氏曰: "此詩於'威儀'凡六言之, '言語'亦三致意焉. 前章命告, 與此章下章是也."

○ ('其戒深切矣') 정우 진씨(定宇 陳氏)가 말하였다: "이 시(詩)는 '위의(威儀)'에 대하여 모두 여섯 번 말하였고, '언어(言語)' 또한 세 번 그 의미를 다하였다. 이전 장의 '명고(命告: 명령하여 알림)'는 이 장과 함께 다음 장도 이것이다."

○ 段氏曰: "言行均不可有失, 而言之失尤易. 能謹其易, 則行可知也. 故章末惟戒言之玷."
('其戒深切矣') 단씨(段氏)가 말하였다: "말과 행동(言行)이 균형있으면 잃을 수 없으나 말은 잃기 더욱 쉽다. 그 (말이 잃기) 쉬움을 삼갈 수 있으면 행동은 알 수 있다. 그러므로 장(章) 마지막에 오로지 말이 이지러짐을 경계하였다."

○ 去聲.
('一日三復'의 '三') 거성이다.

○ 朱子曰: "不是一日讀, 此乃是日日讀之."
('故南容一日三復此章') 주자가 말하였다: "하루에 읽은 것이 아니라, 이것은 바로 날마다 읽은 것이다."

○ 去聲.
('以其兄之子妻之'의 '妻') 거성이다.

○ 見『論語・先進』.
('孔子以其兄之子妻之') 『논어(論語)・선진(先進)』에 보인다.

[3-3-2-6]

無易由言, 無曰苟矣. 莫捫朕舌, 言不可逝矣. 無言不讎, 無德不報. 惠于朋友, 庶民小子, 子孫繩繩, 萬民靡不承.

쉽게 말함이 없어서 구차함이 없게 할지어다. 내 혀 잡아주는 이 없으니 말 함부로 하면 안 된다.17) 말은 다시 내게로 돌아오고 덕은 반드시 보답한다. 동료들과 친구들, 백성과 어린이

---

17) 정현(鄭玄)의 「전(箋)」에서 다음과 같이 말하였다: "너는 교령(教令)을 내림을 가볍게 해서는 안 되니, 구차함을 없게 함이 또한 이와 같다. 지금 사람들이 나의 혀를 잡아주는 자가 없어서 스스로 경박하고 방자하다. 교령(教令)이 일단 아래로 내려지면, 그 잘못됨을 멈추게 할 수 있겠는가?(女無輕易于教令, 無曰苟且如是. 今人無持我舌者, 而自輕恣也. 教令一往行于下, 其過誤可得而已之乎?)"

들까지 사랑하면, 자손 대대로 모든 백성들이 받들 것이다.18)

朱註

賦也. 易, 輕. 捫, 持. 逝, 去. 讎, 答. 承, 奉也.
부(賦)이다. 이(易)는 가벼움이고, 문(捫)은 잡음이고, 서(逝)는 감이며, 수(讎)는 답함이고, 승(承)은 받듦이다.

詳說

○ 猶報也.
('讎, 答') (본문의) '보(報: 보답하다)'와 같다.

朱註

○言不可輕易其言, 蓋無人爲我執持其舌者. 故言語由己, 易致差失. 常當執持, 不可放去也. 且天下之理, 無有言而不讎, 無有德而不報者, 若爾能惠于朋友庶民小子, 則子孫繩繩而萬民靡不承矣, 皆謹言之效也.
말을 함부로 가볍게 해서는 안되니, 사람들 중에 나를 위하여 그 혀를 잡아주는 자가 없다. 그러므로 언어(言語)는 자신에게서 나와 실수하기가 쉬우니, 항상 마땅히 잡아서 지켜야 하고 놓아버려서는 안된다. 또 천하(天下)의 이치(理致)는 말에 답하지 않음이 없으며 덕(德)에 보답하지 않음이 없으니, 만일 네가 붕우(朋友)와 서민(庶民)과 어린이들까지 사랑하면, 자손 대대로 이어 만민(萬民)이 떠받들지 않는 이가 없을 것이니, 이는 모두 말을 삼간 효험이다.

詳說

○ 慶源輔氏曰:"承上章愼言之意, 而戒之'無曰苟'者, 戒其不可苟發也."
('不可輕易其言') 경원 보씨(慶源 輔氏)가 말하였다:"윗 장을 이어 말을 삼가는 뜻이고, '무왈구(無曰苟: 구차함이 없게 하다)'라고 경계한 것은 구차하게 발설

---

18) 정현(鄭玄)의 「전(箋)」에서 다음과 같이 말하였다: "교령(教令)이 나옴은 물건을 파는 것과 같아서, 물건이 좋으면 그 판매가가 높고, 물건이 좋지 않으면 그 판매가는 낮다. 덕(德)은 백성에게 이익을 주고, 백성들은 의로움으로 보답한다. 왕은 또한 마땅히 제후들에게 도(道)를 베풀고, 아래로 백성들의 자제들에게까지 미쳐야 한다.(教令之出如賣物, 物善則其售賈貴, 物惡則其售賈賤. 德加于民, 民則以義報之. 王又當施順道于諸侯, 下及庶民之子弟.)"

할 수 없음을 경계한 것이다."

○ 曰, 猶使也.
(본문의 '無曰苟矣'의 '曰') (본문의) '왈(曰)'은 '사(使: 하게 하다)'와 같다.

○ 華谷嚴氏曰:"由言者, 由己言之也."
(본문의 '由言') 화곡 엄씨(華谷 嚴氏)가 말하였다:"'유언(由言)'이라는 것은 자기로부터 말미암아 말하는 것이다."

○ 二句又申首二句意.
('言語由己, 易致差失') 두 구(句)는 처음 두 구(句)의 뜻을 더욱 확장하였다.

○ 一作守.
('執持'의 '持') 어떤 판본에는 '수(守)'로 되어 있다.

○ 自捫.
('執持') 스스로 잡은 것이다.

○ 慶源輔氏曰:"常詠此'莫捫'二句, 則知所以謹言矣."
('不可放去也') 경원 보씨(慶源 輔氏)가 말하였다:"항상 이 '막문(莫捫)' 두 구(句)를 읊으면, 말을 삼가야 하는 이유를 알 수 있을 것이다."

○ 添此句.
('且天下之理') 이 구(句)를 첨가하였다.

○ 本文帶說德.
('無有言…不報者') 본문에서 이어서 덕(德)을 말하였다.

○ 惠, 順也. 蓋謂言之順也.
('若爾能惠于朋友') '혜(惠)'는 순함(順)인데, 대개 말의 순함을 말한다.

○ 孔氏曰:"朋友謂卿大夫等."

('若爾能惠于朋友'의 '朋友') 공씨(孔氏[孔穎達])가 말하였다: "'붕우(朋友)'는 경대부(卿大夫)의 등급을 말한다."

○ 諸侯與王朝之臣亦皆是也.
('若爾能惠于朋友'의 '朋友') 제후와 조정의 신하 또한 모두 이들이다.

○ 與後章三小子不同, 蓋指己之子, 故下句以子孫承之.
('庶民小子') 뒷 장(章)19)에 나오는 세 개의 '소자(小子)'와 같지 않으니, 대개 자신의 자식을 가리키므로 다음 구(句)에서 '자손(子孫)'으로 이었다.

○ 一作無.
('萬民靡不承矣'의 '靡') 어떤 판본에는 '무(無)'로 되어 있다.

○ 奉承而親戴.
('萬民靡不承矣') 받들고 친히 이어감이다.

○ 此句, 論也.
('皆謹言之效也') 이 구(句)는 논의(論)이다.

○ 慶源輔氏曰: "言其效以歆動之."
('皆謹言之效也') 경원 보씨(慶源 輔氏)가 말하였다: "그 효험을 말하여, 마음을 움직였다."

[3-3-2-7]

視爾友君子, 輯柔爾顏, 不遐有愆. 相在爾室, 尙不愧于屋漏.
無曰不顯, 莫予云覯. 神之格思, 不可度思, 矧可射思.

그대 군자들과 만날 때에는 부드러운 얼굴로, 행여 잘못이나 없을까 하는구나.20) 방안에 있

---

19) 8, 10, 12 장에 나온다.
20) 정현(鄭玄)의 「전(箋)」에서 다음과 같이 말하였다: "지금 너희 제후들과 경대부(卿大夫)는 모두 어깨를 올리고 아첨하여 웃으며 너의 안색을 편안하게 하니, 이것은 올바른 도(道)에서 멀어져 죄와 잘못이 있는 것이 아니겠는가? 그들의 친근함을 말한 것이다.(今視女諸侯及卿大夫, 皆脅肩諂笑以和安女顏色, 是于正道不遠有罪過乎. 言其近也.)"

을 때에도 옥루에 부끄럼이 없게 할지니, 남이 보지 않는 곳이라 보는 이 없다 이르지 말라.21) 귀신이 도달함은 헤아릴 수가 없는데, 하물며 싫어할 수 있겠는가.22)

朱註

賦也. 輯, 和也. 遐, 何通. 愆, 過也. 尚, 庶幾也. 屋漏, 室西北隅也. 覯, 見也. 格, 至. 度, 測. 矧, 況也. 射, 斁通, 厭也.
부(賦)이다. 집(輯)은 화(和)함이다. 하(遐)는 하(何)와 통한다. 건(愆)은 허물이다. 상(尚)은 서기(庶幾)이다. 옥루(屋漏)는 방의 서북쪽 모퉁이이다. 구(覯)는 봄이다. 격(格)은 이르름이고, 탁(度)은 헤아림이며, 신(矧)은 하물며(況)이다. 역(射)은 역(斁)과 통하니, 싫어함이다.

詳說

○ 孫氏炎曰:"日光所漏入."
('屋漏, 室西北隅也') 손씨(孫氏) 염(炎)23)이 말하였다. "햇빛이 새어 들어오는 것이다."

○ 一無也.
('覯見也'의 '也') 어떤 판본에는 '무(無)'가 없다.

朱註

○言視爾友於君子之時, 和柔爾之顔色. 其戒懼之意, 常若自省曰: 豈不至於有過乎. 蓋常人之情, 其脩於顯者無不如此. 然視爾獨居於室之時, 亦當庶幾不愧于屋漏, 然後可爾. 無曰此非顯明之處, 而莫予見也. 當知鬼神之妙, 無物不體. 其至於是, 有不可得而測者. 不顯亦臨, 猶懼有失. 況可厭射而不敬乎. 此言不但脩之於外, 又當戒謹恐懼乎其所不睹不聞也. 子思子曰: 君子不

---

21) 정현(鄭玄)의 「전(箋)」에서 다음과 같이 말하였다. "제후들과 경대부(卿大夫)가 네 종묘의 내실에서 제사를 돕는데, 오히려 엄숙하고 경외하는 마음이 없어서, 옥루에서 귀신이 사람의 행위를 보고 있음을 부끄러워하지 않는다. 너는 이것이 어둡고 밝지 않아 나를 보는 자가 없다고 말해서는 안 된다. 귀신은 너를 보고 있다.(諸侯卿大夫助祭在女宗廟之室, 尙無肅敬之心, 不漸媿于屋漏有神見人之爲也. 女無謂是幽昧不明, 無見我者. 神見女矣.)"
22) 정현(鄭玄)의 「전(箋)」에서 다음과 같이 말하였다. "귀신이 오고 감을 헤아려 알 수 없는데, 하물며 제사의 마지막에 싫증나고 권태로움에 있어서야!(神之來至去止, 不可度知, 況可于祭末而有厭倦乎!)"
23) 생몰연대는 대략 220~265년이나 정확하게 알 수 없다. 자는 숙연(叔然)이고, 삼국시대 위(魏) 나라 락안(樂安)사람이며, 저명한 경학가이다.

動而敬, 不言而信. 又曰: 夫微之顯, 誠之不可揜如此. 此正心誠意之極功, 而武公及之, 則亦聖賢之徒矣.

"네 군자(君子)와 사귈 때를 보니, 네 안색을 부드럽게 하여 그 조심하고 경계하는 뜻이 항상 스스로 살피기를 '행여 잘못이나 있지 않을까?' 하니, 보통 사람의 정(情)은 보일 때에는 이와 같이 조심하지 않음이 없다. 그러나 네가 홀로 방에 거처할 때를 보아도 또한 마땅히 옥루(屋漏)에 부끄럽지 않게 해야 하니, 그런 뒤에야 되는 것이다. '이곳은 밝게 드러난 곳이 아니어서 나를 보는 이가 없다.'고 말하지 말라. 귀신(鬼神)의 묘함은 사물(事物)마다 본체(本體)가 되지 않음이 없어서 이에 이르름을 측량할 수 없는 것이 있음을 알아야 하니, 드러나지 않을 때에도 임한 듯이 하여 오히려 잘못이 있을까 두려워해야 하는데, 하물며 신(神)을 싫어하여 공경(恭敬)하지 않을 수 있겠는가."라고 한 것이다. 이는 단지 외면으로만 수양할 뿐만 아니라 그 보지 않고 듣지 않는 데서도 조심하고 두려워해야 함을 말한 것이다. 자사자(子思子)가 말하기를 "군자(君子)는 동(動)하지 않을 때에도 공경하며 말하지 않을 때에도 믿게 한다."하였고, 또 말하기를 "은미(隱微)한 것이 더 드러나니, 성(誠)을 가리울 수 없음이 이와 같다."라고 하였다. 이것은 정심(正心), 성의(誠意)의 지극한 공부인데, 무공(武公)이 이에 미쳤으니, 그 또한 성현(聖賢)의 무리이다.

詳說

○ 承上章朋友.
('視爾友於君子之時') 윗 장의 '붕우(朋友)'를 이었다.

○ 悉井反.
('自省'의 '省') 실(悉)과 정(井)의 반절이다.

○ 添二句.
('其戒懼…自省') 두 구(句)를 첨가하였다.

○ 添二句.
('蓋常人…無不如此') 두 구(句)를 첨가하였다.

○ 補當、可字.
　('亦當庶幾不愧于屋漏, 然後可爾') '당(當)', '가(可)'자를 보충하였다.

○ 一作明顯.
　('此非顯明'의 '顯明') 어떤 판본에는 '명현(明顯)'으로 되어 있다.

○ 添此句及當知字.
　('當知鬼神之妙, 無物不體') 이 구(句)와 '당지(當知)'를 첨가하였다.

○ 安知神之不至於此乎.
　('其至…測者') 어찌 신(神)이 여기에 도달하지 않았음을 알겠는가?

○ 見思齊.
　('其至…測者') '사제(思齊)' 장에 보인다.

○ 添二句.
　('不顯…有失') 두 구(句)를 첨가하였다.

○ 補不敬字.
　('況可厭射而不敬乎') '불경(不敬)'자를 보충하였다.

○ 慶源輔氏曰: "惟不敢有所厭射, 則此心始無間斷."
　('況可厭射而不敬乎') 경원 보씨(慶源 輔氏)가 말하였다: "감히 싫어하는 바를 가지고 있지 않다면, 이 마음은 애초에 간단함이 없다."

○ 朱子曰: "相在以下是存養工夫."
　('況可厭射而不敬乎') '상재(相在)' 이하는 존심양성(存心養性)의 공부(工夫)이다.

○ 廬陵彭氏曰: "視爾以下."
　('此言不但脩之於外') 여릉 팽씨(廬陵 彭氏)가 말하였다: "'시이(視爾)' 이하이다."

○ 廬陵彭氏曰: "相在以下."
('又當戒謹恐懼乎…不聞也') 여릉 팽씨(廬陵 彭氏)가 말하였다: "'시이(視爾)' 이하이다."

○ 東萊呂氏曰: "此章敎以內外交修也."
('又當戒謹恐懼乎…不聞也') 동래 여씨(東萊 呂氏)가 말하였다: "이 장은 내면과 외면을 상호 수양함으로써 가르쳤다."

○ 安成劉氏曰: "省察存養之功."
('又當戒謹恐懼乎…不聞也') 안성 유씨(安成 劉氏)가 말하였다: "성찰(省察)과 존양(存養)의 공(功)이다."

○ 音扶.
('夫微之顯'의 '夫') 발음은 부(扶)이다.

○ 戒謹以下出『中庸』.
('戒謹恐懼乎…不可揜如此') '계근(戒謹)' 이하는 『중용(中庸)』에 나온다.

○ 此言以下論也.
('此正心…聖賢之徒矣') 이 말 이하는 논의(論)이다.

[3-3-2-8]

辟爾爲德, 俾臧俾嘉. 淑愼爾止, 不愆于儀. 不僭不賊, 鮮不爲則. 投我以桃, 報之以李. 彼童而角, 實虹小子.

군주여 그대 덕행을 선하고 아름답게 할지니, 그대 몸가짐을 삼가 허물없이 할지어다. 어긋나고 해침이 없으면 모두가 본받을 것이다. 내가 복숭아 던져주면 오얏으로 보답하는 법이니, 새끼 양에 뿔을 찾는 저들 실로 소자(小子)를 혼란하게 하리라.

朱註
賦也. 辟, 君也, 指武公也. 止, 容止也. 僭, 差. 賊, 害. 則, 法也. 無角曰童. 虹, 潰亂也.

부(賦)이다. 벽(辟)은 군주(君主)이니, 무공(武公)을 가리킨다. 지(止)는 용지(容止)이다. 참(僭)은 어그러짐이고, 적(賊)은 해침이며, 칙(則)은 법이다. 뿔이 없는 것을 동(童)이라고 한다. 홍(虹)은 어지러움이다.

> 詳說

○ 安成劉氏曰: "首言辟者, 武公自君道言之也. 繼言爾者, 自君臣親密言之也. 末言小子, 則公之謙辭."
('辟…指武公也') 안성 유씨(安成 劉氏)가 말하였다: "처음에 '벽(辟)'을 말한 것은 무공(武公)이 군주의 도(道)의 관점으로부터 말하였고, 이어서 '이(爾)'라고 말한 것은 군주와 신하의 관점에서 친밀하게 말한 것이다. 마지막에 '소자(小子)'를 말한 것은 공(公)의 겸사(謙辭)이다."

○ 訌同.
('虹') '홍(訌: 어지러워지다)'과 같다.

○ 華谷嚴氏曰: "謂幻惑也."
('虹, 潰亂也') 화곡 엄씨(華谷 嚴氏)가 말하였다: "사람들을 현혹시킴을 말한다."

> 朱註

○旣戒以脩德之事, 而又言爲德而人法之, 猶投桃報李之必然也. 彼謂不必脩德, 而可以服人者, 是牛羊之童者, 而求其角也, 亦徒潰亂汝而已. 豈可得哉.
이미 덕(德)을 닦는 일로써 경계하였고, 또 말하기를 "덕(德)을 행하여 사람들이 본받는 것은 마치 복숭아를 던져주면 오얏으로 갚음의 보답하는 것과 같다. 굳이 덕(德)을 닦지 않고도 남을 복종시킬 수 있다고 말하는 저들은 바로 뿔이 없는 소와 양에서 그 뿔을 구하는 격이니, 역시 너를 혼란하게 할 뿐이다. 어찌 그리 될 수 있겠는가."라고 하였다.

> 詳說

○ 上四句.

('旣戒以脩德之事') 위 네 구(句)이다.

○ 東萊呂氏曰: "俾臧俾嘉, 欲其盡君德之善也."
('旣戒以脩德之事') 동래 여씨(東萊 呂氏)가 말하였다: "'비장비가(俾臧俾嘉: 선하고 아름답게 하다)'는 그가 군주가 가진 덕의 선을 다하기를 원한 것이다."

○ 豐城朱氏曰: "無一事之不善, 無一事之不嘉."
('旣戒以脩德之事') 풍성 주씨(豐城 朱氏)가 말하였다: "한 가지 일이라도 선 아님이 없고, 한 가지 일이라도 아름답지 못함이 없는 것이다."

○ 慶源輔氏曰: "無差謬, 無虧損."
('而又言爲德') 경원 보씨(慶源 輔氏)가 말하였다: "차이와 오류가 없고, 이지러지고 손실이 없음이다."

○ 豐城朱氏曰: "於事無所差, 於理無所害."
('而又言爲德') 풍성 주씨(豐城 朱氏)가 말하였다: "일에서 착오가 없는 것이고, 리(理)에서 해로움이 없는 것이다."

○ 補必然字.
('猶投桃報李之必然也') '필연(必然)' 자를 보충하였다.

○ 豐城朱氏曰: "言理之必有者以勉之."
('猶投桃報李之必然也') 풍성 주씨(豐城 朱氏)가 말하였다: "리(理)가 반드시 있다는 것을 말하여 권면하였다."

○ 先補正意.
('彼謂…服人者') 먼저 바른 뜻을 보충하였다.

○ 補求字.
('是牛羊…求其角也') '구(求)' 자를 보충하였다.

○ 豐城朱氏曰: "言理之必無者以戒之."
('是牛羊…求其角也') 풍성 주씨(豐城 朱氏)가 말하였다: "리(理)가 반드시 없음

을 말하여 경계하였다."

○ 添此句.
('亦徒潰亂…豈可得哉') 이 구(句)를 첨가하였다.

○ 得謂得其角.
('亦徒潰亂…豈可得哉') 그 뿔을 얻음을 말할 수 있다.

○ 黃氏曰: "極言君臣相應之機, 必卽物理之易見者言之."
('亦徒潰亂…豈可得哉') 황씨(黃氏)가 말하였다: "군주와 신하의 기틀은 반드시 사물의 이치가 잘 드러난 것에 직면하여 말해야 함을 최대한 말하였다."

[3-3-2-9]

荏染柔木, 言緡之絲. 溫溫恭人, 維德之基. 其維哲人, 告之話言, 順德之行. 其維愚人, 覆謂我僭, 民各有心.

결 곱고 부드러운 나무에 줄 메어 활을 만든다. 온화하고 공손한 사람은 덕행의 터전이다.24) 슬기로운 사람은 옛날의 좋은 말을 일러주면 따라서 덕행을 행한다. 어리석은 사람은 도리어 거짓이라 하니 사람들의 마음은 제 각각이로다.25)

朱註

興也. 荏染, 柔貌. 柔木, 柔忍之木也. 緡, 綸也. 被之綸以爲弓也. 話言, 古之善言也. 覆, 猶反也. 僭, 不信也. 民各有心, 言人心不同, 愚智相越之遠也.

흥(興)이다. 임염(荏染)은 부드러운 모양이다. 유목(柔木)은 부드럽고 질긴 나무이다. 민(緡)은 실을 꼬아 만든 것이니, 꼬아 만든 줄을 입혀 활을 만드는 것이다. 화언(話言)은 옛날의 좋은 말이다. 복(覆)은 반(反: 도리어)과 같다. 참(僭)은 신실

---

24) 정현(鄭玄)의 「전(箋)」에서 다음과 같이 말하였다: "부드러운 나무는 유연한데, 사람은 그것에 줄을 매어 활을 만든다. 관대하고 부드러운 사람이 온화하다면 덕(德)을 행하는 기틀이 될 수 있을 것이다. 내면에 그 본성을 가지고 있으니, 덕(德)을 행할 수 있음을 말한 것이다.(柔忍之木荏染然, 人則被之弦以爲弓. 寬柔之人溫溫然, 則能爲德之基止. 言內有其性, 乃可以有爲德也.)"
25) 정현(鄭玄)의 「전(箋)」에서 다음과 같이 말하였다: "현명하고 지혜로운 사람이 좋은 말로 말하면 따라 행하지만, 우매한 사람에게 알려주면 도리어 나를 믿을 수 없다고 말하니, 백성들은 각자 자신의 마음이 있어서, 두 경우는 같지 않은 것이다.(語賢知之人以善言則順行之, 告愚人反謂我不信, 民各有心, 二者意不同.)"

하지 않음이다. 사람들이 각기 딴 마음이 있다는 것은 인심(人心)이 같지 않아서 슬기로움과 어리석음의 간격이 서로 멀다는 것을 말한다.

詳說

○ 兼比.
 ('興也') 비(比)를 겸한다.

○ 音刃, 韌通.
 ('柔忍'의 '忍') 발음은 인(刃)이고, '인(韌: 질기다)'과 통한다.

○ 合絲.
 ('緡, 綸也') 실을 모은 것이다.

○ 張子曰:"柔和之木, 乃弓之材; 溫恭之人, 乃德之質."
 ('被之綸以爲弓也') 장자(張子)가 말하였다:"부드러운 나무는 바로 활의 재료이고, 온화하고 공손한 사람은 바로 덕(德)의 바탕이다."

○ 慶源輔氏曰:"武公三言溫柔, 惟溫柔則可以進學."
 ('被之綸以爲弓也') 경원 보씨(慶源 輔氏)가 말하였다:"무공(武公)은 온화하고 부드러움을 세 번 말하였는데, 오직 온화하고 부드럽다면 학문에 나아갈 수 있다."

○ 西山眞氏曰:"首章驗其德之隅, 此章立其德之基, 武公作聖之功於是焉在."
 ('被之綸以爲弓也') 서산 진씨(西山 眞氏)가 말하였다:"첫 장(章)은 그 덕(德)의 반듯함을 징험하였고, 이 장(章)은 그 덕(德)의 기틀을 세웠으니, 무공(武公)이 성현의 업적을 만드는 것은 여기에 있다."

○ 順德之行謂順德而行也.
 ('話言, 古之善言也') 덕(德)을 따르는 행위는 덕(德)을 따르면서 행동함을 말한다.

○ 音福.
　('覆') 발음은 복(福)이다.

○ 不可信也.
　('僭, 不信也') 신뢰할 수 없는 것이다.

○ 去也.
　('相越'의 '越') 거리가 떨어지다(去)이다.

[3-3-2-10]

於乎小子, 未知臧否. 匪手攜之, 言示之事. 匪面命之, 言提其耳. 借曰未知, 亦旣抱子. 民之靡盈, 誰夙知而莫成.

아, 소자(小子)여, 옳고 그름을 모르는가. 손잡아 이끌어줄 뿐 아니라 일을 지적하여 말해주며, 대면하여 가르쳐줄 뿐 아니라 귀를 당겨 일러 주었네. 설사 아직 모른다고 하지만 아들 안고 있는 나이이다. 저 잘났다 자만하지 않는다면 그 누가 일찍 알고도 늦게 이루겠는가.26)

朱註

賦也. 非徒手攜之也, 而又示之以事, 非徒面命之也, 而又提其耳. 所以喩之者, 詳且切矣. 假令言汝未有知識, 則汝旣長大而抱子, 宜有知矣. 人若不自盈滿, 能受敎戒, 則豈有旣早知, 而反晩成者乎.

부(賦)이다. 다만 손으로 잡아줄 뿐만 아니라, 또 일로써 보여주며, 다만 대면하여 가르쳐 줄 뿐만 아니라, 또 그 귀를 잡고 말해주니, 말해주는 것이 상세하고 또 간절한 것이다. 가령 네가 지식(知識)이 없다고 하더라도 네가 이미 어른이 되어 아들을 안고 있으니, 당연히 지각이 있을 것이다. 사람들이 만일 스스로 잘난 척하고 자만하지 아니하여 가르침과 경계를 받아들인다면 어찌 이미 일찍 알고서도 도리어 늦게 이루는 일이 있겠는가.

---

26) 『정의(正義)』에서 말하였다: "이것은 또한 왕을 가르칠 수 없음을 말한 것이다. 아! 이 어린아이 같은 려왕(厲王)은 그 마음이 선하고 악한 것에 대하여 알 수가 없었다. 나는 비단 손으로 그를 끌어 당겼을 뿐만 아니라, 친히 그 일의 시비를 보여주고 그가 보고 깨닫기를 바랐다. 나는 또한 비단 대면하여 가르쳐 줄 뿐만 아니라, 친히 귀를 잡고 말하여 그 뜻을 잊지 않기를 바랐다. 자기가 가르친 대상이 깨달을 수 없음을 말한 것이다.(『正義』曰: 此又言王不可敎. 于乎! 此小子之厲王, 其心未能識知于善否. 我非但以手攜掣之, 我乃親示以其事之是非, 庶其睹之而悟也. 我又非但對面命語之, 我又親提撕其耳, 庶其志而不忘. 言己敎導之勤, 而不可啓悟也.)"

詳說

○ '臧否'猶是非也.
(본문의 '臧否') '장부(臧否)'는 '시비(是非: 옳고 그름)'와 같다.

○ 添徒字.
('非徒手攜之也') '도(徒)' 자를 첨가하였다.

○ 華谷嚴氏曰: "攜手、提耳皆長者敎誨小子之常."
('而又示之⋯詳且切矣') 화곡 엄씨(華谷 嚴氏)가 말하였다: "'휴수(攜手: 손을 잡다)', '제이(提耳: 귀를 잡다)' 모두 나이 많은 자가 나이 어린 자를 가르치는 일반적인 것이다."

○ 借曰.
('假令言') (본문의) '차왈(借曰)'이다.

○ 上聲.
('汝旣長大'의 '長') 상성이다.

○ 慶源輔氏曰: "況耄期之年乎. 公老矣而使人謂其小子, 可謂不自盈滿矣, 只此便見其溫柔之意."
('假令言⋯抱子') 경원 보씨(慶源 輔氏)가 말하였다: "하물며 90세의 나이에 있어서랴? 공(公)이 늙어서 사람들로 하여금 그 소자(小子)를 말하게 한 것이니, 스스로 자만하지 않는다고 말할 수 있을 것이다. 단지 이것이라면 그 온화하고 부드러운 뜻을 알 수 있다."

○ 補此句.
('宜有知矣') 이 구(句)를 보충하였다.

○ 添此句.
('人若不能受敎戒') 이 구(句)를 첨가하였다.

○ 必當早成.

('則豈有…晚成者乎') 반드시 일찍 이루는 것이 당연하다.

[3-3-2-11]
昊天孔昭, 我生靡樂. 視爾夢夢, 我心慘慘. 誨爾諄諄, 聽我藐藐. 匪用爲敎, 覆用爲虐. 借曰未知, 亦聿旣耄.

하늘 매우 밝으나 우리 삶은 즐겁지 않다. 그대 혼미함을 보니, 내 마음 근심스럽다. 자세히 가르치지만 내 말 건성으로 듣네.27) 가르친다 여기지 않고 도리어 농담이라 하는구나. 설사 아직 모른다 하나 이미 늙은 나이로다.

詳說

○ 覆, 音福.
　'覆'은 발음이 복(福)이다.

朱註

賦也. 夢夢, 不明亂意也. 慘慘, 憂貌. 諄諄, 詳熟也. 藐藐, 忽畧貌. 耄, 老也, 八十九十曰耄, 左史所謂年九十有五時也.
부(賦)이다. 몽몽(夢夢)은 밝지 못함이니, 어지러운 뜻이다. 참참(慘慘)은 근심하는 모양이다. 순순(諄諄)은 상세하고 익숙함이요, 막막(藐藐)은 소홀히 하고 간략히 하는 모양이다. 모(耄)는 늙음이니, 80과 90을 모(耄)라 하니, 좌사(左史)가 말한 바 나이가 95세 때라는 것이다.

詳說

○ 諄音誤.
　('諄諄') 언해(諺解)의 발음은 잘못이다.

○ 用以也.
　('藐藐, 忽畧貌') '용이(用以: ~으로, ~을 사용하여)'이다.

---

27) 정현(鄭玄)의 「전(箋)」에서 다음과 같이 말하였다: "하늘은 깊이 밝게 살피셨다. 나의 삶은 즐거울 수가 없고, 왕의 뜻이 혼미한 것을 보니, 나의 마음이 슬프고 근심스럽다. (그가) 방자하여 충신을 등용하지 않음을 하소연하였다.(昊天乎, 乃甚明察. 我生無可樂也, 視王之意夢夢然, 我心之憂悶慘慘然. 愬其自恣, 不用忠臣.)"

○ 出『禮記・曲禮』.
('八十九十日耄')『예기(禮記)・곡례(曲禮)』에 나온다.

○ 倚相.
('左史') 의상(倚相)28)이다.

○ 不止於抱子矣.
('左史所謂年九十有五時也') 아이를 안은 데 그치지 않았다.

[3-3-2-12]
於乎小子, 告爾舊止. 聽用我謀, 庶無大悔. 天方艱難, 曰喪厥國. 取譬不遠, 昊天不忒. 回遹其德, 俾民大棘.

아, 소자(小子)여, 옛 법도를 말해주겠다. 나의 계책을 들어주면 그리 큰 후회가 없을 것이다. 천운이 어려워져서 나라가 망하게 생겼다.29) 내 비유 멀리 있지 않고 하늘의 법도 분명한데, 그대 덕을 그르쳐서 백성들 위급하게 하네.30)

朱註

賦也. 舊, 舊章也, 或曰: 久也. 止, 語詞. 庶, 幸. 悔, 恨. 忒, 差. 遹, 僻. 棘, 急也.
부(賦)이다. 구(舊)는 옛 법이니, 혹자(或者)는 오램이라고 한다. 지(止)는 어조사(語助詞)이다. 서(庶)는 행여이고, 회(悔)는 한(恨)함이며, 특(忒)은 어그러짐이고, 휼(遹)은 사벽(邪僻)함이며, 극(棘)은 급함이다.

詳說

---

28) 초(楚) 나라 사람이다. 춘추 시대 초 나라의 좌사(左史)의 조부(祖父)이다.
29) 정현(鄭玄)의 「전(箋)」에서 다음과 같이 말하였다: "하늘은 왕이 이처럼 악하다고 여겼으므로, 감내하기 어려운 일을 내셨으니, 재앙과 괴이한 일을 내리고, 전쟁을 일으켜 장차 멸망하게 하려는 것을 말한다.(天以王爲惡如是, 故出艱難之事, 謂下災異, 生兵寇, 將以滅亡.)"
30) 정현(鄭玄)의 「전(箋)」에서 다음과 같이 말하였다: "지금 내가 왕을 위하여 비유를 취함이 멀리 미치지 않는다는 것은 오직 가까울 따름이다. 왕은 마땅히 하늘의 덕이 항상됨을 가지는 것처럼 해야 하지만, 본받지 않는다. 도리어 항상되지 못하고 오직 그 행동이 탐욕스럽고 포학하며, 백성들의 재물이 다하여 큰 곤란과 위기가 있도록 한다.(今我爲王取譬喩不及遠也, 維近耳. 王當如昊天之德有常, 不差忒也. 王反爲無常, 維邪其行爲貪暴, 使民之財匱盡而大困急.)"

○ '假樂'註參看.
('舊, 舊章也') '가락(假樂)'장의 주(註)를 참고해 보라.

朱註
○言天運方此艱難, 將喪厥國矣. 我之取譬, 夫豈遠哉. 觀天道禍福之不差忒, 則知之矣. 今汝乃回遹其德, 而使民至於困急, 則喪厥國也必矣.
"천운(天運)이 어려워 나라가 망하게 생겼으니, 내가 비유할 것이 어찌 있겠는가. 천도(天道)가 악(惡)한 자에게 화(禍)를 내리고 선(善)한 자에게 복(福)을 내림이 어그러지지 않음을 본다면 그것을 알 것이다. 그런데 너는 마침내 그 덕(德)을 그르쳐서 백성으로 하여금 곤궁하고 위급한 지경에 이르게 하니, 그 나라를 망칠 것이 틀림없다."라고 한 것이다.

詳說
○ 音扶.
('夫豈遠哉'의 '夫') 발음은 부(扶)이다.

○ 補禍福.
('禍福') '화복(禍福)'을 보충하였다.

○ 添此句.
('則知之矣') 이 구(句)를 첨가하였다.

○ 補此句.
('今汝乃…必矣') 이 구(句)를 보충하였다.

朱註
抑十二章, 三章章八句, 九章章十句.
억(抑) 12장(章)이니, 3장(章)은 장마다 8구(句)이고, 9장(章)은 장마다 10구(句)이다.

朱註

楚語左史倚相曰: 昔衛武公年數九十五矣, 猶箴儆於國曰: 自卿以下, 至于師長士, 苟在朝者, 無謂我老耄而舍我, 必恭恪於朝夕, 以交戒我. 在輿有旅賁之規, 位宁有官師之典, 倚几有誦訓之諫, 居寢有暬御之箴, 臨事有瞽史之道, 宴居有師工之誦. 史不失書, 蒙不失誦, 以訓御之. 於是作懿戒以自儆. 及其沒也, 謂之睿聖武公. 韋昭曰: 懿, 讀爲抑. 卽此篇也. 董氏曰: 侯包言, 武公行年九十有五, 猶使人日誦是詩, 而不離於其側. 然則序說爲刺厲王者誤矣.

『국어(國語)』의 「초어(楚語)」에 좌사(左史) 의상(倚相)이 말하기를 "옛날 위무공(衛武公)은 나이가 95세였지만 오히려 나라에 경계하여 '경(卿)으로부터 그 이하(以下)로 사(師), 장(長), 사(士)에 이르기까지 진실로 조정(朝廷)에 있는 자들은 내가 늙었다 하여 나를 버리지 말고 반드시 아침 저녁으로 공손히 하고 조심하여 서로 나를 경계하라.'하여 수레에 있을 때에는 여분(旅賁)의 경계가 있고 저(宁)에 있을 때에는 관사(官師)이 법(法)이 있으며, 궤(几)에 의지해 있을 때에는 훈계를 외어주며 간언(諫言)하는 사람이 있고 침실에 있을 때는 가까이 모시는 자들의 경계가 있으며, 일을 할 때에는 고사(瞽史)의 인도함이 있고 편안히 거처할 때에는 악공(樂工)의 외어줌이 있어서, 사관(史官)이 하나도 빠뜨리지 않고 쓰고 악관(樂官)들이 한시도 빠뜨리지 않고 좋은 말로써 외워 가르치고 인도하였다. 이에 의계(懿戒)를 지어 스스로 경계하였는데, 그가 죽자 그를 예성무공(睿聖武公)이라 하였다."라고 하였다. 위소(韋昭)가 "의(懿)는 억(抑)으로 읽으니, 바로 이 편이다."라고 하였고, 동씨(董氏)는 "후포(侯包)가 이르기를 '무공(武公)은 나이 95세였는데도 오히려 사람으로 하여금 날로 이 시(詩)를 외우게 하여 그 곁에서 떠나지 않게 했다.' 하였다."라고 하였으니, 그렇다면 서설(序說)에 '려왕(厲王)을 풍자했다.'라고 말한 것은 잘못이다.

詳說

○ 國語.
 ('楚語') 『국어(國語)』이다.

○ 去聲.
 ('倚相'의 '相') 거성이다.

○ 楚人.
    ('左史倚相') 초(楚) 나라 사람이다.

○ 上聲.
    ('師長'의 '長') 상성이다.

○ 西山眞氏曰: "師長, 官師之長. 士, 上、中、下士."
    ('師長士') 서산 진씨(西山 眞氏)가 말하였다: "'사장(師長)'은 관사(官師)의 장(長)이고, '사(士)'는 상사(上士), 중사(中士), 하사(下士)이다."

○ 音潮.
    ('苟在朝'의 '朝') 발음은 조(潮)이다.

○ 上聲.
    ('舍我'의 '舍') 상성이다.

○ 以上通言在朝之常.
    ('自卿以下…以交戒我') 이상은 조정에서의 항상됨을 통괄하여 말하였다.

○ 音奔.
    ('旅賁'의 '賁') 발음은 분(奔)이다.

○ 『周禮』曰: "旅賁氏執戈盾夾車而趨. 車止, 則持輪."
    ('旅賁之規') 『주례(周禮)』에서 말하였다: "여분(旅賁) 씨는 창과 방패를 잡고 왕의 수레를 좌우에서 몰고간다. 수레가 멈추면 수레바퀴를 지지한다."

○ 『國語』註曰: "中庭之左右謂之位; 門屛之間謂之宁."
    ('位宁有官師之典') 『국어(國語)』의 주(註)에서 말하였다: "중정(中庭)의 좌우를 위(位)라고 하고, 문병(門屛)31) 사이를 저(宁)라고 한다."

---

31) 바깥에서 집안이 들여다 보이지 않게 대문이나 중문의 안쪽에 가로막아 세워 놓은 담이나 널빤지를 말한다.

○ 西山眞氏曰: "誦訓, 主誦書之官."
('倚几有誦訓之諫') 서산 진씨(西山 眞氏)가 말하였다: "'송훈(誦訓)'은 책을 암송하는 것을 주관하는 관리이다."

○ 音薛.
('褻御'의 '褻') 발음은 설(薛)이다.

○ 西山眞氏曰: "褻御, 近習也."
('居寢有褻御之箴'의 '褻御') 서산 진씨(西山 眞氏)가 말하였다: "'설어(褻御)'는 가까이서 실행하는 것이다."

○ 西山眞氏曰: "瞽史, 知天道者."
('臨事有瞽史之道'의 '瞽史') 서산 진씨(西山 眞氏)가 말하였다: "'고사(瞽史)'는 천도(天道)를 아는 자이다."

○ 西山眞氏曰: "師工, 樂官."
('宴居有師工之誦'의 '師工') 서산 진씨(西山 眞氏)가 말하였다: "'사공(師工)'은 악관(樂官)이다."

○ 御, 侍也, 進也.
('以訓御之'의 '御') '어(御)'는 모시고, 나아감이다.

○ 西山眞氏曰: "自卿以下無一人不使任箴規之職; 在輿以下無一處不欲聞箴規之言."
('史不失書⋯以訓御之') 서산 진씨(西山 眞氏)가 말하였다: "'자경(自卿)'이하는 어느 한 사람도 경계의 직분을 맡지 않음이 없고, '재여(在輿)'이하는 어느 한 곳도 경계의 말을 듣지 않으려 함이 없는 것이다."

○ 慶源輔氏曰: "可謂老而好學不厭者也."
('於是作懿戒以自儆') 경원 보씨(慶源 輔氏)가 말하였다: "늙어서도 배우기를 좋아하고 싫증나지 않는 자라고 말할 수 있다."

○ 諡也.
('睿聖武公') 시호(諡號)이다.

○ 字弘嗣, 吳吳郡人, 註『國語』.
('韋昭') 자(字)는 홍사(弘嗣)이고, 오(吳) 나라의 오군(吳郡) 사람이며, 『국어(國語)』를 주석하였다.

○ 抑之爲懿, 聲之轉也.
('懿, 讀爲抑') '억(抑)'이 의(懿)가 되는 것은 소리의 전환이다.

○ 漢時人.
('侯包') 한(漢) 나라 때의 사람이다.

○ 廬陵羅氏曰:"包撰『韓詩翼要』十卷."
('侯包') 여릉 나씨(廬陵 羅氏)가 말하였다:"(후)포는 『한시익요(韓詩翼要)』 10권을 지었다."

○ 去聲.
('不離'의 '離') 거성이다.

○ 侯說止此.
('武公…不離於其側') 후포(侯包)의 말은 여기서 그친다.

○ 新安胡氏曰:"二雅王者事也, 何武公二詩獨得入乎."
('然則序說爲刺厲王者誤矣') 신안 호씨(新安 胡氏)가 말하였다:"두 아(雅)는 왕 된 자의 일인데, 어찌 무공(武公)이 지은 두 시(詩)가 홀로 들어갈 수 있겠는가?"

○ 安成劉氏曰:"風有淇澳, 無可疑也. 賓筵、抑詩得入二雅者, 豈公作二詩, 在於爲王朝卿士之日而其體製音節又有合於大小雅乎. 然但得列於變雅, 則與先王雅樂自無相亂矣."
('然則序說爲刺厲王者誤矣') 안성 유씨(安成 劉氏)가 말하였다:"풍(風)에는 '기

욱(淇澳)'이 있음을 의심할 수 없다. '빈연(賓筵)', '억(抑)' 시(詩)가 두 아(雅)에 들어갈 수 있는 것은, 어찌 공(公)이 두 시(詩)를 지어 왕과 조정의 경사(卿士)를 위한 날에 그 (두 시의) 체제(體製) 음절이 또한 대아(大雅), 소아(小雅)에 합쳐졌겠는가? 그러나 단지 변아(變雅)에 배열할 수 있다면 선왕(先王)의 아악(雅樂)과 함께 저절로 서로 혼란됨이 없을 것이다."

[3-3-3-1]

菀彼桑柔, 其下侯旬. 捋采其劉, 瘼此下民. 不殄心憂, 倉兄塡兮. 倬彼昊天, 寧不我矜.

저 뽕잎 무성할 때는 그 아래 그늘 좋더니, 뽕잎 다 따서 가지만 남아32) 백성들 쉴 곳 없어 괴롭다.33) 마음의 근심 끊지 못하고 슬픔 걱정 이어지니, 밝고 밝은 저 하늘은 왜 우리를 불쌍히 여기지 않는가.

朱註

比也. 菀, 茂. 旬, 徧. 劉, 殘. 殄, 絶也. 倉兄, 與愴怳同, 悲閔之意也. 塡, 未詳. 舊說與陳塵同, 蓋言久也, 或疑與瘨字同, 爲病之義. 但召旻篇內二字並出, 又恐未然. 今姑闕之. 倬, 明貌.

비(比)이다. 울(菀)은 무성함이고, 순(旬)은 두루함이며, 유(劉)는 쇠잔함이고, 진(殄)은 끊음이다. 창형(倉兄)은 창황(愴怳)과 같으니, 슬퍼하고 불쌍히 여기는 뜻이다. 진(塡)은 미상(未詳)이다. 구설(舊說)에 "진(陳), 진(塵)과 같다."라고 하였으니, 오램을 말한 것이거나 혹은 의심하기를 "전자(瘨字)와 같다."라고 하니, 병든다는 뜻이다. 다만 「소민(召旻)」편(篇) 안에 두 자(字)가 함께 나오니, 또 옳지 않을 것 같아, 지금 우선 빼놓는다. 탁(倬)은 밝은 모양이다.

詳說

---

32) 모전(毛傳)에서 '류(劉)'를 '다 따버려서 희소하다(爆爍而希)'는 의미로 본 근거는 『이아(爾雅)』에서 '빈(毗), 劉(류)는 성기고 벗겨냄이다(毗, 劉, 暴爍)'라고 하였기 때문이다. 대부분의 주석가들이 이 의미가 맞다고 여기는데, 결국 본문은 잎을 따서 잎사귀가 희소해졌음을 말한다. 주자는 '류(劉)'를 '잔(殘)'으로 보았는데, 이것은 잎을 채집하여 나무가 손상을 입고 파괴되었다는 의미이다.
33) 정현(鄭玄)의 「전(箋)」에서 다음과 같이 말하였다: "뽕나무가 어릴 때는 그 잎이 부드럽고 무성하여 누에가 비로소 생겨나는 때라고 말한다. 사람들은 그 아래를 그늘로 덮어 모두 그 장소를 얻을 수 있었다. 뽕잎을 채집하기를 마칠 때에 이르면, 잎을 따서 거의 없어져서, 사람들이 그 아래에서 쉬려고 하면 (잎이) 다 떨어져 없는 데에 어려움이 있었다.(桑之柔濡, 其葉菀然茂盛, 謂蠶始生時也. 人庇陰其下者, 均得其所. 及已捋采之, 則葉爆爍而疏, 人息其下, 則病于爆爍.)"

○ 兼賦.
('比也') 부(賦)를 겸한다.

○ 音創.
('與愴悅同'의 '愴') 발음은 창(創)이다.

○ 音況.
('與愴悅同'의 '悅') 발음은 황(況)이다.

○ 音顚.
('或疑與癲字同'의 '癲') 발음은 전(顚)과 같다.

○ 句.
('或疑與癲字同') 여기까지가 구(句)이다.

○ 新安胡氏曰:"塡, 滿也, 積也, 言悲閔積滿於中."
('今姑闕之') 신안 호씨(新安 胡氏)가 말하였다:"'전(塡)'은 가득차고 쌓임이니, 슬프고 근심함이 마음 속에 가득함을 말한다."

朱註

○舊說此爲芮伯刺厲王而作. 春秋傳亦曰: 芮良夫之詩. 則其說是也. 以桑爲比者, 桑之爲物, 其葉最盛. 然及其採之也, 一朝而盡. 無黃落之漸. 故取以比周之盛時, 如葉之茂, 其陰無所不徧, 至於厲王肆行暴虐, 以敗其成業, 王室忽焉凋弊, 如桑之旣采, 民失其蔭, 而受其病 故君子憂之, 不絶於心, 悲閔之甚, 而至於病, 遂號天而訴之也.

구설(舊說)에 "이는 예백(芮伯)이 려왕(厲王)을 풍자하기 위하여 지은 것이다."라고 하고, 『춘추전(春秋傳)』에 또한 이르기를 "예량부(芮良夫)의 시(詩)이다."라고 하였으니, 그 말이 옳다. 뽕나무로써 비유한 것은 뽕나무라는 물건은 그 잎이 가장 무성하나 그 뽕잎을 따게 되면 하루 아침에 다 없어져 잎이 점점 누렇게 되어 떨어지는 일이 없다. 그러므로 이것을 취하여 주(周)나라가 성하였을 때에는 뽕잎이 무성함과 같아서 그 그늘이 덮어주지 않는 바가 없었는데, 려왕(厲王)에 이르러

함부로 포학한 짓을 행하여 그 이룬 업(業)을 패하자 왕실(王室)이 갑자기 쇠락함을 비유하였으니, 마치 뽕잎을 따자 백성들이 그 그늘을 잃어서 고통을 당한 것과 같은 것이다. 그러므로 군자(君子)가 근심을 마음에서 끊지 못하여 슬퍼하고 민망히 여김이 심해서 병듦에 이르러 마침내 하늘에 부르짖어 하소연한 것이다.

詳說

○ 孔氏曰: "芮伯, 周同姓, 國在西都畿內."
('舊說…刺屬王而作') 공씨(孔氏[孔穎達])가 말하였다: "'예백(芮伯)'은 주(周) 나라와 성(姓)이 같았고, 나라는 서쪽 도읍의 기내(畿內)에 있었다."

○ 蓋爭田之芮旣亾周復以封同姓耳.
토지를 다투는 예백(芮伯)에 대하여 이미 망한 주(周) 나라가 다시 동성(同姓)을 봉(封) 하였을 따름이다.

○ 左文元年.
('春秋傳') 『좌전(左傳)・문공(文公)』 원년이다.

○ 舊說.
('則其說是也'의 '其說') 구설(舊說)이다.

○ 去聲, 一作蔭.
('其陰無所不徧'의 '陰') 거성이고, 어떤 판본에는 '음(蔭)'으로 되어 있다.

○ 下.
('其陰') (본문의) '하(下)'이다.

○ 並取陳瘨二義.
('君子憂之…而至於病') 함께 진(陳: 오래다), 전(瘨: 병들다) 두 가지 뜻을 취하였다.

○ 平聲.
('號天'의 '號') 평성이다.

○ 安成劉氏曰: "亦無所歸咎之意也."

('遂號天而訴之也') 안성 유씨(安成 劉氏)가 말하였다: "또한 허물을 귀속시킬 데가 없다는 뜻이다."

[3-3-3-2]

四牡騤騤, 旟旐有翩. 亂生不夷, 靡國不泯. 民靡有黎, 具禍以燼. 於乎有哀, 國步斯頻.

네 필 수말 힘차게 달리니 깃발들 휘날린다. 온통 난리에 평온한 날이 없어 한 곳도 성한 나라 없고34), 백성도 남은 자가 없어 모두 다 잿더미가 되었네. 아, 슬프다, 나라가 위급하구나.35)

朱註

賦也. 夷, 平. 泯, 滅. 黎, 黑也, 謂黑首也. 具, 俱也. 燼, 灰燼也. 步, 猶運也. 頻, 急蹙也.

부(賦)이다. 이(夷)는 평온함이고, 민(泯)은 멸망함이다. 여(黎)는 검음이니, 검은 머리를 이른다. 구(具)는 모두이다. 신(燼)은 불타 재가 되는 것이다. 보(步)는 운(運)과 같다. 빈(頻)은 위급하고 쭈그러드는 것이다.

詳說

○ 臨川王氏曰: "周曰黎民, 秦曰黔首. 民靡有黎, 則是靡有孑遺也."

('黎…謂黑首也') 임천 왕씨(臨川 王氏)가 말하였다: "주(周) 나라에서는 여민(黎民)이리 히고, 진(秦) 나라에서는 검수(黔首)라고 한다. 백성도 남은 자가 없다면, 이것은 겨우 살아 남은 소수의 사람도 없는 것이다."

---

34) 정현(鄭玄)의 「전(箋)」에서 다음과 같이 말하였다: "군대가 오래도록 출정을 나가 정벌하여, 혼란스러운 날에 삶이 평안하지 못하니, 나라가 붕괴되지 않음이 없었다. 왕이 군대를 사용하는 것이 그 적절한 지점을 얻지 못하면 오래도록 적을 만나게 됨을 말하였다.(軍旅久出征伐. 而亂日生不平, 無國而不見殘滅也. 言王之用兵, 不得其所, 適長寇虐.)"

35) 모전(毛傳)에서 "'빈(頻)'은 위급함이다(頻, 急也.)"라는 뜻으로 보았고, 정현(鄭玄)은 "'빈(頻)'은 비(比)와 같다.(頻, 猶比也.)"라고 하였는데, 정현(鄭玄)은 '보(步)'를 동사로 본 것 같다. 그러나 「소아(小雅)」 '백화(白華)' 편에 유사한 구절 '천보간난(天步艱難)'의 '보(步)'는 분명히 명사이다. 따라서 본문은 '나라가 정사(政事)를 행함이 위급하구나!' 정도의 해석이 가능하다.

○ 以火而喩.
('燼, 灰燼也') 불로써 비유하였다.

朱註
○厲王之亂, 天下征役不息. 故其民見其車馬旌旗, 而厭苦之, 自此至第四章, 皆征役者之怨辭也.
려왕(厲王)의 난(亂)에 천하(天下)의 정역(征役)이 그치지 않았다. 그러므로 그 백성들이 거마(車馬)와 깃발을 보고는 이를 싫어하고 괴롭게 여겼으니, 여기서부터 제 4장까지는 모두 정역(征役)간 자가 원망한 말이다.

詳說
○ 是蓋此詩之本事也.
이것이 아마도 이 시(詩)의 본래 일일 것이다.

○ 慶源輔氏曰: "亂日生而無平定之期, 哀其國家, 運祚之急蹙."
('故其民…而厭苦之') 경원 보씨(慶源 輔氏)가 말하였다: "혼란이 날마다 발생하고 평정된 시기가 없으니, 그 나라와 가문, 그리고 하늘이 정한 운이 급히 쭈그러듬을 애석해 하였다."

○ 此, 論也.
('自此…怨辭也') 이것은 논의(論)이다.

○ 安成劉氏曰: "皆芮伯述怨者之詞."
('自此…怨辭也') 안성 유씨(安成 劉氏)가 말하였다: "모두 예백(芮伯)이 원망하는 자의 말을 기술한 것이다."

[3-3-3-3]
國步蔑資, 天不我將. 靡所止疑, 云徂何往. 君子實維, 秉心無競. 誰生厲階, 至今爲梗.

나라가 파탄이 나서 슬프고 하늘도 돌보지 않는다. 안정할 곳이 전혀 없어 간다고 한들 어디로 가랴.36) 군자는 실로 다투는 마음이 없는데, 누가 재앙의 길을 열어 이제 와 괴롭게 하는가.37)

朱註

賦也. 蔑, 滅. 資, 咨. 將, 養也. 疑, 讀如儀禮疑立之疑, 定也. 徂, 亦往也. 競, 爭. 厲, 怨. 梗, 病也.

부(賦)이다. 멸(蔑)은 멸함이고, 자(資)는 서글퍼함이며, 장(將)은 기름이다. 의(疑)는 『의례(儀禮)』의 의립(疑立)이라는 의(疑)자처럼 읽으니, 정(定)함이다. 저(徂) 또한 감이다. 경(競)은 다툼이고, 여(厲)는 원망이요, 경(梗)은 병듦이다.

詳說

○ 板亦言蔑. 資, 蓋古方言也.

('蔑, 滅. 資, 咨.') '판(板)' 또한 멸(蔑)을 말한다. '자(資)'는 옛날 방언(方言)이다.

○ 諺音小誤.

('疑') 언해(諺解)의 발음은 조금 잘못이다.

○ 錢氏曰: "水上浮木壅水者."

('梗, 病也') 전씨(錢氏)가 말하였다: "물 위에 나무를 띄워 물을 막는 것이다."

朱註

○言國將危亡, 天不我養, 居無所定, 徂無所往. 然非君子之有爭心也, 誰實爲此禍階, 使至今爲病乎. 蓋曰: 禍有根原, 其所從來也遠矣.

"나라가 장차 위태롭고 망하게 되었는지라, 하늘이 우리들을 길러주지 아니하여 삶에 정할 바가 없게 하고 감에 갈 곳이 없게 하였다. 그러나 군자(君子)는 다투는 마음이 있지 않은데 누가 실로 이 재앙의 단서를 만들어 지금에 이르러 병들게 하였는고."라고 한 것이니, 이는 재앙이 근원(根原)이 있으니, 그 유래가 오래되었음을 말한 것이다.

---

36) 정현(鄭玄)의 「전(箋)」에서 다음과 같이 말하였다: "나라와 가문이 정치를 하는 데, 이렇게 백성들의 재화를 가볍게 다 써버리니, 이것은 하늘이 나를 돌보지 않는 것이다. 나는 징병을 따라 쉴 시간이 없다. 지금 다시 간다고 하니 어디로 가야만 하는가?(國家爲政, 行此輕蔑民之資用, 是天不養我也. 我從兵役, 無有止息時. 今復云行, 當何之往也?)"

37) 정현(鄭玄)의 「전(箋)」에서 다음과 같이 말하였다: "'군자(君子)'는 제후와 경대부(卿大夫)를 말한다. 그들은 마음을 잡아 선(善)에 힘쓰지 않고, 힘으로 다투기를 좋아한다. 누가 처음 이 재앙을 시작하였는지, 지금은 날마다 서로 병들어 그치지 않는다.(君子, 謂諸侯及卿大夫也. 其執心不強于善, 而好以力爭. 誰始生此禍者, 乃至今日相梗不止.)"

詳說
○ 亦略資字.
('國將危亡') 또한 '자(資)' 자를 생략하였다.

○ 承上章末斯頻.
('國將危亡') 윗 장 마지막의 '사빈(斯頻: 위급하여 쭈그러든다)'을 이었다.

○ 指王也.
('君子') 왕을 가리킨다.

○ 君子實維, 猶言實維君子也. 古語倒以叶韻耳.
('君子') (본문의) '군자실유(君子實維)'는 '실유군자(實維君子: 진실로 오직 군자이다)'라고 말하는 것과 같다. 고어(古語)는 거꾸로 하여 운(韻)을 맞추었을 따름이다.

○ 厲.
('此禍') (본문의) '려(厲)'이다.

○ 慶源輔氏曰: "此則指厲王言之也, 其辭婉矣."
('使至今爲病乎') 경원 보씨(慶源 輔氏)가 말하였다: "이것은 려왕(厲王)이 말한 것을 가리킨 것이니, 그 말은 빙둘러 표현하였다."

○ 此, 論也.
('蓋曰…遠矣') 이것은 논의(論)이다.

[3-3-3-4]

憂心慇慇, 念我土宇. 我生不辰, 逢天僤怒. 自西徂東, 靡所定處. 多我覯痻, 孔棘我圉.

근심은 갈수록 깊어가고 내 고향 집을 생각한다. 좋지 못한 때에 태어나 하늘의 큰 노여움을 만났네. 서쪽에서 동쪽으로 정처 없이 이동하니, 나의 피로움은 너무 많고 우리 변방은 매우 위급하구나.38)

詳說
○ 處, 上聲.
'처(處)'는 상성이다.

朱註
賦也. 土, 鄕. 宇, 居. 辰, 時. 僤, 厚. 覯, 見. 瘨, 病. 棘, 急. 圉, 邊也, 或曰: 禦也. 多矣我之見病也, 急矣我之在邊也.
부(賦)이다. 토(土)는 고향 마을이고, 우(宇)는 사는 곳이며, 신(辰)은 때이고, 단(僤)은 두터움이며, 구(覯)는 보는 것이고, 민(瘨)은 병듦이며, 극(棘)은 급함이다. 어(圉)는 변방이니, 혹자(或者)는 '막는 것이다'라고 한다. "많도다, 나의 폐해를 받음이여. 급하도다, 나의 변방에 있음이여."

詳說
○ 鄭氏曰: "禦寇之事."
('或曰: 禦也') 정씨(鄭氏[鄭玄])이 말하였다: "적을 막는 일이다."

○ 慶源輔氏曰: "土宇, 謂鄕里與家室也. 周在西, 故曰自西徂東. 前三章雖皆是征役者怨詞, 然二章要其禍亂之終, 三章原其禍亂之始, 此章情益切而辭益哀矣."
('多矣…在邊也') 경원 보씨(慶源 輔氏)가 말하였다: "'토우(土宇)'는 향리(鄕里)와 집안을 말한다. 주(周) 나라는 서쪽에 있었으므로, '자서저동(自西徂東: 서에서 동으로 갔다)'이라고 한 것이다. 앞의 3장(章)이 비록 모두 정역(征役) 자들의 원한이 담긴 말이라고 하더라도, 2장(章)은 그 재앙과 혼란이 끝날 것을 요구하였고, 3장(章)은 그 재앙과 혼란의 시작을 근원하였으니, 이 장은 실정이 더욱 절실하고 말은 더욱 슬프다."

○ 下十二章, 因征役者之怨詞, 遂極言刺之.
('多矣…在邊也') 아래 열 두 장(章)은 정역(征役) 자들의 원한이 담긴 말을 인하여 마침내 풍자한 것을 최대한으로 말하였다.

---

38) 정현(鄭玄)의 「전(箋)」에서 다음과 같이 말하였다: "이것은 병사들이 군대를 따라다닌 것이 오래되어 그 노고가 스스로 괴로운 것을 말함이다.(此士卒從軍久, 勞苦自傷之言.)"

[3-3-3-5]

爲謀爲毖, 亂況斯削. 告爾憂恤, 誨爾序爵. 誰能執熱, 逝不以濯. 其何能淑, 載胥及溺.

계책도 세우고 조심도 하지만 혼란이 불어나 국토는 줄어든다.39) 백성을 보살피라 말해주고 현자를 등용하라 일러주네. 뜨거운 것을 손에 잡고서도 찬물에 씻지 않을 자 누구인가.40) 이러고서야 어찌 잘 되리오, 함께 재난에 빠질 뿐이로다.

朱註

賦也. 毖, 愼. 況, 滋也. 序爵, 辨別賢否之道也. 執熱, 手執熱物也.
부(賦)이다. 비(毖)는 삼가는 것이고, 황(況)은 불어남이다. 서작(序爵)은 인물의 현부(賢否)를 구별하는 방법이다. 집열(執熱)은 손으로 뜨거운 물건을 쥐는 것이다.

詳說

○ 彼列反.
　('辨別'의 '別') 피(彼)와 열(列)의 반절이다.

○ 曹氏曰: "外之公侯伯子男, 內之公卿大夫士, 皆爵也."
　('序爵…道也') 조씨(曹氏)가 말하였다: "밖으로 공(公), 후(侯), 백(伯), 자(子), 남(男)과 안으로 공(公), 경(卿), 대부(大夫), 사(士) 모두 벼슬이다."

○ 朱子曰: "逝, 語辭."
　('執熱, 手執熱物也') 주자가 말하였다: "'서(逝)는 어조사(語辭)이다."

朱註

○蘇氏曰: 王豈不謀且愼哉. 然而不得其道, 適所以長亂而自削耳. 故告之以

---

39) 정현(鄭玄)의 「전(箋)」에서 다음과 같이 말하였다: "너는 군대의 계책을 모의함은 병졸의 일을 신중히 하는 것이다. 그러나 혼란이 점점 여기에서 심해져, 날로 침체되는 것을 보니, 그 임용이 현명하지 못함을 말한 것이다.(女爲軍旅之謀, 爲重愼兵事也. 而亂滋甚此, 日見侵削, 言其所任非賢.)"
40) 정현(鄭玄)의 「전(箋)」에서 다음과 같이 말하였다: "내가 너에게 천하 사람들의 근심을 걱정함으로써 말하여, 너에게 현명하고 유능한 사람들을 배치하는 것을 가르쳤는데, 그 실천의 마땅함은 마치 뜨거운 물건을 잡은 손을 물로 씻는 것과 같으니, 나라를 다스리는 도(道)는 현자(賢者)를 등용하여야 함을 말한 것이다.(我語女以憂天下之憂, 教女以次序賢能之爵, 其爲之當如手持熱物之用濯, 謂治國之道, 當用賢者.)"

其所當憂, 而誨之以序爵. 且曰: 誰能執熱而不濯者. 賢者之能已亂, 猶濯之能解熱耳. 不然則其何能善哉. 相與入於陷溺而已.

소씨(蘇氏)가 말하였다: "왕(王)이 어찌 도모하고 또 신중히 하지 않았겠는가. 그러나 그 도리를 얻지 못하니, 다만 혼란(亂)을 조장하여 스스로 망하게 될 뿐이다. 그러므로 마땅히 근심해야 할 것을 말해주고 인재를 구별하는 방법을 가르쳐주며, 또 말하기를 '누가 뜨거운 물건을 쥐고서 손을 씻지 않으리오? 현자(賢者)가 혼란(亂)을 그치게 함은 손을 씻음이 뜨거움을 해결함과 같다. 그렇게 하지 않는다면 그 어찌 선(善)할 수 있겠는가. 서로 더불어 함닉(陷溺)에 빠질 뿐이다.'라고 한 것이다."

詳說

○ 添此句.
('王豈…不得其道') 이 구(句)를 첨가하였다.

○ 上聲.
('適所以長亂'의 '長') 상성이다.

○ 地見侵削.
('適所以長亂而自削耳') 땅이 가라앉고 깎이는 것이다.

○ 以水火而喩.
('誰能執熱而不濯者') 물과 불을 가지고 비유하였다.

○ 二句補正意.
('賢者…解熱耳') 두 구(句)가 바른 뜻을 보충하였다.

○ 鄭氏曰: "我語汝以天下之憂, 敎汝以次序賢能之爵, 其爲之當如執熱之用濯."
('賢者…解熱耳') 정씨(鄭氏[鄭玄])가 말하였다: "내가 너에게 천하의 근심으로써 말하고, 너에게 현자(賢者)와 능한 자의 작록을 배열함으로써 가르쳐, 그 행위함의 마땅함이 뜨거운 것을 잡은 것을 물로 씻는 것과 같다."

○ 以水而喩.
   ('不然…陷溺而已') 물을 가지고 비유하였다.

[3-3-3-6]
如彼遡風, 亦孔之僾. 民有肅心, 荓云不逮. 好是稼穡, 力民代食. 稼穡維寶, 代食維好.

바람 향해 가는 듯 매우 답답 숨이 차네. 백성들 벼슬에 나가고 싶지만 난세에 어찌해볼 수 없다. 농사짓는 일이 제일이라 농사지어 녹봉에 대신하니, 농사만이 보배라 녹봉보다 좋도다.

朱註
賦也. 遡, 鄕. 僾, 唈. 肅, 進. 荓, 使也.
부(賦)이다. 소(遡)는 향함이고, 애(僾)는 숨을 흐느끼며 쉬는 것이며, 숙(肅)은 나아감이고, 병(荓)은 하여금이다.

詳說
○ 去聲.
   ('鄕') 거성이다.

○ 烏合反.
   ('唈') 오(烏)와 합(合)의 반절이다.

○ 孔氏曰: "嗚唈短氣也."
   ('僾, 唈') 공씨(孔氏[孔穎達])가 말하였다: "탄식하고 숨이 막히며 짧은 숨이다."

朱註
○蘇氏曰: 君子視厲王之亂, 悶然如遡風之人唈而不能息. 雖有欲進之心, 皆使之曰: 世亂矣, 非吾所能及也. 於是退而稼穡盡其筋力, 與民同事, 以代祿食而已. 當是時也, 仕進之憂, 甚於稼穡之勞. 故曰: 稼穡維寶, 代食維好. 言雖勞而無患也.
소씨(蘇氏)가 말하였다: "군자(君子)가 려왕(厲王)의 난을 보고 (빠르게 부는) 바람을 향해 선 사람처럼 답답하여 숨을 잘 쉬지 못하니, 비록 (벼슬에) 나아가고자 하는 마음이 있으나 모두 말하기를 '세상이 혼란하니, 내 능히 미칠 수 있는 바가 아니다.'하고, 이에 물러가 농사를 지어 그 근력을 다해서 백성들과 일을 함께 하여 녹식(祿食)을 대신할 뿐이었다. 이 때에 벼슬에 나아가는 근심이 농사짓는 수고로움보다 심하였다. 그러므로 '농사짓는 것만이 보배로우며 녹식(祿食)을 대신함이 좋은 일이다.'라고 하였으니, 비록 수고로우나 걱정이 없음을 말한 것이다."

詳說

○ 孔氏曰: "風喝人氣, 故不能喘息."
('溯風之人喝而不能息') 공씨(孔氏[孔穎達])가 말하였다: "바람이 사람의 기운을 막아서 숨을 쉴 수가 없다."

○ 仕進.
('雖有欲進之心') 벼슬하여 정사(政事)에 나아감이다.

○ 自使於心.
('皆使之') 스스로 마음에서 시키는 것이다.

○ 補此句.
('世亂矣') 이 구(句)를 보충하였다.

○ 略好字.
('於是退而稼穡') '호(好)'자를 생략하였다.

○ 力、民諺釋合, 更商.
('盡其筋力, 與民同事') '력(力)', '민(民)'은 언해(諺解)에서 합쳐서 해석하였는데, 더 살펴보아야 한다.

○ 補三句.
('當是時也…稼穡之勞') 세 구(句)를 보충하였다.

○ 此句, 論也.

('故曰…無患也') 이 구(句)는 논의(論)이다.

[3-3-3-7]

天降喪亂, 滅我立王. 降此蟊賊, 稼穡卒痒. 哀恫中國, 具贅卒荒. 靡有旅力, 以念穹蒼.

하늘이 죽음의 재앙을 내리어 우리가 세운 왕을 멸망하게 하고, 이 해충들을 내려보내 농사를 모두 망쳤구나. 애통하다, 우리 중국이 온통 위급하고 황폐하니, 하늘이 내린 재앙을 걱정할 길이 없네.41)

朱註

賦也. 恫, 痛. 具, 俱也. 贅, 屬也, 言危也. 春秋傳曰: 君若贅旒然, 與此贅同. 卒, 盡. 荒, 虛也. 旅, 與膂同. 穹蒼, 天也. 穹, 言其形, 蒼, 言其色.

부(賦)이다. 통(恫)은 아픔이고, 구(具)는 모두이다. 체(贅)는 달려있는 것이니, 위태로움을 말한 것이다. 『춘추전(春秋傳)』에서 "인군(人君)이 매달려 있는 기(旗)의 술과 같다."라고 하였으니, 이 체(贅)와 같다. 졸(卒)은 다함이고, 황(荒)은 빔이다. 여(旅)는 여(膂)와 같다. 궁창(穹蒼)은 하늘이니, 궁(穹)은 그 형체를 말한 것이고, 창(蒼)은 그 색깔을 말한 것이다.

詳說

○ 音燭.

('屬') 발음은 촉(燭)이다.

○ 『公羊 · 襄』 十六年.

('春秋傳') 『공양전(公羊傳) · 양공(襄公)』 16년이다.

○ 『公羊傳』 注曰: "旒, 旗旒綴繫屬之辭."

('君若贅旒然') 『공양전(公羊傳)』 주(注)에서 말하였다: "'류(旒)'는 깃발이 매달

---

41) 『정의(正義)』에서 말하였다: "하늘은 왕의 탐욕스러운 정치 때문에, 이런 죽음과 나라를 파멸하는 재앙을 내려서, 왕 노릇 한 자를 위하여 기대고 세워 준 것들을 전부 파멸하였으니, 오곡(五穀)에 재앙을 내림을 말한 것이다.(『正義』 曰: 言天以王貪酷之政, 故下此死喪亂國之災, 以滅盡我所特立以爲王者之物, 謂災害五穀也.)"

려 있는 종류의 말이다."

○ 高也.
('穹, 言其形') 높은 것이다.

朱註

○言天降喪亂, 固已滅我所立之王矣, 又降此蟊賊, 則我之稼穡又病, 而不得以代食矣. 哀此中國, 皆危盡荒. 是以危困之極, 無力以念天禍也. 此詩之作, 不知的在何時. 其言滅我立王, 則疑在共和之後也.

"하늘이 상란(喪亂)을 내려서 진실로 이미 우리들이 세운 왕(王)을 멸망시키고, 또 이 해충들을 내려서 우리 농사도 병들게 하여 녹식(祿食)을 대신할 수 없게 하였다. 애처로운 이 중국(中國)이 모두 위태롭고 다 황폐하다. 이 때문에 매우 곤궁하여 하늘의 화(禍)를 생각할 여력도 없는 것이다."라고 한 것이다. 이 시(詩)가 지어진 것이 어느 때인지 분명히 알 수가 없으나 우리들이 세운 왕(王)을 멸망시켰다고 말했으니, 의심컨대 공화(共和)의 뒤인 듯하다.

詳說

○ 諺音誤.
('蟊賊'의 '蟊') 언해(諺解)의 발음은 잘못이다.

○ 照上章.
('我之稼穡…代食矣') 윗 장에 조응하였다.

○ 豐城朱氏曰: "上章言朝廷雖不可留□野, 猶可得而處今, 則無可安之所矣."
('我之稼穡…代食矣') 풍성 주씨(豐城 朱氏)가 말하였다: "윗 장에서 조정(朝廷)은 비록 농토를 유지할 수 없으나, 여전히 할 수 있는 것처럼 하여 지금에 처한다면, 편안할 곳이 없음을 말하였다."

○ 添此句.
('是以危困之極') 이 구(句)를 보충하였다.

○ 略旅字, 補禍字.
('無力以念天禍也') '려(旅)'자를 생략하고, '화(禍)'자를 보충하였다.

○ 無力可以慮天禍, 況有力可以弛天禍乎.
('無力以念天禍也') 하늘의 재앙을 생각할 여력이 없는데, 어떻게 하늘의 재앙을 멈추게 할 여력이 있겠는가?

○ 此, 論也.
('此詩之作…共和之後也') 이것은 논의(論)이다.

○ 『史記·周紀』曰: "厲王三十七年, 國人畔王, 出奔彘. 周公、召公二相行政號曰: 共和. 共和十四年, 厲王死於彘, 乃立宣王."
('此詩之作…共和之後也')『사기(史記)·주본기(周本紀)』에서 말하였다: "려왕(厲王) 37년에, 나라 사람들이 왕을 배반하여, (려왕은) 체(彘)로 달아났다. 주공(周公), 소공(召公)이 서로 정치를 행한 것을 '공화(共和)'라고 한다. 공화(共和) 14년에 려왕(厲王)은 체(彘)에서 죽었고, 이내 선왕(宣王)을 옹립하였다."

○ 安成劉氏曰: "此詩果作於共和之時, 則厲王尚在, 故詩人得以追敍其事而刺之也."
('此詩之作…共和之後也') 안성 유씨(安成 劉氏)가 말하였다: "이 시(詩)가 결과적으로 공화(共和) 때 지어졌다면, 려왕(厲王)은 오히려 살아 있으므로, 시인(詩人)은 (려왕이 죽고 난 후에) 그 일을 소급하여 풍자한 것이다."

[3-3-3-8]
維此惠君, 民人所瞻. 秉心宣猶, 考愼其相. 維彼不順, 自獨俾臧, 自有肺腸, 俾民卒狂.

올바른 의리를 따르는 군주 백성들은 높이 우러러 봄은 밝은 마음으로 두루 살펴 인재를 등용해서니라.42) 의리를 따르지 않는 저 군주 제 자신이 옳다고 여겨, 어리석은 의견을 내세워

---

42) 정현(鄭玄)의 「전(箋)」에서 다음과 같이 말하였다: "오직 지극한 덕으로 백성을 따르는 군주는 백성이 우러러 보는 자에 대하여, 바른 마음을 잡고 일을 하는데 백성을 위하여 두루 도모하고, 또한 도와주는 행동을

백성들 미혹하게 하는구나.

朱註
賦也. 惠, 順也, 順於義理也. 宣, 徧. 猶, 謀. 相, 輔. 狂, 惑也.
부(賦)이다. 혜(惠)는 순(順)함이니, 의리(義理)에 순(順)함이다. 선(宣)은 두루함이고, 유(猶)는 계획함이며, 상(相)은 보상(輔相)함이고, 광(狂)은 혹(惑)함이다.

朱註
○言彼順理之君, 所以爲民所尊仰者, 以其能秉持其心, 周徧謀度考擇其輔相, 必衆以爲賢, 而後用之. 彼不順理之君, 則自以爲善, 而不考衆謀, 自有私見, 而不通衆志. 所以使民眩惑, 至於狂亂也.
"저 도리를 따르는 군주(君主)가 백성들에게 존경을 받는 까닭은 올바른 마음을 잘잡아서 두루 바른 계획을 세워 보좌할 자를 살펴 가려서 반드시 여러 사람들이 어질다고 한 뒤에 등용하기 때문이고, 저 도리를 따르지 않는 군주(君主)는 스스로 잘한다 하여 여러 사람의 계책을 살피지 않으며, 스스로 제 의견을 고집하여 여러 사람의 뜻과 소통하지 않으니, 이 때문에 백성들로 하여금 현혹되어 광란(狂亂)에 이르게 하는 것이다."라고 한 것이다.

詳說

○ 持而不移.
('秉持其心') 잡고서 옮기지 않는 것이다.

○ 入聲.
('謀度'의 '度') 입성이다.

○ 添此句.
('必衆…後用之') 이 구(句)를 첨가하였다.

○ 略俾字.

성실히 살펴본 연후에 임용한다. 현자(賢者)를 선택하는 세심함을 말한 것이다.(維至德順民之君, 爲百姓所瞻仰者, 乃執正心, 擧事徧謀于衆, 又考誠其輔相之行, 然后用之. 言擇賢之審.)"

('彼不順…以爲善') '비(俾)'자를 생략하였다.

○ 添此句.
('而不考衆謀') 이 구(句)를 첨가하였다.

○ 肺腸.
('自有私見') 마음 속이다.

○ 添此句.
('而不通衆志') 이 구(句)를 첨가하였다.

[3-3-3-9]
瞻彼中林, 牲牲其鹿. 朋友已譖, 不胥以穀. 人亦有言, 進退維谷.

저기 저 숲속에는 다정한 사슴 무리. 친구간 불신 서로 사이 나쁘네. 사람들 말을 하네, 앞도 뒤도 곤궁하다고.

朱註

興也. 牲牲, 衆多並行之貌. 譖, 不信也. 胥, 相. 穀, 善. 谷, 窮也. 言朋友相譖, 不能相善, 曾鹿之不如也.
흥(興)이다. 선선(牲牲)은 많은 무리가 함께 가는 모양이다. 참(譖)은 불신(不信)함이다. 서(胥)는 서로이고, 곡(穀)은 선(善)함이며, 곡(谷)은 궁(窮)함이다. 붕우(朋友)가 서로 참소하여 능히 서로 선(善)하게 하지 못하니, 일찍이 사슴만도 못한 것이다.

詳說

○ 譖音譖.
('牲牲') 언해(諺解)의 발음은 잘못이다.

○ 三句釋所興之意.

('言朋友…不如也') 세 구(句)는 흥(興)이 되는 바의 뜻을 해석하였다.

○ 曹氏曰:"鹿性善, 群得食, 則相呼而共之; 慮患, 則環居以禦之."
('言朋友…不如也') 조씨(曹氏)가 말하였다: "사슴의 본성은 선하고, 무리를 지어 먹으면 서로 공유하며, 위험을 생각하면 빙둘러 처하여 막는다."

朱註

○言上無明君下有惡俗. 是以進退皆窮也.
"위에는 현명한 군주가 없고 아래에는 나쁜 풍속이 있었기 때문에 나아가고 물러남에 모두 곤궁하다."라고 한 것이다.

詳說

○ 上章.
('上無明君') 윗 장이다.

○ 此章三四句.
('下有惡俗') 이 장의 아래 3, 4구(句)이다.

○ 東萊呂氏曰:"自傷處斯世之難也."
('是以進退皆窮也') 동래 여씨(東萊 呂氏)가 말하였다: "스스로 (자신을) 해롭게 하여 이 시대의 어려움에 처하는 것이다."

[3-3-3-10]

維此聖人, 瞻言百里, 維彼愚人, 覆狂以喜. 匪言不能, 胡斯畏忌.

오직 성인 만이 백 리 앞을 본다. 저기 어리석은 자는 화를 도리어 기뻐하네.[43] 말 못해서가

---

43) 정현(鄭玄)의 「전(箋)」에서 다음과 같이 말하였다: "성인이 보고 말하는 것은 백리까지 이르니, 일을 멀리까지 보지만 왕이 임용하지 않음을 말한 것이다.(聖人所視而言者百里, 言見事遠而王不用. 有愚闇之人, 爲王言其事, 淺且近耳, 王反迷惑信用之而喜.)"

아니지만 어찌 이리 두려워하나.44)

朱註
賦也. 聖人炳於幾先, 所視而言者, 無遠而不察, 愚人不知禍之將至, 而反狂以喜, 今用事者蓋如此. 我非不能言也. 如此畏忌何哉. 言王暴虐, 人不敢諫也.

부(賦)이다. "성인(聖人)은 기미에 밝아 보고 말하는 것이 먼 곳까지 살피지 않음이 없는데, 어리석은 사람은 화(禍)가 장차 이르는 것도 알지 못하며, 도리어 미쳐서 화(禍)를 좋아하니, 지금 정사(政事)를 하는 자들이 이와 같다. 내 말을 못하는 것이 아니지만, 이처럼 두려워하는 것은 어째서인가."라고 한 것이니, 왕(王)이 포학(暴虐)하여 사람들이 감히 간(諫)하지 못함을 말한 것이다.

詳說

○ 無訓, 故不圈.
('賦也') 풀이가 없으므로 동그라미(○)를 치지 않았다.

○ 補四字.
('聖人炳於幾先'의 '炳於幾先') 네 글자를 보충하였다.

○ 補六字.
('愚人不知禍之將至'의 '不知禍之將至') 여섯 자를 보충하였다.

○ 補此句.
('今用事者蓋如此') 이 구(句)를 보충하였다.

○ 諺音誤.
('如此畏忌何哉'의 '畏') 언해(諺解)의 발음은 잘못이다.

---

44) 정현(鄭玄)의 「전(箋)」에서 다음과 같이 말하였다: "'호(胡)'는 '하(何: 어찌)'를 말한다. 현명한 자가 이 일의 시비를 보는 데, 선악의 말이 왕에게 전달되는 것을 분별하지 못해서가 아니지만, 그것을 말하지 않는 것은 왜인가? 이것은 상관의 안색을 개의치 않고 간언하여 죄와 벌을 얻을까 두려워 해서이다.(胡之言何也. 賢者見此事之是非, 非不能分別皀白言之于王也. 然不言之, 何也? 此畏懼犯顏得罪罰.)"

○ 畏亦忌也.
('如此畏忌何哉'의 '畏') '외(畏)'는 또한 꺼림이다.

○ 不能之諺讀與胡斯畏忌之諺釋, 恐誤胡斯畏忌猶言柰此畏忌也.
('如此畏忌何哉') '불능(不能)'에 대한 언해(諺解)의 읽음과 '호사외기(胡斯畏忌)'에 대한 언해(諺解)의 해석은 '호사외기(胡斯畏忌)'를 마치 '내차외기(柰此畏忌: 어찌 이것을 두려워 꺼리겠는가)'라고 말하는 것처럼 잘못 읽은 것이다.

○ 補二句.
('言王…敢諫也') 두 구(句)를 보충하였다.

○ 華谷嚴氏曰: "王得衛巫使監謗以告, 則殺之國人莫敢言."
('言王…敢諫也') 화곡 엄씨(華谷 嚴氏)가 말하였다: "왕이 위무(衛巫)를 시켜 비방을 감시하여 알려바치면, 곧바로 죽이니, 나라의 백성들은 감히 말하지 못하였다."

[3-3-3-11]

維此良人, 弗求弗迪. 維彼忍心, 是顧是復. 民之貪亂, 寧爲荼毒.

오직 어진 사람을 찾지도 등용도 않는다. 저 잔인한 사람을 좋아하고 등용하니, 백성들 난리 일으켜 차라리 죽자고 하는구나.45)

朱註

賦也. 迪, 進也. 忍, 殘忍也. 顧, 念. 復, 重也. 荼, 苦菜也. 味苦氣辛, 能殺物. 故謂之荼毒也.

부(賦)이다. 적(迪)은 등용함이다. 인(忍)은 잔인함이다. 고(顧)는 생각함이고, 복(復)은 거듭함이다. 도(荼)는 쓴 나물이니, 맛이 쓰고 냄새가 매워서 물건을 죽일 수 있다. 그러므로 도독(荼毒)이라 이른 것이다.

---

45) 정현(鄭玄)의 「전(箋)」에서 다음과 같이 말하였다: "나라에 선한 사람이 있어도, 왕은 찾아 구하지 않고, 나아가 등용하지 않는다. 잔인하여 악한 마음을 가지고 있는 자를 왕은 도리어 염두에 두고 거듭 등용하니, 그가 현자(賢者)를 홀대하고 소인(小人)을 아낌을 말하는 것이다.(國有善人, 王不求索, 不進用之. 有忍爲惡之心者, 王反顧念而重復之, 言其忽賢者而愛小人.)"

詳說
○ 復同.
('復') '복(複: 겹쳐지다)'과 같다.

○ 平聲, 下同.
('重') 평성이고, 아래도 같다.

朱註
言不求善人而進用之, 其所顧念重復而不已者, 乃忍心不仁之人. 民不堪命, 所以肆行貪亂, 而安爲荼毒也.
선인(善人)을 구하여 등용하지 않고 그 돌아보고 생각하며 거듭하여 마지 않는 자는 바로 잔인한 마음을 가진 불인(不仁)한 사람이다. 백성들이 명령을 견뎌내지 못하니, 이 때문에 행동을 함부로 하고 난(亂)을 일으켜 도독(荼毒)을 편안히 여기는 것이다.

詳說
○ 一作進而.
('而進用之'의 '而進') 어떤 판본에는 '진이(進而)'로 되어 있다.

○ 倒釋以便文.
('乃忍心不仁之人') 거꾸로 해석함으로써 글에 편하다.

○ 補三字.
('民不堪命'의 '不堪命') 세 글자를 보충하였다.

○ 寧爲猶言甘作也. 諺釋略爲字恐誤.
('民不堪命…荼毒也') '행위(寧爲)'는 '감작(甘作: 즐거이~하다)'이라고 말하는 것과 같다. 언해(諺解)에서 '위(爲)' 자를 생략한 것은 잘못인 것 같다.

○ 慶源輔氏曰: "上章之聖人、愚人乃汎言之以刺王耳. 此章之良人、忍心則指當時士大夫言也."

('民不堪命…荼毒也') 경원 보씨(慶源 輔氏)가 말하였다: "윗 장(章)의 '성인(聖人)', '우인(愚人: 우매한 사람)'은 바로 일반적으로 말하여 왕을 풍자한 것일 따름이고, 이 장(章)의 '양인(良人: 선량한 사람)', '인심(忍心: 잔인한 마음)'은 당시의 사대부(士大夫)를 가리켜 말한 것이다."

[3-3-3-12]

大風有隧, 有空大谷. 維此良人, 作爲式穀. 維彼不順, 征以中垢.

큰 바람 길이 있으니 텅 빈 큰 골짜기라네.46) 여기 선량한 사람은 하는 일도 선하다. 저기 불순한 사람은 몰래 못된 짓만 하는구나.

朱註
興也. 隧, 道. 式, 用. 穀, 善也. 徵以中垢, 未詳其義. 或曰: 征, 行也. 中, 隱暗也. 垢, 污穢也. 大風之行有隧, 蓋多出於空谷之中, 以興下文君子小人所行, 亦各有道耳.
흥(興)이다. 수(隧)는 길이고, 식(式)은 씀이며, 곡(穀)은 선(善)이다. 정이중구(征以中垢)는 뜻이 상세하지 않다. 혹자(或者)는 이르기를 "정(征)은 감이고, 중(中)은 몰래이며, 구(垢)는 더러움이다."라고 한다. 큰 바람은 불어오는 길이 있어서 대부분 빈 골짝의 가운데에서 나오니, 이것으로써 아래 글의 군자(君子)와 소인(小人)의 행하는 바가 또한 각기 길이 있음을 이끌어 온 것이다.

詳說
○ 慶源輔氏曰: "兩句興四句."
경원 보씨(慶源 輔氏)가 말하였다: "두 구(句)가 네 구(句)를 일으킨 것이다."

○ 又曰: "良人, 則起而爲者皆用善道, 悖理之人, 其所行惟以隱暗汙穢而已. 大抵君子之所爲必光明高潔, 卽所謂善道也. 小人之所行必隱暗汙穢."

---

46) 정현(鄭玄)의 「전(箋)」에서 다음과 같이 말하였다: "큰 바람의 움직임은 어떤 가에서 시작하여 나온 곳이 있으니, 반드시 공중으로부터다. 현자(賢者)와 우매한 사람이 한 것은 각기 그 본성에서 말미암을 말한 것이다.(大風之行, 有所從而來, 必從大空谷之中. 喩賢愚之所行, 各由其性.)"

(경원 보씨[慶源 輔氏]가) 또 말하였다: "선량한 사람이라면 시작하여 하는 것이 모두 선한 길을 사용하지만, 리(理)를 어그러뜨리는 사람들은 그 소행이 오직 더러운 것을 감추고 어둡게 가릴 따름이다. 대저 군자의 행위는 반드시 밝고 고결하면 이른바 선한 길(善道)이지만, 소인의 행위는 반드시 더러운 것을 감추고 어둡게 가린다."

[3-3-3-13]

大風有隧, 貪人敗類. 聽言則對, 誦言如醉. 匪用其良, 覆俾我悖.

큰 바람 가는 길 있으니 탐욕스러운 자 선한 사람들을 상하게 하네.
간언 들어주면 응대하리라는 말하고서 술 취한 듯 혼미하니47), 선량한 이 등용하지 않아 도리어 날 혼미하게 하네.

詳說

○ 覆, 音福.
'覆'은 발음이 복(福)이다.

朱註

興也. 敗類, 猶言圮族也. 王使貪人爲政, 我以其或能聽我之言而對之. 然亦知其不能聽也. 故誦言而中心如醉. 由王不用善人, 而反使我至此悖眊也. 厲王說榮夷公. 芮良夫曰: 王室其將卑乎. 夫榮公好專利, 而不備大難. 夫利百物之所生也, 天地之所載也. 而或專之, 其害多矣. 此詩所謂貪人, 其榮公也與. 芮伯之憂, 非一日矣.

흥(興)이다. 패류(敗類)는 비족(圮族)이라는 말과 같다. 왕(王)이 탐욕스러운 사람으로 하여금 정사(政事)를 하게 하니, 내 혹시나 내 말을 들어줄까 하여 대답하였다. 그러나 역시 잘 들어주지 못할 줄을 알았다. 그러므로 말을 하고는 마음이 술에 취한 듯하니, 왕(王)이 선인(善人)을 등용하지 아니하여 도리어 나로 하여금 정신이 혼미함에 이르게 한 것이다. 려왕(厲王)이 영이공(榮夷公)을 좋아하자, 예량부

---

47) 정현(鄭玄)의 「전(箋)」에서 다음과 같이 말하였다: "탐욕스럽고 악한 사람은 간언하는 말을 들으면 응답할 것인데, 『시(詩)』, 『서(書)』의 말을 보고는 누워서 취한 것처럼 한다. 윗 자리에 있으면서 이것을 행하니, 사람들은 어떤 경우에는 그것을 본받는다.(貪惡之人, 見道聽之言則應答之, 見誦『詩』, 『書』之言則冥臥如醉. 居上位而行此, 人或效之.」"

(芮良夫)가 간(諫)하여 "왕실(王室)이 장차 침체될 것입니다. 영공(榮公)은 이익을 독점하기를 좋아하고 큰 혼란을 대비하지 아니하니, 이익은 온갖 물건이 생겨나는 것이고, 천지(天地)에 실려있는 것인데, 혹 이것을 독점하면 그 폐해가 많을 것입니다."라고 하였으니, 이 시(詩)에 이른바 탐인(貪人)이라는 것은 아마도 영공(榮公)일 것이다. 예백(芮伯)의 걱정함이 하루 이틀이 아니었다.

詳說

○ 見『書・堯典』.
('敗類, 猶言圮族也')『서(書)・요전(堯典)』에 보인다.

○ 不圈者, 訓少也, 末章同.
('敗類, 猶言圮族也') 동그라미(○)를 치지 않은 것은 풀이한 것이 적었기 때문이고, 마지막 장도 같다.

○ 慶源輔氏曰: "此章則一句興一句, 大風則有隧矣, 貪人則敗類矣."
('王使貪人爲政') 경원 보씨(慶源 輔氏)가 말하였다: "이 장은 하나의 구(句)가 하나의 구(句)를 일으키니, '대풍(大風)'이라면 '유수(有隧: 길이 있다)'이고, '탐인(貪人: 탐욕스러운 사람)'이라면 '패류(敗類: 선한 자들을 상하게 하다)'이다."

○ 補二我字以冠之.
('我以其或能聽我之言') 두 '아(我)' 자를 보충하여 연결하였다.

○ 補此句.
('然亦知其不能聽也') 이 구(句)를 보충하였다.

○ 自誦所對之言.
('故誦言') 대답할 말을 스스로 말한 것이다.

○ 補王字.
('由王不用善人') '왕(王)' 자를 보충하였다.

○ 音冒.
('悖眊'의 '眊') 발음은 모(冒)이다.

○ 慶源輔氏曰:"下四句集傳以爲一串說, 都載在下句我字上."
('而反使我至此悖眊也') 경원 보씨(慶源 輔氏)가 말하였다: "아래 네 구(句)는 『집전(集傳)』에서 하나로 꿰어서 말하였고, 모두 아래 구(句)의 '아(我)'자의 관점에서이다."

○ 悅同.
('厲王說'의 '說') 열(悅)과 같다.

○ 周卿士.
('榮夷公') 주(周) 나라의 경사(卿士)이다.

○ 音扶, 下同.
('夫榮公'의 '夫') 발음은 부(扶)이고, 아래도 같다.

○ 去聲.
('榮公好'의 '好') 거성이다.

○ 去聲.
('大難'의 '難') 거성이다.

○ 出『國語・周語』引此以爲芮良夫作此詩之一證.
('夫利百物…其害多矣')『국어(國語)・주어(周語)』에서 뽑아, 이것을 인용하여 예량부(芮良夫)가 이 시(詩)를 지은 하나의 입증 근거로 삼았다.

○ 論也.
('此詩…非一日矣') 논의(論)이다.

○ 豊城朱氏曰:"厲王之惡一言以蔽之曰: 貪暴而已."
('此詩…非一日矣') 풍성 주씨(豊城 朱氏)가 말하였다: "려왕(厲王)의 악(惡)을

한마디로 한다면 '탐욕스럽고 포학할 따름이다.'라고 말할 수 있다."

[3-3-3-14]

嗟爾朋友, 予豈不知而作. 如彼飛蟲, 時亦弋獲. 既之陰女, 反予來赫.

아, 그대 친구여[48], 내 어찌 모르고서 이리 하겠는가.[49] 저 나는 새를 주살로 잡기도 한다네. 가서 그대를 위해 말해주니 도리어 화를 내는구나.

朱註

賦也. 如彼飛蟲, 時亦弋獲, 言己之所言, 或亦有中, 猶曰千慮而一得也. 之, 往. 陰, 覆也. 赫, 威怒之貌. 我以言告女, 是往陰覆於女, 女反來加赫然之怒於己也. 張子曰: 陰往密告於女, 反謂我來恐動也, 亦通.

부(賦)이다. 저 나는 벌레를 때로는 주살로 잡는 것과 같다는 것은 자기 말이 간혹 또한 맞을 때로 있다는 것을 말한 것이니, 천 번 생각하면 한 번은 맞는다는 말과 같다. 지(之)는 가는 것이고, 음(陰)은 덮어줌이다. 혁(赫)은 위엄을 보이고 노여워하는 모양이다. 내가 말로써 너에게 고하는 것은 가서 너를 비호해 주려는 것인데 너는 도리어 와서 나에게 발끈 화를 낸다는 것이다. 장자(張子)는 "몰래 가서 은밀히 너에게 고하는데, 도리어 '내가 와서 겁주어 동요시킨다.'"라고 하였으니, 이 말도 또한 의미가 통(通)한다.

詳說

○ 一無所字.

('己之所言'의 '所') 어떤 판본에는 '소(所)' 자가 없다.

---

48) 정현의 「전(箋)」에서 다음과 같이 말하였다: "'아, 그대 친구여(嗟爾朋友)'라고 한 것은 친하여 진심으로 반기는 것이다.(嗟爾朋友者, 親而切瑳之也.)"
49) 본문의 '이(而)'에 대하여 정현은 '여(女: 너)'를 의미한다고 하여 주자와 전혀 다른 견해를 보이고 있다. 정현의 「전(箋)」에서 다음과 같이 말하였다: "'이(而)'는 여(女: 너)와 같다. 내가 어찌 네가 한 것을 알지 못하겠는가 라고 하는 것은 함께 똑바로 알고 있음을 싫어한 것이다. 네가 이처럼 하는 것은 마치 새가 동서남북으로 마음대로 나는 것과 같아서 또한 주살로 사냥하는 자가 얻는 바가 된다는 것이다. 방종함이 오래되어 구속하고 제한하지 않으면, 장차 만나게 될 때, 너를 죽이겠다는 것이다.(而猶女也. 我豈不知女所行者, 惡與直知之. 女所行如是, 猶鳥飛行自恣東西南北時, 亦爲弋射者所得. 言放縱久無所拘制, 則將遇伺女之間者, 得誅女也.)"

○ 去聲.

('或亦有中'의 '中') 거성이다.

○ 作蓋以言言也.

('言己之…亦有中') 말을 가지고 '아마도~'를 만들어 말하였다.

○ 見『漢書・韓信傳』.

('猶曰千慮而一得也')『한서(漢書)・한신전(韓信傳)』에 보인다.

○ 安成劉氏曰: "『釋文』陰或音如字, 赫亦作嚇. 張子之說, 蓋用釋文二字之意."

('我以言告女…亦通') 안성 유씨(安成 劉氏)가 말하였다: "『석문(釋文)』에서 '음(陰)'은 어떤 경우에는 발음이 본래의 음 대로 읽고, '혁(赫)'은 또한 혁(嚇)으로 하였다. 장자(張子)의 말은 대개 『석문(釋文)』에 나오는 두 글자의 뜻을 사용한 것이다."

○ 新安王氏曰: "以下三章皆規諷其僚友之詞."

('我以言告女…亦通') 신안 왕씨(新安 王氏)가 말하였다: "이하 세 장은 모두 그 동료의 말을 헤아려 풍자한 것이다."

[3-3-3-15]

民之罔極, 職凉善背. 爲民不利, 如云不克. 民之回遹, 職競用力.

백성들이 못할 짓 없이 하는 것은 진실하다 하나 번복을 잘해서니라.50) 백성들에게 불리한 정치를 하면서 마치 전쟁을 치르듯이 하는구나.51) 백성들이 사악한 행동을 하는 것은 오로지 폭력만을 사용하기 때문이다.52)

---

50) 정현의 「전(箋)」에서 다음과 같이 말하였다: "백성들의 행동에 그 중용을 잃어버린 것은 주로 위정자가 소인(小人)을 믿고 써서 일이 서로 속이고 잘못되기 때문이다.(民之行失其中者, 主由爲政者信用小人, 工相欺達.)"

51) 정현의 「전(箋)」에서 다음과 같이 말하였다: "위정자가 백성에 해를 입히는 것이 마치 (전쟁에서) 승리하지 못할 것처럼 하고 있으니, 대단히 참담하고 가혹함을 말한 것이다.(爲政者害民, 如恐不得其勝, 言至酷也.)"

52) 공영달(孔穎達)은 「소(疏)」에서 다음과 같이 말하였다: "모씨(毛氏)는 위에서 이미 선하지 못한 정치를 하여 백성들의 풍속 또한 패망하게 만든 것이라고 생각하였다. 백성들이 이렇게 하는 것은 중화(中和)의 행

|朱註|

賦也. 職, 專也. 涼義未詳. 傳曰: 涼, 薄也. 鄭讀作諒, 信也, 疑鄭說爲得之. 善背, 工爲反覆也. 克, 勝也. 回遹, 邪僻也.
부(賦)이다. 직(職)은 오로지이다. 양(涼)은 뜻이 미상(未詳)이다. 전(傳)에 이르기를 "양(涼)은 박함이다."라고 하였고, 정씨(鄭氏)는 "양(諒)으로 읽으니, 믿음이다."라고 하였으니, 정씨(鄭氏)의 해설이 맞는 듯하다. 선배(善背)는 번복을 잘하는 것이다. 극(克)은 이김이다. 회휼(回遹)은 사벽(邪僻)함이다.

|詳說|

○ 專, 由也.
('專也'의 '專') '전(專)'은 말미암음이다.

○ 毛傳.
('傳曰'의 '傳') 모전(毛傳)이다.

○ 音福, 下同.
('反覆'의 '覆') 발음은 복(福)이고 아래도 같다.

|朱註|

○言民之所以貪亂而不知所止者, 專由此人名爲直諒, 而實善背, 又爲民所不利之事, 如恐不勝而力爲之也. 又言民之所以邪僻者, 亦由此輩專競用力而然也. 反覆其言, 所以深惡之也.
백성들이 난(亂)을 탐하여 그칠 줄을 알지 못하는 까닭은 오로지 이 사람들이 겉으로는 정직하고 성실하다고 하지만 실제로는 잘 배반하기 때문이고, 또 백성들에게 불리(不利)한 일을 하기를 마치 이루 다 해내지 못할까 두려워하여 힘써 하기 때문이다. 또 "백성들이 사벽(邪僻)한 까닭은 또한 이 무리들이 오로지 다투어 힘을 쓰기 때문에 그렇다."라고 하였으니, 그 말을 되풀이한 것은 깊이 미워하기 때문이다.

동이 없고, 가볍고 경박한 풍속을 위주로 오직 서로 속이는 일만 잘하는데, 이것은 윗 사람이 악한 정치를 실행하였으므로 백성들이 그렇게 된 것이다.(毛以爲, 上既爲不善政, 使民俗亦敗. 言下民之爲此, 無中和之行, 主爲偸薄之俗, 唯善于相欺背之事, 是由上行惡政, 故使之然.)

> 詳說

○ 照前章.
('民之所以貪亂') 이전 장(章)에 조응하였다.

○ 補此句.
('如恐不勝而力爲之也') 이 구(句)를 보충하였다.

○ 二句, 論也.
('又言民之所以…深惡之也') 두 구(句)는 논의(論)이다.

[3-3-3-16]

> 民之未戾, 職盜爲寇. 凉曰不可, 覆背善詈, 雖曰匪予, 旣作爾歌.

백성들이 안정하지 못함은 도둑질하는 신하가 괴롭혀서니라.[53] 성실한 체 안 된다 하지만 돌아서면 선한 이를 욕하니, 내가 한 말이 아니지만 그대가 한 일 노래로 지었노라.

> 詳說

○ 覆音福.
'覆'의 발음은 복(福)이다.

> 朱註

賦也. 戾, 定也. 民之所以未定者, 由有盜臣爲之寇也. 蓋其爲信也, 亦以小人爲不可矣, 及其反背也, 則又工爲惡言, 以詈君子, 是其色厲內荏, 眞可謂穿窬之盜矣. 然其人又自文飾, 以爲此非我言也. 則我已作爾歌矣. 言得其情, 且事已著明, 不可揜覆也.
부(賦)이다. 여(戾)는 안정됨이다. 백성들이 안정하지 못함은 도적신하가 도둑질하기 때문이다. 그 성실할 때에는 또한 소인(小人)을 불가(不可)하다고 하다가 그 등을 돌림에 미쳐서는 또 나쁜 말을 잘하여 군자(君子)를 꾸짖으니, 이는 그 얼굴빛

---

53) 정현의 「전(箋)」에서 다음과 같이 말하였다: "위정자가 도적이 되어 원수같은 해를 입혀서, 백성들의 마음이 동요하고 불안정하게 만든 것이다.(爲政者主作盜賊爲寇害, 令民心動搖不安定也.)"

은 점잖으나 내면은 나약한 것이니, 참으로 담을 뚫는 도둑이라 할만하다. 그러나 그 사람이 또 스스로 꾸며대며 이르기를 "이는 내 말이 아니다."라고 하지만, 내 이미 네가 한 일을 노래로 지었다. 이는 그 실정을 알고 또 일이 이미 드러나고 밝아서 가리우고 덮을 수가 없음을 말한 것이다.

詳說

○ 音稔.
('其色厲內荏'의 '荏') 발음은 임(稔)이다.

○ 見『論語・陽貨』.
('真可謂穿窬之盜矣')『논어(論語)・양화(陽貨)』에 보인다.

○ 去聲.
('文飾'의 '文') 거성이다.

○ 補言字.
('以爲此非我言也') '언(言)'자를 보충하였다.

○ 刺爾之歌.
('則我已作爾歌矣') 너를 풍자하는 노래이다.

○ 如字.
('揜覆'의 '覆') 본래의 발음대로 읽는다.

○ 三句, 論也.
('言得其情…不可揜覆也') 세 구(句)는 논의(論)이다.

朱註

桑柔十六章, 八章章八句, 八章章六句.
상유(桑柔) 16장(章)이니, 8장(章)은 8구(句)이고, 8장(章)은 6구(句)이다.

詳說

○ 新安王氏曰: "風雅未有如此詩十六章者, 其言反覆不已, 而有倫次大意刺王用小人."

신안 왕씨(新安 王氏)가 말하였다: "풍(風)과 아(雅)에 이 시(詩) 16장 같은 것이 없는 것은 그 말이 반복하여 끝나지 않지만, 문장이 조리가 있어서 왕이 소인(小人)을 등용하는 것을 풍자한 큰 뜻이 있기 때문이다."

[3-3-4-1]

倬彼雲漢, 昭回于天. 王曰於乎, 何辜今之人, 天降喪亂, 饑饉薦臻. 靡神不舉, 靡愛斯牲. 圭璧旣卒, 寧莫我聽.

저 높은 하늘의 은하수여, 하늘 따라 돌아 빛나네.54) 왕께서 말씀하시네. 아, 슬프다. 우리 백성 무슨 죄 지었나. 하늘은 이런 재앙을 내려 거듭 흉년이 들게한다.55) 모든 신께 제사하며 희생제물도 아끼지 않았다. 예물 옥도 다 바쳤는데 어이 우리 소원 들어주지 않나요.56)

朱註

賦也. 雲漢, 天河也. 昭, 光. 回, 轉也, 言其光隨天而轉也. 薦, 荐通, 重也. 臻, 至也. 靡神不舉, 所謂國有凶荒, 則索鬼神而祭之也. 圭璧, 禮神之玉也. 卒, 盡. 寧, 猶何也.

부(賦)이다. 운한(雲漢)은 천하(天河)이다. 소(昭)는 빛이고, 회(回)는 도는 것이니, 그 빛이 하늘을 따라 도는 것을 말한 것이다. 천(薦)은 천(荐)과 통하니, 거듭함이다. 진(臻)은 이름이다. 미신불거(靡神不舉)는 이른바 나라에 흉년이 들면 귀신(鬼神)을 찾아 제사한다는 것이다. 규벽(圭璧)은 신(神)에게 예(禮)하는 옥(玉)이다. 졸(卒)은 모두이다. 영(寧)은 하(何)와 같다.

---

54) 정현의 「전(箋)」에서 다음과 같이 말하였다: "당시에 가물고 비가 말랐으므로, 선왕(宣王)이 밤에 은하수를 보며, 그 날씨(비가 오는 것)를 기대하였다.(時旱渴雨, 故宣王夜仰視天河, 望其候焉.)"
55) 정현의 「전(箋)」에서 다음과 같이 말하였다: "왕은 가뭄을 걱정하며 탄식하며 '무슨 죄인가, 지금 시대 천하의 백성들은! 하늘은 오히려 가뭄과 재앙을 내려 그 도(道)를 망하게 하여 혼란에 빠뜨렸고, 굶어죽는 해악을 끼치고 있는 것이 반복되어 심하다.(王憂旱而嗟嘆云: 何罪與, 今時天下之人! 天仍下旱災, 亡亂之道, 饑饉之害, 復重之也.)'"
56) 정현의 「전(箋)」에서 다음과 같이 말하였다: "왕은 가뭄 때문에 여러 신들께 구하고 제사를 지내지 않는 것은 아니다. 세 가지 희생을 아끼지 않았고, 예(禮)를 지내는 신을 위한 규벽(圭璧)도 다 소진하였는데, 어떻게 나의 정성을 들어서 비를 내리라고 하지 않느냐고 말한 것이다.(言王爲旱之故, 求于群神, 無不祭也. 無所愛于三牲, 禮神之圭璧又已盡矣, 曾無聽聆我之精誠而興云雨.)"

詳說

○ 曹氏曰: "漢在天似雲非雲, 故曰雲漢."
 ('雲漢, 天河也') 조씨(曹氏)가 말하였다: "은하수는 하늘에서 구름 같지만 구름이 아니므로, 운한(雲漢)이라고 한다."

○ 棫樸註參看.
 ('雲漢, 天河也')「문왕지십(文王之什)」'역박(棫樸)'의 주(註)를 참고하여 보라.

○ 去聲.
 ('重也'의 '重') 거성이다.

○ 山客反.
 ('索鬼神'의 '索') 산(山)과 객(客)의 반절이다.

○ 孔氏曰: "求廢祀."
 ('索鬼神') 공씨(孔氏[孔穎達])가 말하였다: "폐사(廢祀)를 구하는 것이다."

○ 見『周禮・大司徒』.
 ('索鬼神而祭之也')『주례(周禮)・대사도(大司徒)』에 보인다.

○ 見『周禮』大宗伯及典瑞.
 ('圭璧, 禮神之玉也')『주례(周禮)』의「대종백(大宗伯)」과「전서(典瑞)」에 보인다.

○ 廬陵羅氏曰: "牲不可盡, 故言無愛; 圭璧少, 而易竭故, 言旣盡."
 ('卒盡') 여릉 나씨(廬陵 羅氏)가 말하였다: "희생은 다할 수 없으므로 부정의 한탄이 없음을 말하였고, 규벽(圭璧)은 작지만 쉽게 소진되므로 이미 다하였음을 말하였다."

朱註

○舊說以爲宣王承厲王之烈, 內有撥亂之志, 遇災而懼, 側身脩行, 欲消去之, 天下喜於王化復行, 百姓見憂. 故仍叔作此詩以美之. 言雲漢者夜晴則天河明. 故述王仰訴於天之詞如此也.

구설(舊說)에 "선왕(宣王)이 려왕(厲王)의 포학한 정사의 뒤를 이어 안으로 난(亂)을 평정하려는 뜻을 품었으며, 재앙을 만나 두려워하여 잠시도 안일하게 지내지 않고 행실을 닦아 재앙을 사라지게 하려고 하자, 천하(天下) 사람들은 왕의 교화가 다시 행해지고 백성들이 임금의 보살핌을 받게 된 것을 기뻐하였다. 그러므로 잉숙(仍叔)이 이 시(詩)를 지어 찬미한 것이다."라고 하였다. 운한(雲漢: 은하수)을 말한 것은 밤에 날씨가 쾌청하면 천하(天河)가 밝다. 그러므로 왕(王)이 하늘을 우러러 하소연한 말을 기술한 것이 이와 같다.

詳說

○ 『大全』曰: "暴虐也."
('厲王之烈'의 '烈')『대전(大全)』에서 말하였다: "포학함이다."

○ 上聲.
('消去'의 '去') 상성이다.

○ 去聲.
('復行'의 '復') 거성이다.

○ 朱子曰: "見憂恤於王也."
('百姓見憂') 주자가 말하였다: "왕으로부터 근심과 구휼을 보았다."

○ 孔氏曰: "仍氏, 叔字."
('百姓見憂') 공씨(孔氏[孔穎達])가 말하였다: "잉(仍) 씨이고, 숙(叔)은 자(字)이다."

○ 曹氏曰: "雲漢昭回, 則其非雨候可知矣."
('言雲漢者…如此也') 조씨(曹氏)가 말하였다: "은하수가 밝게 운행하면, 비가 오지 내리지 않는 기후임을 알 수 있다."

○ 疊山謝氏曰: "桑柔以稼穡卒痒爲天降喪亂, 雲漢以饑饉薦臻爲天降喪亂, 古人之重民食如此."

('言雲漢者…如此也') 첩산 사씨(疊山 謝氏)가 말하였다: "'상유(桑柔)'에서는 농사지은 곡식이 모두 병듦으로써 하늘이 재앙과 혼란을 내렸고, '운한(雲漢)'에서는 거듭 흉년이 들게함으로써 하늘이 재앙과 혼란을 내렸으니, 옛날 사람들이 백성이 먹는 것을 중요하게 여김이 이와 같다."

[3-3-4-2]

旱旣大甚, 蘊隆蟲蟲. 不殄禋祀, 自郊徂宮, 上下奠瘞, 靡神不宗. 后稷不克, 上帝不臨. 耗斁下土, 寧丁我躬.

가뭄이 너무 심해 불볕에 숨이 막힌다. 계속하여 제사를 올려 하늘제사 선조제사, 위 아래 제사 예물로 모든 신을 존경하니, 후직도 감당 못하고 상제도 강림 못하네. 이 땅 망치는 재앙이 어찌 내게서입니까.

朱註

賦也. 蘊, 蓄. 隆, 盛也. 蟲蟲, 熱氣也. 殄, 絶也. 郊, 祀天地也. 宮, 宗廟也. 上祭天下祭地, 奠其禮瘞其物. 宗, 尊也. 克, 勝也. 言后稷欲救此旱災, 而不能勝也. 臨, 享也. 稷以親言, 帝以尊言也. 斁, 敗. 丁, 當也, 何以當我之身, 而有是災也. 或曰: 與其耗斁下土, 寧使裁害當我身也, 亦通.

부(賦)이다. 온(蘊)은 쌓임이고, 융(隆)은 성(盛)함이다. 충충(蟲蟲)은 열기(熱氣)이다. 진(殄)은 끊김이다. 교(郊)는 천지(天地)에 제사함이다. 궁(宮)은 종묘(宗廟)이다. 위로는 하늘에 제사하고 아래로는 땅에 제사하며 그 예물을 올리고 그 물건을 땅에 묻는 것이다. 종(宗)은 높임이다. 극(克)은 이김이니, 후직(后稷)이 이 한재(旱災)를 구원히고자 하지만 이겨낼 수 없는 것이다. 임(臨)은 흠향함이다. 직(稷)은 친(親)한 관계로써 말한 것이고, 제(帝)는 높은 존재로써 말한 것이다. 두(斁)는 패함이다. 정(丁)은 당함이니, 어찌하여 내 몸에 당하여 이러한 재앙이 있는가라고 한 것이다. 혹자(或者)는 말하기를 "그 하토(下土)에 폐해를 입히고 패하게 하기보다는 차라리 재해(災害)로 하여금 내 몸에 당하게 하라 한 것이다."라고 하니, 그 말도 의미가 또한 통한다.

詳說

○ 曹氏曰: "陽氣之蓄積驕亢也."
('蘊, 蓄. 隆, 盛也') 조씨(曹氏)가 말하였다: "양기(陽氣)가 축적되어 강하게 높이 오르는 것이다."

○ 濮氏曰: "蟲, 爞同."
('蟲蟲, 熱氣也') 복씨(濮氏)가 말하였다: "'충(蟲)'은 충(爞: 가물어 뜨겁다)과 같다."

○ 上下諺釋恐誤.
('上祭天下祭地') '상(上)', '하(下)'에 대한 언해(諺解)의 해석은 잘못인 것 같다.

○ 孔氏曰: "禮神之物, 酒食牲玉之屬也. 天言奠其禮, 地言瘞其物, 互以相通."
('奠其禮瘞其物') 공씨(孔氏[孔穎達])가 말하였다: "신(神)에게 예(禮)를 올리는 물건은 술, 음식, 규벽(圭璧) 같은 것이다. 하늘에 대해서는 '존기례(奠其禮: 그 예물을 올리다)'를 말하였고, 땅에 대해서는 '예기물(瘞其物: 그 물건을 묻다)'을 말하였으니, 서로 통하였다."

○ 劉氏曰: "前曰擧, 則秩而祭之; 後曰宗, 則尊而事之."
('宗, 尊也') 유씨(劉氏)가 말하였다: "앞에서 ('靡神不擧'에서) '거(擧)'라고 한 것은 차례대로 제사지내는 것이고, 후에 ('靡神不宗'에서) '종(宗)'은 높여서 섬기는 것이다."

○ 周之始祖.
('后稷') 주(周) 나라의 시조이다.

○ 曹氏曰: "不肯臨我."
('臨, 享也') 조씨(曹氏)가 말하였다: "기꺼이 나에게 이르지 않는 것이다."

○ 曹氏曰: "宮之神."
('稷以親言') 조씨(曹氏)가 말하였다: "궁(宮: 종묘)의 신(神)이다."

○ 慶源輔氏曰: "郊、宮先尊後親, 上、下先天後地, 稷、帝先親後尊, 舉尊親以該他鬼神."

('帝以尊言也') 경원 보씨(慶源 輔氏)가 말하였다: "교(郊)와 궁(宮)에서는 먼저 높이고 나중에 친밀하게 하며, 위와 아래에서는 먼저 하늘에게 하고 나중에 땅에게 하며, 후직(后稷)과 상제(上帝)에 대해서는 먼저 친밀하게 하고 나중에 높이며, 친족을 제사 지내고 높임으로써 다른 귀신을 포괄한다."

○ 寧.

('何以當我之身'의 '何') '녕(寧: 어찌)'이다.

○ 願詞.

('寧使裁害當我身也'의 '寧') 바라는 말(願詞)이다.

[3-3-4-3]

旱旣大甚, 則不可推. 兢兢業業, 如霆如雷. 周餘黎民, 靡有孑遺. 昊天上帝, 則不我遺. 胡不相畏, 先祖于摧.

가뭄이 너무 심해 견뎌낼 수가 없네. 두렵고 위급하여 벼락인 듯 천둥인 듯. 주 나라 남은 백성 씨도 없이 다 죽겠네.57) 저 높은 하늘의 상제께서 나를 돌보지 않으시네. 어이 두렵지 않겠는가, 선조를 위한 제사가 끊기겠네.58)

朱註

賦也. 推, 去也. 兢兢, 恐也. 業業, 危也. 如霆如雷, 言畏之甚也. 孑, 無右臂貌. 遺, 餘也. 言大亂之後, 周之餘民, 無復有半身之遺者, 而上天又降旱災, 使我亦不見遺. 摧, 滅也. 言先祖之祀, 將自此而滅也.

부(賦)이다. 퇴(推)는 버림이다. 긍긍(兢兢)은 두려워함이고, 업업(業業)은 위태로움이다. 여정여뢰(如霆如雷)는 두려워함이 심함을 말한 것이다. 혈(孑)은 오른쪽 팔

---

57) 정현의 「전(箋)」에서 다음과 같이 말하였다: "가뭄이 이미 다른 곳으로 옮겨 갈 수 없을 정도이고, 천하가 굶주림에 곤공하여 모두 마음이 동요하고 두려워 전전긍긍하며, 그 모양이 마치 세찬 천둥소리가 위에서 시작하여 주 나라 백성들 중 많은 자들이 죽을 것 같다.(旱旣不可移去, 天下困于饑饉, 皆心動意懼, 兢兢然, 業業然, 狀如有雷霆近發于上, 周之衆民多有死亡者矣.)"

58) 정현의 「전(箋)」에서 다음과 같이 말하였다: "하늘이 마침내 가뭄을 내려 나를 죽이려는 것인가? 선조는 어째서 내가 두려워하는 것을 돕지 않고, 하늘이 비를 내리도록 하지 않는가? 선조의 신들께 안타깝다!(天將遂旱, 餓殺我與? 先祖何不助我恐懼, 使天雨也? 先祖之神于嗟乎!)"

이 없는 모양이다. 유(遺)는 남음이니, 대란(大亂)의 뒤에 주(周)나라의 여민(餘民)들이 다시는 반신(半身)도 남은 자가 없는데, 상천(上天)이 또 가뭄의 재앙을 내려서 나로 하여금 또한 남겨둠을 보지 못하게 함을 말한 것이다. 최(摧)는 멸함이니, 선조(先祖)의 제사(祭祀)가 장차 이로부터 멸하게 됨을 말한 것이다.

詳說

○ 除也.
('推, 去也') 제거함이다.

○ 諺音誤.
('子') 언해(諺解)의 발음은 잘못이다.

○ 彘之亂後.
('大亂之後') 체지란(彘之亂)59) 이후이다.

○ 去聲.
('無復'의 '復') 거성이다.

○ 『孟子・萬章』曰:"說詩者,不以文害辭,不以辭害志,以意逆志,是爲得之."
('言大亂之後…半身之遺者') 『맹자(孟子)・만장(萬章)』에서 말하였다. "시(詩)를 설명하는 자는 글로써 말을 해치지 않고, 말로써 뜻을 해치지 않으며, 의도를 가지고 뜻을 거슬러 헤아려야 얻게 된다."

○ 略帝字.
('上天') '제(帝)' 자를 생략하였다.

○ 篇內我、予字皆爲宣王而言.
('使我亦不見遺') 편(篇) 속에 '아(我)', '여(予)' 자는 모두 선왕(宣王)에 대하여 말한 것이다.

---

59) 려왕(厲王)은 포학한 정치가 심하여 마침내 백성들의 반란이 일어났고, 그는 체(彘)라는 곳으로 피신을 했다. 이 사건을 체지란(彘之亂)이라고 한다. 기원전 841년의 사건이다.

○ 添祀字.

('先祖之祀') '사(祀)'자를 첨가하였다.

○ 豐城朱氏曰:"靡有孑遺, 則其民不可保也; 則不我遺, 則其身不可保也; 先祖于摧, 則宗社不可保也."

('先祖…滅也') 농성 주씨(豐城 朱氏)가 말하였다: "'미유혈유(靡有孑遺: 남아 있는 자가 없다)'라면 그 백성을 보존할 수 없은 것이고, '측불아유(則不我遺: 내가 남아 있도록 하지 않는다)'라면 그 몸을 보존할 수 없는 것이며, '선조우최(先祖于摧: 선조에 대한 제사가 소멸될 것이다)'라면 종사(宗社)를 보존할 수 없는 것이다."

[3-3-4-4]

旱旣大甚, 則不可沮. 赫赫炎炎, 云我無所. 大命近止, 靡瞻靡顧. 羣公先正, 則不我助. 父母先祖, 胡寧忍予.

가뭄이 너무 심해 막을 수가 없네. 불볕 열기 속에 몸 둘 곳이 없네. 죽음 가까워 오니 의지할 곳 없구나.[60] 먼 조상 여러 신령 날 돕지 못하거니와 부모님과 선조는 차마 날 버리나요.

朱註

賦也. 沮, 止也. 赫赫, 旱氣也. 炎炎, 熱氣也. 無所, 無所容也. 大命近止, 死將至也. 瞻, 仰. 顧, 望也. 羣公先正, 月令所謂雩祀百辟卿士之有益於民者, 以祈穀實者也. 於羣公先正, 但言其不見助, 至父母先祖, 則以恩望之矣, 所謂垂涕泣而道之也.

부(賦)이다. 저(沮)는 그침이다. 혁(赫)은 가뭄 기운이고, 염염(炎炎)은 열기(熱氣)이다. 무소(無所)는 용납될 곳이 없는 것이다. 대명근지(大命近止)는 죽음이 장차 이른 것이다. 첨(瞻)은 우러러 봄이고, 고(顧)는 바라봄이다. 군공선정(羣公先正)은 (『예기[禮記]』) 「월령(月令)」에 이른바 "백벽(百辟)과 경사(卿士) 중에 백성에게 유익한 신(神)에게 기우제를 올려서 곡식이 잘 영글기를 기원한다."는 것이다. 군공

---

60) 정현의 「전(箋)」에서 다음과 같이 말하였다: "가뭄이 이미 막을 수 없고 열기가 너무 왕성하여, 사람들이 견디며 말할 수 없었다. 나는 음지를 찾아 거처할 곳이 없고, 백성들의 운명은 죽음에 가까운데, 하늘은 보지도 않고, 돌보지도 않으니, 이 나라 안에서 슬프고 안타깝다.(旱旣不可卻止, 熱氣大盛, 人皆不堪言. 我無所庇陰而處, 眾民之命近將死亡, 天曾無所視, 無所顧, 于此國中而哀閔之.)"

(群公)과 선정(先正)에게는 도움을 받지 못하였다고만 말하고 부모(父母)와 선조(先祖)에 이르러서는 은혜로써 바랐으니, 『맹자(孟子)』에 이른바 눈물을 떨구면서 말한다는 것이다.

詳說

○ 無可容之地.
('無所, 無所容也') 용납할 수 없는 처지이다.

○ 孔氏曰: "先世爲官之長."
('群公先正') 공씨(孔氏[孔穎達])가 말하였다: "선조가 대대로 관리의 우두머리였다."

○ 『禮記』.
('月令') 『예기(禮記)』이다.

○ 安成劉氏曰: "忍之一辭可見望之以恩之意."
('至父母…望之矣') 안성 유씨(安成 劉氏)가 말하였다: "'인(忍)'이라는 한 마디로 은혜로 바라는 뜻을 알 수 있다."

○ 見『孟子・告子』.
('所謂垂涕泣而道之也') 『맹자(孟子)・고자(告子)』에 보인다.

[3-3-4-5]

旱旣大甚, 滌滌山川. 旱魃爲虐, 如惔如焚. 我心憚暑, 憂心如熏. 羣公先正, 則不我聞. 昊天上帝, 寧俾我遯.

가뭄이 너무 심해 산천초목 다 말랐구나. 사나운 가뭄신 훨훨 타는 불길이라. 내 마음 더위에 질려 찌는 듯 나의 근심.[61] 먼 조상 여러 신령 내 말 들은 척 않으니, 저 높은 하늘의 상제께서는 어찌 벗어나지 못하게 하나요.

---

61) 정현의 「전(箋)」에서 다음과 같이 말하였다: "가뭄은 이미 산천에 해를 입혔고, 그 기운은 가뭄귀신을 낳아 그 해악이 점점 심해진다. 초목이 말라 죽은 것이 마치 불타는 것을 보는 것 같다. 왕의 마음 또한 이 뜨거운 열기를 두렵고 어려워하여 불이 타는 것 같으니, 뜨거운 열기가 매우 심한 것을 말한 것이다.(旱旣害于山川矣, 其氣生魃而害益甚. 草木燋枯, 如見焚燎然. 王心又畏難此熱氣如灼爛于火, 言熱氣至極.)"

朱註

賦也. 滌滌, 言山無木, 川無水, 如滌而除之也. 魃, 旱神也. 惔, 燎之也. 憚,
勞也, 畏也. 熏, 灼. 遯, 逃也, 言天又不肯使我得逃遯而去也.

부(賦)이다. 척척(滌滌)은 산에 나무가 없고 내에 물이 없어서 씻어서 없앤 것과
같음을 말한 것이다. 발(魃)은 가뭄신이다. 담(惔)은 불태움이다. 탄(憚)은 수고로움
이고, 두려워함이다. 훈(熏)은 지짐이다. 둔(遯)은 도망함이니, 하늘이 또 나로 하
여금 도망하여 벗어날 수 없게 하려 한다고 말한 것이다.

詳說

○ 孔氏曰:"一名旱母."

('魃, 旱神也') 공씨(孔氏[孔穎達])가 말하였다: "일명 한모(旱母)라고도 한다."

○ 音見大東.

('惔, 燎之也. 憚, 勞也'의 '惔'과 '憚') 발음은 대동(大東: 대동운부군옥[大東韻
府群玉])에 보인다.

○ 諺音恐誤.

('遯') 언해(諺解)의 발음은 잘못인 것 같다.

○ 照前章而言又.

('天又不肯使我得逃遯而去也') 앞 장(章)에 조응하여 '우(又: 또)'를 말하였다.

[3-3-4-6]

旱旣大甚, 黽勉畏去. 胡寧瘨我以旱, 憯不知其故. 祈年孔夙,
方社不莫. 昊天上帝, 則不我虞. 敬恭明神, 宜無悔怒.

가뭄이 너무 심해 애써 떠나려 해도 갈 곳이 없다. 어찌 날 가뭄으로 괴롭히나, 참으로 그 까닭
을 알 수가 없다.[62] 일찍 풍년제를 올렸고 사직제사 늦지 않았는데, 저 높은 하늘의 상제에서는
내 마음 헤아리지 못하시네. 이리도 신명을 공경하였으니 의당 노여움은 없어야 하리.[63]

---

[62] 정현의 「전(箋)」에서 다음과 같이 말하였다: "하늘이 어찌 가뭄으로 나를 괴롭게 하는지, 일찍이 정치가
잃어버린 것이 이런 해악으로 치닫는 것을 알지 못했다.(天何曾病我以旱, 曾不知爲政所失而致此害.)"이것
과 관련하여 공영달(孔穎達)은 「소(疏)」에서 다음과 같이 말하였다: "홍수와 가뭄의 재앙은 많은 것이 정
치를 잃어버린 것 때문이므로, 일찍이 정치가 잃어버린 것이 이런 해악으로 치닫는 것을 알지 못했다 라
고 말한 것이다.(水旱之災, 多由政失, 故言曾不知爲政所失而致此害.)"

朱註

賦也. 黽勉畏去, 出無所之也. 癲, 病. 憯, 曾也. 祈年, 孟春祈穀于上帝, 孟冬祈來年于天宗, 是也. 方, 祭四方也. 社, 祭土神也. 虞, 度. 悔, 恨也. 言天曾不度我之心, 如我之敬事明神, 宜可以無恨怒也.

부(賦)이다. 민면외거(黽勉畏去)는 나감에 갈 곳이 없는 것이다. 전(癲)은 병듦이고, 참(憯)은 일찍이다. 기년(祈年)은 맹춘(孟春)에 상제(上帝)에게 곡식이 풍년들기를 기원하고 맹동(孟冬)에 천종(天宗: 일월성신[日月星辰]])에게 풍년을 기원하는 것이 이것이다. 방(方)은 사방(四方)에 제사함이고, 사(社)는 토신(土神)에게 제사함이다. 우(虞)는 헤아림이고, 회(悔)는 한탄함이니, 하늘이 일찍이 내 마음을 헤아려 주지 않으시니, 내가 신명(神明)을 공경히 섬긴 것으로 본다면 마땅히 회환과 노여움이 없어야 할 것이라고 말한 것이다.

詳說

○ 承上章遯字.
('黽勉…無所之也') 윗 장의 '둔(遯)'자를 이었다.

○ 慶源輔氏曰: "蘇氏以畏爲不敢甚當."
('黽勉…無所之也') 경원 보씨(慶源 輔氏)가 말하였다: "소씨(蘇氏)는 '외(畏)'를 심히 당해낼 수 없는 것으로 보았다."

○ 見『禮記・月令』.
('祈年…是也') 『예기(禮記)・월령(月令)』에 보인다.

○ 「月令」注曰: "天宗, 日月星辰也."
('祈年…是也') 「월령(月令)」주(注)에서 말하였다: "'천종(天宗)'은 일월성신(日月星辰)이다."

○ 疊山謝氏曰: "春已願穀之堅, 秋又願來歲之登, 所謂夙不莫也."

---

63) 정현의 「전(箋)」에서 다음과 같이 말하였다: "내가 매우 일찍 풍년을 기원하고, 사방에 제사지내며 또한 사직 제사가 늦지 않았는데, 하늘이 일찍이 나의 마음을 알아주지 않는다. 신명(神明)을 엄숙하게 모셔, 신명(神明)께서는 당연히 나에게 원한이 없을 터인데, 나는 무슨 연유로 이런 가뭄을 당하여야 하는가?(我祈豐年甚早, 祭四方與社又不晚, 天曾不度知我心. 肅事明神如是, 明神宜不恨怒于我, 我何由當遭此旱也?)"

('方…祭土神也') 첩산 사씨(疊山 謝氏)가 말하였다: "봄에 이미 곡식이 단단해질 것을 바라고, 가을에 다시 다음 해에 싹이 오르기를 바라니, 이른바 '이른 아침아니면 밤중(夙不莫)'이다.

○ 入聲, 下同.
('虞度'의 '度') 입성이고, 아래도 같다.

[3-3-4-7]

旱旣大甚, 散無友紀. 鞫哉庶正, 疚哉冢宰. 趣馬師氏, 膳夫左右, 靡人不周, 無不能止. 瞻卬昊天, 云如何里.

가뭄이 이미 너무 심해 흩어져 기강이 없다. 하급관리는 곤궁하고 상급총재는 괴롭다.64) 말 담당과 호위 담당, 음식 담당이며 좌우 대신들, 모두 나서서 구제하여 못한다 안하는 자 없네.65) 하늘만 우러러보니 이 근심 어떻다 하리.66)

朱註

賦也. 友紀, 猶言綱紀也. 或曰: 友疑作有. 鞫, 窮也. 庶正, 衆官之長也. 疚, 病也. 冢宰, 又衆長之長也. 趣馬, 掌馬之官. 師氏, 掌以兵守王門者. 膳夫, 掌食之官也. 歲凶年穀不登, 則趣馬不秣, 師氏弛其兵, 馳道不除, 祭事不縣, 膳夫徹膳, 左右布而不脩, 大夫不食粱, 士飮酒不樂. 周, 救也. 無不能止, 言諸臣無有一人不周救百姓者, 無有自言不能, 而遂止不爲也. 里, 憂也. 與漢書無俚之俚同, 聊賴之意也.

---

64) 정현의 「전(箋)」에서 다음과 같이 말하였다: "군주가 모두 신하들을 친구로 여기고, 풀어져 기강이 없는 것이 흉년에는 봉록이 부족하고, 또한 상을 하사할 수 없을 정도다.(人君以群臣爲友, 散無其紀者, 兇年祿餼不足, 又無賞賜也.)"
65) 모씨(毛氏)는 '無不能止'에 대해서, "할 수 없음을 그칠 수 없다고 말한 것이다(言無止不能也)"라고 하였다.
66) 정현의 「전(箋)」에서 다음과 같이 말하였다: "왕은 비가 오지 않아 걱정하지만 하늘을 쳐다보며 '저의 근심은 어떠하겠습니까!'라고 말한다.(王愁悶于不雨, 但仰天曰: 當如我之憂何!)"이것과 관련하여 공영달(孔穎達)은 「소(疏)」에서 다음과 같이 말하였다: "모씨(毛氏)는 '위에서 기원하였으나 비를 얻지 못하였고, 여기서는 예(禮)를 행하여 재앙을 구해내지 못함을 말하였다.'라고 생각하였다. 선왕(宣王)은 지금 가뭄이 이미 심하여, 해마다 흉년이 이와 같은데, 너희 군신들은 뿔뿔이 흩어져서 군신(君臣)간 붕우(朋友)의 기강을 회복하지 못한다고 말한 것이다…왕이 신하들의 곤궁함이 이와 같은 것을 보고 하늘을 우러러 보며 호소하기를 '어찌하여 저에게 이같이 걱정하게 하십니까?'라고 하니, 하늘로 하여금 그의 근심을 알아주기를 바란 것이다(毛以爲, 上言訴不得雨, 此言殺禮救厄. 宣王言, 今旱旣太甚矣, 歲兇知此, 汝群臣宜且離散, 無復群臣朋友之綱紀…王見群臣之困如此. 乃瞻望而仰視昊天, 訴之云: 如之何使我如此憂也? 欲令天知其憂愁得釋.)"

부(賦)이다. 우기(友紀)는 강기(綱紀)라는 말과 같다. 혹자(或者)는 말하기를 "우(友)는 의심컨대 유(有)가 되어야 한다."고 한다. 국(鞫)은 궁함이다. 서정(庶正)은 여러 관원의 장(長)이다. 구(疚)는 병듦이다. 총재(塚宰)는 또 여러 장관의 우두머리이다. 취마(趣馬)는 말을 관장하는 관원이고, 사씨(師氏)는 병사로써 왕문(王門)을 지킴을 관장하는 자이다. 선부(膳夫)는 음식을 관장하는 관원이다. 해가 흉년이 들어 연곡(年穀)이 성숙하지 못하면 취마(趣馬)는 말에게 곡식을 먹이지 않고, 사씨(師氏)는 그 병사를 동원하지 않으며, 달리는 길을 청소하지 않고, 제사(祭祀)에는 악기를 매달지 않으며, 선부(膳夫)는 왕(王)의 반찬을 줄이고, 좌우(左右)의 관원들은 자리에 있지만 수리거나 공사를 하지 아니하며, 대부(大夫)는 고량(膏粱)을 먹지 않고, 사(士)는 술을 마실 적에 음악을 연주할 수 없다. 주(周)는 구원함이니, 무불능지(無不能止)는 제신(諸臣) 중에 한 사람도 백성을 구원하지 않는 자가 없어서 스스로 능하지 못하다 말하고는 마침내 그치고 하지 않는 이가 없음을 말한 것이다. 이(里)는 근심함이니, 『한서(漢書)』에 무리(無俚)의 이(俚) 자와 같으니, 의지하다(聊賴)는 뜻이다.

詳說

○ 孔氏曰: "困於飢不能如常相紀."

('友紀, 猶言綱紀也') 공씨(孔氏[孔穎達])가 말하였다: "굶주림에 곤궁하여 평소처럼 서로 돕고 기강을 가질 수 없는 것이다."

○ 力窮.

('鞫, 窮也') 힘이 다한 것이다.

○ 上聲, 下並同.

('衆官之長'의 '長') 상성이고, 아래도 다 같다.

○ 皆見 『周禮』.

('塚宰…掌食之官也') 모두 『주례(周禮)』에 보인다.

○ 孔氏曰: "不以粟養馬."

('歲凶年…趣馬不秣') 공씨(孔氏[孔穎達])가 말하였다: "곡식으로 말을 기를 수

없는 것이다."

○ 孔氏曰: "兵不用."
('師氏弛其兵') 공씨(孔氏[孔穎達])가 말하였다: "병사를 동원하지 않는 것이다."

○ 去聲.
('馳道不除'의 '除') 거성이다.

○ 朱子曰: "秦漢謂天子所行之道爲馳道."
('馳道不除') 주자가 말하였다: "진한(秦漢) 시대에는 천자가 가는 길을 치도(馳道)라고 말하였다."

○ 音玄.
('祭事不縣'의 '縣') 발음은 현(玄)이다.

○ 孔氏曰: "不懸其樂."
('祭事不縣') 공씨(孔氏[孔穎達])가 말하였다: "그 악기를 매달지 않는 것이다."

○ 直列反.
('膳夫徹'의 '徹') 직(直)과 열(列)의 반절이다.

○ 孔氏曰: "減王之食."
('膳夫徹膳') 공씨(孔氏[孔穎達])가 말하였다: "왕의 음식을 줄이는 것이다."

○ 孔氏曰: "左右之官布列於位, 不令有所修造."
('左右布而不脩') 공씨(孔氏[孔穎達])가 말하였다: "좌우의 관리들이 자리에 배열해 있지만 수리하거나 일할 것을 가지려고 하지 않는다."

○ 孔氏曰: "此皆當先有成文, 故毛傳引以明凶年之禮."
('大夫…不樂') 공씨(孔氏[孔穎達])가 말하였다: "이것은 모두 당연히 이전에 완성된 문헌을 가지고 있었으므로, 모전(毛傳)에서 인용하여 흉년의 예(禮)를 밝힌 것이다."

○ 補自言字.
('無有自言不能') '자언(自言: 스스로 말하다)' 자를 보충하였다.

○ 東萊呂氏曰: "『爾雅』作悝."
('里, 憂也') 동래 여씨(東萊 呂氏)가 말하였다: "『이아(爾雅)』에는 '리(悝: 근심하다)'로 되어 있다."

○ 季布傳.
('『漢書』') 「계포전(季布傳)」이다.

○ 安成劉氏曰: "『孟子』註亦引此爲證, 里、理、悝蓋通用."
('里…聊賴之意也') 안성 유씨(安成 劉氏)가 말하였다: "『맹자(孟子)』 주(註)에서도 이것을 인용하여 증명하였으니, '리(里)', '리(理)', '리(悝)'는 대개 통용된다."

○ 慶源輔氏曰: "如我之憂何也."
(본문의 '云如何里') 경원 보씨(慶源 輔氏)가 말하였다: "나의 근심이 어떠한가(我之憂何)와 같다."

○ 如何而可聊賴耶.
(본문의 '云如何里') 무엇으로 의지할 수 있겠는가(何而可聊賴耶)와 같다.

[3-3-4-8]

瞻卬昊天, 有嘒其星. 大夫君子, 昭假無贏. 大命近止, 無棄爾成. 何求爲我, 以戾庶正. 瞻卬昊天, 曷惠其寧.

저 넓은 하늘을 우러러보니 별들만 반짝반짝 빛나네. 공경대부 군자들 도와서 정성 다해 하늘에 제사했네. 죽음이 가까워 오지만 지금까지의 공 버리지 말라. 어찌 나 하나를 위함이던가, 모든 관직 안정시키려 함이라. 저 높은 하늘을 우러러보니 언제나 편안함 주시려 합니까.[67]

---

67) 정현의 「전(箋)」에서 다음과 같이 말하였다: "왕이 하늘을 보며 말하였다: '어느 때에 저의 구함을 알아 제 마음을 편안하게 해주시렵니까? 비가 마른 것이 극심한데, 비를 얻으면 마음이 편안해질 것입니다.(王仰天曰: 當何時順我之求, 令我心安乎? 渴雨之至也, 得雨則心安.)"

朱註

賦也. 嘒, 明貌. 昭, 明. 假, 至也.

부(賦)이다. 혜(嘒)는 밝은 모양이다. 가(假)은 이름이다.

詳說

○ 戾, 定也.

(본문의 '以戾庶正'의 '戾') 안정시킴이다.

朱註

○久旱而仰天以望雨, 則有嘒然之明星, 未有雨徵也. 然群臣竭其精誠, 而助王以昭假于天者, 已無餘矣. 雖今死亡將近, 而不可以棄其前功, 當益求所以昭假者而脩之, 固非求爲我之一身而已, 乃所以定衆正也. 於是語終, 又仰天而訴之曰: 果何時而惠我以安寧乎. 張子曰: 不敢斥言雨者, 畏懼之甚, 且不敢必云爾.

오랜 가뭄에 하늘을 우러러 보며 비를 바라는데, 찬란한 밝은 별이 있어서 비올 징조가 있지 않았다. 그러나 군신(群臣)들이 그 정성을 다하여 왕(王)을 도와서 하늘에 밝게 도달함이 이미 남김이 없었다. 비록 지금 죽음이 장차 가까이 이르렀지만 이전의 공(功)을 버려서는 안될 것이고, 마땅히 더욱 밝게 이르게 할 바를 구하여 닦아야 할 것이니, 진실로 내 한몸을 위하기를 구할 뿐이 아니라, 마침내 여러 장관들을 안정시키려는 것이다. 이에 말을 마침에 또 하늘을 우러러 하소연하기를 "과연 어느 때에나 나에게 안녕함을 내려 주시려는가."라고 한 것이다. 장자(張子)가 말하였다: "감히 비를 지적하여 말하지 못한 것은 두려워함이 심하고 또 감히 기필할 수가 없기 때문이다."

詳說

○ 瞻仰昊天句承上章, 末又再言以終之. 有嘒其星句與篇首雲漢昭回相爲呼應, 而中間六章之首皆言旱旣大甚, 作者之體製亦可觀.

('久旱而…未有雨徵也') '첨앙호천(瞻仰昊天: 저 넓은 하늘을 우러러보니)'구(句)는 윗 장을 이어서 마지막에 다시 말함으로써 마쳤다. '유혜기성(有嘒其星: 별들만 반짝반짝 빛나네)'구(句)는 편(篇) 첫머리의 '운한소회(雲漢昭回: 은하수

가 밝게 운행한다)'와 서로 호응하고, 중간에 여섯 장(章)의 처음은 모두 '조기대심(旱旣大甚: 가뭄이 이미 너무 심하다)'을 말하여, 만든 자의 체제(體製) 또한 관찰할 수 있다.

○ 補助王字.
('然群臣…而助王') '조왕(助王: 왕을 돕다)' 자를 보충하였다.

○ 嬴.
('無餘'의 '餘') 남음(嬴)이다.

○ 成.
('其前功'의 '功') 이룸(成)이다.

○ 添此句.
('當盆求所以昭假者而脩之') 이 구(句)를 첨가하였다.

○ 眉山蘇氏曰: "未有民不寧, 而庶官定者."
('固非求…定眾正也') 미산 소씨(眉山 蘇氏)가 말하였다: "아직까지 백성들이 평안하지 못하였지만 모든 관리들이 안정된 것이다."

○ 與首章註末亦相爲呼應.
('於是語終…訴之') 첫 장(章) 주(註)의 마지막과 또한 서로 호응한다.

○ 止言寧.
('不敢斥言雨者') 평안함을 말하기를 멈추었다.

○ 必其雨.
('畏懼…必云爾') 비가 오기를 기필함이다.

朱註

雲漢八章, 章十句.
운한(雲漢) 8장(章)이니, 각 장(章)은 10구(句)이다.

詳說

○ 豐城朱氏曰: "讀是詩, 見宣王有事天之敬, 有事神之誠, 有恤民之仁."

풍성 주씨(豐城 朱氏)가 말하였다: "이 시(詩)를 읽으면, 선왕(宣王)이 하늘을 섬기는 공경함이 있고, 귀신을 섬기는 성실함이 있으며, 백성을 구휼하는 인(仁)이 있음을 볼 것이다."

○ 東萊呂氏曰: "宣王小雅始於六月, 言其功也. 大雅始於雲漢, 言其心也. 無是心安有是功哉."

동래 여씨(東萊 呂氏)가 말하였다: "선왕(宣王)에 대해, 소아(小雅) '유월(六月)'에서 비롯한 것은 그 업적을 말한 것이고, 대아(大雅) '운한(雲漢)'에서 비롯한 것은 그 마음을 말한 것이다. 이러한 마음이 없다면 어찌 이러한 업적을 가지겠는가?"

[3-3-5-1]

崧高維嶽, 駿極于天. 維嶽降神, 生甫及申. 維申及甫, 維周之翰. 四國于蕃, 四方于宣.

크고 높은 네 악산이 하늘에 닿을 듯 높네. 네 악산 영험을 내려 보후와 신백을 낳았네. 신백과 보후는 주 나라의 기둥이라, 천하 지키는 울이요, 사방에 덕을 펼쳤네.

朱註

賦也. 山大而高曰崧. 嶽, 山之尊者, 東岱南霍西華北恒, 是也. 駿, 大也. 甫, 甫侯也, 卽穆王時, 作呂刑者. 或曰: 此是宣王時人, 而作呂刑者之子孫也. 申, 申伯也, 皆姜姓之國也. 翰, 幹. 蕃, 蔽也.

부(賦)이다. 산이 크고 높은 것을 숭(崧)이라 한다. 악(嶽)은 산 중에 높은 것이니, 동쪽은 대산(岱山), 남쪽은 곽산(霍山), 서쪽은 화산(華山), 북쪽은 항산(恒山)이 이것이다. 준(駿)은 큼이다. 보(甫)는 보후(甫侯)이니, 바로 목왕(穆王) 때에「여형(呂刑)」을 지은 자이다. 혹자(或者)는 말하기를 "이것은 선왕(宣王) 때 사람으로서 「여형(呂刑)」을 지은 자의 자손(子孫)이다."라고 한다. 신(申)은 신백(申伯)이니, 모두 강성(姜姓)의 나라이다. 한(翰)은 기둥이고, 번(蕃)은 울타리이다.

詳說
○ 音蠖.
('南霍'의 '霍') 발음은 확(蠖)이다.

○ 毛氏曰: "南衡."
('南霍') 모씨(毛氏)가 말하였다: "남쪽의 형산(衡山)이다."

○ 去聲.
('西華'의 '華') 거성이다.

○ 見『書』.
('卽穆王時, 作呂刑者') 『서(書)』에 보인다.

○ 孔氏曰: "呂侯後爲甫侯, 故『詩』,『禮記』作甫,『書』與『外傳』作呂."
('卽穆王時, 作呂刑者') 공씨(孔氏[孔穎達])가 말하였다: "여후(呂侯)는 후에 보후(甫侯)가 되었으므로, 『시(詩)』,『예기(禮記)』에서는 '보(甫)'로 되어 있고, 『서(書)』와 『외전(外傳)』에서는 '여(呂)'로 되어 있다."

○ 東萊呂氏曰: "甫、申意皆宣王時賢諸侯, 同有功於王室者, 鄭氏乃遠取甫侯殆非也."
('或曰…子孫也') 동래 여씨(東萊 呂氏)가 말하였다: "'보(甫)', '신(申)'의 뜻은 모두 선왕(宣王) 때의 현명한 제후였고, 함께 왕실에 공적이 있는 자였으니, 정씨(鄭氏[鄭玄])이 멀리서 보후(甫侯)를 취한 것은 아마도 잘못인 것 같다."

○ 三山李氏曰: "侯爵爲方伯, 故謂之申伯."
('申, 申伯也') 삼산 이씨(三山 李氏)가 말하였다: "후작(侯爵)은 방백(方伯)이 되었으므로, 신백(申伯)이라고 말한다."

○ 鄭氏曰: "俱出四岳, 故連言之."
('申, 申伯也') 정씨(鄭氏[鄭玄])가 말하였다: "모두 네 악산을 내었으므로, 연이어 말하였다."

朱註

○宣王之舅申伯出封于謝, 而尹吉甫作詩以送之. 言嶽山高大, 而降其神靈和氣, 以生甫侯申伯, 實能爲周之楨幹屛蔽, 而宣其德澤於天下也. 蓋申伯之先, 神農之後, 爲唐虞四嶽, 總領方嶽諸侯, 而奉嶽神之祭, 能修其職, 嶽神享之. 故此詩推本申伯之所以生, 以爲嶽降神而爲之也.

선왕(宣王)의 외숙인 신백(申伯)이 나가 사읍(謝邑)에 봉해지자 윤길보(尹吉甫)가 시(詩)를 지어 그를 전송하였다. 악산(嶽山)이 높고 커서 그 신령(神靈)과 화기(和氣)를 내려 보후(甫侯)와 신백(申伯)을 내니, 실로 주(周) 나라의 기둥과 울타리가 되어서 그 덕택(德澤)을 천하(天下)에 베풂을 말한 것이다. 신백(申伯)의 선대는 신농(神農)의 후예로 당우(唐虞)의 사악(四嶽)이 되어서 사방의 제후(諸侯)들을 거느리고 악신(嶽神)의 제사를 받들었는데, 그 직책을 잘 수행하여 악신(嶽神)이 흠향하였다. 그러므로 이 시(詩)에 신백(申伯)이 태어나게 된 근본을 따져서 악(嶽)이 신(神)을 내려 이렇게 했다고 말한 것이다.

詳說

○ 音丙.
('屛') 발음은 병(丙)이다.

○ 補德澤字.
('而宣其德澤於天下也') '덕택(德澤)'자를 보충하였다.

○ 疊山謝氏曰: "申伯必有非常之功者, 惜乎, 經、史皆不載也."
('而宣其德澤於天下也') 첩산 사씨(疊山 謝氏)가 말하였다: "신백(申伯)은 반드시 범상치 않은 공적을 가진 자였지만, 애석하게도 경전과 역사에서 모두 기재하지 않았다."

○ 官名.
('唐虞四嶽'의 '四嶽') 관직 명이다.

○ 四方.
('總領方'의 '方') 사방이다.

○ 論也.
('蓋申伯之先…爲之也') 논의(論)이다.

○ 黃氏曰: "嶽降神, 乃詩人形容之辭, 以見上天興周之意, 不必泥其有無也."
('蓋申伯之先…爲之也') 황씨(黃氏)가 말하였다: "악(嶽)이 신(神)을 내림은 바로 시인(詩人)이 형용한 말로써 위로 하늘이 주 나라를 흥하게 하려는 뜻을 보여준 것이니, 반드시 그것이 있는지 없는지에 고착될 필요는 없다."

[3-3-5-2]

亹亹申伯, 王纘之事. 于邑于謝, 南國是式. 王命召伯, 定申伯之宅, 登是南邦, 世執其功.

부지런한 신백을 대를 잇게 하시어, 사(謝)에다 도읍을 정해 남국이 벌받게 하시네.68) 왕께서 소백에게 명하여 신백의 집을 짓게 하고, 남녘에 나라 이루게 하니, 대대로 그 공을 지키리로다.69)

朱註

賦也. 亹亹, 强勉之貌. 纘, 繼也. 使之繼其先世之事也. 邑, 國都之處也. 謝在今鄧州南陽縣, 周之南土也. 式, 使諸侯以爲法也. 召伯, 召穆公虎也. 登, 成也. 世執其功, 言使申伯後世常守其功也. 或曰: 大封之禮, 召公之世職也.
부(賦)이다. 미미(亹亹)는 힘쓰는 모양이다. 찬(纘)은 계속함이니, 그로 하여금 선대(先代)의 일을 계속하게 하는 것이다. 읍(邑)은 나라의 도읍하는 곳이다. 사(謝)는 지금의 등주(鄧州) 남양현(南陽縣)에 있었으니, 주(周)나라의 남쪽 땅이다. 식(式)은 제후(諸侯)들로 하여금 법(法)으로 삼게 한 것이다. 소백(召伯)은 소목공(召穆公)

---

68) 정현의 「전(箋)」에서 다음과 같이 말하였다: "부지런하게 덕에 힘쓰고 나태하지 않는 신하는 신백(申伯)이었으니, 현명한 사람을 왕의 경사(卿士)로 삼아, 왕을 보좌하게 하여 공적이 있었다. 왕은 또한 그 옛 제후의 일을 계승하게 하고자, 가서 사(謝)에 도읍을 만들고, 남쪽의 나라들이 모두 그 법도를 따라 통치하고 베풀기를 바랐다.(亹亹然勉于德不倦之臣有申伯, 以賢人爲王之卿士, 佐王有功. 王又欲使繼其故諸侯之事, 往作邑于謝, 南方之國皆統理施其法度.)"
69) 정현의 「전(箋)」에서 다음과 같이 말하였다: "신백이 충신이어서 왕실을 떠나려 하지 않았으므로, 왕은 소공(召公)으로 하여금 그 뜻을 정하여, 가서 사(謝)에 머물게 명령하였고, 남쪽의 나라에서 법도를 이루어 대대로 그 정치를 유지하며 자손에게 전달하도록 하였다.(申伯忠臣, 不欲離王室, 故王使召公定其意, 令往居謝, 成法度于南邦, 世世持其政事, 傳子孫也.)"

호(虎)이다. 등(登)은 이룸이다. 대대로 그 공(功)을 잡게 한다는 것은 신백(申伯)의 후대(後代)로 하여금 항상 그 공(功)을 지키게 한다는 것이다. 혹자(或者)는 말하기를 "크게 봉해주는 예(禮)는 소공(召公)이 대대로 맡아온 직책이다."라고 한다.

詳說

○ 慶源輔氏曰:"乃大禹孜孜之心也."
('亹亹, 強勉之貌') 경원 보씨(慶源 輔氏)가 말하였다: "바로 대우(大禹)가 열심히 노력하는 마음이다."

○ 朱子曰:"與亹亹文王者異."
('亹亹, 強勉之貌') 주자가 말하였다: "(대아[大雅] 문왕지십[文王之什] 「문왕(文王)」에 나오는) '미미문왕(亹亹文王: 백성을 위해 힘쓰시고 힘쓰시는 문왕)'이라는 것과는 다르다."

○ 字訓雖同而文意有異, 所謂非有所勉也.
('亹亹, 強勉之貌') 글자의 풀이는 같지만 문의(文意)는 다르니, 이른바 진력하는 바를 가지고 있는 것이 아니다.

○ 上于字恐當爲往義.
('纘…先世之事也') 위의 '우(于)' 자는 당연히 '왕(往: 가다)'의 의미일 것 같다.

○ 曹氏曰:"申、謝蓋相近, 申伯先封于申, 宣王使紹封于謝也."
('邑國…周之南土也') 조씨(曹氏)가 말하였다: "신(申)과 사(謝)는 서로 가까운데, 신백(申伯)이 먼저 신(申)에 봉해지고, 선왕(宣王)은 소(紹)를 사(謝)에 봉하였다."

○ 猶作也.
('登, 成也') '작(作: 만들다, 이루다)'과 같다.

○ 廬陵彭氏曰:"子子孫孫與國咸休也."
('世執其功…守其功也') 여릉 팽씨(廬陵 彭氏)가 말하였다: "자자손손(子子孫孫) 대대로 나라와 함께 모두 아름답다."

○ 王氏肅曰: "召公司空主治城郭."
   ('或曰…世職也') 왕씨(王氏) 숙(肅)이 말하였다: "소공(召公)이 사공(司空)이 되었을 때, 주로 성곽을 다스렸다."

○ 華谷嚴氏曰: "次章述封謝."
   ('或曰…世職也') 화곡 엄씨(華谷 嚴氏)가 말하였다: "다음 장(章)이 사(謝)에 봉하는 것을 기술하고 있다."

[3-3-5-3]

王命申伯, 式是南邦. 因是謝人, 以作爾庸. 王命召伯, 徹申伯土田, 王命傅御, 遷其私人.

왕께서 신백에게 명하시어 남녘나라에 법이 되게 하시고, 이어서 사읍(謝邑) 사람들에게 너의 성을 쌓으라 하셨네.70) 왕께서 소백에게 명하시어 신백의 농지 정리하게 하시고, 왕께서 신백의 가신(家臣)에게 명하여 가족들도 옮겨가게 하셨네.

朱註

賦也. 庸, 城也, 言因謝邑之人而爲國也. 鄭氏曰: 庸, 功也, 爲國以起其功也. 徹, 定其經界, 正其賦稅也. 傅御, 申伯家臣之長也. 私人, 家人. 遷使就國也. 漢明帝送侯印, 與東平王蒼諸子, 而以手詔賜其國中傅. 蓋古制如此.

부(賦)이다. 용(庸)은 성(城)이니, 사읍(謝邑)의 사람을 인하여 나라를 만든 것을 말한 것이다. 정씨(鄭氏)는 "용(庸)은 공(功)이니, 나라를 만들어 그 공(功)을 일으킨 것이다."라고 하였다. 철(徹)은 경계를 정하고 세금 제도를 바로 잡는 것이다. 부어(傅御)는 신백(申伯)의 가신(家臣)의 우두머리이다. 사인(私人)은 가족이고, 천(遷)은 자기 나라로 나아가게 하는 것이다. 한(漢) 명제(明帝)가 후(侯)의 직인(職印)을 보내어 동평왕(東平王) 창(蒼)의 여러 아들에게 줄 적에 직접 쓴 조서를 그 국중(國中)의 사부(師傅)에게 하사하였으니, 옛 제도가 이와 같았다.

---

70) 정현의 「전(箋)」에서 다음과 같이 말하였다: "소공(召公)이 이미 신백(申伯)의 거처를 정하였고, 왕이 친히 명하여 남쪽 나라에서 법도를 행하도록 하였다. 지금 이 때문에 사읍(謝邑)의 사람들이 나라를 만들어 너의 공로를 일으키니, 더욱 훌륭하게 빛남을 말한 것이다.(召公既定申伯之居, 王乃親命之, 使爲法度于南邦. 今因是故謝邑之人爲國, 以起女之功勞, 言尤章顯也.)"

詳說

○ 釋文曰:"亦作墉."
('墉, 城也')『석문(釋文)』에서 말하였다: "또한 '용(墉)'으로도 되어 있다."

○ 作.
('爲國'의 '爲') '작(作: 만들다)'이다.

○ 慶源輔氏曰:"觀下章有俶其城, 則城亦召伯爲之也."
('言因謝邑之人而爲國也') 경원 보씨(慶源 輔氏)가 말하였다: "아래 장(章) '유숙기성(有俶其城: 성을 쌓기 시작하다)'을 본다면, 성(城)은 역시 소백(召伯)이 만들었다."

○ 作.
('起其功'의 '起') '작(作: 만들다)'이다.

○ 錢氏曰:"厲王後, 徹法漸壞, 故使召伯正之."
('徹…正其賦稅也') 천씨(錢氏)가 말하였다: "려왕(厲王) 이후 세금 제도가 점점 붕괴되었으므로, 소백(召伯)으로 하여금 바로 잡게 하였다."

○ 上聲.
('家臣之長'의 '長') 상성이다.

○ 豐城朱氏曰:"徹土田, 王者之大法, 故以命大臣; 遷私人, 王者之私恩, 故以命傅御."
('傅御…遷使就國也') 풍성 주씨(豐城 朱氏)가 말하였다: "땅과 밭에 세금을 부과하는 것은 왕된 자의 큰 법이므로, 대신(大臣)에게 명한 것이고, 가족을 자기 나라로 나아가게 한 것은 왕된 자의 사적 은혜이므로, 부어(傅御)에게 명한 것이다."

○ 見『後漢書・本傳』.
('漢明帝…賜其國中傅')『후한서(後漢書)・본전(本傳)』에 보인다.

○ 國傅如此詩之傅御, 王子如此詩之私人, 詔如此詩之命, 故引而
證之.
('漢明帝…賜其國中傅') 국부(國傅)는 이 시(詩)의 '부어(傅御)'와 같고, 왕의 아
들은 이 시(詩)의 '사인(私人)'과 같으며, 소(詔)는 이 시(詩)의 '명(命)'과 같으므
로, 가지고 와서 입증한 것이다.

○ 論也.
('蓋古制如此') 논의(論)이다.

[3-3-5-4]
申伯之功, 召伯是營. 有俶其城, 寢廟旣成. 旣成藐藐, 王錫申
伯, 四牡蹻蹻, 鉤膺濯濯.
신백의 새로운 성을 소백이 경영하여 쌓았네. 성을 쌓기 시작하니 사당이 먼저 완성되었
다.71) 그윽하고 화려한데 왕이 신백에게 하사하니, 네 필 수말 건장하며 가슴걸이가 번쩍이
네.72)

朱註
賦也. 俶, 始作也. 藐藐, 深貌. 蹻蹻, 壯貌. 濯濯, 光明貌.
부(賦)이다. 숙(俶)은 시작하는 것이다. 막막(藐藐)은 깊은 모양이고, 갹갹(蹻蹻)은
건장한 모양이고, 탁탁(濯濯)은 광명(光明)한 모양이다.

詳說
○ 功, 功役也.
(본문의 '功') '공(功)'은 공역(功役)이다.

○ 慶源輔氏曰: "召伯旣迄事, 王錫申伯以車馬, 使就國也."

---

71) 정현의 「전(箋)」에서 다음과 같이 말하였다: "신백(申伯)이 사(謝)에 거처를 정한 일에 대하여, 소공(김公)
이 자신의 지위를 경영하고 성곽과 사당을 지어, 그 신(神)이 거처할 곳을 정하였다(申伯居謝之事, 召公營
其位而作城郭及寢廟, 定其神所處.)"
72) 정현의 「전(箋)」에서 다음과 같이 말하였다: "소공(김公)이 지위를 영위하고 성을 축조한 것이 이미 완성되
어, 그 모습을 왕에게 고하였다. 왕이 바로 신백(申伯)에게 상을 내려 하사품을 보내려고 하였다.(召公營
位, 築之已成, 以形貌告于王. 王乃賜申伯, 爲將遣之.)"

경원 보씨(慶源 輔氏)가 말하였다: "소백(召伯)이 이 일을 마쳐서, 왕은 거마(車馬)을 신백(申伯)에게 하사하여 나라에 나아가게 하였다."

[3-3-5-5]
王遣申伯, 路車乘馬. 我圖爾居, 莫如南土. 錫爾介圭, 以作爾寶. 往近王舅, 南土是保.

왕께서 신백을 보내니 네 필 말 끄는 노거로세. 내 그 대 살 곳을 따져보니 남녘만 한 곳이 없다.73) 그대에게 큰 옥을 내려 그대 보물을 삼게 하니, 왕의 외삼촌 어서 가시어 남녘땅 잘 보존할지어다.

朱註

賦也. 介圭, 諸侯之封圭也. 近, 辭也.
부(賦)이다. 개규(介圭)는 제후(諸侯)를 봉(封)할 때 주는 홀(笏)이다. 근(近)은 어조사(語助辭)이다.

詳說

○ 東萊呂氏曰: "韓奕云, 以其介圭介大也, 非周官之介圭也."
('介圭, 諸侯之封圭也') 동래 여씨(東萊 呂氏)가 말하였다: "한혁(韓奕)이 그 개규(介圭)에 대하여 '개(介)'는 크다는 것이지, 주(周) 나라 관리의 개규(介圭)가 아니라고 한다."

○ 諺音誤.
('近') 언해(諺解)의 발음은 잘못이다.

○ 朱子曰: "讀如彼己之子之己."
('近, 辭也') 주자가 말하였다: "'피기지자(彼己之子: 저 사람이여)'의 '기(己)'처럼 읽는다."

---

73) 정현의 「전(箋)」에서 다음과 같이 말하였다: "왕이 정례(正禮)로 신백(申伯)의 나라에 보내었으므로, 다시 수레와 말을 하사한 것이다. 인하여 고하기를 '내가 너의 거처할 곳을 계획하였는데, 남쪽 땅 같이 가장 좋은 것이 없다.'고 한 것이다.(王以正禮遣申伯之國, 故復有車馬之賜. 因告之曰: 我謀女之所處, 無如南土之最善.)"

○ 華谷嚴氏曰: "五章述遣之也."
　화곡 엄씨(華谷 嚴氏)가 말하였다: "5장(章)에서 신백을 보내는 것을 기술하였다."

○ 慶源輔氏曰: "路車乘馬, 所以終上章之意."
　경원 보씨(慶源 輔氏)가 말하였다: "'노거승마(路車乘馬: 네 필 말 끄는 노거로세)'는 윗 장의 뜻을 마친 것이다."

[3-3-5-6]

申伯信邁, 王餞于郿. 申伯還南, 謝于誠歸. 王命召伯, 徹申伯土疆, 以峙其粻, 式遄其行.

신백이 드디어 떠나는데 왕은 미(郿)에 나가 전송하시네.74) 신백 수레 남쪽으로 돌아 진실로 사(謝)로 돌아가네. 왕께서 소백에게 명하시어 신백의 토지 세금 거두어, 식량 가득 쌓아놓게 하니 그의 행차가 한결 빨라지네.75)

朱註

賦也. 郿, 在今鳳翔府郿縣, 在鎬京之西, 岐周之東, 而申在鎬京之東南. 時王在岐周, 故餞于郿也. 言信邁誠歸, 以見王之數留, 疑於行之不果故也. 峙, 積. 粻, 糧. 遄, 速也. 召伯之營謝也, 則已斂其稅賦, 積其餱糧, 使廬市有止宿之委積, 故能使申伯無留行也.

부(賦)이다. 미(郿)는 지금의 봉상부(鳳翔府) 미현(郿縣)에 있었으니, 호경(鎬京)의 서쪽, 기주(岐周)의 동쪽에 있었고, 신(申)은 호경(鎬京)의 동남쪽에 있었다. 당시에 왕(王)이 기주(岐周)에 있었으므로 미(郿)땅에서 전송한 것이다. 진실로 가고 진실로 돌아갔다고 말한 것은 왕(王)이 자주 만류하여 가기를 결단하지 못할까 의심함을 나타낸 것이다. 치(峙)는 쌓음이고, 장(粻)은 양식이며, 천(遄)은 빠름이다. 소백(召伯)이 사읍(謝邑)을 경영할 때에 이미 세금을 거두어 식량을 쌓아서, 여막(廬

---

74) 정현의 「전(箋)」에서 다음과 같이 말하였다: "신백(申伯)의 뜻은 왕실을 떠나지 않으려 하였지만, 왕이 말한 것이 다시 엄중하여, 이에 뜻이 풀어져 믿고 행한 것이다.(申伯之意不欲離王室, 王告語之復重, 于是意解而信行.)"
75) 정현의 「전(箋)」에서 다음과 같이 말하였다: "왕이 소공(召公)으로 하여금 신백(申伯)의 땅에 도달하여 다스리게 하여 그 양식을 쌓아놓게 한 것은 여막(廬幕)과 시장에 머무르고 유숙할 재원이 있어서, 이것을 이용하여 신백(申伯)의 행동을 신속하게 하려는 것이다.(王使召公治申伯土界之所至, 峙其糧者, 令廬市有止宿之委積, 用是速申伯之行.)"

幕)과 시장에 머무르고 유숙할 만한 재물이 있게 하였다. 그러므로 신백(申伯)으로
하여금 걸음을 지체하지 못하게 할 수 있었다.

詳說

○ 孔氏曰:"蓋省視岐周."
('時王在岐周') 공씨(孔氏[孔穎達])가 말하였다: "아마도 기주(岐周)를 살핀 것이
다."

○ 音現.
('以見王之數留'의 '見') 발음은 현(現)이다.

○ 音朔.
('以見王之數留'의 '數') 발음은 삭(朔)이다.

○ 孔氏曰:"'謝于誠歸'古人語多倒."
('言信邁…不果故也') 공씨(孔氏[孔穎達])가 말하였다: "'사우성귀(謝于誠歸: 진실
로 사(謝)로 돌아가네)'(같은) 옛날 사람들의 말은 거꾸로 된 것이 많다."

○ 去聲.
('委積'의 '委') 거성이다.

○ 音恣.
('委積'의 '積') 발음은 자(恣)이다.

○ 其.
('申伯') 본문의 '기(其)'이다.

○ 華谷嚴氏曰:"六章述申伯往謝."
('故能使申伯無留行也') 화곡 엄씨(華谷 嚴氏)가 말하였다: "6장은 신백(申伯)이
사(謝)로 간 것을 기술하였다."

詩集傳詳說 卷之十五　119

[3-3-5-7]

申伯番番, 旣入于謝, 徒御嘽嘽. 周邦咸喜, 戎有良翰. 不顯申伯, 王之元舅, 文武是憲.

신백이 씩씩한 모습으로 사(謝)에 들어서니, 수행 군졸이 많다. 주 나라 사람들이 기뻐하며, 그대들 훌륭한 군주를 두었다고 하네. 뛰어나지 않은가 신백이여, 왕의 큰 외숙이시니 문무백관이 법으로 삼네.76)

朱註

賦也. 番番, 武勇貌. 嘽嘽, 衆盛也. 戎, 女也. 申伯旣入于謝, 周人皆以爲喜而相謂曰: 汝今有良翰矣. 元, 長. 憲, 法也. 言文武之士, 皆以申伯爲法也. 或曰: 申伯能以文王武王爲法也.

부(賦)이다. 번번(番番)는 씩씩한 모습이다. 탄탄(嘽嘽)은 많음이다. 융(戎)은 너이다. 신백(申伯)이 사읍(謝邑)에 들어가니, 주(周) 나라 사람들이 모두 기뻐하여 서로 이르기를 "그대가 지금 훌륭한 군주를 두었다."라고 한 것이다. 원(元)은 으뜸이고, 헌(憲)은 법(法)이니, 문무(文武)의 선비들이 모두 신백(申伯)을 법(法)으로 삼음을 말한 것이다. 혹자(或者)는 말하기를 "신백(申伯)이 문왕(文王), 무왕(武王)으로서 법(法)을 삼은 것이다."라고 한다.

詳說

○ 照首章.
   ('申伯旣…良翰矣') 처음 장(章)에 조응하였다.

○ 上聲.
   ('元, 長'의 '長') 상성이다.

○ 慶源輔氏曰: "不顯, 言甚顯也. 始言番番, 但見其武, 故終則並文言之."

---

76) 정현의 「전(箋)」에서 다음과 같이 말하였다: "모씨(毛氏)가 생각하기에, 여기서는 신백(申伯)이 나라에 도달한 일을 말하였고, 신백(申伯)이 용맹한 모습이 씩씩하여 길에 있을 때는 이러한 위엄있는 모습이 있음을 말한 것이라고 하였다. 사읍(謝邑)에 들어가서는 그 무리의 군졸과 수레는 모두 많지만 편안하게 적절함을 얻어서, 망령되게 치달는 모습이 없었다.(毛以爲, 此言申伯至國之事, 言申伯有勇武之貌番番然, 謂在路之時, 有此威貌也. 旣已入于謝邑, 其徒行者、御車者皆嘽嘽然安舒得宜, 不妄馳騁.)"

('言文武…爲法也') 경원 보씨(慶源 輔氏)가 말하였다: "'불현(不顯)'은 매우 훌륭함을 말하였다. 처음에 '파파(番番: 씩씩한 모습)'를 말하였지만 그 굳셈을 보여주었으므로, 끝에서는 '문(文: 문덕[文德])'을 합하여 말하였다."

○ 南豐曾氏曰: "此所謂文武, 後章所謂柔直, 皆美其全德."
('言文武…爲法也') 남풍 증씨(南豐 曾氏)가 말하였다: "여기서는 이른바 '문무(文武: 문덕[文德]과 무덕[武德])'을 말하였고, 뒷 장(章)에서는 이른바 '유직(柔直: 부드러움과 곧음)'을 말하였으니, 모두 그 완전한 덕을 찬미하였다."

○ 華谷嚴氏曰: "七章述申伯至謝, 此方送行而豫道其事也."
('或曰…爲法也') 화곡 엄씨(華谷 嚴氏)가 말하였다: "7장은 신백이 사(謝)에 이른 것을 기술하였고, 여기서는 바로 보내어 그의 일을 예견하여 말하였다."

[3-3-5-8]

申伯之德, 柔惠且直. 揉此萬邦, 聞于四國. 吉甫作誦, 其詩孔碩. 其風肆好, 以贈申伯.

신백의 높은 덕은 부드럽고 올곧네. 온 나라 잘 다스려 사방에 알려지리라.77) 길보가 칭송하는 시를 지으니 그 뜻이 매우 크다. 그 소리 아름다우니 이를 신백에 주노라.78)

朱註

賦也. 揉, 治也. 吉甫, 尹吉甫, 周之卿士. 誦, 工師所誦之辭也. 碩, 大. 風, 聲. 肆, 遂也.

부(賦)이다. 유(揉)는 다스림이다. 길보(吉甫)는 윤길보(尹吉甫)이니, 주(周)나라의 경사(卿士)이다. 송(誦)은 악왕(樂王)과 악사(樂師)들이 외우는 가사이다. 석(碩)은 큼이고, 풍(風)은 소이며, 사(肆)는 드디어이다.

---

77) 정현의 「전(箋)」에서 다음과 같이 말하였다: "'사국(四國)'은 사방(四方)과 같다.(四國, 猶言四方也.)"
78) 공영달(孔穎達)은 「소(疏)」에서 다음과 같이 말하였다: "『정의正義』에서 말하기를 '이 장은 신백(申伯)이 사(謝)로 돌아가는 일을 가지고 종결하여 총괄적으로 그 아름다움을 찬미하고 시를 지은 뜻을 말하였다.'라고 하였다. 신백(申伯)의 덕은 편안하고 잘 따르며 정직하니, 이런 정직하고 잘 따르는 덕을 가지고 만방에 따르지 않는 나라들을 복속시켜 그들이 모두 따르도록 하였다. 그의(신백의) 명성과 영예가 사방의 나라에 도달하였다. 이것이 신백(申伯)의 덕이 진실로 크고 아름다운 것이다.(『正義』曰: 此章以申伯歸謝事終, 總嘆其美, 且言作詩之意. 言申伯之德, 安順而且正直, 以此順直之德, 揉服此萬邦不順之國, 使之皆順. 其善聲譽皆聞達于彼四方之國. 是申伯之德實大美矣.)"

詳說

○ 孔氏曰: "樂人誦之, 以爲樂曲."
('誦, 工師所誦之辭也') 공씨(孔氏[孔穎達])가 말하였다: "악인(樂人)이 외워서 악곡(樂曲)이 된다."

○ 疊山謝氏曰: "此, 雅也. 形容宣王眷遇之意, 有風人之體, 故曰風."
('碩, 大. 風, 聲') 첩산 사씨(疊山 謝氏)가 말하였다: "이것은 아(雅)이다. 선왕(宣王)이 신하를 특별히 사랑하여 대우한 뜻을 형용하였고, 시를 지은 사람의 실체가 있으므로 '풍(風)'이라고 한다."

○ 篇末述作詩之事, 是亦詩之一體也. 此篇及節南山、巷伯、烝民皆是也.
('肆, 遂也') 편(篇) 마지막에 시(詩)를 지은 일을 기술하였는데, 이것도 역시 시(詩)의 일부이다. 이 편(篇)과 절(節)의 '남산(南山)', '항백(巷伯)', '증민(烝民)' 모두 이것이다.

朱註

崧高八章, 章八句.
숭고(崧高) 8장(章)이니, 각 장(章)마다 8구(句)이다.

詳說

○ 華谷嚴氏曰: "此詩多申複之辭, 寓丁寧鄭重之意, 自是一體難, 以一一穿鑿分別也."
화곡 엄씨(華谷 嚴氏)가 말하였다: "이 시(詩)는 반복하여 자세히 하는 말이 많고, 진정으로 정중한 뜻이 깃들어 있으니, 여기부터 일부는 어려워서 하나하나 천착하여 분별하여야 한다."

○ 新安胡氏曰: "崧高與黍苗相表裏, 黍苗不過述召伯營謝之功, 崧高則吉甫雖美申伯, 多述王命, 故雅有大小不同也."
신안 호씨(新安 胡氏)가 말하였다: "'숭고(崧高)'와 '서묘(黍苗)'는 서로 표리관계인데, '서묘(黍苗)'는 소백(召伯)이 사(謝)를 경영한 공적에 불과하지만, '숭고(崧高)'라면 길보(吉甫)가 비록 신백(申伯)을 찬미하더라도 왕명(王命)을 기술하는 것이 많으므로, 아(雅)에 있어서 대소(大小)가 같지 않음이 있다."

○ 戌申詩在平王之世, 故入於風.
신백을 옹호하는 시(詩)는 평왕(平王) 때이므로, 풍(風)에 들어간다.

[3-3-6-1]

天生烝民, 有物有則. 民之秉彝, 好是懿德. 天監有周, 昭假于下, 保茲天子, 生仲山甫.

하늘이 백성들 내시니 그 사물에는 그 법이 있네. 백성들 본성 지녔기에 아름다운 덕을 좋아하네.79) 하늘이 주 나라를 굽어보니 밝은 덕으로 다스리는지라, 이에 천자를 도우시려 여기 중산보를 내시었네.80)

朱註

賦也. 烝, 衆. 則, 法. 秉, 執. 彝, 常. 懿, 美. 監, 視. 昭, 明. 假, 至. 保, 祐也. 仲山甫, 樊侯之字也.
부(賦)이다. 증(烝)은 무리이고, 칙(則)은 법(法)이며, 병(秉)은 잡음이고, 이(彝)는 떳떳함이며, 의(懿)는 아름다움이고, 감(監)은 봄이며, 소(昭)는 밝음이고, 가(假)은 이름이며, 보(保)는 도움이다. 중산보(仲山甫)는 번후(樊侯)의 자(字)이다.

詳說

○ 孔氏曰: "周語稱樊仲山甫, 樊邑在東都畿內."

---

79) 정현의 「전(箋)」에서 다음과 같이 말하였다: "하늘이 백성을 내리는데, 그 본성은 물상(物象)을 가지니, 오행(五行)인 인(仁), 의(義), 예(禮), 지(智), 신(信)을 말한다. 그 정(情)은 본받은 바가 있으니, 희(喜), 노(怒), 애(哀), 락(樂), 호(好), 오(惡)를 말한다. 그래서 백성이 가지고 있는 것에는 항상된 도(道)가 있는데, 아름다운 덕을 가진 사람을 좋아하지 않음이 없다.(天之生烝民, 其性有物象, 謂五行仁、義、禮、智、信也. 其情有所法, 謂喜、怒、哀、樂、好、惡也. 然而民所執持有常道, 莫不好有美德之人.)"
80) 정현의 「전(箋)」에서 다음과 같이 말하였다: "하늘이 주 나라의 정치와 교화를 보고, 그 광명이 아래에 도달하니, 백성에까지 미침을 말한 것이다. 하늘이 이 천자 선왕(宣王)을 편안히 여기고 사랑하였으므로, 번후(樊侯) 중산보(仲山甫)를 낳아 그를(선왕을) 보좌하게 하였다. 하늘 또한 아름다운 덕을 좋아함을 말한 것이다.(天視周王之政教, 其光明乃至于下, 謂及眾民也. 天安愛此天子宣王, 故生樊侯仲山甫, 使佐之. 言天亦好是懿德也.)"

('仲山甫, 樊侯之字也') 공씨(孔氏[孔穎達])가 말하였다: "주(周) 나라 말로 번중산로(樊仲山甫)라고 불렸고, 번읍(樊邑)은 동도(東都)의 기내(畿內)에 있었다."

朱註

○宣王命樊侯仲山甫, 築城于齊, 而尹吉甫作詩以送之. 言天生眾民, 有是物必有是則, 蓋自百骸九竅五臟, 而達之君臣父子夫婦長幼朋友, 無非物也, 而莫不有法焉, 如視之明, 聽之聰, 貌之恭, 言之順, 君臣有義, 父子有親之類, 是也. 是乃民所執之常性. 故其情無不好此美德者. 而況天之監視有周, 能以昭明之德, 感格于下. 故保佑之, 而爲之生此賢佐曰仲山甫焉, 則所以鍾其秀氣, 而全其美德者, 又非特如凡民而已také. 昔孔子讀詩至此而贊之曰: 爲此詩者, 其知道乎, 故有物必有則, 民之秉彛也, 故好是懿德. 而孟子引之, 以證性善之說, 其旨深矣. 讀者其致思焉.

선왕(宣王)이 번후(樊侯)인 중산보(仲山甫)에게 명하여 제(齊) 나라에 성을 쌓게 하였는데 윤길보(尹吉甫)가 시(詩)를 지어 그를 전송하였다. "하늘이 백성을 냄에 이 사물이 있으면 반드시 그에 따른 법(法)이 있으니, 백해(百骸), 구규(九竅), 오장(五臟)으로부터 군신(君臣), 부자(父子), 부부(夫婦), 장유(長幼), 붕우(朋友)에 이르기까지 사물 아닌 것이 없으며 여기에는 법이 있지 않음이 없으니, 예컨대 눈은 밝게 보고, 귀는 밝게 듣고, 모습은 공손하게 하고, 말은 이치가 맞게 하고, 군주와 신하 사이에는 의(義)가 있고, 아비와 자식 사이에는 친(親)함이 있는 따위가 이것이니, 이는 바로 백성들이 가지고 있는 변함없는 성품(性品)이다. 그러므로 그 정(情)이 이 아름다운 덕을 좋아하지 않는 자가 없는 것이다. 더구나 하늘이 주(周)나라를 굽어보시니, 능히 밝은 덕(德)으로써 아래에 강림하였다. 그러므로 그를 위하여 보좌할 어진 사람을 낸 것이 바로 중산보(仲山甫)이니, 그 빼어난 기(氣)가 모여 그 아름다운 덕(德)을 온전히 한 것이 또 보통 사람과 다를 뿐만이 아니다."라고 한 것이다. 옛날에 공자(孔子)께서 『시(詩)』를 읽으시다가 이에 이르러 칭찬하시기를 "이 시(詩)를 지은 자는 그 도(道)를 안 것이다. 그러므로 사물이 있으면 반드시 법(法)이 있으니, 사람들이 변함없는 성품을 갖고 있기에 이 아름다운 덕을 좋아한다."라고 하셨는데, 맹자(孟子)께서 이것을 인용하여 성선(性善)의 말씀을 증명하셨으니, 그 뜻이 깊다. 읽는 자는 그 생각을 다해야 할 것이다.

詳說

○ 添必字.
('有是物必有是則') '필(必)'자를 첨가하였다.

○ 苦弔反.
('九竅'의 '竅') 고(苦)와 조(弔)의 반절이다.

○ 以一身言.
('蓋自百骸九竅五臟') 하나의 몸을 가지고 말한 것이다.

○ 物氣而則理也.
('無非物也, 而莫不有法焉') '물(物)'은 기(氣)이고 '칙(則)'은 리(理)이다.

○ 西山眞氏曰:"盈天地之間, 莫非物也. 人亦物也, 事亦物也. 有此物, 則具此理."
('無非物也, 而莫不有法焉') 서산 진씨(西山 眞氏)가 말하였다:"천지 사이를 가득 채우는 것은 물(物) 아닌 것이 없다. 사람도 물(物)이고 일도 물(物)이다. 이 물(物)이 있으면 이 이치(理)를 가지고 있다."

○ 蓋以下申釋也.
('蓋自百骸…父子有親之類, 是也') '개(蓋)' 이하는 거듭 해석을 확장하였다.

○ 添故字.
('是乃民所執…此美德者') '고(故)'자를 첨가하였다.

○ 西山眞氏曰:"仁、義、忠、孝所謂美德也."
('是乃民所執…此美德者') 서산 진씨(西山 眞氏)가 말하였다:"인(仁), 의(義), 충(忠), 효(孝)가 소위 아름다운 덕(德)이다."

○ 添況字, 以接續上下文義.
('而況天之監視有周') '황(況)'자를 첨가하여 위 아래 글의 뜻을 연결하였다.

○ 有周諺讀夒商.

○ ('而況天之監視有周') '유주(有周)'에 대한 언해(諺解)의 독해는 더 살펴보아야 한다.

○ 豐城朱氏曰:"昭假于下, 謂宣王之明德有以格于天也."
('能以…感格于下') 풍성 주씨(豐城 朱氏)가 말하였다:"'소가우하(昭假于下)'는 선왕(宣王)의 밝은 덕(德)이 하늘에 도달할 수 있음을 말하였다."

○ 添三句以終首四句之義, 此下則論也.
('故保佑之…凡民而已也') 세 구(句)를 첨가하여 처음 네 구(句)의 뜻을 마쳤고, 이 아래는 논의(論)이다.

○ 告子.
('孟子')「고자(告子)」이다.

○ 定宇陳氏曰:"自性之確然有定者, 謂之則. 自性之秩然有常者, 謂之彝. 自其行道而得此性理於心者, 謂之德. 好, 以情言也. 惟其有此則, 是以秉此彝. 惟其性秉此彝, 是以情好此德. 情之所發好善如此, 則性之本善可知矣. 此言賦受性情, 至精至微之理, 三百篇第一義也."
('昔孔子…其致思焉.') 정우 진씨(定宇 陳氏)가 말하였다:"본성의 확실함으로부터 안정된 것을 칙(則)이라고 말한다. 본성의 질서정연함으로부터 항상됨을 가진 것을 이(彝)라고 말한다. 그 도(道)를 행함으로부터 이러한 본성의 이치를 마음 속에 얻은 것을 덕(德)이라고 말한다. '호(好)'는 정(情)으로써 말한 것이다. 오직 이 법칙을 가지고 있기 때문에, 이 항상됨을 가진다. 오직 그 본성이 이 항상됨을 잡고 있기 때문에, 정(情)으로써 이 덕(德)을 좋아하는 것이다. 정(情)이 발한 바, 선(善)을 좋아함이 이와 같으면 본성이 본래 선함을 알 수 있다. 이것은 성정(性情)을 품부받은 것이 지극히 정미한 리(理)임을 말한 것이니, 삼백 편 중에서 제일 중요한 뜻이다."

[3-3-6-2]

仲山甫之德, 柔嘉維則. 令儀令色, 小心翼翼. 古訓是式, 威儀

|是力, 天子是若, 明命使賦.|

중산보의 덕이 유순하고 아름다운 법도에 맞다. 몸가짐 얼굴빛 모두 의젓하고, 조심하고 삼가 공경 일삼는다. 선왕이 남긴 교훈을 법으로 삼아 올바른 몸가짐에 힘을 쓰며, 천자만을 오롯이 받들어 밝은 명을 사방에 펼치네.

朱註

賦也. 嘉, 美. 令, 善也. 儀, 威儀也. 色, 顏色也. 翼翼, 恭敬貌. 古訓, 先王之遺典也. 式, 法. 力, 勉. 若, 順. 賦, 布也.
부(賦)이다. 가(嘉)는 아름다움이고, 영(令)은 좋음이다. 의(儀)는 위의(威儀)이고, 색(色)은 안색(顏色)이다. 익익(翼翼)은 공경하는 모양이다. 고훈(古訓)은 선왕(先王)이 남긴 법이다. 식(式)은 법(法)이고, 역(力)은 힘씀이며, 약(若)은 순(順)함이고, 부(賦)는 폄이다.

朱註

東萊呂氏曰: 柔嘉維則, 不過其則也. 過其則, 斯爲弱. 不得謂之柔嘉矣. 令儀令色, 小心翼翼, 言其表裏柔嘉也. 古訓是式, 威儀是力, 言其學問進修也. 天子是若, 明命使賦, 言其發而措之事業也. 此章蓋備擧仲山甫之德.
동래여씨(東萊呂氏)가 말하였다. "유순하고 아름다움이 법(法)도에 맞다."는 것은, 그 법도를 넘지 않는 것이니, 그 법도를 넘으면 이는 약함이 되니, 유가(柔嘉)라고 이를 수 없다. '위의(威儀)가 훌륭하고 안색이 훌륭하며, 조심하여 공경하고 공경한다.'는 것은 겉과 속이 유순하고 아름다움을 말한 것이고, '선왕이 남긴 교훈을 법으로 삼으며 위의(威儀)를 힘쓴다.'는 것은 학문이 발전함을 말한 것이고, '천자(天子)를 따르며 밝은 명(命)을 사방(四方)에 편다.'는 것은 드러내어 사업에 시행함을 말한 것이니, 이 장(章)은 중산보(仲山甫)의 덕(德)을 자세히 든 것이다."

詳說

○ 柔嘉者, 可則也.
 ('柔嘉維則') 부드럽고 아름답다는 것은 본받을 수 있다는 것이다.

○ 如恭而不至於足之類.
 ('不過其則也') 예를 들면 공손하지만 만족함에는 이르지 않는 따위이다.

○ 朱子曰:"山甫却是柔, 但其中自有骨子, 不是一向柔去. 看文字要得言外之意, 若以柔嘉爲入德之方, 則不可人之進德須要剛健不息."
('過其則…柔嘉矣') 주자가 말하였다: "산보(山甫)는 오히려 부드럽지만 그 속에 스스로 골자(骨子)를 가지고 있어서, 부드러움으로만 향하여 간 것은 아니다. 문자를 보고 언외의 뜻을 얻어야 하니, 만약 부드럽고 아름다움으로 덕(德)에 들어가는 방편이라면, 사람이 덕에 들어가는 것은 반드시 강건하게 쉬지 않아야 한다는 것일 수 없다."

○ 慶源輔氏曰:"儀色, 外也; 心, 內也."
('令儀…表裏柔嘉也') 경원 보씨(慶源 輔氏)가 말하였다: "몸가짐과 얼굴빛은 바깥이고, 마음은 안이다."

○ 慶源輔氏曰:"式古訓, 學問也; 力威儀, 進修也."
('古訓是式…學問進修也') 경원 보씨(慶源 輔氏)가 말하였다: "선왕이 남긴 교훈을 본받는 것은 학문(學問)이고, 위의(威儀)에 힘쓰는 것은 진수(進修)이다."

○ 慶源輔氏曰:"宣布王命."
('天子…使賦') 경원 보씨(慶源 輔氏)가 말하였다: "왕명(王命)을 선포한 것이다."

○ 慶源輔氏曰:"是皆柔嘉之德致然也."
('言其發而措之事業也') 경원 보씨(慶源 輔氏)가 말하였다: "이것은 모두 부드럽고 아름다움의 덕(德)을 완전히 한 것이다."

○ 以論釋之.
('此章蓋備擧仲山甫之德') 논의(論)를 가지고 해석한 것이다.

[3-3-6-3]

王命仲山甫, 式是百辟, 纘戎祖考, 王躬是保. 出納王命, 王之喉舌. 賦政于外, 四方爰發.

왕이 중산보에게 명하시어 모든 제후에게 본보기가 되며, 너의 가문 대를 이어 왕의 몸을 보호하라 하셨네.81) 왕의 명령을 내고 들이니 왕의 목과 혀가 되며, 나라 밖에 정사를 펼치니 사방 나라 호응하네.

朱註

賦也. 式, 法. 戎, 女也. 王躬是保, 所謂保其身體者也. 然則仲山甫, 蓋以塚宰兼大保, 而大保抑其世官也與. 出, 承而布之也. 納, 行而復之也. 喉舌, 所以出言也. 發, 發而應之也.

부(賦)이다. 식(式)은 법(法)이고, 융(戎)은 너이다. 왕(王)의 몸을 보호한다는 것은 이른바 그 신체를 보호하는 것이니, 그렇다면 중산보(仲山甫)는 총재(塚宰)로서 태보(太保)를 겸한 것이니, 태보(太保)는 그가 대대로 지켜 내려온 관직일 것이다. 출(出)은 받들어 폄이고, 납(納)은 행하고 복명(復命)하는 것이다. 후설(喉舌)은 말을 내는 것이다. 발(發)은 발(發)하여 호응하는 것이다.

詳說

○ 音汝.

('女') 발음은 여(汝)이다.

○ 出『大戴禮』.

('王躬…身體者也')『대대례(大戴禮)』82)에 나온다.

○ 朱子曰: "言式是百辟, 則是爲宰相可知."

('然則仲山甫…塚宰') 주자가 말하였다: "'시식백벽(式是百辟: 모든 제후들의 본보기가 되다)'을 말하였다면, 이것은 재상(宰相)이 되었음을 알 수 있다."

○ 音泰, 下同.

('大保'의 '大') 발음은 태(泰)이고, 아래도 같다.

---

81) 정현의 「전(箋)」에서 다음과 같이 말하였다: "왕이 말하기를 '너는 모든 제후들에게 법도를 시행하고, 너의 선조와 돌아가신 아버지가 이전부터 받았던 명의 공덕(功德)을 계승하고 왕의 몸을 편안하게 할 것이다.'라고 하였으니, 왕실에 마음을 다하여 힘쓰게 한 것이다.(王曰: 女施行法度于是百君, 繼女先祖先父始見命者之功德, 王身是安. 使盡心力于王室.)"
82) 중국 전한의 대덕이 공자의 72제자의 예설을 모아 엮은 책이다.

○ 平聲.
('世官也與'의 '與') 평성이다.

○ 所以言纘戎祖考.
('蓋以冢宰…世官也與') (본문의) '속융조고(纘戎祖考: 너의 가문 대를 이어라)'를 말한 것이다.

○ 去聲.
('出') 거성이다.

○ 復命.
('行而復之也'의 '復') 명(命)을 받는 것이다.

○ 新安胡氏曰: "如『書』出納朕命. 蓋命之善者, 宣出之, 不善者, 繳納之, 如後世封還詞頭之類."
('出…復之也') 신안 호씨(新安 胡氏)가 말하였다: "예를 들면, 『서(書)』에서 '출납짐명(出納朕命: 나의 명령을 알리고 보고하라)' 같은 것이다. 명령 중에 좋은 것은 선포하여 내고, 좋지 못한 것은 도로 돌려주는 것이니, 후세에 봉한 채로 돌려주는 요지 따위와 같은 것이다."

○ 按旣行而復命, 與書之出納恐不同.
('出…復之也') 살펴보건대, 이미 실행하고 명령을 받아들이는 것은 『서(書)』의 명령을 알리고 보고하는 것과 같지 않다.

朱註

東萊呂氏曰: 仲山甫之職, 外則總領諸侯, 內則輔養君德, 入則典司政本, 出則經營四方. 此章蓋備舉仲山甫之職.
동래여씨(東萊呂氏)가 말하였다: "중산보(仲山甫)의 직책이 밖으로는 제후(諸侯)들을 모두 거느리고 안으로는 군주(君主)의 덕(德)을 보양(輔養)하며, 들어가서는 정사(政事)의 근본을 맡고, 나가서는 사방(四方)을 경영하였으니, 이 장(章)은 중산보(仲山甫)의 직책을 자세히 든 것이다."

詳說

○ 黃氏曰:"宰相之職, 統百官."
  ('仲山甫…總領諸侯') 황씨(黃氏)가 말하였다: "재상(宰相)의 직책은 백관(百官)을 통괄하는 것이다."

○ 中書政本見『漢書・蕭望之傳』.
  ('內則輔…典司政本') 중서(中書)가 정치의 근본을 맡는 것은『한서(漢書)・숙망지전(蕭望之傳)』에 보인다.

○ 慶源輔氏曰:"出納王命."
  ('內則輔…典司政本') 경원 보씨(慶源 輔氏)가 말하였다: "왕의 명령을 내고 보고 받는 것이다."

○ 慶源輔氏曰:"今茲築城于齊, 亦經營之一."
  ('出則經營四方') 경원 보씨(慶源 輔氏)가 말하였다: "지금 여기서 제(齊) 나라에 성을 축조하는 것 또한 경영(經營)의 하나이다."

○ 以論釋之.
  ('此章蓋備舉仲山甫之職') 논의(論)를 가지고 해석한 것이다.

[3-3-6-4]

肅肅王命, 仲山甫將之. 邦國若否, 仲山甫明之. 旣明且哲, 以保其身, 夙夜匪解, 以事一人.

엄숙한 왕의 명을 중산보가 받들어 시행한다. 제후 나라 잘잘못을 중산보가 밝히네.83) 이치에 밝고 일에 밝아 그 자신 잘 보전하며, 밤낮으로 부지런하여 천자만을 섬기네.

朱註

賦也. 肅肅, 嚴也. 將, 奉行也. 若, 順也. 順否, 猶臧否也. 明, 謂明於理.
哲, 謂察於事. 保身, 蓋順理以守身. 非趨利避害, 而偷以全軀之謂也. 解,

---

83) 정현의 「전(箋)」에서 다음과 같이 말하였다: "왕의 정치와 교화가 매우 엄중하고 공경스럽고, 중산보는 능히 그것을 받들고 행할 수 있음을 말한 것이다.(言王之政教甚嚴敬也, 仲山甫則能奉行之.)"

怠也. 一人, 天子也.

부(賦)이다. 숙숙(肅肅)은 엄함이다. 장(將)은 받들어 행함이다. 약(若)은 순함이니, 순비(順否)는 장비(臧否)라는 말과 같다. 명(明)은 이치에 밝음을 말하고, 철(哲)은 일을 살핌을 말한다. 몸을 지키는 것은 이치를 따라 몸을 지키는 것이고, 이(利)를 따르고 해(害)를 피하여 구차하게 몸을 온전히 함을 말한 것이 아니다. 해(解)는 게으름이다. 일인(一人)은 천자(天子)이다.

詳說

○ 見抑.
('若…臧否也') 대아(大雅)「억(抑)」편을 보라.

○ 鄭氏曰:"猶善惡也."
('若…臧否也') 정씨(鄭氏[鄭玄])가 말하였다: "선악(善惡)과 같다."

○ 慶源輔氏曰:"山甫能明而辨之."
('若…臧否也') 경원 보씨(慶源 輔氏)가 말하였다: "산보(山甫)는 능히 밝히고 분별할 수 있었다."

○ 本文二明字上輕而下重.
('明, 謂明於理') 본문의 두 '명(明)'자는 앞의 것이 가볍고, 뒤의 것이 중요하다.

○ 朱子曰:"順理而行自然, 災害不及, 其身若到舍生取義處又不如此論. 今人皆將私看了, 必至於孔光之徒, 而後已如揚子雲, 便是占便宜."
('明, 謂明於理…全軀之謂也') 주자가 말하였다: "리(理)를 따라 행동이 스스로 그러하면, 재해(災害)가 이르지 않으니, 그 몸이 마치 목숨을 바쳐 의로움(義)을 취하는 것 같은 것 또한 이러한 논의와 같지 않다. 지금 사람들이 모두 사사로움을 가지고 본다면, 반드시 공광(孔光)[84]의 무리에 이르며, 이후에 양자운(揚子

---

84) 공광(孔光, 기원전 65년-기원후 5년)은 전한 말의 학자이자 정치가로, 자는 자하(子夏)이다. 공자의 14대 손이며 공패의 아들이다. 한나라의 제도 및 법령에 밝아 어사대부와 승상을 두 번 역임하였다. 어떤 인물이 조정에 추천되는 일이 있으면 다른 사람들에게 그것이 알려지는 것을 꺼려했다. 다른 사람들과 마음을

雲)⁸⁵⁾처럼 끝날 것이니, 바로 부당하게 이득을 취하는 것이다."

○ 懈同, 諺音誤.
('解') 해(懈: 게으르다)와 같고, 언해(諺解)의 발음은 잘못이다.

[3-3-6-5]
人亦有言, 柔則茹之, 剛則吐之. 維仲山甫, 柔亦不茹, 剛亦不吐. 不侮矜寡, 不畏彊禦.

사람들이 말하네, 부드러우면 삼키고 단단하면 뱉는다고. 그러나 중산보는 부드러워도 안 삼키고 단단하여도 뱉지 않는다. 외롭고 불쌍한 이 업신여기지 않고, 강하고 사나운 이 두려워하지 않네.

朱註
賦也. 人亦有言, 世俗之言也. 茹, 納也.
부(賦)이다. 인역유언(人亦有言)이라는 것은 세속(世俗)의 말이다. 여(茹)는 먹는 것이다.

詳說
○ 一訓於此, 以該桑柔.
('人亦有言, 世俗之言也') 여기서 한 번 풀이하여 '상유(桑柔)'를 포괄한다.

○ 曹氏曰: "吞啗之名."
('人亦有言, 世俗之言也') 조씨(曹氏)가 말하였다: "삼키고 먹는 것을 이름이다."

朱註
○不茹柔, 故不侮矜寡. 不吐剛, 故不畏强禦. 以此觀之, 則仲山甫之柔嘉,

터놓고 대화를 나누어도 단 한번도 조정의 정사에 대한 말은 하지 않았다.
85) 양웅(揚雄, 기원전 53년-기원후 18년)은 중국 전한 말기의 사상가이며 문장가이다. 자는 자운(子雲)이다. 궁정 쿠데타로 왕망이 신(新)의 왕실을 일으켰을때, 노년의 선비로서 대부(大夫)라는 직책에 취임하여 죽는 해까지 머물렀다. 이 점에 대하여, 송대(宋代) 이후의 절의관(節義觀)으로부터 비난을 받았으며, 원래 정세와 함께 부침하면서 일신을 보전하는 성격의 소유자로 평가받았다.

非軟美之謂, 而其保身, 未嘗枉道以徇人, 可知矣.
부드러운 것을 삼키지 않기 때문에 홀아비와 과부를 업신여기지 않고, 강한 것을 뱉지 않기 때문에 강포한 자를 두려워하지 않는 것이니, 이로써 본다면 중산보(仲山甫)의 유순하고 아름다움은 연약하고 아름다운 것을 말함이 아니고, 그가 몸을 보전한 것은 도(道)를 굽혀 남을 따른 것이 아님을 알 수 있다.

詳說

○ 諺音誤.
('不侮矜寡'의 '矜') 언해(諺解)의 발음은 잘못이다.

○ 錯釋.
('不侮矜寡'의 '寡') 번갈아 해석한 것이다.

○ 孔氏曰: "茹柔吐剛, 喩見寡弱者侵侮之, 強盛者畏避之, 旣言其喩又言其實以充之."
('不茹柔…不畏強禦') 공씨(孔氏[孔穎達])가 말하였다: "'여유토강(茹柔吐剛: 부드러우면 먹고, 강하면 뱉는다)'은 약한 자를 보고 침략하고 업신여기며, 강성한 자에 대하여 두려워하고 피하는 것을 비유한 것이니, 그 비유를 말하였을 뿐만 아니라 그 실제를 말하여 보충하였다.

○ 此, 論也. 蓋恐學者誤看柔嘉與保身句, 故註中屢致意云.
('以此觀之…可知矣') 이것은 논의(論)이다. 배우는 자들이 '유가(柔嘉)'와 '보신(保身)'의 구(句)를 잘못 볼까 걱정하였으므로, 주(註) 속에서 여러번 뜻을 다하여 말하였다.

[3-3-6-6]
人亦有言, 德輶如毛, 民鮮克擧之. 我儀圖之, 維仲山甫擧之.
愛莫助之. 袞職有闕, 維仲山甫補之.

사람들이 또 말하는데, 덕은 털처럼 가벼우나 행하는 백성들은 드물다고. 내가 헤아리고 따져보니 중산보 만이 행한다. 사랑하지만 도와줄 수가 없구나. 곤룡포 입은 이 흠결 있으면 중산보 만이 보좌하리로다.

朱註

賦也. 輶, 輕. 儀, 度. 圖, 謀也. 袞職, 王職也. 天子劉袞. 不敢斥言王闕, 故曰袞職有闕也.

부(賦)이다. 유(輶)는 가벼움이고, 의(儀)는 헤아림이며, 도(圖)는 도모함이다. 곤직(袞職)은 왕(王)의 직분이다. 천자(天子)는 용을 그린 곤룡포(袞龍布)를 입으니, 감히 왕(王)의 결함을 지적하여 말할 수가 없기 때문에 곤직(袞職)에 결함이 있다고 말한 것이다.

詳說

○ 入聲, 下同.
('儀, 度'의 '度') 입성이고, 아래도 같다.

朱註

○言人皆言德甚輕而易舉, 然人莫能舉也. 我於是謀度其能舉之者, 則惟仲山甫而已. 是以心誠愛之, 而恨其不能有以助之. 蓋愛之者, 秉彝好德之性也. 而不能助者, 能舉與否, 在彼而已. 固無待於人之助, 而亦非人之所能助也. 至於王職有闕失, 亦維仲山甫獨能補之. 蓋惟大人然後能格君心之非, 未有不能自舉其德, 而能補君之闕者也.

사람들이 모두 말하기를 "덕(德)이 매우 가벼워 거행하기 쉽지만 사람들이 능히 거행하는 이가 없다."라고 한다. 내 이에 능히 거행할 자를 헤아려 보니, 오직 중산보(仲山甫) 뿐이었다. 이 때문에 마음에 진실로 그를 아끼지만 도와줄 수 없음을 한(恨)스럽게 여겼으니, 아끼는 것은 덕(德)을 좋아하는 타고난 본성(本性)이고, 돕지 못하는 것은 거행할 수 있음의 여부가 상대방에게 달려있을 뿐이니, 진실로 남의 도움을 필요로 하지 않으며 또한 남이 도울 수 있는 바가 아니기 때문이다. 왕의 직책에 잘못함이 있을 경우에도 중산보(仲山甫)만이 홀로 보좌할 수 있다. 오직 대인(大人)인 뒤에야 군주 마음의 그릇된 것을 바로잡을 수가 있는 것이니, 스스로 그 덕(德)을 거행하지 못하고서 군주의 잘못을 보좌할 수 있는 자는 없다.

詳說

○ 慶源輔氏曰: "人之固有, 隨用而足."
('言人皆言德甚輕而易舉') 경원 보씨(慶源 輔氏)가 말하였다: "사람이 본래 가지고 있는 것은 그 쓰임에 따라서 만족한다."

○ 慶源輔氏曰:"只爲氣質, 物欲遮蔽也."

('然人莫能舉也') 경원 보씨(慶源 輔氏)가 말하였다: "오직 기질(氣質)에 대하여 물욕(物欲)이 막고 가린다."

○ 鄭氏曰:"吉甫, 自我也."

('我') 정씨(鄭氏[鄭玄])가 말하였다: "중산보(仲山甫)를 좋게 여기는 것은 나로부터이다."

○ 倒言以便文.

('於是謀度') 거꾸로 말함으로써 글에 편하다.

○ 照首章.

('蓋愛之…德之性也') 첫 장에 조응하였다.

○ 此申論也.

('而不能助者,…人之所能助也') 이것은 논의(論)를 확장한 것이다.

○ 慶源輔氏曰:"山甫之德至, 是又不可獨以柔稱矣."

('至於王職…獨能補之') 경원 보씨(慶源 輔氏)가 말하였다: "중산보(仲山甫)의 덕(德)이 지극함, 이것은 또한 단지 부드러움으로 말할 수 없다."

○ 出『孟子·離婁』.

('蓋惟大人…君心之非') 『맹자(孟子)·이루(離婁)』에 나온다.

○ 此合論也.

('蓋惟大人…君之闕者也') 이것은 논의(論)를 종합한 것이다.

[3-3-6-7]

仲山甫出祖, 四牡業業, 征夫捷捷, 每懷靡及. 四牡彭彭, 八鸞鏘鏘. 王命仲山甫, 城彼東方.

중산보가 노제를 지내고 출발하니 네 필 말 건장하고, 장정들 재빠르나 제 때 이르지 못할까 걱정하네.86) 네 필 수말 건장하고 여덟 개 말방울 딸랑거리며, 왕께서 중산보에 명하여 저 동방에 성 쌓으라 하셨네.

朱註

賦也. 祖, 行祭也. 業業, 健貌. 捷捷, 疾貌. 東方, 齊也. 傳曰: 古者諸侯之居逼隘, 則王者遷其邑, 而定其居. 蓋去薄姑, 而遷於臨菑也. 孔氏曰: 史記齊獻公元年, 徙薄姑都治臨菑. 計獻公當夷王之時, 與此傳不合. 豈徙於夷王之時, 至是而始備其城郭之守歟.

부(賦)이다. 조(祖)는 길 떠날 때 지내는 제사이다. 업업(業業)은 건장한 모습이고, 첩첩(捷捷)은 빠른 모양이다. 동방(東方)은 제(齊)나라이다. (모형[毛亨]의) 전(傳)에 "옛날에 제후(諸侯)의 거처가 너무 좁으면 왕자(王者)가 그 도읍을 옮겨 그 거처를 정하게 하였다."라고 하였으니, 박고(薄姑)를 떠나 임치(臨菑)로 옮긴 것이다. 공씨(孔氏)가 말하였다. "『사기(史記)』에 '제헌공(齊獻公) 원년(元年)에 박고(薄姑)의 도읍을 옮겨 임치(臨菑)에 치소(治所)를 두었다.'라고 하였으니, 헌공(獻公)을 계산해 보건대 이왕(夷王)의 때에 해당하여, 이 전(傳)과는 합치되지 않으니, 아마도 이왕(夷王) 때에 도읍은 옮겼고 이때에 이르러서 비로소 수비하는 성곽을 갖추었나보다."라고 하였다.

詳說

○ 曹氏曰: "黃帝子纍祖好遠遊, 死於道, 故後人祭以爲行神."
('祖, 行祭也') 조씨(曹氏)가 말하였다: "황제(黃帝)의 아들인 누조(纍祖)가 멀리 유람하기를 좋아하다가 길에서 죽었으므로, 후세 사람들이 그를 제사지내면서 행신(行神)으로 삼았다."

○ 慶源輔氏曰: "每懷靡及, 應四章之匪解."
('祖, 行祭也') 경원 보씨(慶源 輔氏)가 말하였다: "'매회미급(每懷靡及: 제 때 이르지 못할까 걱정하네)'은 4장의 '비해(匪解: 나태하지 않다)'에 조응한다."

○ 此下二章始及城齊之本事.

---

86) 정현의 「전(箋)」에서 다음과 같이 말하였다: "중산보(仲山甫)가 발제(軷祭)를 행하고 장차 가려고 하여, 수레와 말이 크게 움직이고, 장정들은 즐겁게 도달하니, 중산보(仲山甫)가 경계하여 말하기를 '군주의 명을 받고 신속히 행하여야 한다.'라고 하였다. 매번 사람들은 그 사사로움을 품고 서로 생각해 보고 우물쭈물 하면 장차 일에 도달할 것이 없다.(仲山甫犯軷而將行, 車馬業業然動, 衆夫捷捷然至, 仲山甫則戒之曰: 旣受君命, 當速行. 每人懷其私而相稽留, 將無所及于事.)

('東方, 齊也') 이 아래 두 장(章)은 처음으로 제(齊) 나라에 성곽을 쌓은 본래 일을 언급하였다.

○ 毛傳.
('傳') 모전(毛傳)이다.

○ 齊世家.
('史記')「제세가(齊世家)」이다.

○ 句.
('齊獻公…薄姑都') 여기까지가 구(句)이다.

○ 『史記』曰: "太公封營丘, 五世胡公徙薄姑, 子獻公徙臨菑."
('史記齊獻公…治臨菑')『사기(史記)』에서 말하였다: "태공(太公)은 영구(營丘)에 봉해졌고, 5대에 호공(胡公)이 박고(薄姑)로 옮겼으며, 아들인 헌공(獻公)이 임치(臨菑)로 옮겼다."

○ 孔說至此.
('史記齊獻公…守歟') 공씨(孔氏)의 말을 여기까지이다.

○ 以論釋城字.
('史記齊獻公…守歟') 논의(論)를 가지고 '성(城)'자를 해석하였다.

[3-3-6-8]

四牡騤騤, 八鸞喈喈. 仲山甫徂齊, 式遄其歸. 吉甫作誦, 穆如清風. 仲山甫永懷, 以慰其心.

건장한 네 필 수말, 여덟 방울 딸랑딸랑. 제(齊)로 가는 중산보 빨리 돌아올지어다. 길보가 송축시 지으니 온화한 덕 맑은 바람이로다. 중산보 생각이 길어 그의 마음을 위로하노라.[87]

---

87) 정현의 「전(箋)」에서 다음과 같이 말하였다: "길보(吉甫)가 이 노래를 지은 것은 그가(중산보가) 사람의 본성을 조화시키는 것이 마치 맑은 바람이 만물을 길러내는 것 같기 때문이다. 중산보(仲山甫)는 말은 것을 조술하고 생각하고 노력한 것이 많았으므로, 그의 아름다움을 조술함으로써 그의 마음을 위로한 것이다. (吉甫作此工歌之誦, 其調和人之性, 如清風之養萬物然. 仲山甫述職, 多所思而勞, 故述其美以慰安其心.)"

朱註

賦也. 式遄其歸, 不欲其久於外也. 穆, 深長也. 淸風, 淸微之風, 化養萬物者也. 以其遠行, 而有所懷思, 故以此詩慰其心焉. 曾氏曰: 賦政於外, 雖仲山甫之職, 然保王躬補王闕, 尤其所急. 城彼東方, 其心永懷, 蓋有所不安者. 尹吉甫深知之作誦, 而告以遄歸, 所以安其心也.

부(賦)이다. 빨리 돌아오라는 것은 밖에 오래 있게 하고 싶지 않은 것이다. 목(穆)은 심장함이다. 청풍(淸風)은 청미(淸微)한 바람이니, 만물(萬物)을 길러주는 것이다. 그가 멀리 떠나기에 여러 생각이 있었다. 그러므로 이 시(詩)로써 그 마음을 위로한 것이다. 증씨(曾氏)가 말하였다: "정사(政事)를 밖에 펴는 것이 비록 중산보(仲山甫)의 직책이지만 왕(王)의 몸을 보호하고 왕(王)의 잘못을 보좌하는 것이 더욱 그 시급한 바이니, 저 동방(東方)에 축성(築城)하러 감에 그 마음에 생각이 많은 것이다. 그의 마음에 불안한 바가 있음을 윤길보(尹吉甫)가 깊이 알고는 송시(誦詩)를 지어 빨리 돌아오라고 하였으니, 그 마음을 위로한 것이다."

詳說

○ 永.
('以其遠行') (본문의) '영(永)' 자이다.

○ 並照三章.
('賦政於外…然保王躬') 다 3장(章)에 조응하였다.

○ 照六章.
('補王闕') 6장(章)에 조응하였다.

○ 公也, 非私也.
('城彼東方,…所不安者') 공적인 것이지 사사로운 것이 아니다.

○ 此, 論也.
('尹吉甫…安其心也') 이것은 논의(論)이다.

朱註

蒸民八章, 章八句.
증민(蒸民) 8장(章)이니, 각 장(章)마다 8구(句)이다.

詳說

○ 朱子曰: "蒸民詩大, 故細膩."
주자가 말하였다: "증민(蒸民) 시(詩)가 크므로, 세부적으로는 섬세하다."

○ 定宇陳氏曰: "首章推原受性之所同, 篇內諸章多與開端之語相應."
정우 진씨(定宇 陳氏)가 말하였다: "첫 장(章)은 본성을 받은 것이 같은 바를 근원적으로 추구하였는데, 편(篇) 속의 여러 장은 단초를 연 말과 상응하는 것이 많다."

[3-3-7-1]

奕奕梁山, 維禹甸之. 有倬其道, 韓侯受命. 王親命之, 纘戎祖考, 無廢朕命. 夙夜匪解, 虔共爾位. 朕命不易, 榦不庭方, 以佐戎辟.

크고 큰 양산 땅, 우 임금이 다스렸도다. 밝은 그 도리로 한후 명을 받았네.[88] 왕께서 친히 명하여 너의 조상 잇게 하니, 나의 명 저버리지 말아, 밤낮으로 노력하여, 너의 직책 공경히 수행하라. 나의 명은 바뀌지 않으리라. 조회 오지 않는 나라 바로잡아 너의 왕을 보좌하라.

朱註

賦也. 奕奕, 大也. 梁山, 韓之鎭也, 今在同州韓城縣. 甸, 治也. 倬, 明貌. 韓, 國名. 侯爵. 武王之後也. 受命, 蓋卽位除喪, 以士服入見天子, 而聽命也. 纘, 繼. 戎, 汝也. 言王錫命之, 使繼世而爲諸侯也. 虔, 敬. 易, 改. 榦, 正也. 不庭方, 不來庭之國也. 辟, 君也. 此又戒之, 以脩其職業之詞也.

---

88) 모전(毛傳)에서 다음과 같이 말하였다: "선왕(宣王)이 큰 난을 평정하고 제후들에게 명하였다.(宣王平大亂, 命諸侯.)" 이와 관련하여 정현의 「전(箋)」에서 다음과 같이 말하였다: "주(周) 나라에서 려왕(厲王)의 난이 발생하여 천하가 그 직분을 잃었다. 지금 밝은 도리를 가진 자는 우(禹)의 공적을 밝히고 회복하는 자이니, 바로 한후(韓侯)가 왕명을 받고 후백(侯伯)이 되었다.(周有厲王之亂, 天下失職. 今有倬然者, 明復禹之功者, 韓侯受王命爲侯伯.)"

부(賦)이다. 혁혁(奕奕)은 큼이다. 양산(梁山)은 한(韓)나라의 진산(鎭山)이니, 지금 동주(同州)의 한성현(韓城縣)에 있었다. 전(甸)은 다스림이다. 탁(倬)은 밝은 모양이다. 한(韓)은 국명(國名)으로 후작(侯爵)이니, 무왕(武王)의 후손이다. 명(命)을 받았다는 것은 즉위(卽位)하여 상(喪)을 마치고서 선비의 복장을 입고 들어와 천자(天子)를 뵙고 명령을 듣는 것이다. 찬(纘)은 이음이고, 융(戎)은 너이니, 왕(王)이 명령을 내려서 대를 이어 제후(諸侯)가 되게 함을 말한 것이다. 건(虔)은 경건함이고, 역(易)은 고침이며, 간(榦)은 바로잡음이다. 부정방(不庭方)은 조정(朝廷)에 조회하러 오지 않는 나라이다. 벽(辟)은 군주(君主)이다. 이것은 또 그 직업을 닦을 것을 경계한 말이다.

詳說

○ 須溪劉氏曰: "將言韓侯而先言禹甸之紆餘, 深遠如此."
('梁山…甸, 治也') 수계 유씨(須溪 劉氏)가 말하였다: "장차 한후(韓侯)를 말하려고 먼저 우 임금이 홍수를 다스린 지역이 꾸불꾸불함을 말하였으니, 심원함이 이와 같다."

○ 甸, 卽「禹貢」所稱治梁, 導梁, 是也.
('梁山…甸, 治也') '전(甸)'은 곧「우공(禹貢)」에서 '치량(治梁: 양산을 다스리다)'라고 부른 것인데, 양산(梁山)을 다스림이 이것이다.

○ 諺音誤.
('倬') 언해(諺解)의 발음은 잘못이다.

○ 音現.
('見天子'의 '見') 발음은 현(現)이다.

○ 見『白虎通』.
('受命…而聽命也')『백호통(白虎通)』을 보라.

○ 解, 諺音誤.
(본문의 '解') '해(解)'에 대하여, 언해(諺解)의 발음은 잘못이다.

○ 共, 見小明.
(본문의 '共') '공(共)'은 소아(小雅) 「북산지십(北山之什)」 '소명(小明)' 장에 보인다.

○ 黃氏曰: "君任之不專, 信之不篤, 則臣無以自安也."
('易, 改') 황씨(黃氏)가 말하였다: "군주가 임하는 것이 온전하지 못하고, 믿음이 돈독하지 않으면, 신하는 스스로 편안할 수가 없다."

○ 鄭氏曰: "作楨榦而正之."
('榦, 正也') 정씨(鄭氏[鄭玄])가 말하였다: "정간(楨榦)을 만들어 바로잡는 것이다."

○ 坊本無也字.
('不來庭之國也') 방본(坊本)89)에는 '야(也)' 자가 없다.

○ 慶源輔氏曰: "以末章觀之, 所正者亦追貊之國耳."
('不來庭之國也') 경원 보씨(慶源 輔氏)가 말하였다: "마지막 장(章)을 가지고 보건대, 바로 잡은 바는 또한 추맥(追貊)의 나라일 따름이다."

○ 鄭氏曰: "汝君王自謂."
('辟, 君也') 정씨(鄭氏[鄭玄])가 말하였다: "너의 군주가 왕이라고 스스로 말한 것이다."

朱註

韓侯初立來朝, 始受王命而歸, 詩人作此以送之. 序亦以爲尹吉甫作. 今未有據. 下篇云召穆公凡伯者放此.
한후(韓侯)가 처음 즉위(卽位)하여 조회 와서 비로소 왕명을 받고 돌아가자, 시인(詩人)이 이 시(詩)를 지어서 그를 전송하였다. 서(序)에 또한 "윤길보(尹吉甫)가 지었다."라고 하였지만, 이제 분명한 근거가 없다. 하편(下篇)에 소목공(召穆公)과 범백(凡伯)이 지었다고 한 것도 이와 같다.

---

89) 민간인이 영리를 목적으로 출판하여 판매한 책을 말한다.

詳說

○ 音潮.
('朝') 발음은 조(潮)이다.

○ 朱子曰: "梁山之下, 有倬然之道, 此韓侯所從朝周以受命者也. 纘戎以下, 述王親命之詞."
('韓侯…此以送之') 주자가 말하였다: "양산(梁山) 아래에 탁연(卓然)한 도(道)가 있었으니, 이것이 한후(韓侯)가 주(周) 나라를 따르고 조회에 와서 명을 받은 근본 이유이다. '찬융(纘戎)' 이하는 왕이 친히 명한 말을 기술한 것이다."

○ 此, 論也.
('序亦…放此') 이것은 논의(論)이다.

○ 小序曰: "江漢, 尹吉甫美宣王也; 常武, 召穆公美宣王也; 瞻卬、召旻凡伯刺幽王大壞也."
('序亦…放此') 소서(小序)에서 말하였다: "'강한(江漢)'에서는 윤길보(尹吉甫)가 선왕(宣王)을 찬미하였고, '상무(常武)'에서는 소목공(召穆公)이 선왕(宣王)을 찬미하였으며, '첨앙(瞻卬)', '소민(召旻)'에서는 범백(凡伯)이 유왕(幽王)이 크게 괴멸되는 것을 풍자하였다."

[3-3-7-2]

四牡奕奕, 孔修且張. 韓侯入覲, 以其介圭, 入覲于王. 王錫韓侯, 淑旂綏章, 簟茀錯衡, 玄袞赤舃, 鉤膺鏤錫, 鞹鞃淺幭, 鞗革金厄.

크기도 한 네 필 수말, 키도 크고 건장도 하다. 한후 들어와 왕 뵈오니 신표로 개규를 받들고 들어와 왕을 뵈옵네.[90] 왕께서 한후에 하사하니, 소고리 장식 용그림 기며, 화문석 덮개 도금한 수레 채, 검은 곤룡포와 붉은 가죽신, 멋진 가슴걸이 조각한 당노(當盧), 털없는 가죽

---

90) 정현의 「전(箋)」에서 다음과 같이 말하였다: "한후(韓侯)가 탄 큰 말 네 필은 건장하였고, 이 때에 선왕(宣王)을 알현하였다. 선왕(宣王)을 알현하고 향례(享禮)를 받들며, 나라에서 나온 귀중한 것을 바치고 선왕(宣王)을 존중하기를 잘하여 항상된 직분으로 온 것이다.(韓侯乘長大之四牡, 奕奕然以時覲于宣王. 覲于宣王而奉享禮, 貢國所出之寶, 善其尊宣王以常職來也.)"

고삐와 호피로 만든 덮개, 가죽고삐 묶는 금고리로다.91)

朱註

賦也. 脩, 長. 張, 大也. 介圭, 封圭, 執之爲贄, 以合瑞于王也. 淑, 善也. 交龍曰旂. 綏章, 染鳥羽或旄牛尾爲之, 注於旗竿之首, 爲表章者也. 鏤, 刻金也. 馬眉上飾曰鍚, 今當盧也. 鞹, 去毛之革也. 鞃, 式中也, 謂兩較之閒, 橫木可憑者, 以鞹持之, 使牢固也. 淺, 虎皮也. 幭, 覆式也. 字一作幦, 又作幎, 以有毛之皮, 覆式上也. 鞗革, 轡首也. 金厄, 以金爲環, 纏扼轡首也.

부(賦)이다. 수(脩)는 키가 큰 것이고, 장(張)은 큼이다. 개규(介圭)는 봉작(封爵)할 때 주는 규(圭)이니, 이를 잡고 폐백으로 삼아 왕(王)과 서옥(瑞玉)을 맞추어 보는 것이다. 숙(淑)은 좋음이다. 교룡(交龍)(용(龍) 두 마리가 서로 마주하게 그린 것)을 기(旂)라 한다. 수장(綏章)은 새의 깃털을 물들이거나, 또는 들소 꼬리로 만들어서 깃대의 머리에 달아 표시로 삼는 것이다. 누(鏤)는 금(金)을 조각한 것이다. 말의 눈썹 위의 꾸밈을 양(鍚)이라 하니, 지금의 당로(當盧)이다. 곽(鞹)은 털을 제거한 가죽이다. 굉(鞃)은 식(式)의 중앙이고, 두 각(較: 수레 양쪽 난간의 가로장)의 사이에 나무를 가로대어 기댈 수 있게 만든 것을 이르니, 가죽끈으로 이것을 잡아매 견고하게 하는 것이다. 천(淺)은 호피(虎皮)이다. 멱(幭)은 식(式)을 덮는 것이다. 글자를 멱(幦)으로도 쓰고 또 명(幎)으로도 쓰니, 털이 있는 가죽으로 식(式)의 위를 덮는 것이다. 조혁(鞗革)은 고삐의 머리이다. 금액(金厄)은 쇠로 고리를 만들어 고삐 머리를 묶어 매는 것이다.

詳說

○ 崧高註參看, 又見『周禮・典瑞』.
  ('介圭…合瑞于王也') '숭고(崧高)' 주(註)를 참고하고, 또 『주례(周禮)・전서(典瑞)』를 보라.

○ 音緌.
  ('綏章'의 '綏') 발음은 유(緌)이다.

---

91) 정현의 「전(箋)」에서 다음과 같이 말하였다: "한후(韓侯)는 항상된 직분을 가지고 조향(朝享)하는 일에 온 것이었으므로, 그에게 후하게 하사한 것이다.(爲韓侯以常職來朝享之故, 故多錫以厚之.)"

○ 孔氏曰: "爲貴賤之表章."
('綏章…爲表章者也') 공씨(孔氏[孔穎達])가 말하였다: "귀천(貴賤)의 표시가 되는 것이다."

○ 顱通.
('當盧'의 '盧') '로(顱: 머리뼈)'와 통한다.

○ 孔氏曰: "當馬之額."
('馬眉…今當盧也') 공씨(孔氏[孔穎達])가 말하였다: "말의 이마 부분에 해당한다."

○ 上聲.
('鞗去'의 '去') 상성이다.

○ 音角.
('兩較'의 '較') 발음은 각(角)이다.

○ 維之.
('持之') 지탱하는 것이다.

○ 毛氏曰: "虎皮, 淺毛也."
('淺, 虎皮也') 모씨(毛氏)가 말하였다: "호피(虎皮)는 가는 털이다."

○ 所以便於憑之也.
('幭…覆式上也') 기대는 데 편하게 하는 것이다.

○ 曹氏曰: "其有餘而垂者, 謂之革."
('鯈革, 轡首也') 조씨(曹氏)가 말하였다: "남은 것을 가지고 늘어뜨린 것을 혁(革)이라고 한다."

○ 『釋文』曰: "厄同."
('纏扼'의 '扼') 『석문(釋文)』에서 말하였다: "'액(厄)'과 같다."

○ 餘見采芭、采菽、狼跋等篇.
('金厄…纏扼巒首也') 나머지는 '채기(采芭)', '채숙(采菽)', '랑발(狼跋)' 등의 편에 보인다.

○ 新安王氏曰:"此章乃言所錫之多, 以見恩寵之厚也."
신안 왕씨(新安 王氏)가 말하였다:"이 장(章)은 양(錫)이 많은 것으로써 은총(恩寵)의 후덕함을 보여주었다."

[3-3-7-3]

韓侯出祖, 出宿于屠. 顯父餞之, 清酒百壺. 其殽維何, 炰鼈鮮魚. 其蔌維何, 維筍及蒲. 其贈維何, 乘馬路車. 籩豆有且, 侯氏燕胥.

한후(韓侯)가 노제(路祭) 후 길을 떠나, 도(屠)에 가서 유숙하네. 현보가 나가 전송하니 맑은 술 백 병이라. 안주는 무엇인가, 자라찜과 생선이네. 나물은 무엇인가, 죽순과 부들 새싹. 선물은 무엇인가, 네 필 말 노거로세. 진수성찬 갖추고서 제후들 와 잔치하네.

朱註
賦也. 旣覲而反國必祖者, 尊其所往去, 則如始行焉. 屠, 地名. 或曰: 卽杜也. 顯父, 周之卿士也. 蔌, 菜殽也. 筍, 竹萌也. 蒲, 蒲蒻也. 且, 多貌. 侯氏, 覲禮諸侯來朝之稱. 胥, 相也. 或曰: 語辭.
부(賦)이다. 이미 뵙고 나라로 돌아갈 적에 반드시 노제(路祭)를 지내는 것은, 그 가는 곳을 높이는 것이니, 그 곳에서 떠나가게 되면 처음 갈 때와 같이 하는 것이다. 도(屠)는 지명(地名)이니, 혹자(或者)는 "바로 두(杜)땅이다."라고 한다. 현보(顯父)는 주(周)나라의 경사(卿士)이다. 속(蔌)은 나물로 만든 안주이다. 순(筍)은 죽순이고, 포(蒲)는 포약(蒲蒻)이다. 저(且)는 많은 모양이다. 후씨(侯氏)는 제후(諸侯)로서 근례(覲禮)하고 내조(來朝)한 자들을 부르는 말이다. 서(胥)는 서로이니, 혹자(或者)는 어조사(語助辭)라 한다.

詳說
○ 承上章.

('旣觀') 윗 장(章)을 이었다.

○ 孔氏曰:"始行祖祭者, 尊其所往也. 反歸其國非復所尊而亦祖, 故云'尊其所往如始行焉.'"
('旣觀…則如始行焉') 공씨(孔氏[孔穎達])가 말하였다:"처음에 갈 때 노제(路祭)를 지낸 것은 그 가는 곳을 높이는 것인데, 그 나라로 돌아갈 때 다시 높이는 곳이 아닌데도 또 노제(路祭)를 지내었으므로, '존귀소왕여시행언(尊其所往如始行焉: 그 가는 곳을 높이는 것이니, 그 곳에서 떠나가게 되면 처음 갈 때와 같이 하는 것이다)'라고 한 것이다."

○ 『漢書・地理志』註曰:"古杜伯國."
('屠…卽杜也') 『한서(漢書)・지리지(地理志)』주(註)에서 말하였다:"고대에는 두백국(杜伯國)이었다."

○ 卿士之字也.
('顯父') 경사(卿士)의 자(字)이다.

○ 疊山謝氏曰:"申伯之行, 王親餞之, 韓侯之行, 使顯父餞之禮亦有等差也."
('顯父, 周之卿士也') 첩산 사씨(疊山 謝氏)가 말하였다:"신백(申伯)이 돌아갈 때, 왕이 친히 전송하였는데, 한후(韓侯)가 돌아갈 때 현보(顯父)로 하여금 전송하게 한 예(禮) 또한 등급의 차이가 있다."

○ 孔氏曰:"蒲始生取其中心."
('蒲, 浦蒻也') 공씨(孔氏[孔穎達])가 말하였다:"포(蒲)가 처음 나서 그 중심을 차지한 것이다."

○ 音潮.
('來朝'의 '朝') 발음은 조(潮)이다.

○ 東萊呂氏曰:"指韓侯."
('侯氏…之稱') 동래 여씨(東萊 呂氏)가 말하였다:"한후(韓侯)를 가리킨다."

○ 本文語倒, 以叶韻耳.
(본문의 '燕胥') 본문의 말을 거꾸로 하여 협운(叶韻)을 이루고 있을 따름이다.

○ 新安王氏曰: "此章言已覲而返也."
신안 왕씨(新安 王氏)가 말하였다: "이 장(章)에서는 이미 뵙고 돌아가는 것을 말하였다."

[3-3-7-4]

韓侯取妻, 汾王之甥, 蹶父之子. 韓侯迎止, 于蹶之里. 百兩彭彭, 八鸞鏘鏘, 不顯其光. 諸娣從之, 祁祁如雲. 韓侯顧之, 爛其盈門.

한후(韓侯)가 장가드니 분왕(汾王)의 생질녀요, 궤보의 딸이로세. 한후가 맞이하네, 궤씨의 마을에서 성대한 많은 수레, 방울 소리 딸랑딸랑 광채가 찬란하네. 제제들 다 따르니 얌전한 이 구름 같네.[92] 한후가 뒤돌아보니 문안 가득 눈부시네.

朱註

賦也. 此言韓侯旣覲而還, 遂以親迎也. 汾王, 厲王也. 厲王流于彘, 在汾水之上. 故時人以目王焉, 猶言莒郊公黎比公也. 蹶父, 周之卿士, 姞姓也. 諸娣, 諸侯一娶九女, 二國媵之. 皆有娣姪也. 祁祁, 徐靚也. 如雲, 衆多也.

부(賦)이다. 이것은 한후(韓侯)가 이미 뵙고 돌아와서 마침내 친영(親迎)함을 말한 것이다. 분왕(汾王)은 여왕(厲王)이다. 여왕(厲王)이 체(彘)땅으로 쫓겨가 분수(汾水) 가에 있었다. 그러므로 그 당시 사람이 이것으로써 왕(王)을 지목한 것이니, 거교공(莒郊公)과 여비공(黎比公)이란 말과 같은 것이다. 궐보(蹶父)는 주(周) 나라의 경사(卿士)이니, 길성(姞姓)이다. 제제(諸娣)는 제후(諸侯)가 한 번 장가들면 아홉 여자를 데려오는데 두 나라가 잉첩(媵妾)을 보내오니, 모두 여동생과 조카딸이 있는 것이다. 기기(祁祁)는 얌전하고 아름다움이고, 여운(如雲)은 많음이다.

詳說

---

92) 정현의 「전(箋)」에서 다음과 같이 말하였다: "잉첩(媵)이라는 것은 반드시 여동생과 조카딸이 따르는 것인데, 여동생만을 말한 것은 그 귀한 자를 든 것이다.(媵者必娣姪從之, 獨言娣者, 擧其貴者.)"

○ 承二章.
('此言韓侯旣覲') 두 장(章)을 이었다.

○ 承上章.
('而還') 윗 장(章)을 이었다.

○ 慶源輔氏曰: "就王國, 親迎以歸也. 蹶里在京師."
('遂以親迎也') 경원 보씨(慶源 輔氏)가 말하였다: "왕국에 나아가 친영(親迎)하고 돌아온 것이다. 궤(蹶) 마을은 경사(京師)에 있다."

○ 豈以厲是惡諡, 故諱而稱汾歟.
('遂以親迎也') 아마도 려(厲)는 좋지 않은 시호이므로, 피휘(避諱)하여 분(汾)으로 부른 것이다.

○ 音毗.
('黎比公'의 '比') 발음은 비(毗)이다.

○ 見『左』「成·十四年」及「昭·元年」. 蓋莒之郊公, 出居于郊; 莒之黎比公, 出居于黎比耳.
('莒郊公黎比公也')『좌전(左傳)』「성(成)·14년(十四年)」과「소(昭)·원년(元年)」에 보인다. 거(莒)의 교공(郊公)은 달아나 교(郊)에 머물렀고, 거(莒)의 여비공(黎比公)은 달아나 여비(黎比)에 머물렀을 따름이다.

○ 華谷嚴氏曰: "晉侯居翼謂之翼侯, 晉人納諸鄂謂之鄂侯, 皆汾王之類乎."
('莒郊公黎比公也') 화곡 엄씨(華谷 嚴氏)가 말하였다: "진후(晉侯)가 익(翼)에 머물러서 익후(翼侯)라고 말하고, 진 나라 사람이 악(鄂)에 받아들여져 악후(鄂侯)라고 말하니, 모두 분왕(汾王) 같은 부류이다."

○ 蹶又見十月之交.
('蹶父…姞姓也') 궤(蹶)는 또한 소아(小雅)「시월지교(十月之交)」에 보인다.

○ 慶源輔氏曰: "蹶父者, 厲王之壻. 此言韓姞家世之貴盛也."
('蹶父…姞姓也') 경원 보씨(慶源 輔氏)가 말하였다: "궤보(蹶父)라는 것은 려왕(厲王)의 사위이다. 이것은 한길(韓姞) 가문의 세력이 귀하고 성대함을 말한 것이다."

○ 彭諺音從叶, 上篇同.
(본문의 '彭') '彭'에 대한 언해(諺解)의 발음은 협운(叶韻)을 따르고, 상편(上篇)도 같다.

○ 音孕.
('二國勝之'의 '勝') 발음은 잉(孕)이다.

○ 音迭, 又音秩.
('娣姪'의 '姪') 발음은 질(迭)이고, 또한 발음은 질(秩)이다.

○ 見公羊傳.
('諸娣…有娣姪也') 공양전(公羊傳)에 보인다.

○ 安成劉氏曰: "徐言其行勤, 靚言其容飾."
('祁祁, 徐靚也') 안성 유씨(安成 劉氏)가 말하였다: "'서(徐)'는 그 행동이 부지런함을 말하고, '정(靚)'은 그 용모가 아름다움을 말한다."

○ 慶源輔氏曰: "盈門言姪娣之盛, 儀容之美也."
('如雲, 衆多也') 경원 보씨(慶源 輔氏)가 말하였다: "'영문(盈門)'은 조카딸과 여동생이 많고, 용모가 아름다움을 말한 것이다."

[3-3-7-5]

蹶父孔武, 靡國不到. 爲韓姞相攸, 莫如韓樂. 孔樂韓土, 川澤訏訏. 魴鱮甫甫, 麀鹿噳噳. 有熊有羆, 有貓有虎. 慶旣令居, 韓姞燕譽.

궤보가 매우 용감하여 가보지 않은 나라가 없다. 한길 시집보낼 곳 찾으니 살기 좋은 한(韓)나라가 제일이라.93) 살기 좋은 한 나라는 내와 못이 넓고 크며, 방어 연어 많고 크며 사슴들 떼 지어 산다. 큰 곰 작은 곰도 있고 삵이며 호랑이도 있네. 이처럼 좋은 곳 사니 한길은 안락하리라.

朱註

賦也. 韓姞, 蹶父之子, 韓侯妻也. 相攸, 擇可嫁之所也. 訏訏甫甫, 大也. 噳噳, 衆也. 貓, 似虎而淺毛. 慶, 喜. 令, 善也, 喜其有此善居也. 燕, 安. 譽, 樂也.

부(賦)이다. 한길(韓姞)은 궤보(蹶父)의 자식이니, 한후(韓侯)의 아내이다. 상유(相攸)는 시집보낼 만한 곳을 선택하는 것이다. 우우(訏訏)와 보보(甫甫)는 큼이고, 우우(噳噳)는 많음이다. 묘(貓)는 범과 같은데, 털이 짧다. 경(慶)은 기뻐함이고, 영(令)은 좋음이니, 이 좋은 거처를 소유함을 기뻐한 것이다. 연(燕)은 편안함이고, 예(譽)는 즐거움이다.

詳說

○ 慶源輔氏曰: "言其武勇健敏, 出使侯國, 所歷之多也."
('賦也') 경원 보씨(慶源 輔氏)가 말하였다: "그 무용(武勇)이 건장하고 민첩하여, 후국(侯國)에 가서 겪은 바가 많음을 말한 것이다."

○ 諺音誤.
('韓姞'의 '姞') 언해(諺解)의 발음은 잘못이다.

○ 臨川王氏曰: "以姓配夫之國."
('韓姞…韓侯妻也') 임천 왕씨(臨川 王氏)가 말하였다: "성(姓)으로 지아버지와 짝한 나라이다."

---

93) 정현의 「전(箋)」에서 다음과 같이 말하였다: "궤보(蹶父)는 매우 용맹스럽고 건장하여 왕을 위하여 천하에 파견되어, 나라마다 모두 이르렀다. 그의 딸인 한후 부인(韓侯 夫人) 길씨(姞氏)를 위하여 머무를 곳을 보고 있었는데, 한(韓) 나라가 가장 만족스러웠다.(蹶父甚武健, 爲王使于天下, 國國皆至. 爲其女韓侯夫人姞氏視其所居, 韓國最樂.)" 또한 공영달(孔穎達)은 「소(疏)」에서 다음과 같이 말하였다: "『正義』에서 말하기를 '부인은 성(姓)을 부르는데, 지금 성(姓)을 남편의 나라와 짝하여 한길(韓姞)이라고 말하였으므로, 길(姞)이 궤보(蹶父)의 성(姓)인 것을 알 수 있다.'라고 하였다(『正義』曰: 以婦人稱姓, 今以姓配夫之國, 謂之韓姞, 故知姞是蹶父之姓也.)."

○ 相.
('擇可嫁之所也'의 '擇') 보는 것이다.

○ 攸.
('可嫁之所') (주자 주[註]의) '유(攸)'이다.

○ 安成劉氏曰: "吉日作虋."
('噳噳, 眾也') 안성 유씨(安成 劉氏)가 말하였다: "길일(吉日)에 떼 지어 모인 것이다."

○ 諺音誤.
('訏訏') 언해(諺解)의 발음은 잘못이다.

○ 慶源輔氏曰: "旣喜韓姞之有此善居."
('慶…其有此善居也') 경원 보씨(慶源 輔氏)가 말하였다: "이미 한길(韓姞)이 이 좋은 거처를 가졌음을 기뻐한 것이다."

○ '慶旣'古語倒.
(본문의 '慶旣') '경기(慶旣)'는 옛날 말에는 (순서가) 거꾸로 되어 있다.

○ 疊山謝氏曰: "此章專言韓姞從夫而樂其家."
('燕, 安. 譽, 樂也') 첩산 사씨(疊山 謝氏)가 말하였다: "이 장(章)은 온전히 한길(韓姞)이 남편을 따르고 그 집안을 즐겁게 여긴 것을 말하였다."

○ 曹氏曰: "此章與碩人卒章意同. 齊近河, 韓多山, 各賦其所有 一, 則美其父母之國. 一, 則美其所嫁之國也."
조씨(曹氏)가 말하였다: "이 장(章)은 '석인(碩人)' 마지막 장과 뜻이 같다. 제나라는 황하에 가깝고, 한 나라는 산이 많아, 각 부(賦)가 그 장소 하나를 가지고 있으니, 그렇다면 그 부모의 나라를 아름답게 여긴 것이다. (그 장소) 하나는 시집간 나라를 아름답게 여긴 것이다."

[3-3-7-6]
溥彼韓城, 燕師所完. 以先祖受命, 因時百蠻. 王錫韓侯, 其追
其貊, 奄受北國, 因以其伯. 實墉實壑, 實畝實籍, 獻其貔皮,
赤豹黃羆.

웅장한 저 한(韓) 나라 성은 연(燕) 나라 무리가 쌓았네. 선조 공 세워 명을 받아 당시 북쪽 수장이라. 왕께서 한후(韓侯)에게 추와 맥을 내리셨네.94) 북쪽 나라 맡아서 그들의 수장이 되니, 성을 쌓고 해자를 파며, 토지측량 세금 받고, 왕께 올리네, 삵 가죽과 붉은 표피 누런 곰 가죽을.

朱註
賦也. 溥, 大也. 燕, 召公之國也. 師, 衆也. 追貊, 夷狄之國也. 墉, 城. 壑, 池. 籍, 稅也. 貔, 猛獸名.

부(賦)이다. 부(溥)는 큼이고, 연(燕)은 소공(召公)의 나라이다. 사(師)는 무리이다. 추(追), 맥(貊)은 이적(夷狄)의 나라이다. 용(墉)은 성(城)이고, 학(壑)은 못이요, 적(籍)은 부세(賦稅)를 받는 것이다. 비(貔)는 맹수(猛獸)의 이름이다.

詳說
○ 奭.
('召公') 석(奭)이다.

○ 公羊傳曰: "什一而籍."
('籍, 稅也')『공양전(公羊傳)』에서 말하였다: "십에서 하나를 세금으로 낸다."

---

94) 정현의 「전(箋)」에서 다음과 같이 말하였다: "한후(韓侯)의 선조는 공덕을 가진 것에 대하여, 선왕(先王)의 명을 받고, 한후(韓侯)에 봉해져 한성(韓城)에 거처하여 후백(侯伯)이 되었다. 그 주(州)의 경계 밖에 만복(蠻服)과 접하고 있었다. 현사(見使: 지방에 파견하여 지방 정치를 감찰)의 시기에 많은 만(蠻)족이 봉헌하러 왕래하였다. 후군(后君)이 미약하여 그 본업을 잃어버렸다. 지금 왕은 한후(韓侯)의 선조의 일이 이와 같고 한후(韓侯)는 현명하므로, 들어와 알현하게 하고, 그 선조의 옛 직분을 다시 하게 하여 만복(蠻服)과 추맥(追貊)의 융적을 하사하고 보살피도록 하였다. 왕기(王畿) 북쪽의 나라를 받았는데, 그 선조 후백(侯伯)의 일을 다 주어서 모두 그 자손됨을 찬미하고 선조의 업적을 다시 일으킬 수 있게 하였다.(韓侯先祖有功德者, 受先王之命, 封爲韓侯, 居韓城, 爲侯伯. 其州界外接蠻服. 因見使時節, 百蠻貢獻之往來. 后君微弱, 用失其業. 今王以韓侯先祖之事如是, 而韓侯賢, 故于入覲, 使復其先祖之舊職, 賜之蠻服追貊之戎狄, 令撫柔. 其所受王畿北面之國, 因以其先祖侯伯之事盡予之, 皆美其爲人子孫, 能興復先祖之功.)"

朱註

○韓初封時, 召公爲司空. 王命以其衆爲築此城. 如召伯營謝, 山甫城齊, 春秋諸侯城邢城楚丘之類也. 王以韓侯之先, 因是百蠻而長之. 故錫之追貊, 使爲之伯, 以脩其城池, 治其田畝, 正其稅法, 而貢其所有於王也.
○한(韓) 나라가 처음 봉해질 때에 소공(召公)이 사공(司空)이 되었다. 왕(王)이 명하여 그 무리로써 한후(韓侯)를 위하여 이 성(城)을 쌓아주게 하였으니, 소백(召伯)이 사읍(謝邑)을 경영하고 중산보(仲山甫)가 제(齊) 나라에 성(城)을 쌓은 것과 『춘추(春秋)』에 제후(諸侯)들이 형(邢) 나라에 성을 쌓고, 초구(楚丘)의 땅에 성을 쌓은 것과 같은 따위이다. 왕(王)은 한후(韓侯)의 선대(先代)가 이 백만(百蠻)으로 인하여 으뜸이 되었으므로 추(追)와 맥(貊)을 내려주어서 패자(霸者)가 되게 하고는 그 성지(城池)를 다스리고 전묘(田畝)를 다스리며 세법(稅法)을 바로잡아 그 소유한 바를 왕(王)에게 바치게 한 것이다.

○ 毛氏曰: "武王之子."
('韓初封時') 모씨(毛氏)가 말하였다: "무왕(武王)의 아들이다."

○ 孔氏曰: "其封當在成王時."
('韓初封時') 공씨(孔氏[孔穎達])가 말하였다: "그가 봉해진 것은 성왕(成王) 때가 되어야 한다."

○ 燕.
('王命以其衆爲築此城'의 '其') 연(燕) 나라이다.

○ 崧高.
('召伯營謝')「탕지십(蕩之什)·숭고(崧高)」에 보인다.

○ 烝民.
('山甫城齊')「탕지십(蕩之什)·증민(烝民)」에 보인다.

○ 僖元年.
('春秋諸侯城邢') 희공(僖公) 원년이다.

○ 僖二年.
　('城楚丘') 희공(僖公) 2년이다.

○ 宣王.
　('王以韓侯之先'의 '王') 선왕(宣王)이다.

○ 蠻者, 夷狄之通名.
　('因是百蠻'의 '蠻') 만(蠻)이라는 것은 이적(夷狄)을 통칭한 이름이다.

○ 上聲.
　('因是百蠻而長之'의 '長') 상성이다.

○ 受命爲長.
　('因是百蠻而長之') 명(命)을 받아 으뜸이 된 것이다.

○ 三山李氏曰: "因以其伯, 卽上文纘戎祖考也."
　(본문의 '因以其伯') 삼산 이씨(三山 李氏)가 말하였다: "(본문의) '인이기백(因以其伯)'은 바로 윗 글의 '찬융조고(纘戎祖考: 그대의 조상을 이어받다)'이다."

○ 豐城朱氏曰: "皆修其職業之謂, 以終首章之意也."
　('以脩其城池…所有於王也') 풍성 주씨(豐城 朱氏)가 말하였다: "모두 그 직분과 할 일을 완수하는 것을 말함이고, 이렇게 함으로써 첫 장의 뜻을 종결하였다."

朱註

韓奕六章, 章十二句.
여기까지가 한혁(韓奕) 6장이고, 각 장은 12구(句)이다.

詳說

○ 必取章中之韓字以冠之而名篇, 是亦作者之意云.
　필시 장(章) 속의 한(韓) 자를 취하여 편명(篇名)으로 연결하였으니, 이것 또한 작자(作者)의 뜻이라고 할 수 있다.

[3-3-8-1]

江漢浮浮, 武夫滔滔. 匪安匪遊, 淮夷來求. 旣出我車, 旣設我旂. 匪安匪舒, 淮夷來鋪.

강한수 세차게 흐르니 출정군사 물결 따라 내려가네. 편안하게 노니려는 게 아니라 회이를 찾으러 왔느니라.95) 우리 수레를 타고 와 우리 깃발을 세웠으니, 편안하고 여유 부림이 아니라 주둔하여 회이 정벌하려 함이니라.

朱註

賦也. 浮浮, 水盛貌. 滔滔, 順流貌. 淮夷, 夷之在淮上者也. 鋪, 陳也, 陳師以伐之也.

부(賦)이다. 부부(浮浮)는 물이 성한 모양이고, 도도(滔滔)는 순류(順流)하는 모양이다. 회이(淮夷)는 오랑캐 중에 회수(淮水) 가에 있는 자이다. 포(鋪)는 진침이니, 군대를 진열하여 정벌하는 것이다.

詳說

○ 眉山蘇氏曰:"自周而南出於江漢之間, 循江而下也."
('浮浮…順流貌') 미산 소씨(眉山 蘇氏)가 말하였다:"주(周) 나라로부터 남쪽으로 강한(江漢)의 사이에서 나와 강을 돌아서 아래로 흘러간다."

○ 孔氏曰:"淮之南北皆有夷."
('淮夷, 夷之在淮上者也') 공씨(孔氏[孔穎達])가 말하였다:"회(淮)의 남북으로 모두 오랑캐가 있었다."

○ 重訓之.
('鋪…伐之也') 중복해서 풀이하였다.

朱註

○宣王命召穆公, 平淮南之夷, 詩人美之. 此章總序其事. 言行者皆莫敢安徐

---

95) 정현의 「전(箋)」에서 다음과 같이 말하였다: "강과 한의 물이 모여서 동쪽으로 넘쳐 흐른다. 선왕(宣王)은 이 물가에서 장수들에게 명하고, 군사들을 보내어, 물의 흐름을 돌아 내려가게 하였다.(江、漢之水, 合而東流浮浮然. 宣王于是水上命將率, 遣士眾, 使循流而下滔滔然.)"

而曰: 吾之來也, 惟淮夷是求是伐耳.
선왕(宣王)이 소목공(召穆公)에게 명하여 회수(淮水) 남쪽의 오랑캐를 평정하게 하자, 시인(詩人)이 찬미하였으니, 이 장(章)은 그 일을 총괄하여 서술한 것이다. 출정을 가는 자들이 모두 감히 편안하고 느긋하게 여유부리지 못하면서 말하기를 "우리가 온 것은 오직 회이(淮夷)를 찾고 정벌하려 해서이다."라고 한 것이다.

詳說

○ 黃氏曰: "此詩乃召公奏凱之日所作."
('宣王…詩人美之') 황씨(黃氏)가 말하였다: "이 시(詩)는 바로 소공(召公)이 승전고를 울린 날에 지은 것이다."

○ 鋪.
('是求是伐') 늘어 놓은 것이다.

○ 錯釋.
('惟淮夷是求是伐耳') 번갈아 해석한다.

[3-3-8-2]

江漢湯湯, 武夫洸洸. 經營四方, 告成于王. 四方旣平, 王國庶定. 時靡有爭, 王心載寧.

강한수 넘실넘실 흐르니 출정군사 씩씩도 하네. 사방을 토벌하고 다스려 왕께 승리를 알린다.96) 사방이 평정되었으니 왕국은 안정될 것이다. 이제 다투는 일 없으니 왕의 마음 편안하시네.97)

朱註

賦也. 洸洸, 武貌. 庶, 幸也.
부(賦)이다. 광광(洸洸)은 굳센 모양이다. 서(庶)는 다행스러움이다.

---

96) 정현의 「전(箋)」에서 다음과 같이 말하였다: "소공(召公)이 이미 명을 받고 회이(淮夷)를 정벌하여 복속시켰다. 다시 사방에 배반한 나라들을 통치하고, 나아가서 정벌하고 다 승리하고선 급히 왕에게 소식을 전하여 알렸다.(召公旣受命伐淮夷. 服之. 復經營四方之叛國, 從而伐之, 克勝, 則使傳遽告功于王.)"
97) 정현의 「전(箋)」에서 다음과 같이 말하였다: "소공(召公)은 충신이어서 왕의 명령을 따르니, 이것은 그의 뜻을 조술한 것이다.(召公忠臣, 順于王命, 此述其志也.)"

> 詳說

○ 廬陵彭氏曰:"用兵非得已, 故云庶定幸其僅, 然非以是爲美也."

('賦也…幸也') 노릉 팽씨(廬陵 彭氏)가 말하였다: "무력을 사용하는 것을 그만둘 수 있는 것은 아니므로, 안정될 것이라고 말하여 그것이 간신히 이루어진 것을 다행스럽게 여긴 것이다. 그러나 이것을 찬미한 것은 아니다."

> 朱註

○此章言既伐而成功也.

이 장(章)은 이미 정벌하여 성공(成功)함을 말한 것이다.

> 詳說

○ 曹氏曰: "宣王厲志開復北伐玁狁, 南征蠻荊, 至於常武、江漢而淮南北夷悉已討定, 故召伯以經營四方之功告成于王也."

('此章言既伐而成功也') 조씨(曹氏)가 말하였다: "선왕(宣王)이 뜻을 가다듬어 다시 회복하여 북으로는 험윤(玁狁)을 토벌하고 남으로는 만형(蠻荊)을 정벌하였고, 「상무(尙武)」, 「강한(江漢)」에 이르러서 남북의 회이(淮夷)는 다 이미 토벌되고 안정되었으므로, 소백(召伯)이 사방을 평정한 공적을 가지고 왕에게 고함을 이룬 것이다."

○ 華谷嚴氏曰: "蓋淮夷望風而服不待嚴也."

('此章言既伐而成功也') 화곡 엄씨(華谷 嚴氏)가 말하였다: "회이(淮夷)는 미리 겁을 먹고 맞서려고도 하지 않고 뿔뿔이 흩어져서 굴복시키기에 엄할 필요가 없었다."

○ 豊城朱氏曰: "四方既平, 則時靡有爭矣. 王國庶定, 則王心載寧矣."

('此章言既伐而成功也') 풍성 주씨(豊城 朱氏)가 말하였다: "사방이 이미 평정되었다면 당시에 다툼이 없었던 것이다. 왕국이 거의 안정되었다면, 왕의 마음이 편안해짐을 이룬 것이다."

[3-3-8-3]

江漢之滸, 王命召虎, 式辟四方, 徹我疆土. 匪疚匪棘, 王國來極. 于疆于理, 至于南海.

강한수 물가에서 왕께서 소호에게 명하시어, 사방의 영토를 넓혀 우리 강토 정리하셨다. 괴롭히고 핍박함이 아니라 왕국에 와 법을 받게 하려 함이니, 경계 정리하고 다스려 남해에까지 이르렀네.

朱註

賦也. 虎, 召穆公名也. 辟與闢同. 徹, 井其田也. 疚, 病. 棘, 急也. 極, 中之表也, 居中而爲四方所取正也.
부(賦)이다. 호(虎)는 소목공(召穆公)의 이름이다. 벽(辟)은 벽(闢)과 같다. 철(徹)은 토지를 정전(井田)으로 만드는 것이다. 구(疚)는 병듦이고, 극(棘)은 급함이다. 극(極)은 중앙(中央)의 표지이니, 중앙에 처하여 사방(四方)에서 바름을 취하는 바가 되게 하는 것이다.

朱註

○言江漢旣平, 王又命召公, 闢四方之侵地, 而治其疆界. 非以病之, 非以急之也. 但使其來取正於王國而已. 於是遂疆理之, 盡南海而止也.
강한(江漢)이 이미 평정되자, 왕(王)께서 또 소공(召公)을 명하여 사방(四方)의 침범당한 땅을 개척하여 강계(疆界)를 다스리게 하시니, 이는 폐해를 입히려는 것이 아니고, 급하게 하려는 것이 아니라, 다만 왕국(王國)에 와서 바름을 취하게 하려고 해서일 뿐이었다. 이에 마침내 경계를 다스려 남해(南海)에 이르러 그친 것이다.

詳說

○ 略滸字, 添旣平字.
('言江漢旣平') '호(滸)'자를 생략하고, '기평(旣平)'자를 첨가하였다.

○ 永嘉陳氏曰: "非謂宣王臨江漢之滸而命之也."
('言江漢旣平') 영가 진씨(永嘉 陳氏)가 말하였다: "선왕(宣王)이 강한(江漢)의 물가에 나아가 명령한 것을 말함이 아니다."

○ 朱子曰: "言江漢之滸者, 繫上章起下事也."

('言江漢旣平') 주자가 말하였다: "'강한지호(江漢之滸: 강한의 물가)'라는 것은 윗장에 연결하여 아래의 일을 시작한 것이다."

○ 見侵於夷狄者.
('四方之侵地') 오랑캐에게 침략을 당한 것이다.

○ 華谷嚴氏曰: "武事僅定, 卽理稅法疑於病民且急迫."
('而治其疆界…非以急之也') 화곡 엄씨(華谷 嚴氏)가 말하였다: "무력을 사용한 일이 겨우 안정된 것은 바로 백성을 괴롭게 하고 급박한 데에 이치로 세금을 징수하고 의혹을 바로잡은 것이다."

○ 添使字.
('但使其來取正於王國而已') '사(使)' 자를 첨가하였다.

○ 華谷嚴氏曰: "淮夷在南, 故曰至于南海."
('於是…盡南海而止也') 화복 엄씨(華谷 嚴氏)가 말하였다: "회이(淮夷)는 남쪽에 있으므로 '지우해남(至于南海: 남해에 이르렀다)'이라고 말한 것이다."

○ 安成劉氏曰: "此章言穆公因平淮夷, 而又成開復之功也."
안성 유씨(安成 劉氏)가 말하였다: "이 장은 목공(穆公)이 회이(淮夷)를 평정한 것을 인하여 다시 복원을 이룬 공적을 말한 것이다."

[3-3-8-4]

王命召虎, 來旬來宣. 文武受命, 召公維翰. 無曰予小子, 召公是似. 肇敏戎公, 用錫爾祉.

왕께서 소호에게 명하여 와서 두루 왕명을 펴라고 하신다. 문왕 무왕 천명을 받을 적에 소공이 큰 기둥이었느니라. 나는 소자라 하지 말고 소공의 공을 이을지니라. 네가 힘써 공을 이룬다면 너에게 큰 복을 내리리라.

朱註

賦也. 旬, 徧. 宣, 布也. 自江漢之滸言之, 故曰來. 召公, 召康公奭也. 翰,榦也. 予小子, 王自稱也. 肇, 開. 戎, 女. 公, 功也.
부(賦)이다. 순(旬)은 두루함이고, 선(宣)은 폄이다. 강한(江漢)의 물가로부터 말했기 때문에 내(來)라고 말한 것이다. 소공(召公)은 소강공(召康公) 석(奭)이다. 한(翰)은 정간(楨榦)이다. 여소자(予小子)는 왕(王)이 자신을 칭한 것이다. 조(肇)는 엶이고, 융(戎)은 너이며, 공(公)은 공(功)이다.

詳說

○ 三山李氏曰: "十日爲旬, 則旬訓徧明甚."
('旬, 徧') 삼산 이씨(三山 李氏)가 말하였다: "10일이 순(旬)이 된다면, 순(旬)을 변(徧: 두루)으로 풀이한 것은 매우 명확한 것이다."

○ 音適.
('召康公奭'의 '奭') 발음은 석(適)이다.

○ 音汝, 下並同.
('戎, 女'의 '女') 발음은 여(汝)이고, 아래도 다 같다.

朱註
○又言王命召虎來此江漢之滸, 徧治其事, 以布王命, 而曰: 昔文武受命, 惟召公爲楨榦. 今女無曰以予小子故也. 但自爲嗣女召公之事耳. 能開敏女功, 則我當錫女以祉福, 如下章所云也.
또 말하였다. "왕(王)이 소호(召虎)를 명하여 이 강한(江漢)의 물가에 와서 그 일을 두루 다스려 왕명(王命)을 펴게 하고 이르기를 '옛날 문왕(文王), 무왕(武王)께서 천명(天命)을 받으실 적에 소공(召公)이 정간(楨榦)이 되었으니, 지금 너는 여소자(予小子) 때문이라고 말하지 말고, 다만 스스로 소공(召公)의 일을 계승하도록 하여라. 그리하여 네 공(功)을 열어 민첩히 하면 내 마땅히 너에게 복을 내려 줄 것이다.'고 하였으니, 아래 장에서 말한 바와 같은 것이다."

詳說

○ 承上章.
('江漢之滸') 윗 장을 이었다.

○ 補其事、王命字.
('徧治其事, 以布王命') '기사(其事)', '왕명(王命)' 자를 보충하였다.

○ 添以、故字.
('以予小子故也') '이(以)', '고(故)' 자를 첨가하였다.

○ 豐城朱氏曰:"豈惟一人之爲."
('以予小子故也') 풍성 주씨(豐城 朱氏)가 말하였다: "어찌 오직 한 사람이 행한 것이겠는가?"

○ 似.
('但自爲嗣'의 '嗣') '사(似: 같다)'와 같은 의미이다.

○ 添此句.
('能開敏…所云也') 이 구(句)를 첨가하였다.

○ 鄭氏曰:"此述其祖之功以勸之也."
('昔文武受命…所云也') 정씨(鄭氏[鄭玄])가 말하였다: "이것은 그 선조의 공적을 조술하여 권면한 것이다."

○ 安成劉氏曰:"終上章經營疆理之意, 而起下章賞賜之事."
('昔文武受命…所云也') 안성 유씨(安成 劉氏)가 말하였다: "윗 장 '경영강리(經營疆理: 경계를 다스리다)'의 뜻을 종결하고, 아래 장 '상사(賞賜: 상을 내리다)'의 일을 시작하였다."

[3-3-8-5]

釐爾圭瓚, 秬鬯一卣. 告于文人, 錫山土田. 于周受命, 自召祖命. 虎拜稽首, 天子萬年.

너에게 고리 달린 옥 술잔과 검은 울창주 한 동이 주며, 문왕 사당에 고하게 하여 산천과 농토를 내린다. 기주로 가서 명을 받아 소공 선조처럼 하라. 소호 절하고 조아리니 천자께서 만년장수 누리소서.

朱註

賦也. 釐, 賜. 卣, 尊也. 文人, 先祖之有文德者, 謂文王也. 周, 岐周也. 召祖, 穆公之祖, 康公也.

부(賦)이다. 이(釐)는 주는 것이고, 유(卣)는 술동이이다. 문인(文人)은 선조(先祖) 중에 문덕(文德)이 있는 자이니, 문왕(文王)을 말한다. 주(周)는 기주(岐周)이다. 소조(召祖)는 목공(穆公)의 할아버지인 강공(康公)이다.

詳說

○ 爾雅中尊注曰: "彝爲上, 罍爲下, 卣居中."

('卣, 尊也') 『이아(爾雅)』의 중존(中尊)에 대한 주(注)에서 말하였다: "이(彝)는 위가 되고, 뢰(罍)는 아래가 되며, 유(卣)는 가운데 배치한다."

朱註

○此序王賜召公策命之辭. 言錫爾圭瓚秬鬯者, 使之以祀其先祖. 又告于文人, 而錫之山川土田, 以廣其封邑. 蓋古者爵人, 必於祖廟. 示不敢專也. 又使往受命於岐周, 從其祖康公受命於文王之所, 以寵異之. 而召公拜稽首, 以受王命之策書也. 人臣受恩, 無可以報謝者. 但言使君壽考而已.

이것은 왕(王)이 소공(召公)에게 책명(策命)을 내려주는 말을 기술한 것이다. 너에게 규찬(圭瓚)과 검은 기장술을 내려주는 것은 너로 하여금 그 선조(先祖)에게 제사하게 하고, 또 문인(文人)에게 고하여 산천(山川)과 토전(土田)을 내려주어서 그 봉읍(封邑)을 넓히게 하려 함임을 말하였다. 옛날에 사람에게 관작(官爵)을 내릴 때에는 반드시 선조(先祖)의 사당에서 하였으니, 이는 감히 마음대로 하지 못함을 보이기 위해서였다. 또 그 할아버지 강공(康公)이 문왕(文王)에게 명을 받았던 곳인 기주(岐周)에 가서 명을 받게 하여 특별히 영광스럽게 하고 다르게 대우하자, 소공(召公)이 절하고 머리를 조아려 왕명(王命)의 책서(策書)를 받은 것이다. 신하가 은혜를 받음에 보답하여 사례할 만한 것이 없으므로 단지 군주(君主)에게 장수하라고만 한 것이다.

詳說

○ 先總提.
('此序王賜召公策命之辭') 먼저 총괄적으로 제기하였다.

○ 添此句.
('言錫爾圭瓚…其先祖') 이 구(句)를 첨가하였다.

○ 依閟宮而帶說川.
('又告于文人…土田') 비궁(閟宮)에 의하여 하천(川)을 연이어 말하였다.

○ 益封.
('以廣其封邑') 봉읍을 더한 것이다.

○ 見『禮記・祭統』.
('蓋古者…祖廟')『예기(禮記)・제통(祭統)』에 보인다.

○ 添三句.
('蓋古者…示不敢專也') 세 구(句)를 첨가하였다.

○ 于.
('又使往受命於岐周'의 '往') '우(于)'이다.

○ 倒釋以便文.
('受命於岐周') 거꾸로 해석하는 것이 글에 편하다.

○ 自.
('從其祖康公'의 '從') '자(自: ~로부터)'이다.

○ 召.
('從其祖康公'의 '其') 소공(召公)이다.

○ 補所字.
('文王之所') '소(所)' 자를 보충하였다.

○ 孔氏曰: "康公在岐周, 有功受采地."
('又使往受命…文王之所') 공씨(孔氏[孔穎達])가 말하였다: "강공(康公)이 기주(岐周)에 있을 적에 공적이 있어서 채읍(採邑)을 받았다."

○ 添此句.
('以寵異之') 이 구(句)를 첨가하였다.

○ 添三句.
('而召公拜…報謝者') 세 구(句)를 첨가하였다.

○ 豊城朱氏曰: "拜稽以致其敬, 萬年以致其祝."
('但言使君壽考而已') 풍성 주씨(豊城 朱氏)가 말하였다: "머리를 조아리고 절하여 그 공경함을 다하였고, 장수를 빌어 그 축원을 다하였다."

[3-3-8-6]

虎拜稽首, 對揚王休, 作召公考. 天子萬壽. 明明天子, 令聞不已. 矢其文德, 洽此四國.

소호 절하고 조아려 왕의 아름다운 명을 칭송하여, 소공 사당 그릇 완성하니 천자 만수를 누리시옵소서. 밝고 밝으신 천자시여, 훌륭한 기림 끝이 없고, 문덕을 널리 펼치시어 천하에 가득 차게 하소서.

朱註

賦也. 對, 答. 揚, 稱. 休, 美. 考, 成. 矢, 陳也.
부(賦)이다. 대(對)는 답이고, 양(揚)은 일컬음이며, 휴(休)는 아름다움이고, 고(考)는 이룸이며, 시(矢)는 베풂이다.

朱註

○言穆公旣受賜, 遂答稱天子之美命, 作康公之廟器, 而勒王策命之詞, 以考其成. 且祝天子以萬壽也. 古器物銘云, 㧑拜稽首, 敢對揚天子休命, 用作朕皇考龔伯尊敦. 㧑其眉壽, 萬年無疆. 語正相類. 但彼自祝其壽, 而此祝君壽耳. 旣又美其君之令聞, 而進之以不已, 勸其君以文德, 而不欲其極意於武功. 古人愛君之心, 於此可見矣.
목공(穆公)이 이미 하사를 받고는 마침내 천자(天子)의 아름다운 명에 답하여 칭송해서 소강공(召康公)의 종묘(宗廟) 그릇을 만들고 왕(王)의 책명(策命)한 말을 새겨 그 성공을 살펴보았으며, 또 천자(天子)에게 만수(萬壽)를 축원한 것이다. 고기물명(古器物銘)에 이르기를 "변(釆)은 절하고 머리를 조아려 감히 아름다운 천자(天子)의 명을 칭송하고 짐(朕)의 황고(皇考)인 공백(龏伯)의 술동이와 대접을 만드노니, 변(釆)은 미수(眉壽)를 누려 만수무강(萬壽無疆)하게 하소서." 하였으니, 말이 바로 이와 유사하다. 다만 저것은 그 스스로 자기의 장수(長壽)를 축원한 것이요, 이는 군주(君主)의 장수를 축원했을 뿐이다. 이미 또 그 군주(君主)의 훌륭한 명예를 찬미하여 끊임없이 나아가게 하고, 그 군주(君主)를 문덕(文德)으로써 권하여 무공(武功)에 뜻을 다하게 하고자 하지 않았으니, 고인(古人)이 군주(君主)를 사랑하는 마음을 여기에서 볼 수 있다.

詳說

○ 承上章.
('言穆公旣受賜') 윗 장을 이었다.

○ 補廟器、勒、命字.
('作康公…策命之詞') '묘기(廟器)', '륵(勒)', '명(命)' 자를 보충하였다.

○ 安成劉氏曰: "上章受策書, 而祝君之詞也. 此銘廟器而祝君之詞也"
('以考其成…萬壽也') 안성 유씨(安成 劉氏)가 말하였다: "윗 장에서는 책서(策書)를 받아 군주를 축원하는 말이다. 여기서는 묘기(廟器)를 새겨 군주를 축원하는 말이다."

○ 音弁.
('釆拜稽首'의 '釆') 발음은 변(弁)이다.

○ 音恭.

('朕皇考龔伯'의 '龔') 발음은 공(恭)이다.

○ 音對.
('用作朕皇考龔伯尊敦'의 '敦') 발음은 대(對)이다.

○ 出『考古圖』. 邢, 周大夫也.
('邢其眉壽, 萬年無疆')『고고도(考古圖)』[98]에 나온다. '변(邢)'은 주(周) 나라 대부이다.

○ 語意同, 故引而證之.
('語正相類…君壽耳') 말의 뜻이 같으므로 끌어서 증명하였다.

○ 進, 猶勸也.
('進之以不已'의 '進') '진(進)'은 권(勸: 권면하다)과 같다.

○ 補進、勸字.
('而進之…以文德') '진(進)', '권(勸)'자를 보충하였다.

○ 豐城朱氏曰: "下四句, 勸勉之語."
('而進之…以文德') 풍성 주씨(豐城 朱氏)가 말하였다: "아래 네 구(句)는 권면하는 말이다."

○ 補此句.
('而不欲其極意於武功') 이 구(句)를 보충하였다.

○ 論也.
('古人…於此可見矣') 논의(論)이다.

朱註

江漢六章, 章八句.
여기까지가 강한(江漢) 6장이고, 각 장(章)은 8구(句)이다.

---

98) 『고고도(考古圖)』는 송 나라 때 편찬된 것으로, 옛날 청동기 발굴품들을 수록한 책이다.

詳說

○ 華谷嚴氏曰:"岐豐去江漢最遠難服, 故經理淮夷, 用力最多. 成王初淮夷同三監叛, 後又同奄國叛, 伯禽受封, 又同徐戎叛. 宣王命召公平淮南夷, 又命皇甫平淮北夷, 淮夷平, 然後四方定. 此江漢、常武所以爲宣王之終事, 而繫之於宣王大雅之末也."

화곡 엄씨(華谷 嚴氏)가 말하였다: "기풍(岐豐)은 강한(江漢)과 매우 멀고 수복하기 어려웠으므로, 회이(淮夷)를 다스리는 데 힘을 가장 많이 썼다. 성왕(成王) 초에 회이(淮夷)가 삼감(三監)과 같이 반란을 일으켰고, 뒤에 엄(奄) 나라와 같이 반란을 일으켜서, 백금(伯禽)을 봉하였는데, 다시 서융(徐戎)이 반란을 일으켰다. 선왕(宣王)이 소공(召公)에게 회이(淮夷) 남쪽 오랑캐를 평정하라고 명령하였고, 다시 황보(皇甫)에게 회이(淮夷) 북쪽 오랑캐를 평정하라고 명령하였으니, 회이(淮夷)가 평정된 후에 사방이 안정되었다. 이것이 '강한(江漢)', '상무(江漢)'가 선왕(宣王)이 일을 종결한 것이 되고, 이것을 대아(大雅)의 마지막에 선왕(宣王)을 연결한 이유이다."

[3-3-9-1]

赫赫明明, 王命卿士, 南仲大祖, 大師皇父, 整我六師, 以修我戎, 旣敬旣戒, 惠此南國.

위엄있고 빛나게 왕께서 경사 중에 남중 태조의 자손 태사 황보에게 명하시니99), 우리 육군을 정돈하고, 우리 무기를 손질하여, 경계하고 평정하여 이 남국(南國)을 은혜롭게 하신다.

朱註

賦也. 卿士, 卽皇父之官也. 南仲, 見出車篇. 大祖, 始祖也. 大師, 皇父之兼官也. 我, 爲宣王之自我也. 戎, 兵器也.

부(賦)이다. 경사(卿士)는 곧 황보(皇父)의 관직이다. 남중(南仲)은 「출거편(出車篇)」에 보인다. 태조(太祖)는 시조(始祖)이다. 태사(太師)는 황보(皇父)의 겸직(兼

---

99) 정현의 「전(箋)」에서 다음과 같이 말하였다: "남중(南仲)은 문왕 때의 무신(武臣)이다. 뛰어나게 드러나고 밝은 선왕(宣王)이 경사(卿士) 중에 명하여 대장(大將)이 되게 하였다.(南仲, 文王時武臣也. 顯著乎, 昭察乎, 宣王之命卿士爲大將也.)" 이것과 관련하여 공영달(孔穎達)은 「소(疏)」에서 다음과 같이 말하였다: "모씨(毛氏)는 지금 혁혁(赫赫)하게 드러나고 밝은 자는 선왕(宣王)이라고 생각하였다. 드러나고 밝게 된 이유는 왕이 지금 경사(卿士) 중에 남중(南仲)이라는 사람을 왕의 태조(太祖)의 종묘에서 명령하여, 그로 하여금 원수(元帥)가 되어 병사를 친히 하게 하였기 때문이다.(毛以爲, 今有赫赫然顯盛, 明明然昭察者, 宣王也. 所以爲盛察者, 以王今命卿士南仲者于王太祖之廟, 使之爲元帥親兵.)"

職)이다. 아(我)는 선왕(宣王) 자신이다. 융(戎)은 병기(兵器)이다.

詳說

○ 音現.
('見出車篇'의 '見') 발음은 현(現)이다.

○ 小雅.
('出車篇') 소아(小雅)이다.

○ 永嘉陳氏曰:"六卿兼三公,如周公以冢宰兼大師也."
('大師,皇父之兼官也') 영가 진씨(永嘉 陳氏)가 말하였다:"육경(六卿)이 삼공(三公)을 겸하는 데, 예를 들면 주공(周公)이 총재(冢宰)로 대사(大師)를 겸한 것과 같다."

○ 孔氏曰:"'十月之交'皇父與此得爲一人,或皇氏父字傳世稱之亦未可知也."
('大師,皇父之兼官也') 공씨(孔氏[孔穎達])가 말하였다:"소아(小雅)'시월지교(十月之交)'에서의 황보(皇父)는 여기와 단일한 사람일 수 있다. 혹은 황씨(皇氏)의 보(父)라는 자(字)가 세상에 전해서 그것을 부른 것인지 또한 알 수 없다."

朱註
○宣王自將以伐淮北之夷,而命卿士之謂南仲爲大祖,兼大師,而字皇父者,整治其從行之六軍,脩其戎事,以除淮夷之亂,而惠此南方之國. 詩人作此以美之. 必言南仲大祖者,稱其世功以美大之也.
선왕(宣王)이 스스로 군대를 거느려 회수(淮水) 북쪽의 오랑캐를 정벌할 때, 경사(卿士) 중에 남중(南仲)을 태조(太祖)로 하고 태사(太師)를 겸직한 자(字)가 황보(皇父)인 자에게 명하여 수행하는 육군(六軍)을 정돈하고 다스려 병사(兵事)를 수행하여 회이(淮夷)의 난을 제거하여 이 남방(南方)의 나라를 은혜롭게 하니, 시인(詩人)이 이를 지어서 찬미하였다. 반드시 남중(南仲) 태조(太祖)라고 말한 것은 대대로 내려오는 공(功)을 일컬어서 찬미하고 훌륭히 여긴 것이다.

詳說

○ 去聲, 下並同.
('宣王自將'의 '將') 거성이고, 아래도 다 같다.

○ 序之始辭也.
('以伐淮北之夷') 서(序)에서 시작하는 말이다.

○ 補謂、爲字.
('而命卿士之謂南仲爲大祖') '위(謂)', '위(謂)'자를 보충하였다.

○ 添者字以接命字之文勢.
('兼大師, 而字皇父者') '자(者)'자를 첨가하여 '명(命)'자의 문세(文勢)에 연결하였다.

○ 去聲.
('整治其從'의 '從') 거성이다.

○ 董氏曰: "恭敬戒懼以伐其暴亂."
('整治⋯淮夷之亂') 동씨(董氏[董仲舒])가 말하였다: "공경하고 경계하고 두려워함으로써 그 난폭한 혼란을 정벌하였다."

○ 慶源輔氏曰: "徐州之夷南侵淮南, 諸國爲之不安, 故其言如此."
('而惠此南方之國') 경원 보씨(慶源 輔氏)가 말하였다: "서주(徐州)의 남쪽 오랑캐가 회남(淮南)을 침략하여, 모든 나라들이 그것에 대하여 불안해 하였으므로, 그 말이 이와 같은 것이다."

○ 序之終辭也.
('詩人作此以美之') 서(序)에서 마지막 말이다.

○ 論也.
('必言⋯以美大之也') 논의(論)이다.

○ 慶源輔氏曰: "見當時之重世臣也."

('必言…以美大之也') 경원 보씨(慶源 輔氏)가 말하였다: "당시의 중요한 신하를 본 것이다."

[3-3-9-2]
王謂尹氏, 命程伯休父, 左右陳行, 戒我師旅, 率彼淮浦, 省此徐土. 不留不處, 三事就緒.

왕께서 윤씨에게 말하기를, 정백 휴보에게 명하여 대오를 좌우로 정렬하여 우리 군대 엄히 정돈하며, 저 회수 강기슭을 따라 이 서주 땅을 순시하게 하셨다.100) 지체 않고 안주하지 않아 삼공(三公)이 각자 제 일을 하도다.

詳說
○ 處, 上聲.
('處') 원문의 '처(處)'는 상성이다.

朱註
賦也. 尹氏, 吉甫也. 蓋爲內史, 掌策命卿大夫也. 程伯休父, 周大夫. 三事, 未詳. 或曰: 三農之事也.
부(賦)이다. 윤씨(尹氏)는 길보(吉甫)이니, 아마도 내사(內史)가 되어, 경(卿), 대부(大夫)를 책명(策命)함을 관장한 것 같다. 정백휴보(程伯休父)는 주(周)나라 대부(大夫)이다. 삼사(三事)는 미상(未詳)이다. 혹자(或者)는 말하기를 "삼농(三農)[상농[上農], 중농[中農], 하농[下農]의 일이다."라고 한다.

詳說
○ 見『周禮・春官』.
('尹氏…卿大夫也')『주례(周禮)・춘관(春官)』에 보인다.

○ 音甫.

---
100) 정현의「전(箋)」에서 다음과 같이 말하였다: "왕은 대부(大夫) 윤씨(尹氏)로 하여금 정백휴보(程伯休父)에게 군대의 장수로 책명(策命)을 내리게 하여 병사를 다스릴 때에, 그 군사들이 좌우로 진열하게 하고 칙계(敕戒)하여, 저 회포(淮浦)의 변방을 순시하게 하고, 서국(徐國)의 땅에서 반역하는 자가 있는지 살피게 하였다.(王使大夫尹氏策命程伯休父于軍將行治兵之時, 使其士眾左右陳列而敕戒之, 使循彼淮浦之旁, 省視徐國之土地叛逆者.)"

('程伯休父'의 '父') 발음은 보(甫)이다.

○ 『國語』曰: "程伯休父, 當宣王時爲司馬氏."
('程伯休父, 周大夫') 『국어(國語)』에서 말하였다: "정백휴보(程伯休父)는 선왕(宣王) 때의 사마씨(司馬氏)가 되어야 한다."

○ 孔氏曰: "程國伯爵, 休父, 字也."
('程伯休父, 周大夫') 공씨(孔氏[孔穎達])가 말하였다: "정(程) 나라의 백작(伯爵)이고, 휴보(休父)는 자(字)이다."

○ 濮氏曰: "程畿內, 邑在豐."
('程伯休父, 周大夫') 복씨(濮氏)가 말하였다: "정(程) 나라는 왕기(王畿) 안이고, 읍(邑)은 풍(豐)에 있었다."

○ 曹氏曰: "師之所處, 荊棘生焉, 故必不留不處, 然後三事得以就緖."
('三事…三農之事也') 조씨(曹氏)가 말하였다: "군대가 있는 곳이 가시 나무가 생겨났으므로, 필시 지체하여 안주할 수 없었고, 이후에 세 가지 일이 실마리를 찾아 갈 수 있었을 것이다."

朱註

○言王詔尹氏, 策命程伯休父爲司馬, 使之左右陳其行列, 循淮浦, 而省徐州之土. 蓋伐淮北徐州之夷也. 上章旣命皇父, 而此章又命程伯休父者, 蓋王親命大師, 以三公治其軍事, 而使內史命司馬, 以六卿副之耳.
왕(王)이 윤씨(尹氏)에게 명하여 정백휴보(程伯休父)를 책명(策命)하여 사마(司馬)로 삼아서 그로 하여금 좌우(左右)로 행렬(行列)을 진열하여 회포(淮浦)를 따라 서주(徐州)의 땅을 살피게 하였으니, 회수(淮水) 북쪽에 있는 서주(徐州)의 오랑캐를 정벌한 것이다. 윗 장에서 이미 황보(皇父)에게 명하고, 이 장(章)에서 정백휴보(程伯休父)에게 명한 것은, 왕(王)이 친히 태사(太師)에게 명하여 삼공(三公)으로 군사(軍事)를 다스리게 하고 내사(內史)로 하여금 사마(司馬)에게 명하여 육경(六卿)을 부관(副官)으로 삼게 한 것이다.

詳說

○ 謂.
 ('言王詔'의 '詔') (본문의) '위(謂: 말하다)'이다.

○ 補三字.
 ('言王詔…爲司馬') '삼(三)' 자를 보완하고 있다.

○ 悉井反.
 ('省徐州之土'의 '省') 실(悉)과 정(井)의 반절이다.

○ 添此句.
 ('蓋伐淮北徐州之夷也') 이 구(句)를 첨가하였다.

○ 安成劉氏曰: "此、上兩章, 皆言命戒將士之事."
 ('上章旣命…六卿副之耳') 안성 유씨(安成 劉氏)가 말하였다: "이것과 위의 두 장(章)은 모두 장사(將士)에게 명령하고 경계한 일을 말한 것이다."

○ 慶源輔氏曰: "大將則總其綱; 副將則詳其目."
 ('上章旣命…六卿副之耳') 경원 보씨(慶源 輔氏)가 말하였다: "대장(大將)은 강령을 총괄하고, 부장(副將)은 그 조목을 상세히 한다."

[3-3-9-3]

赫赫業業, 有嚴天子. 王舒保作, 匪紹匪遊, 徐方繹騷. 震驚徐方, 如雷如霆. 徐方震驚.

빛나고 장엄하니 위엄있는 천자시네. 왕께서 천천히 출병하니, 급하지도 한가롭지도 않구나. 기별 닿은 서주 놀라네.101) 서주가 놀라 진동하니 우레인 듯 벼락인 듯, 서주가 놀라 진동하네.

---

101) 정현의 「전(箋)」에서 다음과 같이 말하였다: "왕의 군대가 나아가는데, 그 모습이 빛나고 위대하여, 천자의 위엄에 존엄함이 있으니, 보고 들은 자들이 겁내지 않는 자가 없음을 말한 것이다.(王之軍行, 其貌赫赫業業然, 有尊嚴于天子之威, 謂聞見者莫不憚之.)"

朱註

賦也. 赫赫, 顯也. 業業, 大也. 嚴, 威也, 天子自將, 其威可畏也. 王舒保作, 未詳其義. 或曰: 舒, 徐. 保, 安. 作, 行也. 言王師舒徐而安行也. 紹, 糾緊也. 遊, 遨遊也. 繹, 連絡也. 騷, 擾動也.

부(賦)이다. 혁혁(赫赫)은 드러남이고, 업업(業業)은 크다는 의미이다. 엄(嚴)은 위엄이니, 천자(天子)가 스스로 군대를 거느리면 그 위엄이 두려울 만하다. 왕서보작(王舒保作)은 그 뜻이 상세하지 않다. 혹자(或者)는 말하기를 "서(舒)는 천천히 함이고, 보(保)는 편안함이며, 작(作)은 행함이니, 왕의 군대가 천천히 하고 느긋하게 하여 편안히 감을 말한다."라고 한다. 소(紹)는 급함이고, 유(遊)는 여유를 부리며 노는 것이다. 역(繹)은 연락함이고, 소(騷)는 소란스러운 것이다.

詳說

○ 一訓於此, 以該首章.
  ('赫赫, 顯也') 여기에서 한번 풀이하여 첫 장(章)을 포괄한다.

朱註

○夷厲以來, 周室衰弱, 至是而天子自將, 以征不庭, 其師始出, 不疾不徐, 而徐方之人, 皆已震動, 如雷霆作於其上, 不遑安矣.

이왕(夷王), 려왕(厲王) 이래(以來)로 주(周)나라 왕실(王室)이 쇠약해지니, 이 때에 이르러 천자(天子)가 스스로 군대를 거느리고 조회(朝會)오지 않는 나라를 정벌할 적에, 그 군대가 처음 출동함에 빠르지도 않고 느리지도 않으니, 서방(徐方)의 사람들이 모두 이미 놀라, 마치 우레와 벼락이 그 위에서 일어나는 듯이 여겨서 편안할 겨를이 없었던 것이다.

詳說

○ 匪紹匪遊.
  ('不疾不徐') (본문의) '비소비유(匪紹匪遊: 급하지도 한가롭지도 않다)'이다.

○ 以論釋之.
  ('夷厲…不遑安矣') 논의(論)를 사용하여 해석하였다.

○ 安成劉氏曰: "此章言王師在道而徐夷已震恐也."
('夷厲…不遑安矣') 안성 유씨(安成 劉氏)가 말하였다: "이 장(章)은 왕의 군대가 길에 있는데 서국(徐國)의 오랑캐가 이미 놀라고 두려워함을 말한 것이다."

○ 豐城朱氏曰: "先服其心."
('夷厲…不遑安矣') 풍성 주씨(豐城 朱氏)가 말하였다: "먼저 그들의 마음을 굴복시킨 것이다."

[3-3-9-4]

王奮厥武, 如震如怒. 進厥虎臣, 闞如虓虎. 鋪敦淮濆, 仍執醜虜. 截彼淮浦, 王師之所.

왕께서 위엄을 떨치시니 하늘이 진노한 듯, 용맹한 군사 진군하니 성난 범이 부르짖는 듯[102], 회수 가에 든든히 진을 쳐서 적의 무리 사로 잡으니, 엄숙한 저 회수 지역 왕의 군대 주둔했네.

朱註

賦也. 進, 鼓而進之也. 闞, 奮怒之貌. 虓, 虎之自怒也. 鋪, 布也, 布其師旅也. 敦, 厚也, 厚集其陳也. 仍, 就也. 老子曰: 攘臂而仍之. 截, 截然不可犯之貌.

부(賦)이다. 진(進)은 북을 치면서 나아가게 하는 것이다. 함(闞)은 뽐내고 노여워하는 모양이다. 효(虓)는 범이 스스로 성내는 것이다. 포(鋪)는 폄이니, 그 군대의 진을 펼치는 것이다. 돈(敦)은 두터움이니, 그 진(陳)을 두터이 모으는 것이다. 잉(仍)은 나아감이니, 노자(老子)에 이르기를 "팔뚝을 걷어 붙이고 나아간다."라고 하였다. 절(截)은 절연(截然)하여 범할 수 없는 모양이다.

詳說

○『埤雅』曰: "以言將帥之勇發於忠毅, 非激而怒之也."

---

102) 정현의 「전(箋)」에서 다음과 같이 말하였다: "왕이 그 위엄과 용맹을 떨쳐서 천둥과 번개같은 소리가 나며 그 모습이 갑자기 격노한 듯하다. 앞에서 그 용맹스러운 신하의 장수가 성내는 것이 마치 호랑이가 성내는 것 같고, 그 병사를 회수(淮水)의 큰 둑에 진열하고 주둔시켜 적을 대하게 하니, 나아가 그 무리에서 굴복한 자들을 잡은 것이다.(王奮揚其威武, 而震雷其聲, 而勃怒其色. 前其虎臣之將闞然如虎之怒, 陳屯其兵于淮水大防之上以臨敵, 就執其眾之降服者也.)"

('進…虎之自怒也')『비아(埤雅)』103)에서 말하였다: "장수의 용맹은 충의(忠毅)에서 발현하였지, 격하게 노한 것이 아님을 말하였다."

○ 去聲.
('其陳也'의 '陳') 거성이다.

○ 引『老子』以證字義.
('進…虎之自怒也')『노자(老子)』를 인용하여 글자의 뜻을 입증하였다.

○ 慶源輔氏曰: "王師有不可犯之勇."
('截,…可犯之貌') 경원 보씨(慶源 輔氏)가 말하였다: "왕의 군대는 범할 수 없는 용맹함을 가지고 있었다."

○ 安成劉氏曰: "此言王師至徐, 布陳而制勝."
('截,…可犯之貌') 안성 유씨(安成 劉氏)가 말하였다: "이것은 왕의 군대가 서(徐)에 이르러 진을 치고 승리할 것을 계획함을 말한 것이다."

[3-3-9-5]

王旅嘽嘽, 如飛如翰, 如江如漢. 如山之苞, 如川之流, 綿綿翼翼. 不測不克, 濯征徐國.

왕의 군대 강성하고 나는 듯이 날쌔며, 강물 같이 맑으며 장중한 기세는 산과 같고 막을 수 없는 강물 같으며, 끊을 수 없고 혼란이 없다.104) 헤아릴 수도 이길 수도 없어, 서(徐) 나라를 크게 정복하였네.

朱註

賦也. 嘽嘽, 衆盛貌. 翰, 羽. 苞, 本也. 如飛如翰, 疾也. 如江如漢, 衆也. 如山, 不可動也. 如川, 不可禦也. 綿綿, 不可絶也. 翼翼, 不可亂也. 不測,

---

103) 학자인 육전(陸佃)의 저서이다. 조(鳥), 수(獸), 충(蟲), 어(魚), 초(草), 목(木), 천(天), 마(馬)로 분류하여 각 사물의 형상과 의미를 고찰하였다. 총 20편인데,『이아(爾雅)』를 증보했다는 뜻에서『비아(埤雅)』라고 하였다.

104) 정현의 「전(箋)」에서 다음과 같이 말하였다: "강한(江漢)으로 성대함을 비유하였고, 산의 근본(山本)으로 놀라서 움직일 수 없음을 비유하였으며, 내가 흘러가는 것으로 막을 수 없음을 비유하였다.(江漢以喻盛大也; 山本以喻不可驚動也; 川流以喻不可御也.)"

不可知也. 不克, 不可勝也. 濯, 大也.

부(賦)이다. 탄탄(嘽嘽)은 많은 모양이다.105) 한(翰)은 깃이고, 포(苞)는 뿌리이다. 나는 듯하고 활개치는 듯하다는 것은 빠르다는 것이고, 강(江)과 같고 한수(漢水)와 같다는 것은 많다는 것이다. 산과 같다는 것은 움직일 수 없다는 것이고, 내와 같다는 것은 막을 수 없다는 것이다. 면면(綿綿)은 끊을 수 없다는 것이요, 익익(翼翼)은 어지럽힐 수 없다는 것이다. 측량할 수 없다는 것은 알 수 없다는 것이고, 감당할 수 없다는 것은 승리할 수 없다는 것이다. 탁(濯)은 큼이다.

詳說

○ 山之苞, 謂山之根也.
('苞, 本也') 산의 포(苞)는 산의 뿌리를 말하는 것이다.

○ 孔氏曰:"兵靜則不可動; 動則不可禦."
('如山…不可禦也') 공씨(孔氏[孔穎達])가 말하였다: "군대가 고요하면, 움직이게 할 수 없고, 움직이면 막을 수 없다."

○ 慶源輔氏曰:"承上章而言王旅之盛."
('綿綿…大也') 경원 보씨(慶源 輔氏)가 말하였다: "윗 장을 이어서 군대의 왕성함을 말하였다."

[3-3-9-6]

王猶允塞, 徐方旣來. 徐方旣同, 天子之功. 四方旣平, 徐方來庭. 徐方不回, 王曰還歸.

왕도 도는 참으로 진실하시니, 서주(徐州)가 와서 복종하였네. 서주(徐州)가 와서 복종함은 천자의 공이셨네. 사방이 평정되고 서주(徐州)가 조회왔네, 서주(徐州)가 순종하니 왕께서 회군하라 하시네.

朱註

---

105) 주자의 주석과는 다르게 정현의 「전(箋)」에서 다음과 같이 말하였다: "'탄탄(嘽嘽)'은 한가롭고 여유가 있는 모양이다.(嘽嘽, 閑暇有餘力之貌.)"

賦也. 猶, 道. 允, 信. 塞, 實. 庭, 朝. 回, 違也. 還歸, 班師而歸也.
부(賦)이다. 유(猶)는 도(道)이고, 윤(允)은 진실함이며, 색(塞)은 충실이고, 정(庭)은 조회(朝會)이며, 회(回)는 어김이다. 환귀(還歸)는 군대를 돌려 돌아오는 것이다.

詳說
○ 音潮.
('朝') 발음은 조(潮)이다.

朱註
○前篇召公帥師以出, 歸告成功, 故備載其褒賞之詞. 此篇王實親行, 故於卒章反復其詞, 以歸功於天子, 言王道甚大, 而遠方懷之, 非獨兵威然也. 序所謂因以爲戒者是也.
전편(前篇)에서는 소공(召公)은 군대를 거느리고 나가서 돌아와 성공(成功)을 아뢰었으므로 포상(褒賞)하는 말을 자세히 기재하였고, 이 편(篇)은 왕(王)이 실제로 직접 출동하였으므로 마지막 장(章)에 그 말을 반복해서 천자(天子)에게 공(功)을 돌렸는데, 왕도(王道)가 매우 커서 먼 지방까지 품은 것이고, 단지 군대의 위엄으로 그런 것이 아님을 말하였으니, 서(序)에 이른바 인(因)하여 경계(警戒)로 삼았다는 것이 이것이다.

詳說
○ 入聲.
('帥師'의 '帥') 입성이다.

○ 覆同.
('復其詞'의 '復') '복(覆: 반복하다)'과 같다.

○ 曹氏曰: "咸服而無二心, 謂之同. 徐方來同, 由王推赤心, 置其腹中故也."
('此篇王實…反復其詞') 조씨(曹氏)가 말하였다: "다 복종하여 두 마음이 아닌 것을 '동(同: 같다)'이라고 한다. 서주(徐州)가 와서 복종한 것은 왕이 거짓 없는 참된 마음을 헤아려 그의 마음 속에 두었기 때문이다."

○ 以論釋之.
('序所謂因以爲戒者是也') 논의(論)를 가지고 해석하였다.

○ 華谷嚴氏曰: "召公慮其狃勝而喜功, 故因美而戒之."
('序所謂因以爲戒者是也') 화곡 엄씨(華谷 嚴氏)가 말하였다: "소공(召公)은 그들이 이기는 것에 길들여져 공적을 기뻐할 것을 고려하였으므로, 찬미함으로써 경계한 것이다."

○ 安成劉氏曰: "亦若上篇卒章言矢其文德."
('序所謂因以爲戒者是也') 안성 유씨(安成 劉氏)가 말하였다: "또한 상편(上篇)의 마지막 장에서 '그 문덕(文德)을 펴시다(矢其文德)'라고 말한 것과 같다."

朱註

常武六章, 章八句.
여기까지가 상무(常武) 6장이고, 각 장은 8구(句)이다.

詳說

○ 小序曰: "有常德以立武事."
소서(小序)에서 말하였다: "항상된 덕을 가지고 무공의 일(武事: 무력을 사용한 일)을 세웠다."

○ 取四章首句之武字而別以常字冠之, 蓋謂王者用武之常道也. 此亦作者命名之意云.
4장 첫 구(句)의 '무(武)'자를 취하였고 따로 '상(常)'자를 가지고 연결하였으니, 왕된 자가 무력을 사용하는 항상된 도(道)를 말한 것이다. 이것은 또한 작자(作者)가 명명(命名)한 뜻을 말하고 있다.

○ 言徐土徐方徐國不一, 而足以見其數叛難服也.
서토(徐土), 서방(徐方), 서국(徐國)은 같지 않으나, 그들이 자주 반란을 일으켜 복종시키기 어려웠음을 알 수 있다.

[3-3-10-1]

瞻卬昊天, 則不我惠. 孔塡不寧, 降此大厲. 邦靡有定, 士民其瘵. 蟊賊蟊疾, 靡有夷屆. 罪罟不收, 靡有夷瘳.

하늘을 우러러 보니 우리를 불쌍히 여기지 않는다. 참으로 오래 괴로우니 이런 큰 재앙을 내렸네.106) 나라 안정될 날이 없고 백성들 고통스러우니, 백성 해치는 좀벌레들 사라질 날이 없으며, 죄 그물 걷힐 날이 없어 고통 그칠 날이 없네.

朱註

賦也. 塡, 久. 厲, 亂. 瘵, 病也. 蟊賊, 害苗之蟲也. 疾, 害. 夷, 平. 屆, 極. 罟, 網也.

부(賦)이다. 진(塡)은 오래됨이고, 여(厲)는 난(亂)이며, 채(瘵)는 병듦이다. 모적(蟊賊)은 묘(苗)를 해치는 벌레이다. 질(疾)은 해침이고, 이(夷)는 평온함이며, 계(屆)는 이름이고, 고(罟)는 그물이다.

詳說

○ 諺音用叶.
  ('瘵') 언해(諺解)의 발음은 협운(叶韻)을 사용하였다.

○ 諺音誤.
  ('蟊') 언해(諺解)의 발음은 잘못이다.

○ 上蟊以蟲喩小人而言; 下蟊以蟲之害苗而言.
  ('蟊賊, 害苗之蟲也') 위의 '모(蟊)'는 벌레로 소인(小人)을 비유하여 말하였고, 아래의 '모(蟊)'는 벌레가 묘(苗)를 해치는 것으로 말하였다.

朱註

○此刺幽王嬖褒姒, 任奄人以致亂之詩. 首言昊天不惠而降亂, 無所歸咎之辭也. 蘇氏曰: 國有定, 則民受其福. 國無所定, 則受其病. 於是有小人爲之

---

106) 정현의 「전(箋)」에서 다음과 같이 말하였다: "유왕(幽王)이 정치하는 것을 보면, 아래의 우리 백성들을 사랑하지 않는 것이 오래되었다. 천하가 불안하고, 왕은 이러한 큰 악을 내려 패망하게 하고 혼란을 만든다.(仰視幽王爲政, 則不愛我下民甚久矣. 天下不安, 王乃下此大惡以敗亂之.)"

蟊賊, 刑罪爲之網罟. 凡此皆民之所以病也.
이것은 유왕(幽王)이 포사(褒姒)를 총애하고 엄인(奄人)을 임용(任用)하여 난(亂)을 일으킨 것을 풍자한 시(詩)이다. 첫머리에 호천(昊天)이 은혜롭지 아니하여 난(亂)을 내림을 말한 것은 허물을 돌릴 곳이 없어서 한 말이다. 소씨(蘇氏)가 말하였다. "나라에 안정된 바가 있으면 백성들이 그 복을 받고, 안정된 바가 없으면 그 폐해를 받는다. 이에 소인(小人)들이 모적(蟊賊)이 되고 형벌과 죄를 받아 법망에 걸리게 되니, 모두 이것은 다 백성들이 괴로움을 당하는 것이다."

詳說

○ 婦.
('褒姒') 부인이다.

○ 寺.
('奄人') 환관(宦官)이다.

○ 慶源輔氏曰: "不我惠顧固已甚病而不寧."
('首言昊天不惠') 경원 보씨(慶源 輔氏)가 말하였다: "우리에게 은혜를 주고 돌보지 않음이 진실로 이미 심하고 괴로워서 평안하지 못한 것이다."

○ 照節南山註.
('而降亂…辭也') 소아(小雅) '절남산(節南山)' 주(註)에 조응하였다.

○ 慶源輔氏曰: "國勢陧杌不安."
('蘇氏曰…國無所定') 경원 보씨(慶源 輔氏)가 말하였다: "나라의 기운이 위태롭고 불안한 것이다."

○ 鄭氏曰: "如蟊賊之害禾稼, 無有息時, 施刑罪以羅網天下而不收斂, 亦無止息時."
('則受其病…刑罪爲之網罟') 정씨(鄭氏[鄭玄])가 말하였다: "모적(蟊賊)이 벼 농사를 해치고 쉬는 시간이 없는 것 처럼, 형벌을 가하여 천하를 그물질 하고 세금을 걷지 않는 것 또한 쉬는 때가 없는 것이다."[107]

○ 慶源輔氏曰: "無有平夷屈至之期; 無有平夷瘳愈之望."
('則受其病…刑罪爲之網罟') 경원 보씨(慶源 輔氏)가 말하였다: "평온할 시기도 없고, 고통을 치유할 기대도 없다."

○ 屈與定應; 瘳與應.
'계(屆: 이르다)'와 '정(定: 안정되다)'이 호응하고, '추(瘳: 낫다)'와 '채(瘥: 앓다)'가 호응한다.

○ 瘳諺音誤.
'추(瘳: 낫다)'에 대한 언해(諺解)의 발음은 잘못이다.

○ 以論釋之.
('凡此皆民之所以病也') 논의(論)를 가지고 해석하였다.

[3-3-10-2]

人有土田, 女反有之, 人有民人, 女覆奪之. 此宜無罪, 女反收之, 彼宜有罪, 女覆說之.

남의 농토를 너는 빼앗아 가지고, 남의 백성을 너는 빼앗아 가지며, 죄 없는 사람을 너는 도리어 가두고108), 죄 줘야 할 저 자를 너는 도리어 놓아 준다.

朱註
賦也. 反, 覆. 收, 拘. 說, 赦也.
부(賦)이다. 반(反)은 도리어이고, 수(收)는 구속함이며, 설(說)은 놓아주는 것이다.

詳說
○ 音福, 下並同.
('反, 覆'의 '覆') 발음은 복(福)이고, 아래도 다 같다.

---

107) 정현의 원래 주석은 다음과 같다: "군사들과 백성들이 모두 힘들고 괴로우며, 백성들에게 잔혹하고 고통스러운 것이 마치 모적(蟊賊)이 벼농사를 해치고 항상됨이 없어 휴지기가 없는 것과 같다. 형벌을 가하여 천하에 그물망을 놓고 세금을 거두지 않는 것은 또한 항상됨이 없어 휴지기가 없는 것이니, 이러한 조목은 왕이 큰 악을 시행하는 것이다.(士卒與民皆勞病, 其爲殘酷痛病于民, 如蟊賊之害禾稼然, 爲之無常, 亦無止息時. 施刑罪以羅網天下而不收斂, 爲之亦無常, 無止息時, 此目王所下大惡.)"

108) 정현의 「전(箋)」에서 다음과 같이 말하였다: "이것은 왕이 제후와 경대부(卿大夫) 중 죄 없는 자들의 벼슬을 빼앗고 내쫓는 것을 말한다.(此言王削黜諸侯及卿大夫無罪者.)"

○ 慶源輔氏曰: "上四句承上章蟊賊而言; 下四句承上章罪罟而言."

경원 보씨(慶源 輔氏)가 말하였다: "위 네 구(句)는 윗 장(章)의 '모적(蟊賊)'을 이어서 말하였고, 아래 네 구(句)는 윗 장(章)의 '죄고(罪罟)'를 이어서 말하였다."

[3-3-10-3]

哲夫成城, 哲婦傾城. 懿厥哲婦, 爲梟爲鴟. 婦有長舌, 維厲之階. 亂匪降自天, 生自婦人. 匪敎匪誨, 時維婦寺.

총명한 사내가 나라를 세우면 총명한 여인이 나라를 망치네.109) 아름다운 총명한 여인이 올빼미며 솔개가 된다네. 부인의 긴 혀가 혼란의 사다리네. 하늘에서 내린 혼란이 아니라 부인에게서 생겨나네. 교훈도 본받을 것도 없는 것이 부인과 내시의 말이니라.110)

朱註

賦也. 哲, 知也. 城, 猶國也. 哲婦, 蓋指褒姒也. 傾, 覆. 懿, 美也. 梟鴟, 惡聲之鳥也. 長舌, 能多言者也. 階, 梯也. 寺, 奄人也.

부(賦)이다. 철(哲)은 지혜이다. 성(城)은 국(國)과 같다. 철부(哲婦)는 아마도 포사(褒姒)를 가리킨 것 같다. 경(傾)은 전복시킴이고, 의(懿)는 아름다움이다. 효(梟), 치(鴟)는 소리가 나쁜 새이다. 장설(長舌)은 말을 많이 하는 자이다. 계(階)는 계제(階梯)이다. 시(寺)는 엄인(奄人)이다.

詳說

---

109) 정현의 「전(箋)」에서 다음과 같이 말하였다: "'철(哲)'은 많이 계획하고 생각하는 것을 말한다.(哲謂多謀慮也.)" 『정의(正義)』에서 또한 다음과 같이 말하였다: "위의 여덟 구(人有土田, 女反有之,…女反收之, 彼宜有罪, 女覆說之.)는 왕이 악하게 되는 것은 모두 부인으로부터 말미암음을 말하였고, 아래의 두 구(哲夫成城, 哲婦傾城)는 부인의 말을 들을 필요가 없음을 말한 것이다. 만약 지혜가 많고 계획을 잘 짜는 장부라면 나라를 잘 세울 수 있지만, 만약 지혜가 많고 계획을 잘 짜는 부인이라면 나라를 패망하고 기울게 한다.(正義曰: 上八句言王之爲惡皆由婦人, 下二句謂婦人之言不可聽用. 若謂智多謀慮之丈夫, 則興成人之城國; 若爲智多謀慮之婦人, 則傾敗人之城國.)"
110) 정현의 「전(箋)」에서 다음과 같이 말하였다: "지금 왕이 이런 어지러운 정치를 하는 것은 하늘로부터 내린 것이 아니라, 단지 부인으로부터 나온 것일 따름이다. 더욱이 왕이 환란을 일으키는 것을 바로잡을 사람이 없다. 왕이 악을 행한다고 말한 것은 이것이 부인을 가까이 총애하고 그 말을 사용하였기 때문이다.(今王之有此亂政, 非從天而下, 但從婦人出耳. 又非有人敎王爲亂. 語王爲惡者, 是惟近愛婦人, 用其言故也.)"

○ 去聲, 下同.
('哲, 知也'의 '知') 거성이고, 아래도 같다.

○ 諺音誤.
('梟鴟'의 '梟') 언해(諺解)의 발음은 잘못이다.

○ 山陰陸氏曰: "梟不孝鳥, 食母鴟鵰也."
('梟鴟, 惡聲之鳥也') 산음 육씨(山陰 陸氏)가 말하였다: "효(梟)는 불효하는 새이니, 어미인 올빼미를 잡아 먹는다."

朱註

○言男子正位乎外, 爲國家之主, 故有知則能立國. 婦人以無非無儀爲善, 無所事哲. 哲則適以覆國而已, 故此懿美之哲婦, 而反爲梟鴟. 蓋以其多言, 而能爲禍亂之梯也. 若是則亂豈眞自天降, 如首章之說哉. 特由此婦人而已. 蓋其言雖多, 而非有敎誨之益者, 是惟婦人與奄人耳. 豈可近哉. 上文但言婦人之禍, 末句兼以奄人爲言, 蓋二者常相倚而爲奸, 不可不并以爲戒也. 歐陽公嘗言, 宦者之禍, 甚於女寵. 其言尤爲深切. 有國家者, 可不戒哉.

남자(男子)는 밖에서 자리를 바르게 하여 국가(國家)의 주인(主人)이 된다. 그러므로 지혜가 있으면 나라를 세울수 있지만, 부인(婦人)은 잘못함도 없고 잘함도 없음을 훌륭하게 여기어 명철(明哲)함을 일삼을 바가 없으니, 명철(明哲)하면 나라를 전복(顚覆)시킬 뿐이다. 그러므로 이 아름다운 철부(哲婦)가 도리어 솔개가 되는 것이니, 말을 많이 하여 화란(禍亂)의 사다리가 되기 때문이다. 이와 같다면 첫 장의 말처럼 어찌 참으로 환란(亂)이 하늘로부터 내려왔겠는가. 다만 이 부인(婦人)으로부터 말미암았을 뿐이다. 그 말이 비록 많으나 가르침의 유익함이 되지 않은 것은 이 부인(婦人)과 엄인(奄人)일 뿐이니, 그들을 어찌 가까이 할 수 있겠는가. 윗글에서는 단지 부인(婦人)의 화(禍)만을 말하였고, 끝 구절에서는 엄인(奄人)을 겸하여 말하였다. 이 둘은 항상 서로 의지하여 간악한 짓을 하니, 아울러 경계하지 않을 수 없다. 구양공(歐陽公)이 일찍이 말하기를 "환자(宦者)의 화(禍)가 총애하는 여자보다 심하다."라고 하였으니, 그 말이 더욱 깊고 간절하다. 국가를 소유한 자가 경계하지 않을 수 있겠는가.

詳說

○ 出『易・家人・彖傳』.
('男子正位乎外') 『역(易)・가인(家人)・단전(彖傳)』에 나온다.

○ 見斯干.
('婦人以無非無儀爲善') 소아(小雅) '사간(斯干)'에 보인다.

○ 反語而深刺之.
('此懿美之哲婦') 반대로 말하여 깊이 풍자하였다.

○ 添此句.
('若是…首章之說哉') 이 구(句)를 첨가하였다.

○ 凡詩中怨天之詞皆推此.
('若是…首章之說哉') 모든 시(詩) 속에서 하늘을 원망하는 말은 모두 이것을 미룬 것이다.

○ 慶源輔氏曰: "厲字應首章厲字, 故下文便說亂匪降自天."
경원 보씨(慶源 輔氏)가 말하였다: "(본문의) '려(厲)'자는 첫 장의 '려(厲)'자에 호응하므로, 아래 글에서 바로 '하늘에서 내린 혼란이 아니다(亂匪降自天)'라고 말하였다."

○ 承長舌句.
('蕭其言雖多') (본문의) '장설(長舌: 긴 혀)' 구(句)를 이었다.

○ 補此句.
('豈可近哉') 이 구(句)를 보충하였다.

○ 去聲.
('不井'의 '井') 거성이다.

○ 廬陵歐陽氏曰: "雖欲悔悟, 勢有不得去, 唐昭宗, 是也."

('歐陽公…甚於女寵') 노릉 구양씨(廬陵 歐陽氏)가 말하였다: "비록 후회하고 깨닫기는 하더라도, 기세는 제거될 수 없은 것이니, 당 소종(昭宗)이 바로 이렇다."

○ 論也.
('其言尤…可不戒哉') 논의(論)이다.

[3-3-10-4]
鞫人忮忒, 譖始竟背, 豈曰不極, 伊胡爲慝. 如賈三倍, 君子是識, 婦無公事, 休其蠶織.

갖은 수단으로 사람을 해치고 거짓말로 시작해 배신하며, 내 말 무엇이 많은가 무엇이 잘못인가 하니, 장사치 세 갑절 이익을 군자가 다 아는 격이라, 아녀자 조정 일 없는데 누에치고 베 짜지 않네.

朱註
賦也. 鞫, 窮. 忮, 害. 忒, 變也. 譖, 不信也. 竟, 終. 背, 反. 極, 已. 慝, 惡也. 賈, 居貨者也. 三倍, 獲利之多也. 公事, 朝廷之事. 蠶織, 婦人之業.

부(賦)이다. 국(鞫)은 궁(窮)함이고, 기(忮)는 해침이며, 특(忒)은 변함이다. 참(譖)은 불신(不信)이다. 경(竟)은 마침이고, 패(背)는 위반함이며, 극(極)은 그침이고, 특(慝)은 악(惡)이다. 고(賈)는 물건을 쌓아놓고 파는 자이다. 삼배(三倍)는 이익을 얻기를 많이 한 것이다. 공사(公事)는 조정(朝廷)의 일이고, 잠직(蠶織)은 부인(婦人)의 일이다.

詳說
○ 諺音誤.
('忮') 언해(諺解)의 발음은 잘못이다.

○ 譖始與巧言, 僭始同.
('譖, 不信也') '참시(譖始)'는 교사스러운(巧) 것과 함께 말하여 참시(僭始: 어지러움이 처음 일어남)와 같다.

○ 音潮, 下竝同.
('朝廷之事'의 '朝') 발음은 조(潮)이고, 아래도 다 같다.

朱註
○言婦寺能以其知辯, 窮人之言, 其心忮害, 而變詐無常. 旣以譖妄倡始於前, 而終或不驗於後, 則亦不復自謂其言之放恣, 無所極已, 而反曰: 是何足爲慝乎. 夫商賈之利, 非君子之所宜識, 如朝廷之事, 非婦人之所宜與也. 今賈三倍, 而君子識其所以然, 婦人無朝廷之事, 而舍其蠶織以圖之, 則豈不爲慝哉.
"부인(婦人)과 내시(內侍)는 그 지혜와 변설(辯說)로써 사람의 말을 궁하게 하여, 그 마음이 남을 해치고 속임수가 많아, 앞서 참소를 하였다가 뒤에 마침내 맞지 않으면 또한 다시 스스로 그 말이 방자하기 짝이 없는 말이라 여기지 않고 도리어 말하기를 '이것이 무엇이 잘못이 되는가'라고 한다. 장사꾼의 이익은 마땅히 군자(君子)가 알 바가 아니니, 조정(朝廷)의 일은 부인(婦人)이 참여할 바가 아닌 것과 같다. 이제 장사꾼이 세 배의 이익을 보는 것을 군자(君子)가 그 원인을 알고, 부인(婦人)은 조정(朝廷)의 일이 없는데 누에치고 베짜는 일을 버리고서 조정(朝廷)의 일을 도모하니, 그렇다면 어찌 잘못이 되지 않겠는가."라고 한 것이다.

詳說
○ 去聲.
('其知辯'의 '智') 거성이다.

○ 承上章.
('其知辯'의 '辯') 윗 장을 이었다.

○ 慶源輔氏曰: "知, 哲也; 辯, 長舌也."
('其知辯') 경원 보씨(慶源 輔氏)가 말하였다: "'지(知)'는 '철(哲: 총명함)'이고, '변(辯)'은 '장설(長舌: 말이 많음)'이다."

○ 補言字.
('窮人之言') '언(言)'자를 보충하였다.

○ 新安胡氏曰: "此章極言婦寺之惡."
('其心…無常') 신안 호씨(新安 胡氏)가 말하였다: "이 장(章)은 부인과 내시의 악(惡)을 최대한 말하였다."

○ 去聲.
('不復自謂'의 '復') 거성이다.

○ 補五字.
('其言之放恣') 다섯 자를 보충하였다.

○ 慶源輔氏曰: "此說畫婦寺之情狀."
('無所極已…爲慝乎') 경원 보씨(慶源 輔氏)가 말하였다: "이 말은 부인과 내시의 상황을 묘사한 것이다."

○ 去聲.
('非婦人之所宜與也'의 '與') 거성이다.

○ 先正說.
('非婦人之所宜與也') 먼저 올바로 말하였다.

○ 上聲.
('舍其蠶織'의 '舍') 상성이다.

○ 補八字.
('圖之, 則豈不爲慝哉') 여덟 자를 보충하였다.

[3-3-10-5]

天何以刺, 何神不富. 舍爾介狄, 維予胥忌. 不弔不祥, 威儀不類. 人之云亡, 邦國殄瘁.

하늘은 어찌하여 책망하며 신은 어찌하여 복을 주지 않는가. 너의 큰 죄인은 놔두고 도리어 날 꺼리는 구나.111) 재앙도 걱정하지 않고 행실도 바르지 않아, 선한 사람도 없으니 나라는 반드시 망하리로다.

朱註

賦也. 刺, 責. 介, 大. 胥, 相. 弔, 閔也.
부(賦)이다. 자(刺)는 책망함이고, 개(介)는 큼이며, 서(胥)는 서로이고, 조(弔)는 걱정함이다.

朱註

○言天何用責王, 神何用不富王哉. 凡以王信用婦人之故也. 是必將有夷狄之大患, 今王舍之不忌, 而反以我之正言不諱爲忌, 何哉. 夫天之降不祥, 庶幾王懼而自脩, 今王遇災而不恤, 又不謹其威儀, 又無善人以輔之, 則國之殄瘁宜矣. 或曰: 介狄, 卽指婦寺, 猶所謂女戎者也.
"하늘은 어찌하여 왕(王)을 책망하며, 신(神)은 어찌하여 왕(王)을 부유하게 하지 않는가. 모두 왕(王)이 부인(婦人)을 믿고 말을 들어주기 때문이다. 이것은 반드시 앞으로 이적(夷狄)의 큰 환란(患)이 있을 것인데, 지금 왕(王)은 이를 내버려두어 꺼리지 않고, 도리어 내가 바른 말을 하여 숨기지 않는 것을 꺼림은 어째서인가. 하늘이 재앙을 내림은 왕(王)이 두려워하여 스스로 다스리기를 바라서인데, 지금 왕(王)은 재앙을 만나고도 걱정하지 않고, 또 그 위의(威儀)를 삼가지 않으며, 또 선인(善人)으로 하여금 보필하게 함이 없으니, 나라가 곤궁함이 당연하다."라고 한 것이다. 혹자(或者)는 말하기를 "개적(介狄)은 바로 부시(婦寺)를 가리킨 것이니, 이른바 여융(女戎)이라는 것과 같다."라고 하였다.

詳說

○ 災異譴告之類.
('天何用責王') 재앙으로 질책하는 따위이다.

○ 添二王字.

---

111) 정현의 「전(箋)」에서 다음과 같이 말하였다: "왕이 정치를 하는 것이 이미 악행을 저지르지 않는데, 하늘이 어떻게 왕이 변고를 당하는 것을 책망하겠는가? 신(神)이 어떻게 왕에게 복을 주지 않아 재앙과 피해를 받도록 하겠는가? 왕은 이것을 생각하여 덕을 닦는데 힘써, 여자가 원인이 되어 이적(夷狄)이 중국(中國)을 침범하는 것을 피하지 않고, 도리어 나에게 원망을 한다. 뭇 신하들이 배신한다고 질시하고 원망함을 말한 것이다.(王之爲政, 旣無過惡, 天何以責王見變異乎? 神何以不福王而有災害也? 王不念此而改修德, 乃舍女被甲夷狄來侵犯中國者, 反與我相怨. 謂其疾怨群臣叛違也.)"

('天何用…王哉') 두 '왕(王)' 자를 첨가하였다.

○ 設爲疑辭.
('天何用…王哉') 의문의 말을 설정하였다.

○ 補此句.
('凡以王信用婦人之故也') 이 구(句)를 보충하였다.

○ 慶源輔氏曰:"夷狄, 陰類也. 自古寵任婦者, 多致夷狄之禍."
('是必將有夷狄之大患') 경원 보씨(慶源 輔氏)가 말하였다: "이적(夷狄)은 음산한 부류이다. 옛부터 부인을 총애하고 일을 맡기는 것은 이적(夷狄)의 재앙에 이르게 된다."

○ 添不忌字.
('今王舍之不忌') '불기(不忌)' 자를 첨가하였다.

○ 補四字.
('正言不諱') 네 자를 보충하였다.

○ 音扶.
('夫天之降不祥'의 '夫') 발음은 부(扶)이다.

○ 不祥.
('今王遇災而不恤'의 '災') 상서롭지 못함이다.

○ 弔.
('今王遇災而不恤'의 '恤') 위로함이다.

○ 疊山謝氏曰:"不類人君之威儀."
('又不謹其威儀') 첩산 사씨(疊山 謝氏)가 말하였다: "군주의 위의(威儀)에 비교할 수 없는 것이다."

○ 補善字.
('又無善人以輔之') '선(善)'자를 보충하였다.

○ 並諺音誤.
('國之殄瘁'의 '瘁') 아울러 언해(諺解)의 발음은 잘못이다.

○ 『國語』曰: "晉獻公伐戎, 獲驪姬歸. 史蘇曰: '有男戎必有女戎. 晉以男戎勝戎而戎亦必以女戎勝晉.' 註云, 戎, 兵也. 女兵, 言其禍猶兵也."
('或曰…女戎者也')『국어(國語)』에서 말하였다. "진헌공(晉獻公)이 융적을 공격하여 려희(驪姬)를 얻고 돌아갔다. 사소(史蘇)가 말하였다: '남자 병사가 있으면 반드시 여자 병사가 있습니다. 진(晉)이 남자 병사를 가지고 융적을 이긴다면, 융적 또한 반드시 여자 병사를 가지고 진(晉)을 이길 것입니다.' 주(註)에서 이르기를, '융(戎)은 병사이다. 여자 병사(女兵)는 그 화(禍)가 병사와 같음을 말한 것이다.'라고 하였다."

[3-3-10-6]

天之降罔, 維其優矣. 人之云亡, 心之憂矣. 天之降罔, 維其幾矣. 人之云亡, 心之悲矣.

하늘이 내린 죄의 그물, 저리 많기도 하네. 착한 사람 없으니 이 마음 근심이라.112) 하늘이 내린 죄의 그물 가깝게 다가왔네. 착한 사람 없으니 이 마음 서글프다.

朱詳

賦也. 罔, 罟. 憂, 多. 幾, 近也. 蓋承上章之意, 而重言之, 以警王也.
부(賦)이다. 망(罔)은 그물이고, 우(優)는 많음이며, 기(幾)는 가까움이다. 윗 장의 뜻을 이어 거듭 말해서 왕(王)을 경계한 것이다.

---

112) 정현의 「전(箋)」에서 다음과 같이 말하였다: "천하에 그물을 쳐서 얻는 죄가 또한 심하고 넓은데, 단지 재앙과 이변만을 질책하면서 그 벌이 자신에게 가해진 것은 가르치지 않는다. 왕의 악행이 심하게 되고 현명한 자가 달아난다면, 사람들의 마음은 근심하지 않을 수 없음을 질책한 것이다.(天下羅罔以取有罪亦甚寬, 謂但以災異譴告之, 不指加罰於其身. 疾王爲惡之甚, 賢者奔亡, 則人心無不憂.)"

> 詳說

○ 音祈.
('幾') 발음은 기(祈)이다.

○ 東萊呂氏曰:"不祥云凶."
('蓋承上章之意') 동래 여씨(東萊 呂氏)가 말하였다: "상서롭지 못함을 '망(凶)'이라고 한다."

○ 去聲.
('重言之'의 '重') 거성이다.

○ 此句, 論也.
('蓋承上章…以警王也') 이 구(句)는 논의(論)이다.

[3-3-10-7]

觱沸檻泉, 維其深矣. 心之憂矣, 寧自今矣. 不自我先, 不自我後. 藐藐昊天, 無不克鞏. 無忝皇祖, 式救爾後.

솟구치는 샘물은 그 근원이 깊다. 내 마음의 근심이 어찌 오늘만일까. 나의 앞도 아니고 나의 뒤도 아니다. 하늘은 아득히 멀지만 단단히 살피시니, 조상 욕되게 않으면 너의 자손 구해주리.

> 朱註

興也. 觱沸, 泉湧貌. 檻泉, 泉正出者. 藐藐, 高遠貌. 鞏, 固也.
흥(興)이다. 필불(觱沸)은 샘이 용솟음쳐 나오는 모양이다. 함천(檻泉)은 샘물이 바로 나오는 것이다. 막막(藐藐)은 높고 먼 모양이다. 공(鞏)은 견고함이다.

> 詳說

○ 莫角反.
('藐') 막(莫)과 각(角)의 반절이다.

◯ 九勇反.
('鞏') 구(九)와 용(勇)의 반절이다.

朱註
言泉水濆湧, 上出其源深矣. 我心之憂, 亦非適今日然也. 然而禍亂極適當此時, 蓋已無可爲者. 惟天高遠, 雖若無意於物, 然其功用神明不測, 雖危亂之極, 亦無不能鞏固之者. 幽王苟能改過自新, 而不忝其祖, 則天意可回, 來者猶必可救, 而子孫亦蒙其福矣.

샘물이 흘어져 용솟음쳐 위로 나오는 것은 그 근원(根源)이 깊기 때문이니, 내 마음의 근심 또한 다만 오늘만 그런 것이 아니다. 그러나 화란(禍亂)의 극(極)이 마침 이 때를 당했으니, 이미 어떻게 해볼 수가 없는 것이다. 하늘이 고원(高遠)하여 비록 사물에 없는 듯 하지만 그 공용(功用)이 신명불측(神明不測)하여 비록 위험과 혼란이 극에 달하더라도 또한 공고히 하지 못함이 없다. 유왕(幽王)이 만일 과실을 고치고 스스로 새로워져서 그 선조(先祖)를 욕되게 하지 않는다면, 하늘의 뜻을 돌릴 수 있고 앞으로 오는 것은 반드시 구원할 수가 있어서 자손(子孫)들이 또한 그 복을 입게 될 것이다.

詳說
◯ 甫問反.
('泉水濆湧'의 '濆') 보(甫)와 문(問)의 반절이다.

◯ 自.
('非適今日然'의 '適') (본문의 '寧自今矣'의) '자(自: ~로부터)'이다.

◯ 補此句.
('蓋已無可爲者') 이 구(句)를 보충하였다.

◯ 添三句.
('雖若無意於物,…雖危亂之極') 세 구(句)를 첨가하였다.

◯ 添此句.

('幽王苟能改過自新') 이 구(句)를 첨가하였다.

○ 添此句.
('而不悉…天意可回') 이 구(句)를 첨가하였다.

○ 添此句.
('來者…其福矣') 이 구(句)를 첨가하였다.

朱註

瞻卬七章, 三章章十句, 四章章八句.
여기까지가 첨앙(瞻卬) 7장(章)이니, 3장(章)은 장마다 10구(句)이고, 4장(章)은 장마다 8구(句)이다.

[3-3-11-1]

旻天疾威, 天篤降喪, 瘨我饑饉, 民卒流亡, 我居圉卒荒.

크게 노한 하늘이 엄중한 재앙 내리니, 우리를 기근으로 괴롭게 하고, 백성들은 모두 흩어져 온 나라가 텅 비었네.113)

朱註

賦也. 篤, 厚. 瘨, 病. 卒, 盡也. 居, 國中也. 圉, 邊陲也. ○此刺幽王任用小人, 以致飢饉侵削之詩也.
부(賦)이다. 독(篤)은 후함이고, 전(瘨)은 병듦이며, 졸(卒)은 모두이다. 거(居)는 국중(國中)이고, 어(圉)는 변방이다. ○이것은 유왕(幽王)이 소인(小人)을 임용(任用)하여 기근(饑饉)과 나라의 쇠망을 초래함을 풍자한 시(詩)이다.

詳說

○ 安成劉氏曰: "首章言饑饉之災; 卒章言侵削之事; 餘章皆言用

---

113) 정현의 「전(箋)」에서 다음과 같이 말하였다: "유왕(幽王)이 정치하는 것이 괴로운 것은 포학한 법을 급히 시행하고 망하고 혼란스럽게 하는 교시를 두텁게 내리는 것이니, 세금을 무겁게 부과하는 것을 말한다. 나라 안을 기근으로 괴롭게하니, 백성들이 다 흩어져 옮겨간다.(病乎幽王之爲政也, 急行暴虐之法, 厚下喪亂之教, 謂重賦稅也. 病中國以饑饉, 令民盡流移.)"

小人之意."
안성 유씨(安成 劉氏)가 말하였다: "첫 장은 기근(饑饉)의 재앙을 말하였고, 마지막 장은 나라의 쇠망을 말하였으며, 나머지 장은 모두 소인(小人)을 사용한 뜻을 말하였다."

○ 慶源輔氏曰: "病我以饑饉, 國中、邊境皆荒虛也. 此與瞻卬首章同, 極言其喪亂也."
경원 보씨(慶源 輔氏)가 말하였다: "기근으로 우리를 괴롭히시니, 나라 안과 변경이 모두 황폐하다. 이것은 첨앙(瞻卬) 첫 장과 같이 그 망함과 혼란을 최대한 말한 것이다."

○ 首句與小旻首句同.
첫 구(句)는 '소민(小旻)'의 첫 구(句)와 같다.

[3-3-11-2]
天降罪罟, 蟊賊內訌, 昏椓靡共, 潰潰回遹, 實靖夷我邦.
하늘이 죄의 그물을 내리니 해충 같은 자들은 분란을 일으키고, 사악한 자들은 자신의 직분을 잃어 사악한 짓 혼란을 야기하는데, 이들에게 나라 일을 맡기네.

朱註
賦也. 訌, 潰也. 昏椓, 昏亂椓喪之人也. 共, 與恭同, 一說與供同, 謂共其職也. 潰潰, 亂也. 回遹, 邪僻也. 靖, 治. 夷, 平也.
부(賦)이다. 홍(訌)은 어지러움이다. 혼탁(昏椓)은 혼란(昏亂)하여 나라를 해치는 사람이다. 공(共)은 공(恭)과 같다. 일설(一說)에는 공(供)과 같다 하니, 그 직분을 수행함을 말한다. 궤궤(潰潰)는 어지러움이다. 회휼(回遹)은 사벽(邪僻)함이다. 정(靖)은 다스림이고, 이(夷)는 평(平)함이다.

詳說
○ 諺音誤.
('昏椓'의 '椓') 언해(諺解)의 발음은 잘못이다.

○ 去聲.
   ('昬亂椓喪'의 '喪') 거성이다.

○ 害人.
   ('昬亂椓喪'의 '喪') 사람을 해치는 것이다.

朱註
○言此蟊賊昏椓者, 皆潰亂邪僻之人, 而王乃使之治平我邦, 所以致亂也.
이 모적(蟊賊)과 혼탁(昏椓)한 자들은 모두 혼란스럽게 하는 사악한 사람인데도, 왕(王)이 마침내 이들로 하여금 나라를 다스리게 하니, 이 때문에 난(亂)을 초래함을 말한 것이다.

詳說
○ 慶源輔氏曰: "蟊賊之人, 內潰其心腹; 昏椓之人, 靡供其職業."
   ('言此蟊賊昏椓者') 경원 보씨(慶源 輔氏)가 말하였다: "모적(蟊賊)의 사람들은 속으로 그 마음을 혼란하게 하고, 혼탁(昏椓)한 사람들은 그들의 직분을 수행하지 않는다."

○ 新安胡氏曰: "在內之小人並閹宦在其中."
   ('言此蟊賊昏椓者') 신안 호씨(新安 胡氏)가 말하였다: "궐 안에 있는 소인(小人)이 엄한(閹宦)과 함께 그 속에 있다."

○ 降罪罟, 與上篇之降罔同.
   '강죄고(降罪罟: 죄의 그물을 내리다)'는 윗 편의 '강망(降罔)'과 같다.

○ 添王、使字.
   ('而王乃使之治平我邦') '왕(王)', '사(使)' 자를 첨가하였다.

○ 補此句.
   ('皆潰亂…所以致亂也') 이 구(句)를 보충하였다.

○ 慶源輔氏曰: "此章言致亂之由."

경원 보씨(慶源 輔氏)가 말하였다: "이 장(章)은 혼란에 이르게 된 이유를 말한 것이다."

[3-3-11-3]
皐皐訿訿, 曾不知其玷. 兢兢業業, 孔塡不寧, 我位孔貶.

교만하고 비방을 일삼은 자들에 대해서 그 흠을 알아내지 못한다.114) 조심하고 두려워하여 오래도록 매우 편안하지 못한 우리는 도리어 내쫓기네.115)

朱註
賦也. 皐皐, 頑慢之意. 訿訿, 務爲謗毁也. 玷, 缺也. 塡, 久也. 言小人在位所爲如此, 而王不知其缺. 至於戒敬恐懼甚久而不寧者, 其位乃更見貶黜. 其顚倒錯亂之甚如此.

부(賦)이다. 고고(皐皐)는 완강하고 거만한 뜻이고, 자자(訿訿)는 훼방을 힘써 하는 것이다. 점(玷)은 결함이다. 진(塡)은 오래됨이다. 소인(小人)이 지위에 있어서 하는 바가 이와 같은데도 왕(王)은 그 결함을 알지 못하고, 경계하고 두려워하여 매우 오래도록 편안치 못한 자는 그 지위에서 다시 내쫓기니, 이처럼 매우 뒤바뀌고 어지러웠다고 말한 것이다.116)

詳說
○ 承上章.
('小人在位') 윗 장을 이었다.

○ 我.

---

114) 정현의 「전(箋)」에서 다음과 같이 말하였다: "왕의 정치가 이미 크게 붕괴되어, 소인(小人)들이 자리를 차지하고 있으니, 일찍이 대도(大道)가 결여되었음을 알지 못한다.(王政已大壞, 小人在位, 曾不知大道之缺.)"
115) 『정의(正義)』에서 다음과 같이 말하였다: "신하들이 이미 미와 같아서, 해악은 천하에 미친다. 그러므로 지금 사람들은 모두 전전긍긍 두려워하는 것이 오래되었다. 천하가 불안하여 불안함이 이미 오래된 것을 말한 것이다. 백성들이 이미 불안하여, 나 왕의 지위 또한 매우 떨어져서, 그 비천하고 미약함이 제후들과 차이가 없음을 말한 것이다.(臣旣如此, 害及天下, 故今時之人皆兢兢而戒懼, 業業然而危怖甚久矣. 天下不安, 言不安已久矣. 民旣不安, 其我王之位又甚貶退, 言其卑微與諸侯無異也.)"
116) 정현은 주자와 다르게 그 지위가 하락하고 떨어지는 자를 왕 자신으로 보고 있다. 정현의 「전(箋)」에서 다음과 같이 말하였다: "천하 사람들이 두려워하는 것이 오래되었다. 불안하여, 나 왕의 지위도 또한 매우 하락하였다.(天下之人, 戒懼危怖甚久矣, 其不安也, 我王之位, 又甚隊矣.)"

('其位乃'의 '其') (본문의) '아(我: 우리)'이다.

○ 我親之之辭.
('貶黜') 내가 친압(親狎)한다는 말이다.

○ 此句, 論也.
('其顚倒錯亂之甚如此') 이 구(句)는 논의(論)이다.

○ 慶源輔氏曰: "此又言王之擧措錯謬也."
('其顚倒錯亂之甚如此') 경원 보씨(慶源 輔氏)가 말하였다: "이것은 또한 왕이 뒤집고 잘못하는 것을 말한다."

[3-3-11-4]
如彼歲旱, 草不潰茂, 如彼棲苴, 我相此邦, 無不潰止.
저리도 가뭄 속에 풀들이 못자라고, 개구리밥 마르듯 우리 이 나라 보니 모두가 무너져가네.

詳說
○ 『集注』 見 『序辨說』.
『집주(集注)』의 내용은 『시서변설(詩序辨說)』에 보인다.

朱註
賦也. 潰, 遂也. 棲苴, 水中浮草, 棲於木上者, 言枯槁無潤澤也. 相, 視. 潰, 亂也.
부(賦)이다. 궤(潰)는 이루어짐이다. 서차(棲苴)는 물가운데 떠 있는 풀로 물위에 깃든 것이니, 말라빠져 윤택함이 없음을 말한 것이다. 상(相)은 봄이고, 궤(潰)는 혼란한 것이다.

詳說
○ 慶源輔氏曰: "以旱草喩國之無生意."
('潰, 遂也') 경원 보씨(慶源 輔氏)가 말하였다: "마른 풀을 가지고 나라에 소생하는 뜻이 없음을 비유하였다."

○ 華谷嚴氏曰: "水之潰其勢橫暴四出, 故怒之甚者爲潰怒, 谷風有潰也. 遂之甚者, 爲潰遂, 小旻潰于成召旻潰茂也. 亂之甚者爲潰亂, 召旻潰潰、潰止也. 皆一理也."

화곡 엄씨(華谷 嚴氏)가 말하였다: "물의 궤(潰)는 그 기세가 난폭하여 사방으로 나가므로, 노함이 심한 것은 궤노(潰怒)이니, '곡풍(谷風)'의 '유궤(有潰)'이다. 수(遂)가 심한 것은 궤수(潰遂)이니, '소민(小旻)'의 '궤우성(潰于成)', '소민(召旻)'의 '궤무(潰茂)'이다. 난(亂)이 심한 것은 궤란(潰亂)이니, '소민(召旻)'의 '궤궤(潰潰)', '궤지(潰止)'이다. 모두 같은 이치이다."

[3-3-11-5]

維昔之富, 不如時. 維今之疚, 不如茲. 彼疏斯粺, 胡不自替.

職兄斯引.

지난날은 이처럼 가난하지 않았고, 지금처럼 괴롭지도 않았다.117) 저것은 거친 쌀, 이것은 고운 쌀. 어떻게 스스로 물러나지 않는가. 이 때문에 슬픔이 끝이 없다.118)

朱註

賦也. 時, 是. 疚, 病也. 疏, 糲也. 粺, 則精矣. 替, 廢也. 兄, 怳同. 引, 長也.

부(賦)이다. 시(時)는 시(是)이고, 구(疚)는 병듦이다. 소(疏)는 거친 쌀이고, 패(粺)는 정미한 쌀이다. 체(替)는 폐(廢)함이다. 형(兄)은 황(怳)과 같다. 인(引)은 깊이다.

詳說

○ 音辣.

('粺') 발음은 랄(辣)이다.

---

117) 공영달(孔穎達)은 「소(疏)」에서 다음과 같이 말하였다: "모씨(毛氏)는 나라의 혼란이 현자(賢者)를 멀리하고 소인(小人)을 임용하기 때문이므로, 밝은 왕(明王)의 정치를 들어 같이 병렬하였다고 생각하였다.(毛以爲, 邦國之亂, 由遠賢者而任小人, 故舉明王之政以幷之.)"

118) 정현의 「전(箋)」에서 다음과 같이 말하였다: "저 현자(賢者)는 봉록이 박하고 식량도 거친데, 여기 혼탁한 무리들은 도리어 식량이 정미하다. 너는 소인(小人)일 뿐인데 어찌 스스로 물러나, 현자(賢者)가 등용되도록 하지 않는가? 바로 지금 다시 이러한 것들을 주관하여 연장하는 것이 혼란의 일이 아닌가? 질책한 것이다.(彼賢者祿薄食粗, 而此昏椓之黨反食精粺. 女小人耳, 何不自廢退, 使賢者得進? 乃茲復主長此爲亂之事乎? 責之也.)"

○ 朱子曰: "『九章』粟米之法, 糲十, 粺九, 鑿八, 侍御七."
('疏…則精矣') 주자가 말하였다: "『구장산술(九章算術)』에 나오는 속미(粟米)의 법에, 려(糲)는 10, 패(粺)는 9, 착(鑿)은 8, 시어(侍御)는 7이다."

朱註
言昔之富, 未嘗若是之疢也, 而今之疢, 又未嘗若此之甚也. 彼小人之與君子, 如疏與粺, 其分審矣, 而曷不自替, 以避君子乎. 而使我心專爲此故, 至於愴怳引長而不能自已也.
옛날 부유할 때에는 일찍이 이와 같이 병들지 않았고, 이제 병듦도 또 이와 같이 심한 적은 있지 않았다. 저 소인(小人)과 군자(君子)는 거친 쌀과 정한 쌀 같아서 그 분별이 분명한데, 어찌 스스로 물러나 군자(君子)를 피하지 않는가. 그리하여 내 마음으로 하여금 오로지 이 때문에 슬픔이 끝이 없어 스스로 그칠 수 없는데 이르게 함을 말한 것이다.

詳說
○ 添疢字.
('是之疢也') '구(疢)' 자를 첨가하였다.

○ 添甚字.
('此之甚也') '심(甚)' 자를 첨가하였다.

○ 此比體也在章中, 故不表別之.
('彼小人…其分審矣') 이러한 비유가 장(章) 안에 있으므로, 드러내어 구별하지 않았다.

○ 主小人而言.
('而曷不自替') 소인(小人)을 위주로 하여 말하였다.

○ 補此句.
('以避君子乎') 이 구(句)를 보충하였다.

○ 職.
　('使我心專') 직분이다.

○ 添三字.
　('爲此故') 세 자를 첨가하였다.

○ 見桑柔.
　('至於憯悅') '상유(桑柔)'에 보인다.

○ 慶源輔氏曰: "憂亂而無情緒之意."
　('至於憯悅') 경원 보씨(慶源 輔氏)가 말하였다: "혼란을 근심하지만 감정이 없다는 뜻이다."

[3-3-11-6]
池之竭矣, 不云自頻. 泉之竭矣, 不云自中. 溥斯害矣. 職兄斯弘. 不烖我躬.

못에 물이 말라감을 물가로부터라고 아니하며, 샘에 물이 말라감을 안에서부터가 아니라고 하네. 널리널리 퍼진 재해에 슬픔도 점점 커져가니 재앙은 내게 아니 미치랴.

朱註
賦也. 頻, 厓. 溥, 廣. 弘, 大也.
부(賦)이다. 빈(頻)은 물가이고, 부(溥)는 넓음이며, 홍(弘)은 큼이다.

詳說
○ 朱子曰: "此章作比爲是."
　('賦也') 주자가 말하였다: "이 장은 비(比)로 하는 것이 옳다."

○ 按以矣、不二字之相應觀之, 蓋亦兼興也.
　내가 살펴보건대, '의(矣)', '불(不)' 두 글자가 서로 응하고 있는 것을 볼 때, 또한 흥(興)을 겸하였다.

○ 諺音誤.
   ('弘') 언해(諺解)의 발음은 잘못이다.

朱註
池, 水之鐘也. 泉, 水之發也. 故池之竭, 由外之不入, 泉之竭, 由內之不出, 言禍亂有所從起, 而今不云然也. 此其爲害亦已廣矣. 是使我心專爲此故, 至於愴怳日益弘大, 而憂之曰是豈不裁及我躬也乎.
못은 물이 모이는 곳이고, 샘은 물이 나오는 곳이다. 그러므로 못이 마름은 밖에서 들어가지 않기 때문이고, 샘물이 다함은 안에서 나오지 않기 때문이니, 재앙과 혼란이 일어난 원인이 있는데 지금 그렇다고 말하지 않음을 말한 것이다. 이것은 피해가 또한 이미 넓으니, 이것이 내 마음으로 하여금 오로지 이 때문에 슬픔이 날로 더욱 커지게 하여 근심하기를 "어찌 재앙이 내 몸에 미치지 않을까."라고 한 것이다.

詳說
○ 朱子曰: "看詩, 不須著意去訓解, 只平平地涵泳自好. 因擧'池之竭矣'四句, 吟咏久之."
   ('池…今不云然也') 주자가 말하였다. "시(詩)를 볼 때, 뜻을 얻어 해석을 하지 않아도, 평평하게 음미하는 것만으로도 저절로 좋다. '지지갈의(池之竭矣)'네 구를 들어, 오래도록 읊조려라."

○ 溥斯害矣, 猶言害斯溥矣.
   ('此其爲害亦已廣矣') '보사해의(溥斯害矣: 널리 퍼짐은 해악이다)'는 '해사보의(害斯溥矣: 해악이 널리 퍼진다)'라고 말하는 것과 같다.

[3-3-11-7]

昔先王受命, 有如召公, 日辟國百里. 今也日蹙國百里. 於乎哀哉, 維今之人, 不尚有舊.

그 옛날 선왕이 천명을 받았을 때 소공 같은 사람이 있어, 날로 백 리씩 나라를 넓히더니 이젠 날로 백 리씩 줄어드네. 아, 슬프고 슬프다. 그렇지만 지금도 덕을 지닌 자가 없구나.

> 朱註

賦也. 先王, 文武也. 召公, 康公也. 辟, 開. 蹙, 促也.
부(賦)이다. 선왕(先王)은 문왕(文王), 무왕(武王)이다. 소공(召公)은 강공(康公)이다. 벽(辟)은 개척함이고, 축(蹙)은 쭈그러듦이다.

> 朱註

文王之世, 周公治內, 召公治外, 故周人之詩, 謂之周南, 諸侯之詩, 謂之召南, 所謂日辟國百里云者, 言文王之化, 自北而南, 至於江漢之間, 服從之國日以益衆. 及虞芮質成, 而其旁諸侯, 聞之相帥歸周者, 四十餘國焉. 今, 謂幽王之時. 蹙國, 蓋大戎內侵, 諸侯外畔也. 又嘆息哀痛而言, 今世雖亂, 豈不猶有舊德可用之人哉. 言有之而不用耳.
문왕(文王)의 세대에 주공(周公)은 안을 다스리고 소공(召公)은 밖을 다스렸다. 그러므로 주(周) 나라 사람의 시(詩)를 주남(周南)이라 이르고, 제후(諸侯)의 시(詩)를 소남(召南)이라 일렀다. 이른바 날마다 나라를 백리(百里)씩 개척했다는 것은 문왕(文王)의 교화(敎化)가 북쪽으로부터 남쪽에 미쳐서 강수(江水)와 한수(漢水)의 사이에 이르러 복종하는 나라가 날로 더욱 많아졌고, 우(虞) 나라와 예(芮) 나라가 문왕에게 시비의 판정을 물어 분쟁이 해결됨에 미쳐서는 그 옆에 있던 제후(諸侯)들이 듣고는 서로 이끌고 주(周) 나라로 돌아온 자가 40여 나라나 되었음을 말한 것이다. 금(今)은 유왕(幽王)의 때를 이른 것이다. 나라가 줄어들었다는 것은 견융(犬戎)이 안으로 침략하고 제후(諸侯)들이 밖으로 배반한 것이다. 또 탄식하고 애통하며 "지금 세상이 비록 혼란하지만, 어찌 그래도 옛 성현의 덕을 지닌 쓸만한 사람이 없겠는가."라고 하였으니, 있어도 쓰지 못함을 말한 것이다.

> 詳說

○ 見緜.
('虞芮質成') 대아(大雅), 문왕지십(文王之什) '면(緜)'에 보인다.

○ 入聲.
('聞之相帥'의 '帥') 입성이다.

○ 一作促.

○ ('蹙國'의 '蹙') 어떤 판본에는 '촉(促)'으로 되어 있다.

○ 內入而侵.
('大戎內侵') 안으로 들어와서 침략한 것이다.

○ 外去而畔.
('諸侯外畔也') 밖으로 나가서 배반하는 것이다.

○ 一作矣.
('不用耳'의 '耳') 어떤 판본은 '의(矣)'로 되어 있다.

○ 以論釋之.
('蹙國…不用耳') 논의(論)를 사용하여 해석하였다.

○ 華谷嚴氏曰: "此章思召公, 而惜王之不用舊人也."
화곡 엄씨(華谷 嚴氏)가 말하였다: "이 장(章)은 소공(召公)을 생각하였는데, 왕이 옛날 사람들을 등용하지 않는 것을 애석하게 여긴 것이다."

○ 定宇陳氏曰: "此詩及前篇末, 皆有拳拳望治之意, 改過而無忝皇祖, 改圖而擢用舊人, 則豈犬戎禍哉."
정우 진씨(定宇 陳氏)가 말하였다: "이 시와 이전 편의 마지막은 모두 다스릴 것을 마음으로 정성스럽게 간직하는 뜻을 가지고 있는데, 잘못을 고쳐 왕실의 조상을 욕되게 하지 않고, 도모함을 고쳐 옛 사람들을 발탁한다면, 어찌 견융(犬戎)이 잘못하겠는가?"

朱註
召旻七章, 四章章五句, 三章章七句.
여기까지가 '소민(召旻)' 7장(章)이니, 4장은 장마다 5구(句)이고, 3장은 장마다 7구이다.

朱註
因其首章稱旻天, 卒章稱召公, 故謂之召旻, 以別小旻也.

첫 장에 '민천(旻天)'이라고 말하였고, 마지막 장에 '소공(召公)'이라고 말하였으므로, '소민(召旻)'이라고 일러서 소민(小旻)과 구별한 것이다.

詳說

○ 亦作者, 命名之意也.
('因其首…謂之召旻') 또한 시를 지은 자가 명명(命名)한 뜻이다.

○ 止齋陳氏曰: "周化之盛必有待乎二公也. 風之終係以邠, 雅之終係以召旻, 豈非化之衰者必有思乎二公也."
('以別小旻也') 지재 진씨(止齋 陳氏)가 말하였다: "주 나라 교화의 성대함은 반드시 두 공(二公)을 기다림이 있는 것이다. 풍(風) 계통의 마침을 분(邠)으로 하고, 아(雅) 계통의 마침을 소민(召旻)으로 하였으니, 어찌 교화를 받지 않은 쇠락한 나라들이 반드시 두 공(二公)을 생각함이 있겠는가?"

○ 安成劉氏曰: "此詩居變雅之終, 而第七章又居此詩之終, 慨然有懷文、武、召公之盛以見亂極思治之理, 其亦猶下泉之終變風歟."
안성 유씨(安成 劉氏)가 말하였다: "이 시(詩)는 변아(變雅)의 끝에 위치하고 있고, 제7장도 이 시(詩)의 끝에 위치하고 있는데, 문무(文武)와 소공(召公)의 성대함으로 혼란을 보고 다스릴 것을 최대한 생각한 이치를 품고 있으니, 그 역시 '하천(下泉)'이 변풍(變風)을 마치는 것과 유사한 것 같다."

朱註

蕩之什十一篇, 九十二章, 七百六十九句.
탕지십(蕩之什) 11편이니, 92장이고, 769구이다.

시집전상설 16권
詩集傳詳說 卷之十六

송 4 (頌 四)

朱註

頌者, 宗廟之樂歌. 大序所謂, 美盛德之形容, 以其成功告於神明者也. 蓋頌與容, 古字通用, 故序以此言之. 周頌三十一篇, 多周公所定, 而亦或有康王以後之詩. 魯頌四篇, 商頌五篇, 因亦以類附焉. 凡五卷.

송(頌)은 종묘(宗廟)의 악가(樂歌)이니, 대서(大序)에 이른바 훌륭한 덕의 모습을 찬미하여 그 성공(成功)을 신명(神明)에게 고하였다는 것이다. 송(頌)과 용(容)은 고자(古字)에 통용되었다. 그러므로 서(序)에 그렇게 말한 것이다. 주송(周頌) 31편은 주공(周公)이 정한 것이 많고, 간혹 강왕(康王) 이후의 시(詩)도 있다. 노송(魯頌) 4편과 상송(商頌) 5편을 이로 인하여 종류에 따라 붙였으니, 모두 5권이다.

詳說

○ 孔氏曰: "歌成功之容狀."

('頌者…之形容') 공씨(孔氏[孔穎達])가 말하였다: "성공한 목습을 노래한 것이다."

○ 孔氏曰: "雅不言周頌言周者, 以別商、魯."

('蓋頌與容,…三十一篇') 공씨(孔氏[孔穎達])가 말하였다: "아(雅)에서 주송(周頌)을 말하지 않고 주(周)라고 말한 것으로 상송(商頌)과 노송(魯頌)을 구분한다."[119]

○ 朱子曰: "周公相武王、成王, 天下旣平, 作樂章, 薦之郊廟. 其篇第之先後, 則不可究矣."

('多周公所定') 주자가 말하였다: "주공(周公)이 무왕(武王)과 성왕(成王)을 도와 천하가 평안해지고 난 후 악장(樂章)을 지어 교묘(郊廟)에서 바쳤다. 그 편제(篇第)의 선후는 연구할 수 없다."

○ 安成劉氏曰: "昊天有成命、執競、噫嘻, 是也."

---

119) '송(頌)'이라는 이름은 같지만 그 체제가 각기 다름을 해석한 것이다.

('而亦或…之詩') 안성 유씨(安成 劉氏)가 말하였다: "'호천유성명(昊天有成命)', '집경(執競)', '희희(噫嘻)'가 바로 이것이다."

○ 以周頌爲主.
('魯頌四篇…以類附焉') 주송(周頌)을 위주로 하였다.

○ 孔氏曰: "三頌名雖同, 而體制各別."
('魯頌四篇…以類附焉') 공씨(孔氏[孔穎達])가 말하였다: "삼송(三頌)이 이름은 같다고 하더라도 체제(體制)는 각기 구별된다."

○ 新安胡氏曰: "商、周二頌皆以告神, 而魯頌用以頌禱, 後世文人獻頌特效魯耳."
('魯頌四篇…以類附焉') 신안 호씨(新安 胡氏)가 말하였다: "상(商), 주(周) 두 송(二頌)은 모두 신에게 고하였으나, 노송(魯頌)은 기리고 축하하는 데 사용하였으니, 후세의 문인들이 송(頌)을 바치는 것은 특별히 노(魯) 나라에서 효과가 있었을 따름이다."

○ 按魯頌, 其體有風類, 有雅類.
('魯頌四篇…以類附焉') 노송(魯頌)을 살펴보건대, 그 체제가 풍류(風類)도 있고, 아류(雅類)도 있다.

○ 止齋陳氏曰: "別以尊卑之禮, 故魯後於周; 間以親疏之義, 故商後於魯."
('魯頌四篇…以類附焉') 지재 진씨(止齋 陳氏)가 말하였다: "존비(尊卑)의 예(禮)로 구별하였으므로 노송(魯頌)이 주송(周頌)의 뒤에 있고, 친소(親疏)의 뜻으로 간격을 두었으므로 상송(商頌)이 노송(魯頌)의 뒤에 있다."

○ 安成劉氏曰: "周頌三什爲四之一, 四之二, 四之三. 魯頌爲四之四, 商頌爲四之五, 通爲五卷."
('凡五卷') 안성 유씨(安成 劉氏)가 말하였다: "주송(周頌) 삼십(三什)이 4의 1, 4의 2, 4의 3이 되고, 노송(魯頌)이 4의 4이며, 상송(商頌)이 4의 5이니, 전체로는 5권이 된다."

주송(周頌)
4-1. 청묘지십(清廟之什 四之一)

[4-1-1-1]
於穆清廟, 肅雝顯相. 濟濟多士, 秉文之德, 對越在天, 駿奔走在廟. 不顯不承, 無射於人斯.

아, 거룩하고 깨끗한 사당에 공경하고 화목하게 제사를 돕네.120) 많고 많은 선비들 문왕의 덕을 이어받아 하늘에 계신 선조를 받들고, 분주한 걸음으로 사당신 받드니, 문왕의 덕을 드날리고 이어받지 않겠는가. 사람들은 싫어함이 없구나.121)

朱註
賦也. 於, 歎辭. 穆, 深遠也. 清, 清靜也. 肅, 敬. 雝, 和. 顯, 明. 相, 助也. 謂助祭之公卿諸侯也. 濟濟, 衆也. 多士, 與祭執事之人也. 越, 於也. 駿, 大而疾也. 承, 尊奉也. 斯, 語辭.

부(賦)이다. 오(於)는 감탄사이다. 목(穆)은 심원(深遠)함이고, 청(清)은 청정(清靜)함이다. 숙(肅)은 공경함이고, 옹(雝)은 조화함이고, 현(顯)은 밝음이다. 상(相)은 도움이니, 제사를 돕는 공경(公卿)과 제후(諸侯)를 말한다. 제제(濟濟)는 많음이다. 다사(多士)는 제사에 참여한 집사(執事)하는 사람이다. 활(越)은 이에이다. 준(駿)은 매우 빨리 하는 것이다. 승(承)은 높이고 받듦이다. 사(斯)는 어조사(語助辭)이다.

詳說
○ 商周二頌專於事神, 其詞質, 故無興比云.
('賦也') 상주(商周)의 오로지 두 송(二頌)은 신을 섬기는 데 있고, 그 말이 질박

---
120) 정현(鄭玄)의 「전(箋)」에서 다음과 같이 말하였다: "아, 아름답구나, 주공(周公)이 청묘(清廟)에서 제사를 올린다. 그 예의(禮儀)는 공경하고 조화로우며, 또한 제후 중에 밝게 드러나는 덕을 가진 자들이 와서 제사를 돕는다.(于乎美哉, 周公之祭清廟也. 其禮儀敬且和, 又諸侯有光明著見之德者來助祭.)"
121) 정현(鄭玄)의 「전(箋)」에서 다음과 같이 말하였다: "제후와 많은 선비들이 주공(周公)이 문왕에 제사를 지낼 때, 모두 분주하게 와서 묘당에서 제사를 돕는데, 이것이 문왕의 덕을 밝히는 것이 아니겠는가? 이것은 그들이 그것을 밝힌 것이다. 이것은 문왕의 뜻을 계승한 것이 아니겠는가? 이것은 그들이 그것을 계승한 것이다. 이러한 문왕의 덕을 사람들은 싫어함이 없다.(諸侯與衆士, 于周公祭文王, 俱奔走而來, 在廟中助祭, 是不光明文王之德與? 言其光明之也. 是不承順文王志意與? 言其承順之也. 此文王之德, 人無厭之.)"

하므로, 흥(興), 비(比)가 없다고 한다.

○ 三山李氏曰: "事神之道尚潔, 故曰淸廟."
('穆…淸靜也') 삼산 이씨(三山 李氏)가 말하였다: "신을 모시는 도(道)는 깨끗함을 숭상하므로, 청묘(淸廟)라고 한다."

○ 鄭氏曰: "廟之言貌也, 死者不可得見, 故立宮室象貌之耳."
('穆…淸靜也') 정씨(鄭氏[鄭玄])가 말하였다: "묘(廟)의 모습을 말하는 것은 죽은 자에 대해서 볼 수 없으므로 궁실(宮室)을 세워 (그들의) 모습을 생각할 따름이다."

○ 顯相又見『儀禮・士虞禮』.
('肅…諸侯也') '현상(顯相)'은 또한 『의례(儀禮)・사우례(士虞禮)』에 보인다.

○ 東萊呂氏曰: "成王, 祭主也. 周公及助祭之諸侯, 皆顯相也."
('肅…諸侯也') 동래 여씨(東萊 呂氏)가 말하였다: "성왕(成王)은 제주(祭主)이다. 주공(周公)과 제사를 돕는 제후들은 모두 현상(顯相)이다."

○ 去聲.
('與祭執事之人'의 '與') 거성이다.

○ 豐城朱氏曰: "尊而公侯, 卑而多士."
('多士…執事之人也') 풍성 주씨(豐城 朱氏)가 말하였다: "높아서 공후(公侯)이고, 낮아서 다사(多士)이다."

○ 孔氏曰: "疾奔走言勸事也."
('越…大而疾也') 공씨(孔氏[孔穎達])가 말하였다: "빨리 분주하게 나아가는 것은 일을 권면하는 것을 말한다."

朱註

○此周公旣成洛邑而朝諸侯, 因率之以祀文王之樂歌. 言於穆哉, 此淸靜之廟. 其助祭之公侯, 皆敬且和, 而其執事之人, 又無不執行文王之德. 旣對越其在天之神, 而又駿奔走其在廟之主. 如此則是文王之德, 豈不顯乎, 豈不承乎. 信乎其無有厭斁於人也.

이것은 주공(周公)이 이미 낙읍(洛邑)을 이루어 제후(諸侯)들에게 조회(朝會)받고 인하여 제후들을 거느리고서 문왕(文王)을 제사한 악가(樂歌)이다. "아! 심원(深遠)하다. 이 청정(淸靜)한 사당이여. 제사를 돕는 공후(公侯)들이 모두 공경하고 또 화(和)하며, 집사(執事)하는 사람들도 또 문왕(文王)의 덕(德)을 잡아 행하지 않는 이가 없었다. 그리하여 이미 하늘에 계신 신(神)을 대하였고, 또 사당에 계신 신주(神主)를 매우 분주히 받드니, 이와 같다면 문왕(文王)의 덕(德)이 어찌 드러나지 않겠는가. 어찌 이어받지 않겠는가. 사람들이 싫어함이 없음이 분명하다."라고 말한 것이다.

詳說

○ 東萊呂氏曰: "相成王以朝諸侯而已. 周公非自居南面受諸侯朝也."

('此周公…朝諸侯') 동래 여씨(東萊 呂氏)가 말하였다: "성왕(成王)을 도와 제후들이 조회하게 할 따름이니, 주공(周公)이 스스로 남면하여 제후들의 조회를 받은 것이 아니다."

○ 曹氏曰: "明堂位所謂周公朝諸侯. 踐天子位者, 漢儒之妄也."

('此周公…朝諸侯') 조씨(曹氏)가 말하였다: "(『예기[禮記]』의) 명당위(明堂位)에서 이른바 주공(周公)이 제후를 조회하게 한 것이다. 천자의 위치를 밟았다는 것은 한유(漢儒)의 망령됨이다."

○ 曹氏曰: "成王就新邑, 祀文武, 周公率諸侯以從之."

('因率…王之樂歌') 조씨(曹氏)가 말하였다: "성왕(成王)이 새로운 읍(邑)에 나아가 문왕, 무왕(文武)에게 제사 지내고, 주공(周公)은 제후들을 거느려 따른 것이다."

○ 倒釋以便文.

('言於穆哉…皆敬且和') 거꾸로 해석하는 것이 글에 편하다.

○ 東萊呂氏曰: "言顯相之肅雝, 則成王穆然奉祭之氣象, 不言可見矣."
('言於穆哉…皆敏且和') 동래 여씨(東萊 呂氏)가 말하였다: "현상(顯相)의 공경하고 조화로움을 말하면, 성왕(成王)이 엄숙하게 제사를 받드는 기상(氣象)은 말하지 않고도 알 수 있다."

○ 補王字.
('其執事之人…文王之德') '왕(王)'자를 보충하였다.

○ 補神字.
('旣對越其在天之神') '신(神)'자를 보충하였다.

○ 華谷嚴氏曰: "謂如見文王洋洋在上也."
('旣對越其在天之神') 화곡 엄씨(華谷 嚴氏)가 말하였다: "마치 문왕이 끝없이 넓게 위에 있는 것을 보는 것 같음을 말한 것이다."

○ 補主字.
('而又駿奔走其在廟之主') '주(主)'자를 보충하였다.

○ 華谷嚴氏曰: "疾奔走於在廟之事, 謂敏於趨事也."
('而又駿奔走其在廟之主') 화곡 엄씨(華谷 嚴氏)가 말하였다: "묘(廟)의 일에 급히 분주한 것은 일을 쫓아 하는 데 민첩한 것을 말한다."

○ 補此句.
('如此則是文王之德') 이 구(句)를 보충하였다.

○ 臨川王氏曰: "成王率諸侯多士, 駿奔走在廟, 則可謂承矣."
('豈不顯…承乎') 임천 왕씨(臨川 王氏)가 말하였다: "성왕(成王)이 제후들과 많은 선비를 거느리고 묘(廟)에 분주히 나아간다면 '승(承: 계승하다)'이라고 말할 수 있다."

○ 文王.
('信乎其'의 '其') 문왕이다.

○ 新安胡氏曰: "助祭之人, 對越奔走, 敬忝嚴事, 無厭斁."
('信乎其無有厭斁於人也') 신안 호씨(新安 胡氏)가 말하였다: "제사를 돕는 사람은 분주히 나아감에 직면하여, 엄숙한 일을 공경히 하고 싫어함이 없어야 한다."

朱註

淸廟一章, 八句.
여기까지가 청묘(淸廟) 1장이니, 8구이다.

詳說

○ 頌尙質, 不尙文, 故詩皆止一章, 若商之長發、殷武又別體云.
송(訟)은 질박함을 숭상하고, 문채를 숭상하지 않으므로, 시(詩)는 모두 1장에서 그치는데, 마치 상송(商頌)의 '장발(長發)', '은무(殷武)'가 또한 별개인 것과 같다고 할 수 있다.

朱註

書稱, 王在新邑. 烝祭歲, 文王騂牛一, 武王一, 實周公攝政之七年而此其升歌之辭也. 書大傳曰: 周公升歌淸廟, 苟在廟中. 嘗見文王者, 愀然如復見文王焉. 樂記曰: 淸廟之瑟朱弦而疏越, 壹倡而三歎, 有遺言者矣. 鄭氏曰: 朱弦練. 朱弦練, 則聲濁. 越, 瑟底孔也. 疏之使聲遲也. 倡, 發歌句也. 三歎, 三人從歎之耳. 漢因秦樂, 乾豆上奏登歌. 獨上歌, 不以筦絃亂人聲, 欲在位者徧聞之, 猶古淸廟之歌也.

『서(書)』에서 "왕이 새 도읍에 계시면서 증제(烝祭)를 해마다 올리는데, 문왕(文王)에게는 붉은 소 한 마리, 무왕(武王)에게도 붉은 소 한 마리이다."라고 하였으니, 실로 주공(周公)이 섭정(攝政)한 7년으로, 이것은 그 당(堂)에 올라가 노래한 내용이다. 『서(書)』대전(大傳)에 이르기를 "주공(周公)이 당(堂)에 올라가서 '청묘(淸廟)'를 노래할 적에 사당 가운데 계시면서 일찍이 문왕(文王)의 신주를 보시고는 엄숙한 모습으로 다시 문왕(文王)을 본 듯이 했다."라고 하였다. 『예기(禮記)』 • 악기(樂記)』에 이르기를 "'청묘(淸廟)'에 연주하는 비파는 마전한 붉은 줄을 사용하고 비파의 구멍을 드물게 뚫어서 소리를 느리게 하는 것이다. 한 사람이 먼저 노래하면 세 사람이 화답(和答)하여 여운이 있다."라고 하였다. 정씨(鄭氏)는 "주현

(朱弦)은 마전한 붉은 줄이니, 마전하면 소리가 탁해진다. 월(越)은 비파 밑의 구멍이니, 구멍을 성글게 뚫어서 소리를 느리게 하는 것이다. 창(倡)은 노래 구(句)를 선창하는 것이고, 삼탄(三歎)은 세 사람만이 따라서 화답(和答)하는 것이다."라고 하였다. 한(漢) 나라는 진(秦)나라의 음악을 그대로 받아들여 마른 제물을 올리고 등가(登歌: 큰 제사 때 쓰는 악기)를 연주하였는데, 한 사람만 홀로 올라가 노래하여 관현악기로 사람의 소리를 어지럽히지 않아서 자리에 있는 자들이 두루 듣게 하고자 하였으니, 이는 옛 '청묘(淸廟)'의 노래와 같은 것이다.

詳說

○ 洛誥.
('書稱'의 '書')「낙고(洛誥)」이다.

○ 九峯蔡氏曰:"烝祭, 歲擧之祭也."
('烝祭歲') 구봉 채씨(九峯 蔡氏)가 말하였다: "증제(烝祭)는 해마다 거행하는 제사이다."

○ 『書』文止此.
('文王騂…武王一') 『서(書)』의 문장은 여기에서 그친다.

○ 本出書孔傳說.
('實周公攝政之七年') 본래 『서(書)』에 대한 공안국(孔安國) 전(傳)에 나온다.

○ 安成劉氏曰:"書言祭文武而此樂歌止頌文王之德者, 父子並祭統於尊也."
('而此其升歌之辭也') 안성 유씨(安成 劉氏)가 말하였다: "『서(書)』에서 문왕, 무왕(文武)에게 제사 지내는 것을 말하였지만, 이 노래가 문왕의 덕을 칭송하는 데 그친 것은 부자를 함께 제사 지내어 존귀함에서 포괄한 것이다."

○ 去聲.
('書大傳'의 '傳') 거성이다.

○ 『尙書大傳』三卷, 漢濟南, 伏勝撰.

('書大傳')『상서대전(尙書大傳)』세 권은 한(漢)나라 제남(濟南)의 복승(伏勝)이 선(撰)한 것이다.

○ 音悄.
('愀然'의 '愀') 발음은 초(悄)이다.

○ 去聲.
('復見文王焉'의 '復') 거성이다.

○ 『禮記』.
('樂記') 『예기(禮記)』이다.

○ 戶括反.
('疎越'의 '越') 호(戶)와 괄(括)의 반절이다.

○ 廬陵羅氏曰:"煮漚熟絲也."
('朱弦練') 여릉 나씨(廬陵 羅氏)가 말하였다: "마전하여 익힌 실이다."

○ 並與絃同.
('朱弦') 다 현(絃)과 같다.

○ 孔氏曰:"一人始倡歌, 三人讚歎也. 樂歌文王之道, 不極音聲, 故但以熟弦廣孔少倡寡, 和此音有德傳於無窮, 是有餘音不已也."
('鄭氏曰…三人從歎之耳') 공씨(孔氏[孔穎達])가 말하였다: "한 사람이 처음 노래를 부르고, 세 사람이 찬미하여 화답한다. 문왕의 도(道)를 노래하는 것은 그 음성(音聲)을 다할 수 없으므로, 단지 마전한 현(弦)으로 성글고 작은 소리를 확장하여, 이 음을 조화시켜 덕을 무궁하게 전달하니, 이것은 여운이 끝나지 않는다."

○ 音干.
('乾豆'의 '乾') 발음은 간(干)이다.

○ 上聲.
('乾豆上'의 '上') 상성이다.

○ 安成劉氏曰:"薦乾豆."
('乾豆上') 안성 유씨(安成 劉氏)가 말하였다:"마른 제물을 올리는 것이다."

○ 『通典』註曰:"乾豆, 脯脩之類."
('乾豆上')『통전(通典)』주(註)에서 말하였다:"마른 제물은 얇게 저며서 말린 고기이다."

○ 安成劉氏曰:"謂之登歌, 以堂上特歌而名之."
('奏登歌') 안성 유씨(安成 劉氏)가 말하였다:"등가(登歌)라고 말한 것은 당상(堂上)에서 특별히 노래 불러서 이름한 것이다."

○ 管同.
('不以筦'의 '筦') '관(管)'과 같다.

○ 出『漢書・禮樂志』.
('獨上歌…淸廟之歌也')『한서(漢書)・예악지(禮樂志)』에 나온다.

[4-1-2-1]
維天之命, 於穆不已. 於乎不顯, 文王之德之純.

하늘의 명이 아, 그지없이 거룩하시네.122) 아, 드러나지 않을실까, 순수하신 문왕의 덕이시여.123)

朱註
賦也. 天命, 卽天道也. 不已, 言無窮也. 純, 不雜也.

---

122) 정현(鄭玄)의「전(箋)」에서 다음과 같이 말하였다:"하늘의 도는 아름답구나! 움직이며 멈추지 않고, 운행하면서 그치지 않는다.(天之道于乎美哉! 動而不止, 行而不已.)"
123) 모씨(毛氏)는 다음과 같이 생각하였다:"하늘의 덕의 아름다움이 이와 같고, 문왕은 하늘의 마음을 감당할 수 있으며, 더욱이 문왕을 찬미하니, 아! 어찌 드러나지 않겠는가. 이러한 문왕의 덕이 큰 것이다. 문왕의 아름다운 덕이 큰 것은 실로 밝게 드러남을 말한 것이다.(天德之美如此, 而文王能當于天心, 又嘆文王, 于乎! 豈不顯乎? 此文王之德之大. 言文王美德之大, 實光顯也.)"

부(賦)이다. 하늘의 명(命)은 바로 하늘의 도(道)이다. 불이(不已)는 다함이 없음을 말한 것이다. 순(純)은 잡되지 않은 것이다.

詳說

○ 程子曰:"言天之自然者, 曰天道. 言天之賦予萬物者, 曰天命."
('天命, 卽天道也') 정자(程子)가 말하였다: "하늘의 스스로 그러한 것을 말하여 '천도(天道)'라고 한다. 하늘이 만물에 부여한 것을 말하여 '천명(天命)'이라고 한다."

○ 程子曰:"無爲, 故不息."
('不已, 言無窮也') 정자(程子)가 말하였다: "억지로 하지 않으므로, 없어지지 않는다."

朱註

○此亦祭文王之詩. 言天道無窮, 而文王之德純一不雜, 與天無間, 以贊文王之德之盛也. 子思子曰: 維天之命, 於穆不已, 蓋曰天之所以爲天也. 於乎不顯, 文王之德之純, 蓋曰文王之所以爲文也, 純亦不已. 程子曰: 天道不已, 文王純於天道亦不已. 純則無二無雜. 不已則無間斷先後.

이 또한 문왕(文王)에게 제사를 지낸 시(詩)이다. 천도(天道)가 다함이 없는데 문왕(文王)의 덕(德)이 순일(純一)하고 잡되지 아니하여, 하늘과 더불어 간격이 없음을 말하여 문왕(文王)의 덕(德)이 훌륭함을 칭찬한 것이다. 자사자(子思子)는 '하늘의 명(命)이 아, 심원하여 그치지 않는다.'라고 한 것은 하늘이 하늘인 까닭을 말한 것이고, '아! 드러나지 않을까. 문왕(文王)의 덕(德)의 순수함이여.'라고 한 것은 문왕(文王)이 문왕(文王)인 까닭이 그지없이 순수하기 때문이라는 것을 말한 것이다."라고 하였다. 정자(程子)가 말하였다: "천도(天道)는 그침이 없는데 문왕(文王)이 천도(天道)에 순일(純一)하여 또한 그치지 않으셨으니, 순수하면 둘로 나뉨이 없고 잡됨이 없으며, 그침이 없으면 중단과 선후(先後)가 없게 된다."

詳說

○ 去聲, 下同.
('與天無間'의 '間') 거성이고, 아래도 같다.

○ 補四字.
('與天無間') 네 글자를 보충하였다.

○ 此句以下, 論也.
('以贊文王之德之盛也') 이 구(句) 이하는 논의(論)이다.

○ 『中庸』.
('子思子') 『중용(中庸)』이다.

○ 華谷嚴氏曰: "凡言聖人如天者, 以此擬彼, 猶爲二也. 此詩但以天命文德對言之, 蓋有不容擬議者."
('子思子曰…純亦不已') 화곡 엄씨(華谷 嚴氏)가 말하였다: "일반적으로 성인(聖人)이 하늘과 같다고 말하는 것은 이것을 가지고 저것에 견주어 두 가지로 하는 것과 같다. 이 시(詩)는 그러나 천명(天命)과 문왕의 덕으로 그것을 말하였으니, 견주는 의논을 허용하지 않는다."

○ 徒玩反.
('間斷'의 '斷') 도(徒)와 완(玩)의 반절이다.

○ 西山眞氏曰: "純是至誠, 無一毫人僞."
('無間斷先後') 서산 진씨(西山 眞氏)가 말하였다: "순(純)은 지극한 성실함이니, 추호도 사람의 거짓된 행위가 없는 것이다."

假以溢我, 我其收之, 駿惠我文王, 曾孫篤之.

우리에게 무엇을 베푸실까, 우리는 그를 받들어, 크게 문왕을 따르오니, 후손 왕들은 더욱 힘쓸지어다.

詳說

○ 凡頌詩一章中文義或有斷處, 故又就章中分節如論孟之例.
보통 송시(頌詩) 한 장 속의 글뜻은 혹 끊어진 곳이 있는 것 같기 때문에, 더욱 장 속의 분절(分節)에 나아가는 것을 『논어』와 『맹자』의 사례처럼 한다.

○ 蒙上節而不復言賦也. 後皆放此.
윗 절을 이어서 부(賦)라고 다시 말하지 않았다. 뒤도 모두 이와 같다.

○ 『春秋傳・左・襄・二十七年』.
『좌전(左傳)』 양공(襄公) 27년이다.

朱註
何之爲假, 聲之轉也. 恤之爲溢, 字之訛也. 收, 受. 駿, 大. 惠, 順也. 曾孫, 後王也. 篤, 厚也.
하(何)가 가(假)가 된 것은 소리가 변한 것이고, 휼(恤)이 일(溢)이 된 것은 글자가 잘못된 것이다. 수(收)는 받음이고, 준(駿)은 큼이며, 혜(惠)는 순(順)함이다. 증손(曾孫)은 후왕(後王)이다. 독(篤)은 두터움이다.

詳說
○ 如嘉之作假.
('何之…之轉也') 가(嘉)를 가(假)로 하는 것과 같다.

○ 音亦相近.
('恤之…之訛也') 발음 또한 서로 가깝다.

○ 鄭氏曰: "孫之下皆稱曾孫."
('曾孫, 後王也') 정씨(鄭氏[鄭玄])가 말하였다: "손(孫)의 아래는 모두 증손(曾孫)으로 부른다."

○ 安成劉氏曰: "主祭者."
('曾孫, 後王也') 안성 유씨(安成 劉氏)가 말하였다: "제사를 주관하는 사람이다."

朱註
○言文王之神, 將何以恤我乎. 有則我當受之, 以大順文王之道. 後王又當篤厚之而不忘也.

"문왕(文王)이 신(神)이 나를 장차 무엇으로 베풀어 주실까. 있다면 내가 마땅히 그것을 받아서 크게 문왕(文王)의 도(道)를 따를 것이니, 후세의 왕들도 더욱 힘써 잊지 말라."라고 말한 것이다.

詳說

○ 承上節末.
('文王之神') 윗 절 마지막을 이었다.

○ 慶源輔氏曰: "不敢自必之辭."
('文王…恤我乎') 경원 보씨(慶源 輔氏)가 말하였다: "스스로 이렇게 해야 한다고 감히 할 수 없다는 말이다."

○ 慶源輔氏曰: "幸之之辭."
('有則我當受之') 경원 보씨(慶源 輔氏)가 말하였다: "그것을 바란다는 말이다."

○ 添道字.
('以大順文王之道') '도(道)'자를 첨가하였다.

○ 慶源輔氏曰: "自期之辭."
('以大順文王之道') 경원 보씨(慶源 輔氏)가 말하였다: "스스로 기대한다는 말이다."

○ 添不忘字.
('後王…不忘也') '불망(不忘)'자를 첨가하였다.

○ 慶源輔氏曰: "又望于後人之辭."
('後王…不忘也') 경원 보씨(慶源 輔氏)가 말하였다: "또한 후대 사람들에게 바란다는 말이다."

○ 華谷嚴氏曰: "去聖浸遠, 典刑易墜, 非用意篤厚, 不能守也."
('後王…不忘也') 화곡 엄씨(華谷 嚴氏)가 말하였다: "성인을 버리고 멀어지며, 모범이 되는 규범이 쉽게 타락하는 것은, 뜻을 사용하여 돈독하게 하는 것이 아

니며 지킬 수 없다."

朱註

維天之命一章, 八句.
여기까지가 '유천지명(維天之命)' 1장이니, 8구이다.

詳說

○ 慶源輔氏曰: "上四句言文王之德與天爲一, 後四句言己與後王 皆當法文王不已之德也."
경원 보씨(慶源 輔氏)가 말하였다: "위 네 구(句)는 문왕의 덕이 하늘과 하나임을 말한 것이고, 아래 네 구(句)는 자신과 후대 왕 모두가 마땅히 문왕의 끝나지 않는 덕을 본받아야 함을 말한 것이다."

[4-1-3-1]

維清緝熙, 文王之典. 肇禋, 迄用有成, 維周之禎.

오로지 맑게 이어받을 것은 문왕께서 남기신 법이시니,[124] 처음 제사[125] 지낸 뒤로 지금껏 이어왔으니, 바로 주 나라 복이로다.

朱註

賦也. 清, 清明也. 緝, 續. 熙, 明. 肇, 始. 禋, 祀. 迄, 至也.
부(賦)이다. 청(清)은 청명(清明)함이다. 집(緝)은 이음이고, 희(熙)는 밝음이며, 조(肇)는 비로소이고, 인(禋)은 제사이며, 흘(迄)은 도달함이다.

朱註

此亦祭文王之詩. 言所當清明而緝熙者, 文王之典也. 故自始祀至今有成, 實維周之禎祥也. 然此詩疑有闕文焉.
이 또한 문왕(文王)을 제사한 시(詩)이다. "마땅히 청명(清明)하게 하여 이어 밝힐

---

124) 정현(鄭玄)의 「전(箋)」에서 다음과 같이 말하였다: "천하에 패망하고 혼란한 정치가 없고 맑고 밝은 것은 바로 문왕이 정벌한 법이 있기 때문이다. 문왕이 명을 받고 7년 동안 다섯 번 정벌하였다.(天下之所以無敗亂之政而清明者, 乃文王有征伐之法故也. 文王受命, 七年五伐也.)"

125) 정현(鄭玄)의 「전(箋)」에서 다음과 같이 말하였다: "문왕이 하늘의 명을 받고, 처음으로 하늘에 제사하고 정벌을 펼쳤다.(文王受命, 始祭天而枝伐也.)"

것은 문왕(文王)의 법(法)이다. 그러므로 처음 제사함으로부터 지금까지 이어왔으니, 실로 주(周) 나라의 복이다."라고 말한 것이다. 그러나 이 시(詩)는 의심컨대 빠진 글이 있는 듯하다.

詳說

○ 補當字.
('所當淸明而緝熙者') '당(當)'자를 보충하였다.

○ 嚴氏曰: "謂其德寓於法, 以貽後人."
('所當淸明…典也') 엄씨(嚴氏)가 말하였다: "그 덕이 법에 깃들어서 후대의 사람들에게 남겨짐을 말한다."

○ 慶源輔氏曰: "所謂祀典亦在其中, 故下文便說肇禋."
('所當淸明…典也') 경원 보씨(慶源 輔氏)가 말하였다: "이른바 제사와 모범이 되는 규범 역시 그 속에 있으므로, 아래 글에서 바로 이어서 인(禋) 제사를 말하였다."

○ 慶源輔氏曰: "周之典自文王始之至周公而成之."
('自始祀至今有成') 경원 보씨(慶源 輔氏)가 말하였다: "주 나라의 모범이 되는 규범은 문왕으로부터 시작하여 주공 때에 이르러 완성하였다."

○ 慶源輔氏曰: "不以符瑞爲祥."
('實維周之禎祥也') 경원 보씨(慶源 輔氏)가 말하였다: "상서로운 조짐으로 상서롭다고 여긴 것이 아니다."

○ 論也. 蓋'肇禋'二字非物名而特爲一句, 有違句法. 與后稷肇祀之例不同, 故疑其有闕文焉.
('然此詩疑有闕文焉') 논의(論)이다. '조인(肇禋)' 두 자는 사물의 이름이 아니지만 특별히 한 구(句)로 만든 것은 구법(句法)을 어긴 것이다. '후직조사(后稷肇祀: 후직께서 제사지내다)'의 사례와 같지 않으므로, 의심컨대 궐문(闕文)인 것 같다.

> 朱註

維淸一章, 五句.
여기까지가 '유청(維淸)' 1장이니, 5구이다.

[4-1-4-1]
> 烈文辟公, 錫茲祉福. 惠我無疆, 子孫保之.

빛나는 제후들이 이렇게 복을 주니, 한없이 날 사랑하여 자손 보전하리로다.

> 朱註

賦也. 烈, 光也. 辟公, 諸侯也.
부(賦)이다. 열(烈)은 빛남이다. 벽공(辟公)은 제후(諸侯)이다.

> 詳說

○ 豐城朱氏曰: "烈文, 美其德也."
('烈, 光也') 풍성 주씨(豐城 朱氏)가 말하였다: "'열문(烈文)'은 그 덕을 찬미함이다."

○ 新安王氏曰: "爲國君, 故稱辟. 擧五等之貴, 故稱公."
('辟公, 諸侯也') 신안 왕씨(新安 王氏)가 말하였다: "나라의 군주가 되었으므로 '벽(辟)'이라고 하였고, 다섯 등급의 존귀함을 들었으므로 '공(公)'이라고 하였다."

> 朱註

此祭於宗廟, 而獻助祭諸侯之樂歌. 言諸侯助祭, 使我獲福, 則是諸侯錫此祉福, 而惠我以無疆, 使我子孫保之也.
이것은 종묘(宗廟)에서 제사하고서 제사를 도운 제후(諸侯)들에게 올리는 악가(樂歌)이다. "제후(諸侯)들이 제사를 도와서 나로 하여금 복(福)을 받게 하였으니, 이것은 제후(諸侯)들이 이 복(福)을 내려서 한없이 나를 사랑하여 우리 자손(子孫)으로 하여금 보존하게 하였다."라고 말한 것이다.

詳說

○ 蓋亦周公作之.
('樂歌') 대개 또한 주공(周公)이 지었다.

○ 豐城朱氏曰:"美其功也."
('諸侯…獲福') 풍성 주씨(豐城 朱氏)가 말하였다: "그 공을 찬미한 것이다."

○ 音恥.
('祉福'의 '祉') 발음은 치(恥)이다.

○ 華谷嚴氏曰:"惠我周家以無疆之休."
('是諸侯…無疆') 화곡 엄씨(華谷 嚴氏)가 말하였다: "우리 주(周) 나라 가문에게 한없는 아름다움으로 은혜를 준 것이다."

○ 補使字.
('使我子孫保之也') '사(使)'자를 보충하였다.

無封靡于爾邦, 維王其崇之. 念茲戎功, 繼序其皇之.

자신만 잘살고 사치함 없으면 왕은 그를 존중한다. 이 큰 공을 생각하여 대를 이어 크게 하리라.

朱註

封靡之義, 未詳. 或曰: 封, 專利以自封殖也. 靡, 汰侈也. 崇, 尊尚也. 戎, 大. 皇, 大也.
봉미(封靡)의 뜻은 미상(未詳)이다. 혹자(或者)는 말하기를 "봉(封)은 이익을 독점하여 자기 재산만 증식하는 것이고, 미(靡)는 사치함이다."라고 한다. 숭(崇)은 높이고 숭상함이다. 융(戎)은 큼이고, 황(皇)은 큼이다.

詳說

○ 音泰.
('汰侈'의 '汰') 발음은 태(泰)이다.

○ 臨川王氏曰:"傷財."
('靡, 汰侈也') 임천 왕씨(臨川 王氏)가 말하였다:"재화를 손상시키는 것이다."

朱註
言汝能無封靡于汝邦, 則王當尊汝. 又念汝有此助祭錫福之大功, 則使汝之子孫, 繼序而益大之也.
네가 너의 나라에서 재산을 증식하거나 사치함이 없을 수 있으면, 왕(王)이 마땅히 너를 높여 줄 것이며, 또 네가 제사를 도와 복(福)을 준 큰 공(功)이 있음을 생각하여 너의 자손들로 하여금 대를 이어 더욱 크게 할 것이라고 말한 것이다.

詳說
○ 豐城朱氏曰:"致其戒也."
('汝能無封靡于汝邦') 풍성 주씨(豐城 朱氏)가 말하였다:"그 경계함을 다한 것이다."

○ 添四字.
('助祭錫福') 네 글자를 첨가하였다.

○ 補此句.
('又念汝…子孫') 이 구(句)를 보충하였다.

○ 豐城朱氏曰:"厚其報也."
('繼序而益大之也') 풍성 주씨(豐城 朱氏)가 말하였다:"그 보답을 두텁게 한 것이다."

無競維人, 四方其訓之. 不顯維德, 百辟其刑之. 於乎, 前王不忘.

더없이 강한 사람을 사방이 법으로 삼고, 더없이 밝은 덕을 모든 제후 본받으니,[126] 아, 이

---

126) 정현(鄭玄)의 「전(箋)」에서 다음과 같이 말하였다:"한없이 현명한 사람을 얻어야 한다. 현명한 사람을 얻으면 국가는 강하게 되므로, 천하의 제후들이 할 바를 따른다. 그 덕을 삼가 밝히지 않으면 밝힐 것을 권면하므로, 경대부(卿大夫)가 그 할 바를 본받는다.(無彊乎維得賢人也, 得賢人則國家彊矣, 故天下諸侯順其

전의 왕을 잊지 못하리로다.

朱註

又言莫強於人, 莫顯於德. 先王之德, 所以人不能忘者, 用此道也. 此戒飭而勸勉之也. 中庸引不顯惟德, 百辟其刑之, 而曰故君子篤恭而天下平. 大學引於乎前王不忘, 而曰君子賢其賢而親其親, 小人樂其樂而利其利. 此以沒世不亡也.

또 "이 사람보다 더 강한 자가 없고 이 덕(德)보다 더 드러난 자가 없으니, 선왕(先王)의 덕(德)을 사람들이 잊지 못하는 까닭은 이 도(道)를 썼기 때문이다."라고 하였으니, 이것은 경계(警戒)하고 권면(勸勉)한 것이다.『중용(中庸)』에 '불현유덕, 백벽기형지(不顯惟德, 百辟其刑之)'를 인용하고 "그러므로 군자(君子)가 공손함을 돈독히 함에 천하(天下)가 평안해진다."라고 하였고,『대학(大學)』에 '於乎前王不忘'을 인용하고서 "군자(君子)는 그가 현명하게 여긴 사람을 현명하게 여기고, 그가 친해한 사람을 친히 여기며, 소인(小人)은 그가 즐겁게 해준 것을 즐거워하고 그가 이롭게 해준 것을 이롭게 여기니, 이 때문에 돌아가시어 세상에 없어도 잊지 못하는 것이다."라고 하였다.

詳說

○ 詳見'抑'註.
('莫強於人') '억(抑)' 주(註)에 자세히 보인다.

○ 朱子曰: "不顯, 猶言豈不顯也."
('莫顯於德') 주자가 말하였다: "불현(不顯)은 어찌 드러나지 않겠는가라고 말하는 것과 같다."

○ 補德字.
('先王之德') '덕(德)' 자를 보충하였다.

○ 補四字.
('用此道也') '사(四)' 자를 보충하였다.

所爲也. 不勤明其德乎, 勤明之也, 故卿大夫法其所爲也.)"

○ 此句以下, 論也.
('此…勉之也') 이 구(句) 이하는 논의(論)이다.

○ 法之.
('刑之') 본받는 것이다.

○ 朱子曰: "不顯, 此借引以爲幽深玄遠之意, 篤恭言不顯其敬也."
('君子篤恭而天下平') 주자가 말하였다: "'불현(不顯), 이것을 빌려와서 매우 심원한 뜻으로 삼고, 돈독히 공경스럽게 그 공경함을 드러내지 않음을 말한 것이다."

○ 音洛, 下同.
('小人樂'의 '樂') 발음은 락(洛)이고, 아래도 같다.

○ 朱子曰: "前王, 文武也. 君子謂後賢後王; 小人謂後民也."
('大學…不亡也') 주자가 말하였다: "'전왕(前王)'은 문왕, 무왕이다. '군자(君子)'는 후대의 현자(賢者)와 후대의 왕을 말하고, 소인(小人)은 후대의 백성을 말한다."

朱註
烈文一章, 十三句.
여기까지가 '열문(烈文)' 1장이니, 3구이다.

朱註
此篇以公疆兩韻相叶, 未審當從何讀. 意亦可互用也.
이 편(篇)은 공(公), 강(疆) 두 운(韻)을 가지고 서로 맞추었으니, 어느 것을 따라 읽어야 할지 알 수 없다. 내 생각으로는 역시 서로 통용(通用)할 수 있을 듯하다.

詳說
○ 安成劉氏曰: "亦、隔互叶韻也."
안성 유씨(安成 劉氏)가 말하였다: "'역(亦)', '격(隔)'은 상호 협운(叶韻)이다."

[4-1-5-1]

天作高山, 大王荒之. 彼作矣, 文王康之. 彼徂矣岐, 有夷之行.
子孫保之.

하늘이 만든 높은 산127)을 태왕이 다스리셨네. 태왕이 다스린 산을 문왕이 안정시키셨네. 저 험하고 궁벽한 기산에 평탄한 길이 났으니, 자자손손 보전할지어다.

詳說

○ 沈括曰: "後漢書西南夷傳作彼岨者岐." 今按彼書, 岨但作徂, 而引韓詩薛君章句亦但訓爲往. 獨矣正作者如沈氏說. 然其註末復云岐雖阻僻, 則似又有岨意. 韓子亦云彼岐有岨, 疑或別有所据, 故今從之而定讀岐字絶句.

('彼徂矣岐') 심괄(沈括)은 "『후한서(後漢書)·서남이전(西南夷傳)』에서 '피저자기(彼岨者岐)로 되어 있다."라고 하였는데, 지금 그 책을 살펴보건대, 저(岨)는 단지 저(徂)로 되어 있고, 인용한 『한시(漢詩)』의 설군장구(薛君章句)에도 단지 '왕(往)'으로 풀이하였다. 오직 '의(矣)'만이 바로 '자(者)'로 되어 있어서 심씨(沈氏)의 설과 같았다. 그러나 그 주(註)의 마지막에 다시 "기산(岐山)이 비록 막혀 있고 궁벽하지만"이라고 하였으니, 또 저(岨)의 뜻이 있는 것 같다. 한자(韓子) 또한 "피기유저(彼岐有岨)"라고 하였으니, 혹 별도로 근거를 가지고 있는 것 같다. 그러므로 이제 그것을 따라 구독(句讀)을 정하는데 기(岐) 자에서 구(句)를 끊었다.

詳說

○ 彼書, 謂『後漢書』也. 薛君當考.『後漢·儒林傳』, 薛漢長, 於詩豈其人歟? 其註,『後漢書』註也. 唐章懷太子撰上文所云引薛君章句者, 似亦指註, 宜詳之. 復, 去聲. 韓子, 疑昌黎也.

---

127) 정현의 「전(箋)」에서 다음과 같이 말하였다: "'고산(高山: 높은 산)'은 기산(岐山)이다.(高山, 謂岐山也.)" 공영달의 「소(疏)」에 따르면, "모씨(毛氏)는 '하늘이 이러한 만물을 낳고 높은 산 위에 존재한다. 태왕이 기산에 거처하고, 그 도와 덕을 닦아 비가 내리도록 흥하게 하였으니, 이렇게 하늘이 낳은 것을 장대하게 기른 것은 바로 음양이 조화로운 것이며, 이것은 그가 장대하게 길러줄 수 있다는 것이다. 아래 네 구(句)는 또한 문왕의 덕이 모든 백성들에게 미침을 말한 것이다. 기산(岐山)의 나라에 거처하고 궁실을 축조하는 것에 대하여, 문왕이라면 안정시킬 수 있다.'라고 생각하였다.(毛以爲, 天之生此萬物, 在于高山之上. 大王居岐, 脩其道德, 使興云雨, 長大此天所生者, 即陰陽和, 是其能長大之. 下四句又說文王之德被萬民. 居岐邦, 筑作宮室者, 文王則能安之.)"

蓋此句, 舊說皆依上彼作矣文勢, 以彼徂矣爲句. 朱子, 則下依有夷之行文勢並岐爲句, 且正徂作岨而引沈韓說證之.

'피서(彼書)'는 『후한서(後漢書)』를 말한다. 『후한(後漢)・유림전(儒林傳)』에 설(薛)은 한 나라 장수인데, 시에서 어떻게 그 사람이겠는가? 그 주(註)는 『후한서(後漢書)』 주(註)이다. 당 나라 장회태자(章懷太子)가 위 글에서 설군장구(薛君章句)를 인용하여 말한 것은 또한 주(註)를 가리키는 것 같은데, 더 살펴보아야 한다. '복(復)'은 거성이다. '한자(韓子)'는 의심컨대 창리(昌黎: 한무제)인 것 같다. 이 구(句)에 대해서 옛 설은 모두 위의 의(矣)로 되어 있는 문세(文勢)에 의존하여 '피저의(彼徂矣)'를 구(句)로 보았는데, 주자는 아래 '유이지행(有夷之行)'의 문세(文勢)가 '기(岐)'를 병합하고 있는 것에 의존하여 구(句)로 여겼고, 게다가 저(徂)를 저(岨)로 바로 잡고 심괄(沈括)과 한자(韓子)의 설을 인용하여 증명하였다.

朱註

賦也. 高山, 謂岐山也. 荒, 治. 康, 安也. 徂, 險僻之意也. 夷, 平. 行, 路也.

부(賦)이다. 고산(高山)은 기산(岐山)을 말한다. 황(荒)은 다스림이고, 강(康)은 편안함이다. 저(徂)는 험하고 궁벽한 뜻이다. 이(夷)는 평탄함이고, 행(行)은 길이다.

詳說

○ 慶源輔氏曰: "治荒謂之荒, 猶治亂謂之亂."

('荒, 治') 경원 보씨(慶源 輔氏)가 말하였다: "황폐함을 다스리는 것을 '황(荒)'이라고 하는 것은 혼란을 다스리는 것을 '난(亂)'이라고 하는 것과 같다."

朱註

此祭大王之詩. 言天作岐山, 而大王始治之. 大王旣作, 而文王又安之. 於是彼險僻之岐山, 人歸者衆, 而有平易之道路. 子孫當世世保守而不失也.

이것은 태왕(太王)을 제사한 시(詩)이다. 하늘이 기산(岐山)을 만들고 태왕(太王)이 처음 다스렸고, 태왕(太王)이 이미 다스린 것을 문왕(文王)이 또 편안히 하였다. 이에 저 험하고 궁벽한 기산(岐山)에 돌아오는 사람들이 많아서 평탄한 도로가 생기게 되었으니, 자손(子孫)들은 마땅히 대대로 보존하여 지키고 잃지 않아야 함을 말한 것이다.

詳說

○ 彼.
('大王') 본문의 '피(彼)'이다.

○ 慶源輔氏曰:"大王治之而亦曰作矣者, 推大王與天同功也."
('大王旣作') 경원 보씨(慶源 輔氏)가 말하였다:"태왕이 다스리고 또 '만들었다(作矣)'라고 한 것은 태왕이 하늘과 공을 같이 함을 미루어 헤아린 것이다."

○ 按天作以山之初生, 言彼作以山之開治, 言微不同.
('大王旣作') 살펴보건대, 산이 처음 생겨난 것으로 하늘이 만들었다고 하는 것은 산이 시작되는 것을 가지고 하늘이 만들었다고 말하는 것이니, 언어가 미세하게 같지 않다.

○ 補四字.
('人歸者衆') 네 글자를 보충하였다.

○ 去聲.
('平易'의 '易') 거성이다.

○ 補當字.
('子孫當…不失也') '당(當)' 자를 보충하였다.

○ 慶源輔氏曰:"成功告神之頌, 多言子孫當保守之意. 蓋子孫能保守, 則可以慰祖宗之心矣."
('子孫當…不失也') 경원 보씨(慶源 輔氏)가 말하였다:"공적을 이루었음을 신에게 알리는 송(頌)은 자손이 지켜야 한다는 뜻을 많이 말한다. 대개 자손이 지켜 낼 수 있으면 조상의 마음을 위로할 수 있다."

○ 按烈文已然之辭, 此篇則期望之辭.
('子孫當…不失也') 살펴보건대 '열문(烈文)'이 이미 그러한 말이니, 이편은 바라

는 말이다.

> 朱註

天作一章, 七句.
여기까지가 '천작(天作)' 1장이고, 7구이다.

[4-1-6-1]

> 昊天有成命, 二后受之. 成王不敢康, 夙夜基命宥密. 於緝熙,
> 單厥心, 肆其靖之.

하늘의 크나큰 명을 문왕, 무왕이 받으셨네. 성왕은 감히 안일하지 않아 밤낮으로 더욱 정밀히 하였네. 아, 그 덕 이어 밝혀 그 마음 다 쏟으시니 천하가 안정되었네.

> 朱註

賦也. 二后, 文武也. 成王名誦, 武王之子也. 基, 積累於下, 以承藉乎上者也. 宥, 宏深也. 密, 靜密也. 於, 歎詞. 靖, 安也.
부(賦)이다. 이후(二后)는 문왕(文王), 무왕(武王)이다. 성왕(成王)은 이름이 송(誦)이니, 무왕(武王)의 아들이다. 기(基)는 아래에 많이 쌓아 위의 것을 이어 받드는 것이다. 유(宥)는 크고 깊음이고, 밀(密)은 고요함이다. 오(於)는 감탄사이다. 정(靖)은 편안함이다.

> 詳說

○ 安成劉氏曰: "朱子於下武, 則辨先儒之誤, 而謂非王誦之諡. 於此, 則正先儒之失, 而以爲諡名固各有當也."
('二后…武王之子也') 안성 유씨(安成 劉氏)가 말하였다: "주자는 '하무(下武)'에서는 선유(先儒)의 잘못을 가려내었고 왕의 송(誦)이라는 시호를 아니라고 말하였다. 여기서는 선유(先儒)의 실수를 바로잡고 시호와 이름은 진실로 각기 그 마땅함을 가지고 있다고 생각하였다."

○ 如屋之基.
('基…上者也') 집의 기틀과 같은 것이다.

> 朱註

此詩多道成王之德, 疑祀成王之詩也. 言天祚周以天下, 旣有定命, 而文武受之矣. 成王繼之, 又能不敢康寧, 而其夙夜積德, 以承藉天命者, 又宏深而靜密. 是能繼續光明文武之業, 而盡其心. 故今能安靖天下, 而保其所受之命也. 國語叔向引此詩而言曰: 是道成王之德也. 成王能明文昭, 定武烈者也. 以此證之, 則其爲祀成王之詩無疑矣.

이 시(詩)는 성왕(成王)의 덕(德)을 말한 것이 많으니, 의심컨대 성왕(成王)을 제사한 시(詩)인 것 같다. "하늘이 주(周) 나라에게 헌하로 복을 내려 이미 정한 명(命)이 있는데 문왕(文王), 무왕(武王)이 받으셨다. 성왕(成王)이 그 뒤를 이어 또 감히 편안히 있을 수 없어 밤낮으로 덕(德)을 쌓아 천명(天命)을 이어 받든 것이 또 크고 깊으며 안정하고 정밀하니, 이는 문왕(文王)과 무왕(武王)의 왕업을 계속 밝혀 그 마음을 다한 것이다. 그러므로 지금 천하(天下)를 안정시켜 그 받은 바의 명(命)을 보존하였다."라고 말한 것이다. 『국어(國語)』에 숙향(叔向)이 이 시(詩)를 인용하고 말하기를 "이는 성왕(成王)의 덕을 말한 것이다. 성왕(成王)은 능히 문왕(文王)의 밝은 덕을 밝히고 무왕(武王)의 무공(武功)을 안정시켰다."라고 하였으니, 이것으로써 증거해보면 그 성왕(成王)을 제사하는 시(詩)임이 분명하다.

> 詳說

○ 二后, 則只以起之耳.
 ('此詩多道成王之德') 두 군주(문왕, 무왕)는 단지 (나라를) 일으켰을 따름이다.

○ 豐城朱氏曰: "以心言."
 ('成王⋯康寧') 풍성 주씨(豐城 朱氏)가 말하였다: "마음으로 말한 것이다."

○ 慶源輔氏曰: "宏深, 陽之德; 靜密, 陰之德."
 ('宏深而靜密') 경원 보씨(慶源 輔氏)가 말하였다: "'굉심(宏深)'은 양(陽)의 덕이고, '정밀(靜密)'은 음(陰)의 덕이다."

○ 補四字.
 ('文武之業') 네 글자를 보충하였다.

○ 單.
('盡其心'의 '盡') 본문의 '단(單)'이다.

○ 於緝熙, 單厥心, 各自爲句, 諺讀未瑩.
('盡其心') '집희(緝熙)', '단궐심(單厥心)'에 대하여 각기 자체로 구(句)가 되니, 언해(諺解)의 독해는 잘 되지 못했다.

○ 肆.
('故今能安靖天下'의 '今') 본문의 '사(肆)'이다.

○ 補此句.
('而保其所受之命也') 이 구(句)를 보충하였다.

○ 晉語.
('國語') 「진어(晉語)」이다.

○ 晉大夫羊舌肸.
('叔向') 진(晉) 나라 대부(大夫) 양설힐(羊舌肸)이다.

○ 昭德.
('文昭') 밝은 덕이다.

○ 又引此以證之.
('以此證之…無疑矣') 또한 이것을 인용함으로써 증명하였다.

朱註
昊天有成命一章, 七句.
여기까지가 '호천유성명(昊天有成命)' 1장이고, 7구이다.

詳說
○ 五字名篇纔見於此.
다섯 자로 이름지은 편은 여기에서 잠깐 보인다.

朱註

此康王以後之詩.
이것은 강왕(康王) 이후의 시이다.

詳說

○ 旣是祀成王, 則其作必在康王時, 或其後矣.
이미 성왕에게 제사를 지냈다면 그 시를 지은 것은 반드시 강왕(康王) 때이거나 그 이후이다.

[4-1-7-1]

我將我享, 維羊維牛, 維天其右之.

나는 받들어 올린다, 양과 소를.128) 하늘 그 오른 쪽에 계실까.

朱註

賦也. 將, 奉. 享, 獻. 右, 尊也. 神坐東向, 在饌之右, 所以尊之也.
부(賦)이다. 장(將)은 받듦이고, 향(享)은 올림이다. 우(右)는 높힘이니, 신(神)의 위폐를 놓는 자리는 동향(東向)하여 제찬(祭饌)의 오른쪽에 있으니, 이것은 높이는 것이다.

詳說

○ 才臥反, 席也.
('神坐'의 '坐') 재(才)와 와(臥)의 반절이고, 자리이다.

○ 朱子曰: "周禮有享右祭祀之文, 詩中如旣右亦右, 此例甚多."
('神坐…尊之也') 주자가 말하였다: "『주례(周禮)』에 '향우제사(享右祭祀: 오른쪽에 모셔서 제사 지낸다)'는 문장이 있는데, 시(詩) 속에서는 이미 오른쪽에 있으

---

128) 공영달의 「소(疏)」에 따르면, "모씨(毛氏)는 주공과 성왕의 때에 명당(明堂)에서 제사를 지낸 것에 대하여, '내가 아름답고 크다고 생각하는 바를 봉헌하고 올린 것은 오직 살찐 양과 살찐 소이다. 이 소와 양이 살찌게 된 것은 하늘이 그것을 보우하여, 병과 손상이 없었기 때문이다. 나 주공과 성왕은 이러한 문왕의 상도(上道)를 잘 본받아 날마다 사용하고 사방을 다스리는 데 도모할 것이다.'라고 생각하였다.(毛以爲, 周公, 成王之時, 祀于明堂, 言我所美大, 我所獻薦者, 維是肥羊, 維是肥牛也. 以此牛羊所以得肥者, 維爲上天其佑助之, 故得無傷病也. 我周公, 成王善用法此文王之常道, 日日用之, 以謀四方之政.)"

면서, 또 오른쪽에 하였으니, 이런 사례는 매우 많다."

朱註

○此宗祀文王於明堂, 以配上帝之樂歌. 言奉其牛羊以享上帝, 而曰天庶其降, 而在此牛羊之右乎. 蓋不敢必也.
이것은 문왕(文王)을 명당(明堂)에 높여서 제사하여 상제(上帝)를 배향하는 악가(樂歌)이다. 소와 양을 받들어 상제(上帝)에게 제향하고 말하기를 "하늘이 강림하여 이 소와 양의 오른쪽에 계실까."라고 하였으니, 감히 기필할 수가 없어서이다.

詳說

○ 後釋享字.
('享上帝') ('상제') 뒤에 '향(享)' 자를 해석하였다.

○ 此句, 論也.
('言奉…蓋不敢必也') 이 구(句)는 논의(論)이다.

○ 安成劉氏曰: "天比文王爲尊, 以尊事之, 故不敢必天之享, 而以其字言之."
('言奉…蓋不敢必也') 안성 유씨(安成 劉氏)가 말하였다: "하늘은 문왕에 비견하여 존귀한데, 존귀함으로 섬겼으므로 감히 반드시 하늘을 제사지낸다고 할 수 없어서 '기(其)' 자를 사용해서 말한 것이다."

○ 東萊呂氏曰: "明堂祀上帝而文王配焉, 故此段先言祀天, 後段次言祀文王."
('言奉…蓋不敢必也') 동래 여씨(東萊 呂氏)가 말하였다: "명당(明堂)에서 상제에게 제사 지내고 문왕이 여기에 배향된다. 그러므로 이 단(段)에서는 먼저 하늘에 제사 지내는 것을 말하였고, 다음 단(段)에서 문왕에게 제사 지내는 것을 말할 것이다."

儀式刑文王之典, 日靖四方. 伊嘏文王, 旣右饗之.

문왕의 모범을 본받아 날로 천하를 안정시키면, 복을 주시는 문왕께서 오른쪽에서 흠향하시리라.

詳說

○ 饗, 坊本作享.

'향(饗)'은 방본(坊本)에는 '향(享)'으로 되어 있다.

朱註

儀式刑, 皆法也. 嘏, 錫福也.

의(儀), 식(式), 형(刑)은 모두 본받는 것이다. 가(嘏)는 복(福)을 내려주는 것이다.

詳說

○ 華谷嚴氏曰: "累言之者, 謂法之不已也."

('儀式刑, 皆法也') 화곡 엄씨(華谷 嚴氏)가 말하였다: "반복하여 말한 것은 본받는 것이 끝나지 않음을 말한다."

朱註

言我儀式刑文王之典, 以靖天下, 則此能錫福之文王, 旣降而在此之右, 以享我祭, 若有以見其必然矣.

"내가 문왕(文王)의 법(法)을 본받아 천하(天下)를 안정시키면 이 복을 내리는 문왕(文王)이 강림하여 오른쪽에 계시어 내 제사(祭祀)를 흠향하리라."라고 말한 것이니, 반드시 그러함을 보는 듯한 것이다.

詳說

○ 此句, 論也.

('言…必然矣') 이 구(句)는 논의(論)이다.

○ 安成劉氏曰: "文王比天帝爲親, 以親望之, 故知文王之必享我祭, 而以旣字言之."

('言…必然矣') 안성 유씨(安成 劉氏)가 말하였다: "문왕은 천제(天帝)에 비견하여 친함(親)이 되니, 친함으로 바란다. 그러므로 문왕이 반드시 나의 제사를 흠향할 것을 알아서 '기(旣)'자를 사용해서 말한 것이다."

> 我其夙夜, 畏天之威, 于時保之.

나는 밤낮으로 하늘의 위엄을 두려워하여 이에 보전할지어다.

朱註

又言天與文王, 旣皆右享我矣, 則我其敢不夙夜畏天之威, 以保天與文王, 所以降鑒之意乎.

또 말하기를 "하늘과 문왕(文王)이 이미 모두 오른쪽에 계시니 나의 제사를 흠향하시면 내 감히 밤낮으로 하늘의 위엄을 두려워하여 하늘과 문왕(文王)께서 강림하여 보시는 바의 뜻을 보전하지 않을 수 있겠는가."라고 한 것이다.

詳說

○ 承上二節.
('天與…我矣') 위의 두 절을 이었다.

○ 尊故可畏.
('我其敢不夙夜畏天之威') 존귀하기 때문에 두려워할 만하다.

○ 補十字.
('天與文王, 所以降鑒之意') 열 자를 보충하였다.

朱註

我將一章, 十句.

여기까지가 '아장(我將)' 1장이고, 10구이다.

朱註

程子曰: 萬物本於天, 人本乎祖. 故冬至祭天, 而以祖配之. 以冬至氣之始也. 萬物成形於帝, 而人成形於父. 故季秋享帝, 而以父配之. 以季秋成物之時也. 陳氏曰: 古者祭天於圜丘, 掃地而行事. 器用陶匏, 牲用犢, 其禮極簡. 聖人之意, 以爲未足以盡其意之委曲. 故於季秋之月, 有大享之禮焉. 天, 卽帝也. 郊而曰天, 所以尊之也. 故以后稷配焉. 后稷遠矣. 配稷於郊, 亦以尊稷也. 明堂而曰帝, 所以親之也. 以文王配焉. 文王親也. 配文王於明堂, 亦

以親文王也. 尊尊而親親. 周道備矣. 然則郊者古禮, 而明堂者周制也. 周公
以義起之也. 東萊呂氏曰: 於天維庶其饗之, 不敢加一詞焉. 於文王則言儀式
其典, 日靖四方. 天不待贊. 法文王, 所以法天也. 卒章惟言畏天之威, 而不
及文王者, 統於尊也. 畏天, 所以畏文王也. 天與文王一也.

정자(程子)가 말하였다. "만물(萬物)은 하늘에 근본하고 사람은 선조(先祖)에 근본한다. 그러므로 동지(冬至)에 하늘에 제사하면서 선조(先祖)를 같이 배향하니, 동지(冬至)에는 기운이 시작되기 때문이다. 만물(萬物)은 상제(上帝)에게서 형체(形體)를 이루고 사람은 아버지에게서 형체를 이룬다. 그러므로 계추(季秋)에 상제(上帝)에 제향하면서 아버지를 같이 배향하니, 계추(季秋)는 물건을 이루는 때이기 때문이다."

진씨(陳氏)가 말하였다. "옛날에 원구(圜丘)에서 하늘에 제사할 적에 땅을 쓸고 거행하고, 그릇은 질그릇과 박을 쓰며, 희생은 송아지를 사용하여 그 예(禮)가 지극히 간략하니, 성인(聖人)의 생각에 '이는 간곡한 뜻을 다할 수 없다.'고 여겼다. 그러므로 계추(季秋)의 달에 크게 제향하는 예(禮)가 있었던 것이다. 천(天)은 바로 상제(上帝)이니, 교제(郊祭)에 천(天)이라고 말한 것은 높이는 것이다. 그러므로 후직(后稷)을 교(郊)에 같이 배향하였다. 후직(后稷)은 먼 조상이니, 후직(后稷)을 교(郊)에 배향함은 또한 후직(后稷)을 높이기 위해서이다. 명당(明堂)에 상제(上帝)라 말한 것은 가까이 여기는 것이니, 문왕(文王)을 명당(明堂)에 같이 배향하였다. 문왕(文王)은 어버이이니, 문왕(文王)을 명당(明堂)에 배향함은 또한 문왕(文王)을 가까이하기 위해서이다. 높은 분을 높이고 가까운 이를 가까이 함은 주(周)나라의 도(道)가 구비된 것이니, 그렇다면 교(郊)는 옛 예(禮)이고, 명당(明堂)은 주(周)나라 제도이니, 주공(周公)이 의(義)로써 처음 시작한 것이다."

동래 여씨(東萊 呂氏)가 말하였다. "하늘에 대해서는 흠향하기를 바라서 감히 한 마디 말도 더하지 못하였고, 문왕(文王)에 대해서는 '그 법(法)을 본받아 날로 사방(四方)을 안정시킨다.' 하였다. 하늘은 찬양함을 필요로 하지 않으니, 문왕(文王)을 본받는 것은 하늘을 본받는 것이다. 마지막 장(卒章)에서 '하늘의 위엄을 두려워 한다.'라고만 말하고 문왕(文王)을 언급하지 않은 것은 높은 분에 포함된 것이니, 하늘을 두려워함은 문왕(文王)을 두려워하는 것이니, 하늘과 문왕(文王)은 하나이다."

詳說

○ 叔子.
('程子') 숙자(叔子[程頤])이다.

○ 始祖.
('人本乎祖'의 '祖') 시조이다.

○ 出『禮記 · 郊特牲』.
('人本乎祖')『예기(禮記) · 교특생(郊特牲)』에 나온다.

○ 出『禮記 · 郊特牲』.
('器用陶匏, 牲用犢')『예기(禮記) · 교특생(郊特牲)』에 나온다.

○ 濮氏曰:"文王之祀旣不敢同后稷於郊, 又無屈天神於宗廟之理, 故特尊其祀於明堂, 斯其爲曲盡也."
('古者祭天…大享之禮焉') 복씨(濮氏)가 말하였다: "문왕의 제사는 감히 교(郊)에서 후직(后稷)에게 하는 제사와 같지 않고, 종묘에서는 천신(天神)에게 복종하는 이치가 없으므로, 특별히 명당에서 그 제사를 존귀하게 하니, 이것은 곡진하게 하기 위해서이다."

○ 天之神曰帝.
('天卽帝也') 하늘의 신을 '제(帝)'라고 한다.

○ 朱子曰:"爲壇而祭故謂之天祭. 於屋下以神祇祭之, 故謂之帝."
('明堂…親之也') 주자가 말하였다: "단(壇)을 만들어 제사지내므로 '천제(天祭)'라고 말한다. 집 아래에 신지(神祇)로 제사지내므로 '제(帝)'라고 한다."

○ 程子曰:"以形體謂之天; 以主宰謂之帝."
('明堂…親之也') 정자(程子)가 말하였다: "형체의 관점에서는 '천(天)'이라고 말하고, 주재(主宰)의 관점에서는 '제(帝)'라고 한다."

○ 義起出『禮記 · 禮運』.
('義起') '의기(義起: 의[義]로 시작하다)'는『예기(禮記) · 예운(禮運)』에 나온다.

○ 朱子曰: "周公以後, 將以文王配, 以時王之父配, 諸儒持此二義, 至今不決, 只以有功者配之. 周公制禮, 若在成王時, 則文王乃其祖也."
('義起') 주자가 말하였다: "주공(周公) 이후 문왕으로 배향할 것인지, 당시 왕의 아버지로 배향할 것인지에 대하여, 모든 유자(儒者)가 이런 두 가지 뜻을 견지하고 있었지만, 현재는 통하지 않고, 단지 공적이 있는 자로 배향한다. 주공(周公)이 예(禮)를 제정함에, 만약 성왕(成王) 때라면 문왕이 바로 그 조상이다."

○ 所以不加一詞.
('天不待贊') 한 마디도 더하지 않은 이유이다.

○ 言文王以見天.
('法文王…法天也') 문왕으로 하늘을 드러낸 것을 말한다.

○ 言天以見文王.
('畏天…文王也') 하늘로 문왕을 드러낸 것을 말한다.

○ 純亦不已之意.
('天與文王一也') 순일하게, 역시 그치지 않는다는 의미이다.

[4-1-8-1]
時邁其邦, 昊天其子之.

때맞추어 제후국 순수하면 하늘이 아들처럼 보살펴 주실까.

朱註

賦也. 邁, 行也. 邦, 諸侯之國也. 周制十有二年, 王巡守殷國, 柴望祭告, 諸侯畢朝.
부(賦)이다. 매(邁)는 감이다. 방(邦)은 제후(諸侯)의 나라이다. 주(周)나라 제도에 12년마다 왕(王)이 여러 나라를 순수(巡守)하면서 하늘에 시제(柴祭)를 지내고 산천에 망제(望祭)를 지내어 고하면 제후(諸侯)들이 모두 조회(朝會)하였다.

詳說

○『周禮・大行人』及『書・周官』.
('周制')『주례(周禮)・대행인(大行人_)』과『서(書)・주관(周官)』이다.

○ 音狩, 下同.
('王巡守'의 '守') 발음은 수(狩)이고, 아래도 같다.

○『周禮』注曰: "衆也."
('王巡守殷'의 '殷')『주례(周禮)』주(注)에서 "중(衆: 여러, 많은)"이라고 하였다.

○ 九峯蔡氏曰: "燔柴以祀天, 望以祀山川."
('柴望祭告') 구봉 채씨(九峯 蔡氏)가 말하였다: "섶을 태워서 하늘에 제사지내고, 망(望) 제사로써 산천에 제사지낸다."

○ 音潮, 下同.
('諸侯畢朝'의 '朝') 발음은 조(潮)이고, 아래도 같다.

朱註

○此巡守, 而朝會祭告之樂歌也. 言我之以時巡行諸侯也. 天其子我乎哉. 蓋不敢必也.
이것은 순수(巡守)하면서 조회(朝會)를 받고 제사하여 고하는 악가(樂歌)이다. "내 때로 제후국(諸侯國)을 순행(巡行)함에 하늘이 나를 자식처럼 사랑해 주실까."라고 하였으니, 감히 기필할 수가 없어서이다.

詳說

○ 孔氏曰: "武王巡守至方岳, 作告至之樂歌."
('此巡守…樂歌也') 공씨(孔氏[孔穎達])가 말하였다: "무왕의 순수(巡守)가 방악(方岳)에 이르렀을 때, 도달함을 알리는 악가(樂歌)를 지었다."

○ 安成劉氏曰: "後王之巡守者, 因而皆用之."
('此巡守…樂歌也') 안성 유씨(安成 劉氏)가 말하였다: "후대의 왕들이 순수할

때, 인하여 모두 그것을 사용하였다."

○ 徐氏曰:"子者, 親而愛之也."
('天其子我乎哉'의 '子') 서씨(徐氏)가 말하였다: "'자(子)'라는 것은 친하여 아끼는 것이다."

○ 華谷嚴氏曰:"子之謂使其王也."
('天其子我乎哉'의 '子') 화곡 엄씨(華谷 嚴氏)가 말하였다: "'자(子)'는 그가 왕이 되게 하는 것이다."

○ 與上篇首節同意.
('蓋不敢必也') 상편의 첫 절과 뜻이 같다.

○ 安成劉氏曰:"亦以其字言之, 蓋初爲疑辭也. 下文言維后保之, 則終之以決辭也. 此二句總言巡守之事以發端也."
('蓋不敢必也') 안성 유씨(安成 劉氏)가 말하였다: "또한 '기(其)'자를 사용하여 말한 것은 대개 처음에는 의문사이다. 아래 글에서 '유후보지(維后保之)'라면 결사(決辭)로 마친 것이다. 이 두 구(句)는 총괄적으로 순수(巡守)의 일을 말하여 발단이 되는 것이다."

實右序有周. 薄言震之, 莫不震疊. 懷柔百神, 及河喬嶽. 允王維后.

실로 주 나라를 높여 차례 잇게 하니, 잠시 보이는 위엄에 모두 놀라 두려워하며, 모든 신편안히 오게 하여 깊은 하신(河神) 높은 악신(嶽神) 다 오니, 진실로 천하의 군주이셨네.129)

朱註
右, 尊. 序, 次. 震, 動. 疊, 懼. 懷, 來. 柔, 安. 允, 信也.
우(右)는 높임이고, 서(序)는 왕위를 전하는 차례이며, 진(震)은 진동(震動)함이고,

---

129) 정현의「전(箋)」에서 다음과 같이 말하였다: "왕이 순수(巡守)하여 그가 방악(方岳)의 아래에 도달하였을 때, 모든 신들을 편안하게 하고, 산천에 바라보며, 모두에게 존귀함과 낮음을 구별하여 제사지냈다. 진실로 무왕이 군주가 되기에 마땅하니, 찬미한 것이다.(王行巡守, 其至方岳之下, 來安群神, 望于山川, 皆以尊卑祭之. 信哉, 武王之宜爲君, 美之也.)"

첩(疊)은 두려워함이며, 회(懷)는 옴이고, 유(柔)는 편안함이며, 윤(允)은 진실로이다.

詳說

○ 曹氏曰: "帝王之傳序."
('序, 次') 조씨(曹氏)가 말하였다: "제왕(帝王)이 그 차례를 전하는 것이다."

○ 錢氏曰: "謂以周繼夏商也."
('序, 次') 전씨(錢氏)가 말하였다: "주 나라로 하 나라와 상 나라를 계승하였음을 말한 것이다."

朱註

旣而曰: 天實右序有周矣. 是以使我薄言震之. 而四方諸侯, 莫不震懼. 又能懷柔百神, 以至於河之深廣, 嶽之崇高, 而莫不感格, 則是信乎周王之爲天下君矣.

이윽고 말하기를 "하늘이 진실로 우리 주(周) 나라를 높여 차례를 잇게 하였다. 이 때문에 나로 하여금 잠시 위엄을 보이게 하니, 사방(四方)의 제후(諸侯)들이 놀라고 두려워하지 않는 이가 없으며, 또 백신(百神)들을 편안히 오게 하여 하수(河水)의 깊고 넓음과 산악(山嶽)의 숭고(崇高)함에 이르기까지 감동하지 않음이 없으니, 이것은 진실로 주왕(周王)이 천하(天下)의 군주(君主)가 된 것이다."라고 고 한 것이다.

詳說

○ 承上節而言.
('旣而') 윗 절을 이어 말하였다.

○ 華谷嚴氏曰: "巡守."
('薄言震之') 화곡 엄씨(華谷 嚴氏)가 말하였다: "순수(巡守)함이다."

○ 添四字.
('四方諸侯') 네 글자를 보충하였다.

○ 曾氏曰: "巡守所至百神皆祭焉."

('又能懷柔百神') 증씨(曾氏)가 말하였다: "순수(巡守)하여 백신(百神)에 이른 곳 모두에서 제사지낸다."

○ 從下文喬字, 而添深、廣字.

('以至於河之深廣') 아래 글의 '교(喬)'자를 따라서 '심(深)', '광(廣)'자를 첨가하였다.

○ 添此句.

('嶽之崇高而莫不感格') 이 구(句)를 첨가하였다.

○ 三山李氏曰: "信乎王能盡爲君之道也."

('則是信乎…天下君矣') 삼산 이씨(三山 李氏)가 말하였다: "진실로 왕이 군주의 도(道)를 다할 수 있는 것이다."

○ 安成劉氏曰: "此一節言巡守而祭告百神之事."

('則是信乎…天下君矣') 안성 유씨(安成 劉氏)가 말하였다: "이 한 절은 순수(巡守)하여 백신(百神)에게 제사하여 고한 일을 말하였다."

| 明昭有周, 式序在位. 載戢干戈, 載櫜弓矢, 我求懿德, 肆于時夏, 允王保之. |

밝고 밝은 주 나라, 제후들 서열 정하고, 방패와 창 거두며 활과 화살 활집에 넣고, 내 아름다운 덕 찾아, 널리 나라 안에 펴니, 진실로 천명을 보전하셨네.

朱註

戢, 聚. 櫜, 韜. 肆, 陳也. 夏, 中國也.

집(戢)은 모음이고, 고(櫜)는 감춤이며, 사(肆)는 베풂이다. 하(夏)는 중국(中國)이다.

詳說

○ 孔氏曰: "弓衣."

('櫜, 韜') 공씨(孔氏[孔穎達])가 말하였다: "활집이다."

朱註

又言明昭乎我周也. 旣以慶讓黜陟之典, 式序在位之諸侯. 又收斂其干戈弓矢, 而益求懿美之德, 以布陳于中國, 則信乎王之能保天命也. 或曰: 此詩卽所謂肆夏. 以其有肆于時夏之語, 而命之也.

또 말하기를 "밝도다, 우리 주(周)나라여. 상(賞)을 내리고 벌을 주며 내치고 올리는 법으로써 지위에 있는 제후(諸侯)들의 서열을 정하고, 또 간과(干戈)와 궁시(弓矢)를 거두어 더욱 아름다운 덕(德)을 구해서 중국(中國)에 펼치니, 왕(王)이 진실로 천명(天命)을 보전하신다."라고 한 것이다. 혹은 "이 시(詩)는 바로 이른바 '사하(肆夏)'라는 것이다." 하니, '사우시하(肆于時夏)'라는 말이 있기 때문에 붙인 이름이다."

詳說

○ 見『孟子·告子』及『禮記·王制』.
('旣以慶讓黜陟之典')『맹자(孟子)』·「고자(告子)」와『예기(禮記)』·「왕제(王制)」에 보인다.

○ 補此句.
('旣以慶讓黜陟之典') 이 구(句)를 보충하였다.

○ 補二字.
('式序在位之諸侯'의 '諸侯') 두 글자를 보충하였다.

○ 慶源輔氏曰: "所以對天之右序有周也."
('式序在位之諸侯') 경원 보씨(慶源 輔氏)가 말하였다: "하늘에 대하여 오른쪽 서열에 주 나라가 있는 이유이다."

○ 慶源輔氏曰: "偃武修文."
('又收斂其干戈弓矢') 경원 보씨(慶源 輔氏)가 말하였다: "무공(武功)을 내리고 문덕(文德)을 닦는 것이다."

○ 補天命字.
('王之能保天命也') '천명(天命)' 자를 보충하였다.

○ 安成劉氏曰:"此一節言巡守朝會黜陟之事."
 ('王之能保天命也') 안성 유씨(安成 劉氏)가 말하였다: "이 한 절은 순수(巡守)하고 조회(朝會)하여 강등시키고 승진시키는 일을 말한 것이다."

○ 論也.
 ('詩卽…命之也') 논의(論)이다.

○『國語』註曰:"夏樂章之名."
 ('詩卽…命之也')『국어(國語)』주(註)에서 말하였다: "하(夏) 나라 악장(樂章)의 이름이다."

朱註
時邁一章, 十五句.
여기까지가 '시매(時邁)' 1장이고, 15구이다.

詳說
○ 慶源輔氏曰:"實右以下言已然之事."
 경원 보씨(慶源 輔氏)가 말하였다: "'실우(實右)' 이하는 이미 그러한 일을 말하였다."

朱註
春秋傳曰: 昔武王克商作頌曰: 載戢干戈. 而外傳又以爲, 周文公之頌, 則此詩乃武王之世, 周公所作也. 外傳又曰: 金奏肆夏樊遏渠. 天子以饗元侯也. 韋昭注云, 肆夏, 一名樊, 韶夏, 一名遏, 納夏, 一名渠. 卽周禮九夏之三也. 呂叔玉云, 肆夏, 時邁也. 樊遏, 執競也. 渠, 思文也.
『춘추좌씨전(春秋左氏傳)』선공(宣公) 12년에 "옛날 무왕(武王)이 상(商) 나라를 이기고 송(頌)을 지었는데, '간과(干戈)를 거둔다.'"라고 하였다.『외전(外傳: 國語)』「주어(周語)」에 또 이르기를 "주문공(周文公)의 송(頌)이다."라고 하였다. 그렇다면 이 시(詩)는 바로 무왕(武王) 때에 주공(周公)이 지은 것이다. 외전(外傳: 國語)』「노어(魯語)」에 또 이르기를 "금(金[종(鐘)])으로 사하(肆夏)와 번(樊), 알(遏), 거

(渠)를 연주하여 천자(天子)가 원후(元侯)에게 연향을 베푼다."라고 하였는데, 위소(韋昭)의 주(註)에 "사하(肆夏)는 일명 번(樊)이고, 소하(韶夏)는 일명 알(遏)이며, 납하(納夏)는 일명 거(渠)이니, 바로 『주례(周禮)』의 구하(九夏) 중에 세 가지이다."하였고, 여숙옥(呂叔玉)은 "사하(肆夏)는 '시매(時邁)'이고, 번(樊)·알(遏)은 '집경(執競)'이고, 거(渠)는 '사문(思文)'이다."라고 하였다.

詳說

○ 『左·宣·十二年』
('春秋傳') 『춘추좌씨전(春秋左氏傳)』 선공(宣公) 12년이다.

○ 國語.
('外傳') 『국어(國語)』이다.

○ 周公之諡.
('周文') 주공(周公)의 시호이다.

○ 永嘉陳氏曰: "武王凱歌方終而有方岳之行, 告以革命之事, 因而震服諸侯, 故其詩與他廟樂不同."
('周文公之頌…所作也') 영가 진씨(永嘉 陳氏)가 말하였다: "무왕(武王)이 개가(凱歌: 승리의 노래)를 막 마치자 방악(方岳)으로 가서 혁명(革命)의 일로 고하였으며, 인하여 제후들을 두려움에 떨면서 복종하게 하였으므로, 그 시(詩)는 다른 묘악(廟樂)과는 같지 않다."

○ 黃氏曰: "武王巡守之事, 詩有時邁, 書有武成. 庚戌、柴、望, 此祭告之實也. 天休、震動, 此震疊之實也. 受命于周, 此式序之實也. 歸馬放牛, 此非戢橐之意乎. 崇德報功, 此非懿德以保乎."
('周文公之頌…所作也') 황씨(黃氏)가 말하였다: "무왕이 순수(巡守)한 일은 『시(詩)』에서는 '시매(時邁)'가 있고, 『서(書)』에서는 '무성(武成)'이 있다. 경술일에 시(柴), 망(望)은 이런 제사의 실제적인 것이고, 천휴(天休: 하늘의 아름다운 도리), 진동(震動), 이것은 지위가 높고 귀한 사람이 몹시 성을 내는 것의 실질이며, 주 나라에서 천명을 받은 것, 이것은 순조롭게 왕위가 결정되는 실질이다.

말을 되돌리고 소를 방목하는 것은 활집에 활을 집어넣는 뜻이 아니겠는가. 덕을 숭상하고 공적을 보답하는 것, 이것은 밝은 덕으로 보전하는 것이 아니겠는가.”

○ 鄭氏曰: "以鐘鎛播之, 鼓磬應之, 謂之金奏也."
('周文公之頌…所作也') 정씨(鄭氏[鄭玄])가 말하였다: "종박(鐘鎛)으로 퍼뜨리고, 고경(鼓磬)으로 응대하는 것을 금주(金奏: 편종을 각퇴로 쳐서 연주하는 것)라고 한다."

○ 如此, 則本文'肆夏'與'樊', 語疊耳.
('韋昭…一名梁') 이와 같으면, '사하(肆夏)'와 '번(樊)'은 말이 중첩되었을 따름이다.

○ 鐘師.
('周禮') 「종사(鐘師)」이다.

○ 當考.
('呂叔玉') 고찰해 보아야 한다.

○ 顔氏曰: "三夏者, 歌之大也. 天子享, 元侯用之, 故尸出入奏肆夏, 牲出入奏韶夏, 四方賓來奏納夏. 杜預韋昭之說與呂叔玉雖不同, 而時邁執競思文卽三夏之異名也. 三夏之外, 又有王夏, 章夏, 齊夏, 族夏, 祴夏, 驁夏, 總爲九夏."
('周禮九夏…思文也') 안씨(顔氏)가 말하였다: "삼하(三夏)는 악가(樂歌)의 큰 것이다. 천자가 제사 지내고, 원후(元侯)가 이것을 사용하므로, 죽은 자가 줄입할 때 사하(肆夏)를 연주하고, 희생이 출입할 때 소하(韶夏)를 연주하며, 사방에서 빈객들이 올 때 납하(納夏)를 연주한다. 두예(杜預)와 위소(韋昭)의 설은 여숙옥(呂叔玉)과 같지 않을지라도, '시매(時邁)', '집경(執競)', '사문(思文)'은 바로 삼하(三夏)의 다른 이름이다. 삼하(三夏) 이외에, 또 왕하(王夏), 장하(章夏), 제하(齊夏), 족하(族夏), 해하(祴夏), 오하(驁夏)가 있으니, 총괄적으로 구하(九夏)가 된다."

○ 鄭氏曰: "九夏疑皆詩篇名, 頌之類也. 載在樂章, 樂崩亦從而 亾, 是以頌不能具."
('周禮九夏…思文也') 정씨(鄭氏[鄭玄])가 말하였다: "구하(九夏)는 의심컨대 모두 시(詩)의 편명인 것 같고, 송(頌)의 부류이다. 악장(樂章)에 실려 있었는데, 악(樂)이 붕괴되고 또 따라서 없어졌기 때문에, 송(頌)으로 다 갖출 수 없었다."

○ 安成劉氏曰: "時邁、思文皆周公所作, 而周禮九夏亦作於周公, 固可以時邁爲肆夏, 思文爲納夏. 至於執競, 則昭王以後之詩, 而乃以爲韶夏, 左傳國語之注恐難盡信."
('周禮九夏…思文也') 안성 유씨(安成 劉氏)가 말하였다: "'시매(時邁)', '사문(思文)'은 주공(周公)이 만든 것이고, 『주례(周禮)』의 구하(九夏) 또한 주공에게서 지어졌으니, 확실히 '시매(時邁)'는 사하(肆夏)이고 '사문(思文)'은 납하(納夏)이다. '집경(執競)'에 이르면, 소왕(昭王) 이후의 시(詩)이니, 마침내 소하(韶夏)로 생각하였는데, 『좌전(左傳)』과 『국어(國語)』의 주(注)에서는 다 믿기는 어렵다고 한 것 같다."

○ 按韋呂見此三篇之相比, 遂取以充三夏之名耳.
위소(韋昭)와 여숙옥(呂叔玉)이 이 세 편을 서로 비교한 것을 살펴보면, 결국 삼하(三夏)의 이름을 통섭하여 취한 것일 따름이다.

[4-1-9-1]

執競武王, 無競維烈. 不顯成康, 上帝是皇.

쉬지 않고 힘쓰신 무왕, 천하에 없는 공을 세우셨네. 더 빛내셨네, 성왕과 강왕, 상제께서 내신 왕이셨네.130)

朱註

賦也. 此祭武王成王康王之詩. 競, 強也. 言武王持其自強不息之心, 故其功烈之盛, 天下莫得而競. 豈不顯哉, 成王康王之德, 亦上帝之所君也.

---

130) 정현의 「전(箋)」에서 다음과 같이 말하였다: "영토와 도(道)를 보전할 수 있는 자는 오직 무왕(武王)일 뿐이다. 상을 정복한 공적을 강하게 하지 않음은 그의 강함을 말한 것이고, 그가 조상을 평안히 하는 도(道)를 이룬 것을 빛내지 않은 것은 또한 그의 빛남을 말한 것이다. 하늘이 이 때문에 찬미한 것이다.(能持彊道者, 維有武王耳. 不強乎其克商之功業, 言其強也. 不顯乎其成安祖考之道, 言其又顯也. 天以是故美之.)"

부(賦)이다. 이것은 무왕(武王), 성왕(成王), 강왕(康王)을 제사하는 시(詩)이다. 경(競)은 강함이다. "무왕(武王)이 자강불식(自強不息)하는 마음을 가졌기 때문에 그 훌륭한 공을 천하(天下)가 다툴 자가 없었다. 어찌 드러나지 않겠는가. 성왕(成王), 강왕(康王)의 덕(德)이여, 역시 상제(上帝)께서 인군(人君)으로 삼은 바이다."라고 한 것이다.

詳說

○ 序在訓上者, 以便訓釋也.
('此祭武王成王康王之詩') 서(序)가 풀이 위에 있는 것은 풀이와 해석을 편하게 하기 위해서이다.

○ 四字出『易・乾・大象』.
('自強不息') 네 글자는 『역(易)・건(乾)・대상(大象)』에 나온다.

○ 補心字.
('自強不息之心') '심(心)' 자를 보충하였다.

○ 爭也. 二競字義微異.
('競') 다툼이다. 두 '경(競)' 자의 뜻은 미세하게 다르다.

○ 補德字.
('成王康王之德') '덕(德)' 자를 보충하였다.

○ 是皇, 言以是爲皇也.
('亦上帝之所君也') '시황(是皇)'은 이를 군주로 삼는 것을 말한다.

○ 慶源輔氏曰: "成康之德, 豈無自而然哉. 此四句皆主武王而言."
('亦上帝之所君也') 경원 보씨(慶源 輔氏)가 말하였다: "성왕과 강왕의 덕이 어찌 스스로 그러함이 없겠는가? 이 네 구(句)는 모두 무왕을 위주로 말한 것이다.

| 自彼成康, 奄有四方, 斤斤其明. |

저 성왕과 강왕 때부터 사방의 나라를 소유하시니, 그 덕이 더욱 밝으셨네.

| 朱註 |

斤斤, 明之察也. 言成康之德明著如此也.
근근(斤斤)은 밝게 살피는 것이다. 성왕(成王), 강왕(康王)의 덕(德)이 밝게 드러남이 이와 같음을 말한 것이다.

| 詳說 |

○ 三山李氏曰:"言照臨四方, 無所不察."
('斤斤…如此也') 삼산 이씨(三山 李氏)가 말하였다:"사방을 비추고 임하여 관찰하지 않은 곳이 없음을 말한 것이다."

○ 慶源輔氏曰:"此專言成康之德. 斤斤應上顯字, 有不已無間斷之意."
('斤斤…如此也') 경원 보씨(慶源 輔氏)가 말하였다:"이것은 성왕과 강왕의 덕을 온전히 말한 것이다. '근근(斤斤)'은 위의 '현(顯)'자에 호응하니, 그침없이 끊어지지 않는 뜻을 가지고 있다."

| 鐘鼓喤喤, 磬筦將將, 降福穰穰. |

종소리 북소리 어울리며, 경쇠소리 피리소리 울려 퍼지니, 내리신 복도 한량이 없네.

| 朱註 |

喤喤, 和也. 將將, 集也. 穰穰, 多也. 言今作樂以祭而受福也.
황황(喤喤)은 조화함이고, 장장(將將)은 모음이며, 양양(穰穰)은 많음이다. 지금 풍악을 일으켜 제사하여 복(福)을 받음을 말한 것이다.

| 詳說 |

○ 諺音用叶.
('喤喤') 언해(諺解)의 발음은 협운(協韻)을 사용하였다.

○ 補今字.
　('言今作樂以祭而受福也') '금(今)'자를 보충하였다.

　降福簡簡, 威儀反反, 旣醉旣飽, 福祿來反.
큰 복을 내리거늘 몸가짐 조심하니, 취하고 배불러 내리는 복 그침이 없네.

朱註
簡簡, 大也. 反反, 謹重也. 反, 覆也. 言受福之多, 而愈益謹重. 是以旣醉旣飽, 而福祿之來, 反複而不厭也.
간간(簡簡)은 큼이고, 반반(反反)은 신중함이다. 반(反)은 반복(反覆)함이다. "복(福)을 많이 받았지만 더욱더 신중하였다. 이 때문에 이미 취하고 배불러 복록(福祿)이 반복하여 오고 그침이 없다."라고 말한 것이다.

詳說
○ 多也.
　('簡簡, 大也') 많음이다.

○ 賓筵註參看.
　('反反, 謹重也') '빈연(賓筵)' 주(註)를 참고 하라.

○ 音福, 下同.
　('覆') 발음은 복(福)이고, 아래도 같다.

○ 鄭氏曰: "君臣醉飽."
　('是以旣醉旣飽') 정씨(鄭氏[鄭玄])가 말하였다: "군주와 신하가 취하고 배부른 것이다."

○ 添不厭字.
　('反複而不厭也') '불염(不厭)'자를 첨가하였다.

○ 三山李氏曰: "上言祭時樂備而神降之福, 此言祭終而飮威儀備具. 此福祿反覆自至而未艾也."

('反覆而不厭也') 삼산 이씨(三山 李氏)가 말하였다: "위에서는 제사를 지낼 때, 악(樂)이 구비되고 신이 내려준 복을 말하였고, 여기서는 제사를 마치고 마시고 위의(威儀)가 갖추어진 것을 말하였다. 이것은 복록(福祿)이 반복되어 저절로 도달하여 끊어지지 않는 것이다."

○ 華谷嚴氏曰: "此言禮行而神申福之也."

('反覆而不厭也') 화곡 엄씨(華谷 嚴氏)가 말하였다: "여기서는 예(禮)가 행해지고 신(神)이 복을 전개한 것을 말하였다."

朱註

執競一章, 十四句.

여기까지가 '집경(執競)' 1장이고, 14구이다.

朱註

此昭王以後之詩, 國語說見前篇.

이것은 소왕(昭王) 이후의 시(詩)이니, 『국어(國語)』의 설명은 전편(前篇)에 보인다.

詳說

○ 音現.

('見') 발음은 현(現)이다.

[4-1-10-1]

思文后稷, 克配彼天. 立我烝民, 莫匪爾極. 貽我來牟, 帝命率育. 無此疆爾界, 陳常于時夏.

예악 교화의 덕 후직이시여, 저 하늘과 짝하셨네. 우리 백성 먹는 곡식 더없이 크신 덕이라. 우리에게 주신 곡식종자 상제 두루 기르심이라. 이곳저곳 구분 없이 온 천하 잘살게 하셨네.

朱註

賦也. 思, 語詞. 文, 言有文德也. 立, 粒通. 極, 至也. 德之至也. 貽, 遺也.

來, 小麥. 牟, 大麥也. 率, 徧. 育, 養也.

부(賦)이다. 사(思)는 어조사(語助詞)이다. 문(文)은 문덕(文德)이 있음을 말한다. 입(立)은 입(粒)과 통한다. 극(極)은 지극함이니, 덕(德)이 지극한 것이다. 이(貽)는 줌이다. 내(來)는 소맥(小麥)이고, 모(牟)는 대맥(大麥)이다. 솔(率)은 두루이고, 육(育)은 기름이다.

詳說

○ 慶源輔氏曰: "聖人之德, 文武最盛, 文陽也, 武陰也, 而文取數尤多舍刑威, 征討之外皆文也."

('文…文德也') 경원 보씨(慶源 輔氏)가 말하였다: "성인의 덕은 문무(文武)가 가장 성대한데, 문(文)은 양(陽), 무(武)는 음(陰)이고, 문(文)은 형벌과 위협을 버리는 것을 자주 더 많이 취하니, 정벌 이외에는 모두 문(文)이다."

○ 『本草』曰: "皮厚故謂大麥率徧育養也."

('立…大麥也') 『본초(本草)』에서 말하였다: "껍질이 두터우므로 큰 보리가 두루 잘 길러질 수 있다고 말하는 것이다."

朱註

○言后稷之德, 真可配天. 蓋使我烝民, 得以粒食者, 莫非其德之至也. 且其貽我民以來牟之種, 乃上帝之命, 以此徧養下民者. 是以無有遠近彼此之殊, 而得以陳其君臣父子之常道於中國也. 或曰: 此詩即所謂納夏者, 亦以其有時夏之語, 而命之也.

"후직(后稷)의 덕(德)이 참으로 하늘에 짝할 만하였으니, 우리 백성들이 곡식을 먹을 수 있게 한 것은 그 덕(德)의 지극함 아님이 없다. 또 우리 백성들에게 밀과 보리를 주심은 이는 상제(上帝)의 명이니, 이것으로써 아래 백성들을 두루 기르게 한 것이다. 이 때문에 멀고 가까움과 이쪽저쪽 구분없이 모두 군신(君臣), 부자(父子)의 올바른 도(道)를 중국(中國)에 펼 수 있었다."라고 말한 것이다. 혹은 "이것은 이른바 납하(納夏)라는 것이다." 하니, 시하(時夏)라는 말이 있기 때문에 붙인 이름이다.

詳說

○ 文.
('后稷之德'의 '德') 문(文)이다.

○ 本文有'后稷', '配天'字, 故不序本事而直釋文義.
('后稷之德, 眞可配天') 본문에 '후직(后稷)', '배천(配天)' 글자가 있으므로 본래의 일에 대하여 서(序)를 두지 않고 직접적으로 글뜻을 해석하였다.

○ 濮氏曰: "此郊祀獻后稷之樂歌, 祭天叴有詩而今亾矣. 決不可以昊天有成命當之."
('后稷之德, 眞可配天') 복씨(濮氏)가 말하였다: "이 교제(郊祭)는 후직에게 제사 지내고 봉헌하는 악가(樂歌)이고, 하늘에 제사를 지내는 것은 당연히 시(詩)에 있어야 하지만 지금은 잃어버렸다. 호천(昊天)이 명(命)을 완성하는 데, 직면할 수 없는 것이다."

○ 東萊呂氏曰: "此篇亦周公所作."
('后稷之德, 眞可配天') 동래 여씨(東萊 呂氏)가 말하였다: "이 편은 또한 주공(周公)이 만든 것이다."

○ 爾.
('其德之至也'의 '其') 본문의 '이(爾)'이다.

○ 補德字.
('其德之至也') '덕(德)'을 보충하였다.

○ 朱子曰: "卽『書』所謂烝民乃粒. 爾指后稷."
('蓋使我…其德之至也') 주자가 말하였다: "바로 『서(書)』에서 말한 '증민내립(烝民乃粒: 백성들이 쌀밥을 먹게 되었다)'이고, '이(爾)'는 후직(后稷)을 가리킨다."

○ 爾, 親之之詞.
본문의 '이(爾)'는 친히 대하는 말이다.

○ 上聲.

('來牟之種'의 '種') 상성이다.

○ 補其字.
('且其貽我民以來牟之種') '기(其)'자를 보충하였다.

○ 華谷嚴氏曰: "稷播百穀獨擧來牟者, 以其先熟濟民之食尤切也."
('且其貽…下民者') 화곡 엄씨(華谷 嚴氏)가 말하였다: "백곡(百穀)을 심고 뿌리는 것을 오직 래모(來牟)와 함께 거론한 것은 먼저 백성들의 먹을 것을 숙성시키고 구제하는 것이 더욱 절실하기 때문이다."

○ 爾猶彼也.
('是以無有遠近彼此之殊') '이(爾)'는 피(彼)와 같다.

○ 諺釋略之, 恐誤.
('是以無有遠近彼此之殊') 언해(諺解)의 해석은 소략하여 잘못인 것 같다.

○ 補四字.
('君臣父子') 네 글자를 보충하였다.

○ 三山李氏曰: "此所謂富而敎之."
('而得以陳…中國也') 삼산 이씨(三山 李氏)가 말하였다: "이것은 풍족하게 되어 교화함을 말한다."

○ 坊本無此二字.
('此詩卽所謂納夏者'의 '詩卽') 방본(坊本)에는 이 두 글자가 없다.

○ 照時邁註.
('或曰…而命之也') '시매(時邁)'의 주(註)에 조응하였다.

○ 論也.
('或曰…而命之也') 논의(論)이다.

> 朱註

思文一章, 八句.
여기까지가 '사문(思文)' 1장이고, 8구이다.

> 詳說

○ 此邠頌之始也. 以生下什之首臣工、噫嘻、豐年, 遂及於載芟、良耜.
이것은 빈송(邠頌)의 시작이다. 아래 시편(詩篇)의 '신공(臣工)', '희희(噫嘻)', '풍년(豐年)'을 만듦으로써 마침내 '재삼(載芟)', '양사(良耜)'에 이르렀다.

> 朱註

國語說見時邁篇.
『국어(國語)』의 설명은 '시매(時邁)' 편에 보인다.

> 詳說

○ 音現.
('見') 발음은 현(現)이다.

> 朱註

淸廟之什十篇, 十章, 九十五句.
'청묘지십(淸廟之什)' 10편이니, 10장이고 95구이다.

시집전상설 17권
詩集傳詳說 卷之十七

4-2. 신공지십 (臣工之什 四之二)

[4-2-1-1]
嗟嗟臣工, 敬爾在公. 王釐爾成, 來咨來茹.

아, 신공들아 그대들이 공가에 있음을 공경할지어다.
왕이 너희들에게 이루어진 법을 내려주시니 와서 자문하고 와서 헤아릴지어다.

詳說
○ 音離.
  '리(釐)'의 음은 '리(離)'이다.

○ 如預反.[131]
  '여(茹)'의 음은 '여(如)'와 '예(預)'의 반절이다.

朱註
賦也. 嗟嗟, 重歎以深敕之也. 臣工羣臣百官也. 公, 公家也. 釐, 賜也. 成, 成法也. 茹度也.

부(賦)이다. 차차(嗟嗟)는 거듭 탄식하여 깊이 경계하는 것이다. 신공(臣工)은 군신백관(群臣百官)이다. 공(公)은 공가(公家)이다. 이(釐)는 내려줌이다. 성(成)은 이루어진 법이다. 여(茹)는 헤아림이다.

詳說
○ 去聲.[132]
  '중(重)'은 거성이다.

○ 工.
  '관(官)'은 본문의 '공(工)'이다.

---

131) 如預反:『시전대전(詩傳大全)』에도 동일하게 되어 있다.
132) 去聲:『시전대전(詩傳大全)』에도 동일하게 되어 있다.

○ 入聲, 下同.
'탁(度)'은 입성으로 아래에서도 같다.

朱註
○ 此, 戒農官之詩.
이것은 농관을 경계한 시이다.

詳說
○ 臣工在公二句, 先汎戒百官
'신공(臣工)'과 '재공(在公)' 두 구에서 먼저 널리 백관을 경계시킨 것이다.

朱註
先言王有成法, 以賜女, 女當來咨度也.
먼저 "왕이 이룬 법을 가지고 너희들에게 내려 주시니, 너희는 와서 묻고 헤아려야 한다."고 한 것이다.

詳說
○ 音汝.
'여(女)'의 음은 '여(汝)'이다.

○ 豐城朱氏曰 : "先王之於百官, 皆有成法以賜之, 有官守者, 固當來咨度. 況周家以農事開國, 其法尤詳備, 爾農官, 其可不來咨度乎."133)
풍성 주씨가 말하였다 : "선왕이 백관들에게 모두 이루어진 법을 가지고 내려주었으니, 관리의 직책이 있는 자들은 진실로 와서 묻고 헤아려야 하는 것이다. 하물며 주나라 왕가는 농사로 개국하여 그 법이 더욱 자세하게 완비되었으니, 너희 농관들이 어찌 와서 묻고 헤아리지 않아서야 되겠는가!"134)

---

133) 『시전대전(詩傳大全)』에 풍성 주씨의 말로 실려 있다.
134) 『시전대전(詩傳大全)』에는 "풍성 주씨가 말하였다 : '여기의 시에서는 차차(嗟嗟)를 두 번씩 말하였으니, 차차신공(嗟嗟臣工)에서는 모든 백관들의 일은 모두 공경하지 않아서는 안됨을 말한 것이고, 차차보개(嗟嗟保介)에서는 너희 농관의 일은 더욱 공경하지 않아서는 안됨을 말한 것이다. 선왕이 백관들에게 모두 이루어진 법을 가지고 내려주었으니, 관리의 직책이 있는 자들은 진실로 와서 묻고 헤아려야 하는 것이다.

○ 慶源輔氏曰 : "命他官, 皆無詩, 而特命農官, 有詩者, 周人重農事故也. 周家當時每事, 皆有成法, 況稼穡之事乎. 群臣百官, 或有所不知, 故命之來咨度也."135)

경원 보씨가 말하였다 : "다른 관리들에게 명한 것은 모두 시에 없는데, 오직 농사 관리에게 명한 것이 시에 있는 것은 주나라 사람들은 농사를 중시했기 때문이다. 주나라 왕가에서는 당시 매사에 모두 이루어진 법을 두었으니, 하물며 농사에 대해서야 말해 무엇 하겠는가? 군신과 백관들이 혹 알지 못함이 있기 때문에 와서 묻고 헤아리도록 명령한 것이다."136)

|嗟嗟保介, 維莫之春,|

아, 보개(保介)여 늦은 봄이 되었으니,

|詳說|

○ 音慕.137)

'모(莫)'의 음은 '모(慕)'이다.

|亦又何求. 如何新畬.|

또 무엇을 챙겨야 할꼬! 새로 개간한 밭을 어찌할꼬!

|詳說|

○ 音余.138)

'여(畬)'의 음은 '여(余)'이다.

하물며 주나라 왕가는 농사로 개국하여 그 법이 더욱 자세히 완비되었으니, 너희 농관들이 어찌 와서 묻고 와서 헤아리지 않아서야 되겠는가! …'(豐城朱氏曰 : 此詩兩言嗟嗟, 嗟嗟臣工, 謂凡百官之事, 皆不可以不敬也. 嗟嗟保介, 謂爾農官之事, 尤不可以不敬也. 先王之於百官, 皆有成法以賜之, 有官守者, 固當來咨來度也. 況我周家以農事開國, 其法尤爲詳備, 爾農官, 其可不來咨而來度乎. ….)"라고 되어 있다.
135) 『시전대전(詩傳大全)』에 경원 보씨의 말로 실려 있다.
136) 『시전대전(詩傳大全)』에는 "경원 보씨가 말하였다 : '다른 관리들에게 명한 것은 모두 시에 없는데, 오직 농사 관리에게 명한 것이 시에 있는 것은 아마 주나라 사람들은 농사로 개국했기 때문에 성왕과 주공이 특히 시를 지어 경계함으로써 그 일을 중시했던 것일 것이다. 주나라 왕가에서는 당시 매사에 모두 이루어진 법을 두어 천하에 펼쳤으니, 하물며 후직이 백성들에게 농사의 일을 가르침에 있어서야 말해 무엇 하겠는가? 군신과 백관들이 혹 알지 못함이 있기 때문에 와서 묻고 헤아리도록 명령한 것이다.'(慶源輔氏曰 : 命他官, 皆無詩, 而特命農官, 則有詩者, 想是周人以農事開國, 故成王周公特作詩, 以戒飭之以重其事也. 盖周家當時每事, 皆有成法, 布在天下, 況於后稷教民稼穡之事乎. 羣臣百官或有所不知, 故命之來咨來度也.)"라고 되어 있다.
137) 音慕 : 『시전대전(詩傳大全)』에도 동일하게 되어 있다.
138) 音余 : 『시전대전(詩傳大全)』에도 동일하게 되어 있다.

|於皇來年, 將受厥明,|

아, 훌륭한 내모여, 그 밝게 주심을 받게 될 것이니,

|詳說|

○ 音烏.139)

'오(於)'의 음은 '오(烏)'이다.

|明昭上帝, 迄用康年. 命我衆人, 庤乃錢鎛.|

밝으신 상제가 풍년에 이르게 하셨도다.
우리 여러 농부들을 명하여 네 가래와 호미를 장만하라.

|詳說|

○ 音峙.

'치(庤)'의 음은 '치(峙)'이다.

○ 音翦

'전(錢)'의 음은 '전(翦)'이다.

○ 音博.140)

'박(鎛)'의 음은 '박(博)'이다.

|奄觀銍艾.|

곧 낫으로 수확함을 볼 것이로다.

|詳說|

○ 音質.

'질(銍)'의 음은 '질(質)'이다.

---

139) 音烏 : 『시전대전(詩傳大全)』에도 동일하게 되어 있다.
140) 音博 : 『시전대전(詩傳大全)』에도 동일하게 되어 있다.

○ 音.141)
'애(艾)'의 음은 '애(艾)'이다.

朱註
保介, 見月令呂覽.
보개(保介)는 「월령(月令)」과 『여람(呂覽)』에 있는 것으로

詳說
○ 音現.
'현(見)'의 음은 '현(現)'이다.

○ 禮記.
「월령(月令)」은 『예기』이다.

○ 安成劉氏曰 : "呂覽卽呂氏春秋, 月令, 亦呂氏春秋."142)
안성 유씨가 말하였다 : "『여람』은 곧 『여씨춘추』이고, 「월령」도 『여씨춘추』이다."143)

○ 月令, 乃呂覽中一篇, 而月令及呂覽他篇皆言保介, 故於此並引之. 蓋以下文不同, 皆三字而可知也.
「월령」은 바로 『여람』 속의 한 편이지만, 「월령」과 「여람」이 다른 편이면서 모두 보개(保介)를 말했기 때문에 여기에서 아울러 인용했던 것이다. 그런데 대개 이하의 글이 같지 않다는 것은 모두 세 글자이지만 알 수 있는 것이다.

朱註
其說不同, 然皆爲籍田而言, 蓋農官之副也.
그 해설이 똑같지 않으나 모두 적전(籍田)을 위하여 말하였으니, 농관의 보좌이다.

詳說

---

141) 음제 : 『시전대전(詩傳大全)』에도 동일하게 되어 있다.
142) 『시전대전(詩傳大全)』에 안성 유씨의 말로 실려 있다.
143) 『시전대전(詩傳大全)』에는 '안성 유씨가 말하였다 : 『여람』은 곧 『여씨춘추』이다. 「월령」도 『여씨춘추』로 12기의 처음이다.'(安成劉氏曰 : 呂覽, 即呂氏春秋, 月令, 亦呂氏春秋, 十二紀之首也.)"라고 되어 있다.

○ 不取鄭氏車右被甲之義.
정씨의 거석(車右)·피갑(被甲)의 뜻을 취하지 않았다.

○ 慶源輔氏曰 : "保介, 助王耕籍田者. 介有副意."144)
경원 보씨가 말하였다 : "보개(保介)는 왕의 경적의 농토를 돕는 자이다. '개(介)'에 돕다는 의미가 있다."145)

朱註
莫春, 斗柄建辰, 夏正之三月也. 畬, 三歲田也.
모춘(暮春)은 두병(斗柄)이 신방(辰方)을 가리킨 달이니, 하정(夏正)의 3월이다. 여(畬)는 3년 된 밭이다.

詳說
○ 音征.
'정(正)'의 음은 '정(征)'이다.

○ 曹氏曰 : "一歲曰菑, 二歲曰新田."146)
조씨가 말하였다 : "1년 된 것을 치(菑)라고 하고, 2년 된 것을 신전(新田)이라고 한다."147)

朱註
於皇, 歎美之辭. 來牟, 麥也. 明, 上帝之明賜也, 言麥將熟也. 迄, 至也. 康年, 猶豐年也. 眾人, 甸徒也.
오황(於皇)은 탄미(歎美)하는 말이다. 내모(來牟)는 보리이고, 명(明)은 상제(上帝)가 밝게 내려주신 것이니, 보리가 익게 됨을 말한 것이다. 흘(迄)은 이름이다. 강

---

144) 『시전대전(詩傳大全)』에 경원 보씨의 말로 실려 있다.
145) 『시전대전(詩傳大全)』에는 "경원 보씨가 말하였다 : '보개(保介)는 왕의 경적의 농토를 돕는 자이다. 개(介)에 돕다는 의미가 있기 때문에 농관의 보좌가 되는 것이다.'(慶源輔氏曰 : 保介, 助王耕藉田者. 介有副意, 故以爲農官之副)"라고 되어 있다.
146) 『시전대전(詩傳大全)』에 조씨의 말로 실려 있다.
147) 『시전대전(詩傳大全)』에는 "조씨가 말하였다 : '보통 밭이 1년 된 것을 치(菑)라고 하니, 처음에 풀에게 되돌려주는 것이고, 2년 된 것을 신전(新田)이라고 하니, 비로소 밭이 되는 것이며, 3년 된 것을 여(畬)라고 하니 이제야 성숙하게 된 것이다.'(曹氏曰 : 凡田一歲曰菑, 初反草也. 二歲曰新田, 始爲田也. 三歲曰畬, 乃成熟也.)"라고 되어 있다.

년(康年)은 풍년(豊年)과 같다. 중인(衆人)은 농부이다.

詳說
○ 治田之徒.
농사짓는 사람들이다.

朱註
庤, 具. 錢, 銚, 鎛, 鉏,
치(庤)는 갖춤이다. 전(錢)은 가래이고, 박(鎛)은 호미이니,

詳說
○ 音桃
'요(銚)'의 음은 '도(桃)'이다.

○ 毛氏曰 : "鎛耨."
모씨가 말하였다 : "호미로 김매는 것이다."

○ 孔氏曰 : "柄長尺, 其耨六寸, 所以入苗間."[148]
공씨가 말하였다 : "자루의 길이가 한 척으로 6촌을 김매니, 묘 사이로 넣을 수 있기 때문이다."[149]

朱註
皆田器也. 銍, 穫禾短鎌也.
모두 농기구이다. 질(銍)은 벼를 수확하는 짧은 낫이다.

詳說

---

[148] 『시전대전(詩傳大全)』에 공씨의 말로 실려 있다.
[149] 『시전대전(詩傳大全)』에는 "공씨가 말하였다 : '박(鎛)은 김을 매는 것이다. 자루의 길이가 한 척으로 6촌을 김매니, 묘 사이로 넣을 수 있기 때문이다. 관자가 「한 농부의 일에 반드시 낫 하나 호미 하나 가래 하나가 있은 다음에 농사를 지으니, 세 가지는 모두 농사 기구이다.」라고 하였다.'(孔氏曰 : "鎛, 耨也. 柄長尺, 其耨六寸, 所以入苗間. 管子曰 : 一農之事, 必有一銍一耨一銚, 然後成農, 三者, 皆田器也.)"라고 되어 있다.

○ 管子曰 : "一農之事, 必有一銍一耨一銚, 然後成農."150)
　　관자가 말하였다 : "한 농부의 일에 반드시 낫 하나 호미 하나 가래 하나가 있은 다음에 농사를 짓는다."151)

朱註
艾穫也 ○ 此乃言所戒之事.
애(艾)는 수확함이다. ○ 여기에서야 경계해야 할 일을 말한 것이다.

詳說
○ 本事.
　　일은 근본의 일이다.

○ 乃字, 照上節.
　　'내(乃)'자는 위의 절을 참조하라.
○ 先總提.
　　먼저 총체적으로 제시한 것이다.

○ 豊城朱氏曰 : "此詩兩言嗟嗟, 嗟嗟臣工, 謂凡百官之事, 皆不可不敬也, 嗟嗟保介, 謂爾農官之事, 尤不可不敬也."152)
　　풍성 주씨가 말하였다 : "여기의 시에서는 차차(嗟嗟)를 두 번씩 말하였으니, 차차신공(嗟嗟臣工)에서는 모든 백관들의 일은 모두 공경하지 않아서는 안됨을 말한 것이고, 차차보개(嗟嗟保介)에서는 너희 농관의 일은 더욱 공경하지 않아서는 안됨을 말한 것이다."153)

---

150) 『시전대전(詩傳大全)』에 공씨가 인용한 말로 실려 있다.
151) 『시전대전(詩傳大全)』에는 "공씨가 말하였다 : '…. 관자가 「한 농부의 일에 반드시 낫 하나 호미 하나 가래 하나가 있은 다음에 농사를 지으니, 세 가지는 모두 농사 기구이다.」라고 하였다.'(孔氏曰 : …. 管子曰 : 一農之事, 必有一銍一耨一銚, 然後成農三者, 皆田器也.)"라고 되어 있다.
152) 『시전대전(詩傳大全)』에 풍성 주씨의 말로 실려 있다.
153) 『시전대전(詩傳大全)』에는 "풍성 주씨가 말하였다 : '여기의 시에서는 차차(嗟嗟)를 두 번씩 말하였으니, 차차신공(嗟嗟臣工)에서는 모든 백관들의 일은 모두 공경하지 않아서는 안됨을 말한 것이고, 차차보개(嗟嗟保介)에서는 너희 농관의 일은 더욱 공경하지 않아서는 안됨을 말한 것이다. 선왕이 백관들에게 모두 이루어진 법을 가지고 내려주었으니, 관리의 직책이 있는 자들은 진실로 와서 묻고 헤아려야 하는 것이다. 하물며 주나라 왕가는 농사로 개국하여 그 법이 더욱 자세하게 완비되었으니, 너희 농관들이 어찌 와서 묻고 와서 헤아리지 않아서야 되겠는가. ….'(豊城朱氏曰 : 此詩兩言嗟嗟, 嗟嗟臣工, 謂凡百官之事, 皆不可不敬也. 嗟嗟保介, 謂爾農官之事, 尤不可不敬也. 先王之於百官, 皆有成法以賜之, 有官守者, 固當來咨來度也. 況我周家以農事開國, 其法尤爲詳備, 爾農官, 其可不來咨而來度乎. ….)"라고 되어 있다.

朱註
言三月, 則當治其新畬矣, 今如何哉
삼월이면 새로 개간한 밭에 농사를 지어야 할 것이니, 이제 어찌할꼬!

詳說
○ 慶源輔氏曰 : "維莫何求, 戒之使及時務農也. 又問所治之新畬, 今如何."154)

경원 보씨가 말하였다 : "늦은 봄에 '무엇을 챙겨야 할꼬!'라고 한 것은 경계시켜 때에 따라 농사에 힘쓰게 한 것이다. 또 농사지을 새로 개간한 밭에 대해 이제 '어찌할꼬!'라고 물은 것이다."155)

○ 按, 亦又何求, 不暇他事之辭, 如何, 則問其當治與否也.
살펴보건대 '또 무엇을 챙겨야 할꼬!'라는 것은 다른 일을 할 겨를이 없다는 말이고, '어찌할꼬!'라는 말은 농사를 지을지 여부를 물은 것이다.

○ 鄭氏曰 : "將如新畬何."
정씨가 말하였다 : "새로 개간한 밭을 어찌할 것인가라는 것이다."

○ 須溪劉氏曰 : "能知民事艱難而問之, 曰如何新如何畬"156)
수계 유씨가 말하였다 : "백성들이 일이 어려운 줄 알고 '새것과 개간한 것을 어찌할 것인가?'라고 물은 것이다."157)

○ 華谷嚴氏曰 : "新墾之田, 用力尤難, 故首問之."158)
화곡 엄씨가 말하였다 : "새로 개간한 밭은 일하기가 더욱 어렵기 때문에 앞에서 물은 것이다."

---

154) 『시전대전(詩傳大全)』에 경원 보씨의 말로 실려 있다.
155) 『시전대전(詩傳大全)』에는 "경원 보씨가 말하였다 : '늦은 봄에 「또 무엇을 챙겨야 할꼬!」라고 한 것은 경계시켜 때에 따라 농사에 힘쓰게 한 것이다. 또 농사지을 새로 개간한 밭에 대해 이제 「어찌할꼬!」라고 물은 것이다. 새밭에는 할 일이 많기 때문에 새 것을 들어 옛 것을 갖춘 것이다.'(慶源輔氏曰 : 維暮之春, 亦又何求, 戒之使及時務農也. 又問所治之新畬, 今如何. 新田則費工多, 故擧新而該舊也.)"라고 되어 있다.
156) 『시전대전(詩傳大全)』에 수계 유씨의 말로 실려 있다.
157) 『시전대전(詩傳大全)』에는 "수계 유씨가 말하였다 : '…. 백성들이 일이 어려운 줄 알고 「새것과 개간한 것을 어찌할 것인가?」라고 물은 것이다. 그 아래에서는 또 서로 함께 이끌어 기뻐하고 힘써 권하는 의미를 기술한 것이다.(須溪劉氏曰 : …. 能知民事艱難而問之, 曰如何新如何畬. 其下則又述其相與贊喜勞勸之意焉)"라고 되어 있다.
158) 『시전대전(詩傳大全)』에 화곡 엄씨의 말로 동일하게 실려 있다.

○ 按, 下文來牟之田, 則非新墾者.
살펴보건대 아래의 글에서 내모의 밭은 새로 개간한 것이 아니다.

朱註
然麥已將熟, 則可以受上帝之明賜,
그러나 보리가 이미 익게 되었으면 상제가 밝게 내려주심을 받을 수 있으니,

詳說
○ 從下文而補上帝字, 從受字而補賜字.
아래의 글에 따라 상제라는 말을 더했고, '수(受)'자에 따라 '사(賜)'자를 더했다.

○ 重在始播之新畲, 而帶說來牟.
중심이 비로소 파종하는 새로 개간한 밭에 있으면서 내모를 부수적으로 말한 것이다.

朱註
而此明昭之上帝, 又將賜我新畲以豐年也
이 밝으신 상제가 우리 신여에 풍년을 내려 주신 것이다.

詳說
○ 補新畲字.
'신여(新畲)'라는 말을 더했다.

○ 豐城朱氏曰 : "來牟將熟, 旣可以受明賜於已然, 卽來牟以爲嘉穀之占, 又可以徯豐年於後日."159)
풍성 주씨가 말하였다 : "내모가 익어갈 것이라는 것은 이미 그렇게 된 것에서 이미 밝게 주심을 받은 것이니, 곧 내모가 훌륭한 곡식의 점으로 여겼으나 또 후일에 풍년을 위태롭게 할 수 있다는 것이다."160)

---

159) 『시전대전(詩傳大全)』에 풍성 주씨의 말로 실려 있다.
160) 『시전대전(詩傳大全)』에는 "풍성 주씨가 말하였다 : '…. 하물며 내모가 익어갈 것이라는 것은 이미 그렇게 된 것에서 이미 밝게 주심을 받은 것이니, 곧 내모가 훌륭한 곡식의 점으로 여긴 것이다. 그런데 또 후일에 풍년을 위태롭게 할 수 있으니, 너희 농관들은 진실로 서로 권하는 수고를 다하지 않아서는 안되고, 농부들도 농사짓는 힘을 다하지 않아서는 안되는 것이다. ….'(豐城朱氏曰…. 況來牟將熟, 旣可以受明賜於已然, 卽來牟以爲嘉穀之占, 又可以徯豐年於後日. 爾農官, 固不可不致其勸相之勤, 而爲甸徒者, 亦不可不致

朱註

於是命甸徒, 具農器以治其新畬.

이에 전도(甸徒)에게 "농기구를 장만해서 신여를 다스려라.

詳說

○ 又補治新畬字.

또 신여를 다스리라는 말을 더하였다.

○ 豐城朱氏曰 : "農官, 固不可不致其勸相之勤, 而爲甸徒者, 亦不可不致其耕治之力也."161)

풍성 주가 말하였다 : "농관들은 진실로 서로 권하는 수고를 다하지 않아서는 안되고, 농부들도 농사짓는 힘을 다하지 않아서는 안되는 것이다."162)

朱註

而又將忽見其收成也.

그러면 또 곧 수확함을 보게 될 것이다."라고 명한 것이다.

詳說

○ 臨川王氏曰 : "治其事於前, 則收其功於後, 不可不勉也."163)

임천 왕씨가 말하였다 : "미리 그 일을 다스리면, 뒤에 그 공을 거두는 것이니, 힘쓰지 않을 수 없는 것이다."

○ 豐城朱氏曰 : "錢鎛之用, 雖在於春莫之時, 而銍艾之收, 已在於孟秋之際, 特奄忽之間耳, 言豐穰之必然以勸勉之."164)

풍성 주씨가 말하였다 : "가래와 호미를 사용함이 늦은 봄에 있을지라도 낫으로

其耕治之力也. ….)"라고 되어 있다.
161) 『시전대전(詩傳大全)』에 풍성 주씨의 말로 실려 있다.
162) 『시전대전(詩傳大全)』에는 "풍성 주씨가 말하였다 : '…. 하물며 내모가 익어갈 것이라는 것은 이미 그렇게 된 것에서 이미 밝게 주심을 받은 것이니, 곧 내모가 훌륭한 곡식의 점으로 여긴 것이다. 그런데 또 후일에 풍년을 위태롭게 할 수 있으니, 너희 농관들은 진실로 서로 권하는 수고를 다하지 않아서는 안되고, 농부들도 농사짓는 힘을 다하지 않아서는 안되는 것이다. …. 풍년이 반드시 된다고 말함으로써 권면하는 것이다.'(豐城朱氏曰… 況來牟將熟, 既可以受明賜於已然, 即來牟以爲嘉穀之占, 又可以徯豐年於後日. 爾農官, 固不可不致其勸相之勤, 而爲甸徒者, 亦不可不致其耕治之力也. …言豐穰之必然以勸勉之也)"라고 되어 있다.
163) 『시전대전(詩傳大全)』에 임천 왕씨의 말로 동일하게 실려 있다.
164) 『시전대전(詩傳大全)』에 풍성 주씨의 말로 실려 있다.

수확함이 이미 맹추에 있어 단지 어느 순간일 뿐이라는 것은 풍년이 반드시 되도록 권면하는 말이다."165)

朱註

臣工一章十五句.
신공은 1장으로 15구이다.

[4-2-2-1]

噫嘻成王, 旣昭假爾,
아, 성왕이 이미 밝게 너희에게 임하셨으니,

詳說

○ 音格.166)
'격(假)'의 음은 '격(格)'이다.

率時農夫, 播厥百穀,
이 농부들을 거느려 백곡을 파종하는데,

駿發爾私, 終三十里,
네 화전(禾田)을 크게 밭 갈아 삼십 리를 마치며,

亦服爾耕, 十千維耦.
또한 네 밭가는 일을 일삼되 만으로 짝을 하라.

詳說

---

165) 『시전대전(詩傳大全)』에는 "풍성 주씨가 말하였다 : '가래와 호미를 사용함이 늦은 봄에 있을지라도 낫으로 수확함이 이미 맹추에 있어 단지 어느 순간일 뿐임을 알아야 하니, 어찌 길어서 기다리기 어렵다고 해서야 되겠는가? 풍년이 반드시 된다고 말함으로써 권면하는 것이다.'(豊城朱氏曰 : 當知錢鎛之用, 雖在於春暮之時, 而銍艾之收, 已在於孟秋之月, 特奄忽之間耳, 豈可爲久而難待哉. 言豊穰之必然以勸勉之也.)"라고 되어 있다.
166) 音格 : 『시전대전(詩傳大全)』에도 동일하게 되어 있다.

○ 叶音擬.167)

'우(耦)'는 협운으로 음은 '의(擬)'이다.

朱註

賦也. 噫嘻, 亦歎辭也.

부(賦)이다. 희희(噫嘻)도 감탄사이다.

詳說

○ 照上篇嗟嗟而言亦.

위의 편에서 '차차(嗟嗟)'라고 말한 것에 비춰 '역(亦)'이라고 말하였다.

朱註

昭, 明, 假, 格也.

소(昭)는 밝음이고, 격(假)은 이름이다.

詳說

○ 來進之也.

와서 나아가는 것이다.

朱註

爾, 田官也.

이(爾)는 전관(田官)이다.

詳說

○ 慶源輔氏曰："三爾字, 皆指農官."168)

경원 보씨가 말하였다 : "세 번의 '이(爾)'자는 모두 농관을 가리킨다."169)

---

167) 叶音擬：『시전대전(詩傳大全)』에도 동일하게 되어 있다.
168) 『시전대전(詩傳大全)』에 경원 보씨의 말로 실려 있다.
169) 『시전대전(詩傳大全)』에는 "경원 보씨가 말하였다 : '…. 세 번의 「이(爾)」자는 모두 농관을 가리켜서 그 직분이 이미 만부를 경계로 하였다면 그들이 사전을 갈고, 밭가는 일을 일삼는 것은 모두 농관 자신의 일이라는 말이다.'(慶源輔氏曰 : …. 三爾字, 皆指農官, 而言其職既以萬夫爲界, 則萬夫之發私田, 服耕事, 皆農官之己事也.)"라고 되어 있다.

朱註

時, 是, 駿, 大, 發, 耕也.

시(時) 는 이것이고, 준(駿)은 큼이며, 발(發)은 밭을 가는 것이다.

詳說

○ 發土.

흙을 가는 것이다.

朱註

私, 私田也. 三十里, 萬夫之地, 四旁

사(私)는 사전(私田)이다. 30리는 만부(萬夫)가 경작하는 땅이니, 사방(四旁)에

詳說

○ 坊本作方.

'방(旁)'자는 『방본』에서 '방(方)'으로 되어 있다.

朱註

有川,

개울이 있으며,

詳說

○ 見周禮遂人.170)

『주례』「수인」에 있다.171)

朱註

內方三十三里有奇,

그 안은 사방이 33리가 넘는데,

---

170) 『시전대전(詩傳大全)』에 『주례』「수인」의 말로 실려 있다.
171) 『시전대전(詩傳大全)』에는 "『주례』「수인」: '부 사이에는 작은 도랑이 있고, 만부에게는 개울이 있다.'(周禮遂人, 夫間有遂, 萬夫有川.)"라고 되어 있다.

|詳說|

○ 音箕.

'기(奇)'는 음이 '기(箕)'이다.

○ 孔氏曰 : "廣長各百尺."172)

공씨가 말하였다 : "넓이와 길이가 각기 백 척이다."173)

|朱註|

言三十里, 擧成數也.

30리라 말한 것은 성수(成數)를 든 것이다.

|詳說|

○ 服事也.

일을 일삼는 것이다.

|朱註|

耦, 二人並耕也.

우(耦)는 두, 사람이 나란히 밭을 가는 것이다.

|詳說|

○ 鄭氏曰 : "耜廣五寸, 二耜爲耦."174)

정씨가 말하였다 : "보습은 넓이가 오 척이고 두 개로 짝을 한다."

|朱註|

○ **此, 連上篇, 亦戒農官之辭. 昭假爾, 猶言格汝衆庶**

이것은 상편에 이어 또한 농관을 경계한 말이다. 밝게 너에게 임한다는 것은 너희 무리들에게 이른다는 말과 같으니,

---

172) 『시전대전(詩傳大全)』에 공씨의 말로 실려 있다.
173) 『시전대전(詩傳大全)』에는 "공씨가 말하였다 : '일부가 백 묘인 것은 사방 백 보이다. 만부를 누적해서 사방으로 하면 넓이와 길이가 각기 백 부로 백에 백을 곱한 것이니 만이다.'(孔氏曰 : 一夫百畝, 方百步. 積萬夫方之, 是廣長各百夫. 以百乘百, 是萬也. ….)"라고 되어 있다.
174) 『모시주소(毛詩注疏)』에 동일하게 실려 있다.

詳說

○ 見書泰誓.
『서경』「태서」에 있다.

○ 先證昭假爾.
먼저 '너희에게 임하셨다'는 것을 증명하였다.

朱註
蓋成王始置田官,
성왕(成王)이 처음으로 전관(田官)을 두고

詳說

○ 邠風已有田大夫, 而其官制之備, 則在成王時耳.
「빈풍」에 이미 전대부가 있고 그 관제가 갖추어졌으니, 성왕 때의 일이다.

朱註
而嘗戒命之也.
일찍이 경계하여 명한 것이다.

詳說

○ 慶源輔氏曰 : "進爾農官而戒命之."175)
경원 보씨가 말하였다 : "너희 농관에게 나아가 경계하여 명령한 것이다."176)

○ 豐城朱氏曰 : 後王復遵其法而重戒之.177)
풍성 주씨가 말하였다 : "후대의 왕들은 다시 그 법대로 거듭 경계했던 것이다."178)

---

175) 『시전대전(詩傳大全)』에 경원 보씨의 말로 실려 있다.
176) 『시전대전(詩傳大全)』에는 "경원 보씨가 말하였다 : 「이미 밝게 너희 농관에게 임하였다」는 것은 옛날에 성왕이 일찍이 너희 농관에게 나아가 경계하여 명령한 것이다. ….'(慶源輔氏曰 : …. 既昭假爾, 言昔時成王, 嘗進爾農官, 而戒命之矣. ….)"라고 되어 있다.
177) 『시전대전(詩傳大全)』에 풍성 주씨의 말로 실려 있다.
178) 『시전대전(詩傳大全)』에는 "풍성 주씨가 말하였다 : '여기의 시에서는 성왕의 시호를 들었으니, 그 이후의 시이다. 성왕이 이미 전관을 두고 경계하여 명령하였으니, 후대의 왕들은 다시 그 법대로 거듭 경계했던

朱註

爾當率是農夫, 播其百穀,
네가 농부들을 거느리고 백곡을 파종하는데

詳說

○ 豊城朱氏曰 : "率是農夫, 農官之職也, 播厥百穀, 農夫之事也."179)

풍성 주씨가 말하였다 : "농부를 거느리는 것은 농관의 직분이고, 백곡을 파종하는 것은 농부의 일이다."180)

朱註

使之大發其私田, 皆服其耕事, 萬人爲耦, 而竝耕也.
그들이 그 사전을 크게 밭 갈게 하며, 모두 밭가는 일을 일삼아 만인(萬人)이 짝이 되어 나란히 밭 갈게 하라고 한 것이다.

詳說

○ 亦
'개(皆)'는 본문의 '역(亦)'이다.

○ 豊城朱氏曰 : "終三十里, 欲其地之無遺利也, 十千維耦, 欲其人之無遺力也."181)

풍성 주씨가 말하였다 : "'삼십 리를 마친다'는 것은 그 땅에 버리는 이익이 없도록 한 것이고, '만으로 짝을 하라'는 것은 그 사람들에게서 버리는 힘이 없도록 한 것이다."182)

것이다. ….'(豊城朱氏曰 : 此詩擧成王之諡, 則成王以後之詩也. 成王既置田官而戒命之, 後王復遵其法而重戒之. ….)"라고 되어 있다.
179) 『시전대전(詩傳大全)』에 풍성 주씨의 말로 실려 있다.
180) 『시전대전(詩傳大全)』에는 "풍성 주씨가 말하였다 : '여기의 시에서는 성왕의 시호를 들었으니, 그 이후의 시이다. 성왕이 이미 전관을 두고 경계하여 명령하였으니, 후대의 왕들은 다시 그 법대로 거듭 경계했던 것이다. 농부를 거느리는 것은 농관의 직분이고, 백곡을 파종하는 것은 농부의 일이다.…'.(豊城朱氏曰 : 此詩擧成王之諡, 則成王以後之詩也. 成王既置田官而戒命之, 後王復遵其法而重戒之. 率是農夫, 農官之職也, 播厥百穀, 農夫之事也.….)"라고 되어 있다.
181) 『시전대전(詩傳大全)』에 풍성 주씨의 말로 실려 있다.
182) 『시전대전(詩傳大全)』에는 "풍성 주씨가 말하였다 : '여기의 시에서는 성왕의 시호를 들었으니, 그 이후의

朱註

蓋耕本以二人爲耦, 今合一川之衆爲言, 故云萬人畢出, 幷力齊心, 如合一耦也.

밭을 갊은 본래 두 사람을 한 짝으로 삼는데, 이제 한 개울의 무리를 합하여 말하였기 때문에 만인이 다 나와서 힘을 함께 하고 마음을 합하여 한 짝이 하는 것과 같이 하라고 말한 것이다.

詳說

○ 新安胡氏曰 : "五千耦, 如一耦."183)
  신안 호씨가 말하였다 : "오천의 짝이 하나의 짝과 같은 것이다."184)

朱註

此必鄕遂之官, 司稼之屬, 其職以萬夫爲界者. 溝洫, 用貢法, 無公田, 故皆謂之私.

이것은 반드시 향수(鄕遂)의 관원 중에 사가(司稼)의 등속일 것이니, 그 직책이 만부(萬夫)를 경계로 삼은 자일 것이다. 구혁(溝洫)에는 공법(貢法)을 사용하여 공전(公田)이 없기 때문에 모두 사전(私田)이라 이른 것이다.

詳說

○ 周禮地官.
  '사가(司稼)'는 『주례』 지관이다.

○ 北溪陳氏曰 : "國中鄕遂之地, 用貢法田, 不井授, 但爲溝洫."185)

시이다. 성왕이 이미 전관을 두고 경계하여 명령하였으니, 후대의 왕들은 다시 그 법대로 거듭 경계했던 것이다. 농부를 거느리는 것은 농관의 직분이고, 백곡을 파종하는 것은 농부의 일이다. 「삼십 리를 마친다」는 것은 그 땅에 버리는 이익이 없도록 한 것이고, 「만으로 짝을 하라」는 것은 그 사람들에게서 버리는 힘이 없도록 한 것이다. 땅에 버리는 이익이 없고, 사람에게 버리는 힘이 없으니, 이것이 풍년이 반드시 될 수 있는 까닭이다.'(豐城朱氏曰 : 此詩擧成王之諡, 則成王以後之詩也. 成王旣置田官而戒命之, 後王復遵其法而重戒之. 率是農夫, 農官之職也, 播厥百穀, 農夫之事也. 終三十里, 欲其地之無遺利也, 十千維耦, 欲其人之無遺力也. 地無遺利, 人無遺力, 此豐穰之所以可必也.)"라고 되어 있다.
183) 『시전대전(詩傳大全)』에 신안 호씨의 말로 실려 있다.
184) 『시전대전(詩傳大全)』에는 "신안 호씨가 말하였다 : '「만으로 짝을 한다」는 것은 만부가 짝과 합해 밭을 가는 것이니 실로 오천 짝인 것이다. 오천으로 짝이 되어 힘을 나란히 하고 마음을 가지런히 하니, 하나의 짝과 같은 것이다.'(新安胡氏曰 : 十千維耦者, 盖萬夫合耦而耕, 實五千耦耳. 五千耦而幷力齊心, 如一耦也.)"라고 되어 있다.

북계 진씨가 말하였다 : "나라에서 향수의 땅은 밭에 공법을 적용함에 정(井)자로 주지 않고 구혁으로 할 뿐이다."186)

○ 公在私中, 而私多公少, 故槪言私耳.
공전이 사전 가운에 있고, 사전이 많고 공전이 적기 때문에 함께 사전이라고 한 것일 뿐이다.

朱註
蘇氏曰, 民曰, 雨我公田, 遂及我私,
소씨(蘇氏)가 말하였다. "백성들은 '우리 공전(公田)에 비가 내려서 마침내 우리 사전(私田)에 미치라.'라고 하였고,

詳說
○ 去聲.
'우(雨)'는 거성이다.

○ 見小雅大田.
「소아」 「대전」에 있다.

朱註
而君曰, 駿發爾私終三十里, 其上下之間, 交相忠愛如此.
임금은 '너의 사전(私田)을 크게 밭갈아 30리를 마치라.'라고 하였으니, 상하(上下)의 사이에 서로 충애(忠愛)함이 이와 같다."

詳說
○ 蓋耕以下論也.
밭가는 것 이하는 경문의 의미 설명이다.

---

185) 『시전대전(詩傳大全)』에 북계 진씨의 말로 실려 있다.
186) 『시전대전(詩傳大全)』에는 "북계 진씨가 말하였다 : '주나라의 제도에서 나라에서 향수의 땅은 밭에 공법을 적용함에 정(井)자로 주지 않고 구혁으로 할 뿐이다. ….'(北溪陳氏曰 : 周制國中鄕遂之地, 用貢法田, 不井授, 但爲溝洫. ….)"라고 되어 있다.

朱註

噫嘻一章八句

「희희」는 1장으로 8구이다.

詳說

○ 豐城朱氏曰 : "此成王以後之詩."187)

풍성 주씨가 말하였다 : "이것은 성왕 이후의 시이다."188)

○ 慶源輔氏曰 : "臣工, 是成王戒農官之辭, 噫嘻, 疑是康王戒農官之辭."189)

경원 보씨가 말하였다 : "신공은 성왕이 농관에게 나아가 경계한 말이고, 희희는 아마도 강왕이 농관에게 경계한 말일 것이다."190)

[4-2-3-1]

振鷺于飛, 于彼西雝. 我客戾止, 亦有斯容.

떼 지어 백로가 날아가기를 저 서쪽 못에서 하도다.
우리 손님이 이르니 또한 이 용의(容儀)가 있도다.

朱註

賦也. 振, 羣飛貌.

부(賦)이다. 진(振)은 떼 지어 날아가는 모양이다.

---

187) 『시전대전(詩傳大全)』에 풍성 주씨의 말로 실려 있다.
188) 『시전대전(詩傳大全)』에는 "풍성 주씨가 말하였다 : '여기의 시에서는 성왕의 시호를 들었으니, 그 이후의 시이다. 성왕이 이미 전관을 두고 경계하여 명령하였으니, 후대의 왕들은 다시 그 법대로 거듭 경계했던 것이다. 농부를 거느리는 것은 농관의 직분이고, 백곡을 파종하는 것은 농부의 일이다. 「삼십 리를 마친다」는 것은 그 땅에 버리는 이익이 없도록 한 것이고, 「만으로 짝을 하라」는 것은 그 사람들에게서 버리는 힘이 없도록 한 것이다. 땅에 버리는 이익이 없고, 사람에게 버리는 힘이 없으니, 이것이 풍년이 반드시 될 수 있는 까닭이다.'(豐城朱氏曰 : 此詩舉成王之諡, 則成王以後之詩也. 成王既置田官而戒命之, 後王復遵其法而重戒之. 率是農夫, 農官之職也. 播厥百穀, 農夫之事也. 終三十里, 欲其地之無遺利也, 十千維耦, 欲其人之無遺力也. 地無遺利, 人無遺力, 此豐穰之所以可必也.)"라고 되어 있다.
189) 『시전대전(詩傳大全)』에 경원 보씨의 말로 실려 있다.
190) 『시전대전(詩傳大全)』에는 "경원 보씨가 말하였다 : '신공은 성왕이 농관에게 나아가 경계한 말이고, 희희는 아마도 강왕이 농관에게 경계한 말일 것이다. 「이미 밝게 너희 농관에게 임하였다」는 옛날에 성왕이 일찍이 너희 농관에게 나아가 경계하여 명령한 것이다. ….'(慶源輔氏曰 : 臣工, 是成王戒農官之辭, 噫嘻, 疑是康王戒農官之辭.. 既昭假爾, 言昔時成王, 嘗進爾農官而戒命之矣. 既昭假爾, 言昔時成王, 嘗進爾農官, 而戒命之矣. ….)"라고 되어 있다.

詳說

○ 猶言振振.

'진진(振振)'이라고 말하는 것과 같다.

朱註

鷺, 白鳥. 雝, 澤也.

노(鷺)는 백조(白鳥)이다. 옹(雝)은 못이다.

詳說

○ 王氏曰 : "辟雝有水, 鷺所集也, 在西郊, 故曰西雝."191)

왕씨가 말하였다 : "임금의 못에 물이 있어 백로가 모이는 것인데, 서쪽 교외에 있기 때문에 '서쪽 못'이라고 한 것이다."

朱註

客, 謂二王之後, 夏之後杞, 商之後宋, 於周爲客,

객(客)은 두 왕의 후손을 이르니, 하(夏)나라의 후손인 기(杞)나라와 상(商)나라의 후손인 송(宋)나라는 주(周)나라에 손님이 되어서

詳說

○ 三山李氏曰 : "所謂作賓王家也."192)

삼산 이씨가 말하였다 : "이른바 왕가의 손님이 된 것이다."193)

朱註

天子有事膰焉, 有喪拜焉者也.

천자에게 제사가 있으면 제사 고기를 전하고, 상(喪)이 있으면 절하는 자들이었다.

詳說

---

191) 『시전대전(詩傳大全)』에 왕씨의 말로 동일하게 실려 있다.
192) 『시전대전(詩傳大全)』에 삼산 이씨의 말로 실려 있다.
193) 『시전대전(詩傳大全)』에는 "삼산 이씨가 말하였다 : '우리 손님이라고 한 것은 순수하게 손님으로 대우한 것이 아니니, 이를테면 이른바 우나라의 손님이 자리에 있다는 것으로 왕가의 손님이 된 것이다.'(三山李氏曰 : 我客云者, 不純臣待之, 如所謂虞賓在位, 作賓王家也.)"라고 되어 있다.

○ 見左傳二十四年, 祭則賜膰, 有喪而宋弔之, 則王特拜謝之
『좌전』 희공 24년에 제사를 지내니 고기를 전하고, 상이 있어 송나라에서 조문하니, 왕이 특별히 절하며 사례하였다는 것이 있다.

朱註
○ 此二王之後, 來助祭之詩. 言鷺飛于西雝之水, 而我客來助祭者
이것은 두 왕의 후손이 와서 제사를 돕는 시이다. 백로가 서쪽 못의 물에서 날아가는데, 우리 손님으로서 와서 제사를 돕는 자가

詳說
○ 補助祭字.
제사를 돕는다는 말을 더하였다.

朱註
其容貌修整, 亦如鷺之潔白也.
그 용모의 닦여지고 정돈됨이 또한 백로의 결백함과 같다는 말이다.

詳說
○ 補修整潔白字.
닦여지고 정돈됨과 결백하다는 말을 더하였다.

朱註
或曰興也
혹자(或者)는 흥(興)이라 한다.

詳說
○ 以亦有斯容句觀之, 作賦, 恐是與有駜又微不同.
'또한 이 용의가 있도다'라는 구로 보면 부가 되니, 「유필(有駜)」과 또 미미하게 같지 않은 것 같다.

|在彼無惡, 在此無斁.|

저기에 있어도 미워하는 이가 없으며 여기에 있어도 싫어하는 이가 없으니,

|詳說|

○ 烏路反.194)

'오(惡)'의 음은 '오(烏)'와 '로(路)'의 반절이다.

○ 叶, 丁故反.195)

'역(斁)'은 협운으로 음은 '정(丁)'과 '고(故)' 반절이다.

|庶幾夙夜, 以永終譽.|

거의 밤낮으로 노력하여 명예를 길이 마치리로다.

|詳說|

○ 叶, 羊茹反.196)

'야(夜)'는 협운으로 음은 '양(羊)'과 '여(茹)'의 반절이다.

|朱註|

|彼, 其國也. 在國, 無惡之者, 在此, 無厭之者.|

피(彼)는 그 나라이다. 나라에서 미워하는 자가 없고 여기에서 싫어하는 자가 없다.

|詳說|

○ 周也.

여기는 주나라이다.

○ 皆主我客而言.

모두 나의 객을 위주로 말한 것이다.

---

194) 烏路反 : 『시전대전(詩傳大全)』에도 동일하게 되어 있다.
195) 叶, 丁故反 : 『시전대전(詩傳大全)』에도 동일하게 되어 있다.
196) 叶, 羊茹反 : 『시전대전(詩傳大全)』에도 동일하게 되어 있다.

朱註

如是, 則庶幾其能夙夜, 以永終此譽矣.
이와 같다면 거의 일찍 일어나고 밤늦게 자서 이 명예를 길이 마칠 수 있을 것이다.

詳說

○ 慶源輔氏曰 : "夙夜, 無或息之意也, 終, 竟也."197)
  경원 보씨가 말하였다 : "'밤낮으로'는 혹 쉼이 없다는 의미이고, '종(終)'은 '마침내'이다."198)

○ 三山李氏曰 : "成王告微子曰, 與國咸休, 永世無窮, 又曰, 俾我有周無斁, 皆此意也."199)
  삼산 이씨가 말하였다 : "성왕이 미자에게 '나라와 함께 모두 아름다운 가운데 길이 대대로 무궁할지어다.'라고 하고, 또 '내가 주나라를 소유함에 싫어함이 없게 하라.'라고 한 것이 모두 이런 의미이다."200)

朱註

陳氏曰 : 在彼, 不以我革其命, 而有惡於我, 知天命無常, 惟德是與, 其心服也, 在我, 不以彼墜其命, 而有厭於彼, 崇德象賢, 統承先王,
진씨(陳氏)가 말하였다. "저들에게서는 내가 혁명을 했다고 나를 미워하는 마음이 있지 아니하고, 천명이 무상해서 오직 덕이 있는 이에게 줌을 아니, 마음으로 복종한 것이고, 나에게서는 저들이 천명을 실추했다고 저를 싫어함이 있지 아니하여 덕을 높이고 어진 이를 본받아 선왕을 계승하게 하였으니,

詳說

---

197) 『시전대전(詩傳大全)』에 경원 보씨의 말로 실려 있다.
198) 『시전대전(詩傳大全)』에는 "경원 보씨가 말하였다 : '…. 「거의」는 감히 기필하지 않는 말이다. 「밤낮으로」는 혹 쉼이 없다는 의미이고, 「영(永)」「길이」이며, 「종(終)」은 「마침내」이다.'(慶源輔氏曰 : …. 庶幾, 不敢必之辭也. 夙夜, 無或息之意也, 永, 長也, 終, 竟也.)"라고 되어 있다.
199) 『시전대전(詩傳大全)』에 삼산 이씨의 말로 실려 있다.
200) 『시전대전(詩傳大全)』에는 "삼산 이씨가 말하였다 : 「거의 명예를 마치리로다.」라고 한 이것은 이른바 덕으로 사람을 사랑하는 것이다. 성왕이 미자에게 「나라와 함께 모두 아름다운 가운데 길이 대대로 무궁할지어다.」라고 하고, 또 「내가 주나라를 소유함에 싫어함이 없게 하라.」라고 한 것이 모두 이런 의미이다.' (三山李氏曰 : 庶幾終譽, 此所謂愛人以德也. 成王告微子曰, 與國咸休, 永世無窮, 又曰, 俾我有周無斁, 皆此意也.)"라고 되어 있다.

○ 八字, 出書微子之命.
여덟 글자는 『서경』「미자지명」이 출처이다.

朱註

忠厚之至也.
충후(忠厚)함이 지극한 것이다."

詳說

○ 此, 論也. 上主我客而言, 下主周而言.
이것은 경문의 의미 설명이다. 위에서는 나의 객을 위주로 말한 것이고, 아래에서는 주나라를 위주로 말한 것이다.

○ 安成劉氏曰 : "陳說, 與上文傳意微異. 故朱子初解舊本, 於此說之下, 有亦通二字."201)
안성 유씨가 말하였다 : "진씨의 설명은 윗글 전의(傳意)와 약간 다르다. 그러므로 주자는 애초에 구본을 풀이함에 여기 설명의 아래에 역통(亦通)이라는 두 글자를 두었다."202)

朱註

振鷺, 一章八句.
「진로」는 1장으로 8구이다.

詳說

○ 朱子曰 : "此無告神之語, 恐是獻助祭之臣. 古者一祭之中, 多事主與賓尸, 皆有獻酬之禮."203)
주자가 말하였다 : "여기에는 신에게 고하는 말이 없으니, 아마도 나아가 제사를 돕는 신하인 듯하다. 옛날에 한 번 제사하는 가운데 주인과 빈시(賓尸)를 섬김에 모두 나아가 술을 올리는 예가 있었다."204)

---

201) 『시전대전(詩傳大全)』에 안성 유씨의 말로 실려 있다.
202) 『시전대전(詩傳大全)』에는 "안성 유씨가 말하였다 : '「저들에게서는 미워하는 마음이 있지 아니하다.」는 의미의 진씨의 설명은 윗글 전의(傳意)와 약간 다르다. 그러므로 주자는 애초에 구본을 풀이함에 여기 설명의 아래에 역통(亦通)이라는 두 글자를 두었다.'(安成劉氏曰 : 所引陳說在彼無惡之意, 與上文傳意微異. 故朱子初鮮舊本, 於此說之下, 有亦通二字.)"라고 되어 있다.
203) 『시전대전(詩傳大全)』에 주자의 말로 실려 있다.

○ 三山李氏曰 : "杞宋, 天子後也, 其禮加於諸侯, 故特爲此詩."205)
삼산 이씨가 말하였다 : "기나라와 송나라는 천자의 후예여서 그 예를 제후보다 더하였기 때문에 특별히 이 시를 둔 것이다."

[4-2-4-1]

豐年多黍多稌, 亦有高廩,

풍년에 기장이 많고 벼가 많아 또한 높은 곳집이

詳說

○ 音杜.206)

'도(稌)'의 음은 '두(杜)'이다.

○ 力錦反.207)

'름(廩)'의 음은 '력(力)'과 '금(錦)'의 반절이다.

萬億及秭. 爲酒爲醴,

만(萬)과 억(億)과 및 자(秭)이다. 술을 만들고 단 술을 만들어

詳說

○ 咨履反.208)

'자(秭)'의 음은 '자(咨)'와 '리(履)'의 반절이다.

烝畀祖妣, 以洽百禮, 降福孔皆.

조비(祖)에게 나아가 올려서 백 례를 모두 구비하니, 복을 내리심이 심히 두루 하리로다.

---

204) 『시전대전(詩傳大全)』에는 "주자가 말하였다 : '여기의 문의를 보면 모두 신에게 고하는 말이 없으니, 아마도 나아가 제사를 돕는 신하인 듯하다. 옛날에는 제사에서 주는 고기를 받을 때마다 주인과 빈시(賓尸)에게는 모두 나아가 술을 올리는 예가 있었다. ….'(朱子曰看此文意, 都無告神之語, 恐是獻助祭之臣. 古者祭毎一受胙, 主與賓尸, 皆有獻助之禮. ….)"라고 되어 있다.
205) 『시전대전(詩傳大全)』에 삼산 이씨의 말로 동일하게 실려 있다.
206) 音杜 : 『시전대전(詩傳大全)』에도 동일하게 되어 있다.
207) 力錦反 : 『시전대전(詩傳大全)』에도 동일하게 되어 있다.
208) 咨履反 : 『시전대전(詩傳大全)』에도 동일하게 되어 있다.

詳說

○ 皆, 擧里反.209)

'개(皆)'는 협운으로 음은 '거(擧)'와 '리(里)'의 반절이다.

朱註

賦也. 稌, 稻也.

부(賦)이다. 도(稌)는 벼이다.

詳說

○ 三山李氏曰 : "粳也."210)

삼산 이씨가 말하였다 : "메벼이다."211)

朱註

黍, 宜高燥而寒, 稌, 宜下濕而暑,

기장은 높고 건조하며 추운 곳이 잘되고, 낮고 습하며 더운 곳이 잘되니,

詳說

○ 見周禮職方氏.

『주례』「직방씨」에 있다.

朱註

黍稌皆熟, 則百穀無不熟矣. 亦, 助語辭.

기장과 벼가 모두 성숙했다면 백곡이 성숙하지 않음이 없는 것이다. 역(亦)은 어조사이다.

詳說

○ 與噫嘻亦字之爲皆義者, 又微不同.

---

209) 皆, 擧里反 : 『시전대전(詩傳大全)』에도 동일하게 되어 있다.
210) 『시전대전(詩傳大全)』에 삼산 이씨의 말로 실려 있다.
211) 『시전대전(詩傳大全)』에는 "삼산 이씨가 말하였다 : '벼는 메벼이다. ….'(三山李氏曰 : 稌, 粳也. ….)"라고 되어 있다.

「희희」에서 '역(亦)'자가 모두 의미가 되는 것과는 또 미미하게 같지 않다.

數萬至萬曰億.
만(萬)을 세어 만(萬)에 이름을 억(億)이라 하고,

> 詳說
>
> ○ 上聲, 下同.
> '수(數)'는 상성으로 아래에서도 같다.
>
> ○ 萬萬.
> 만이 만인 것이다.
>
> ○ 伐檀註作十萬. 蓋毛以萬萬言, 鄭以十萬言, 而集傳兩取於二註云
> 「벌단」의 주에서는 십만이라고 하였다. 대개 모씨는 만이 만인 것으로 말하였고, 정씨는 십만으로 말하였는데, 「집전」에서는 두 주에서 양쪽으로 취해 말하였다.

朱註
數億至億曰秭.
억(億)을 세어 억(億)에 이름을 자(秭)라 한다.

> 詳說
>
> ○ 諺音誤, 與載芟, 自相矛盾.
> 『언해』의 음은 잘못되었으니, 「재삼(載芟)」과는 본래 서로 모순되는 것이다.
>
> ○ 億億.
> 억이 억인 것이다.

朱註
烝, 進, 畀, 予,

증(烝)은 나아감이고, 비(畀)는 줌이며,

詳說
○ 音與, 猶獻也.
'여(予)'의 음은 '여(與)'로 준다는 것과 같다.

朱註
洽, 備, 皆, 徧也. ○ 此, 秋冬報賽田事之樂歌, 蓋祀田祖先農方社之屬也.
흡(洽)은 갖춤이고, 개(皆)는 두루함이다. ○ 이는 추동에 농사에 보답하여 굿하는 악가이니, 전조와 선농과 방사의 등속에 제사하는 것이다.

詳說
○ 甫田註叅看.
「보전」의 주를 참고해서 보라.

○ 新安胡氏曰 : "濮氏謂此年穀始登, 而薦宗廟之樂歌, 豈非以其有烝畀祖妣之辭歟."212)
신안 호씨가 말하였다 : "복씨는 올해의 곡식이 처음 올라오면서 종묘의 악기를 올린다고 하였으니, 어찌 조고께 올리는 말이 있는 것이 아니겠는가?"213)

○ 安成劉氏曰 : "序以噫嘻爲春夏祈, 此詩爲秋冬報, 載芟爲春祈, 良耜爲秋報. 集傳於彼三詩傳文及序說, 旣皆不取小序, 獨此篇於序說, 亦謂其誤, 而傳猶用序意, 豈後來所改有未盡歟. 然得濮氏胡氏之說, 亦足以補之矣."214)
안성 유씨가 말하였다 : "서에서는 「희희(噫嘻)」를 봄과 여름의 기원으로 여겼고, 여기의 시를 가을과 겨울의 보은으로 여겼으며, 「재삼(載芟)」을 봄의 기원으로 여겼고, 「양사(良耜)」를 가을의 보은으로 여겼다. 「집전」에서는 저 세 시의

---

212) 『시전대전(詩傳大全)』에 신안 호씨의 말로 실려 있다.
213) 『시전대전(詩傳大全)』에는 "신안 호씨가 말하였다 : '살펴보건대, 복씨는 올해의 곡식이 처음 올라오면서 종묘의 악기를 올린다고 하였으니, 어찌 조고께 올리는 말이 있는 것이 아니겠는가?(新安胡氏曰 : 按. 濮氏謂此年穀始登, 而薦宗廟之樂歌, 豈非以其有烝畀祖妣之辭歟.)"라고 되어 있다.
214) 『시전대전(詩傳大全)』에 안성 유씨의 말로 실려 있다.

전문과 서설에서 이미 모두 「소서」를 취하지 않았는데, 유독 여기에서는 서설에서 또한 그 잘못을 말하면서도 전에서는 오히려 서의 의미를 사용했으니, 어찌 뒤에 고친 것에 미진함이 있었겠는가? 그러나 복씨와 호씨의 설명을 얻으면 또한 충분히 보충할 수 있는 것이다."215)

朱註
言其收入之多,
그 거둬들임이 많아서

詳說
○ 萬億秭, 極言廩之多, 猶言千倉也.
만·억·자는 곳집의 많음을 극도로 말한 것이니, 천개의 창고라고 말하는 것과 같다.

朱註
至於可以供祭祀備百禮,
제사에 바치고 백례(百禮)를 구비하게 되어

詳說
○ 廬陵曹氏曰 : "百禮非特言祭祀而已."216)
여릉 조씨가 말하였다 : "백례는 제사만을 말한 것은 아니다."217)

○ 按, 以載芟證之可知, 其不專指祭禮耳.

---

215) 『시전대전(詩傳大全)』에는 "안성 유씨가 말하였다 : '서에서는 「희희(噫嘻)」를 봄과 여름의 기원으로 여겼고, 여기의 시를 가을과 겨울의 보은으로 여겼으며, 「재삼(載芟)」을 봄의 기원으로 여겼고, 「양사(良耜)」를 가을의 보은으로 여겼다. 주자의 처음 풀이에서는 모두 그 설을 사용했는데, 이제 여기 「집전」에서는 바로 저 세 시의 전문과 서설에근본한 것을 고쳐 이미 모두 「소서」를 취하지 않고, 유독 여기의 편에서는 서설에서 또한 그 잘못을 말하면서도 전에서는 오히려 서의 의미를 사용했으니, 어찌 뒤에 고친 것에 미진함이 있었겠는가? 그러나 복씨와 호씨의 설명을 얻으면 또한 충분히 보충할 수 있는 것이다.'(安成劉氏曰 : 序以噫嘻爲春夏祈, 此詩爲秋冬報, 載芟爲春祈, 良耜爲秋報. 朱子初解, 皆用其說, 今此集傳, 乃其改本於彼三詩傳文及序說, 旣皆不取小序, 獨此篇於序說, 亦謂其誤, 而傳猶用序意者, 豈後來所改, 有未盡歟. 然得濮氏胡氏之說, 亦足以補之矣.)"라고 되어 있다.
216) 『시전대전(詩傳大全)』에 여릉 조씨의 말로 실려 있다.
217) 『시전대전(詩傳大全)』에는 "여릉 조씨가 말하였다 : '「백례를 모두 구비하다」는 것은 제사만을 말한 것은 아니라 노인을 봉양하고 손님을 대접하는 것이 모두 그 속에 있는 것이다.'(廬陵曹氏曰 : 以洽百禮, 非特言祭祀而已, 而養耆老享賓客, 皆在其中矣.)"라고 되어 있다.

살펴보건대, 「재삼」으로 증명하면 알 수 있으니, 오로지 제사만을 가리킨 것은 아니다.

朱註
而神降之福將甚徧也.
신이 복을 내림이 심히 두루할 것이라는 말이다.

詳說
○ 豐城朱氏曰 : "神, 指田祖先農方社而言."218)
풍성 주씨가 말하였다 : "신은 전조·선농·방사를 가리켜서 말한 것이다."219)

○ 按, 如濮胡劉三說, 則當爲指祖與妣神耳.
살펴보건대, 이를테면 복씨와 호씨와 유씨의 설은 당연히 조비의 신을 가리킨 것일 뿐이다.

朱註
豐年一章七句
「풍년」은 1장으로 7구이다.

[4-2-5-1]
有瞽有瞽, 在周之庭.
악사여 악사여 주나라의 뜰에 있도다.

朱註
賦也. 瞽, 樂官, 無目者也.
부(賦)이다. 고(瞽)는 악관(樂官)으로 눈이 없는 자이다.

---

218) 『시전대전(詩傳大全)』에 풍성 주씨의 말로 실려 있다.
219) 『시전대전(詩傳大全)』에는 "풍성 주씨가 말하였다 : '여기의 시에 대해 주자는 농사에 보답하는 악가라고 말하였다. 「집전」에서의 신(神)자는 전조·선농·방사를 가리켜서 말한 것이다. ….'(豐城朱氏曰 : 此詩, 朱子 謂報賽田事之樂歌. 集傳神字, 正指田祖先農方社而言. ….)"라고 되어 있다.

詳說

○ 豐城朱氏曰 : "重言, 見其非一人."220)
풍성 주씨가 말하였다 : "거듭 말해 그들이 한 사람이 아님을 드러낸 것이다."221)

○ 鄭氏曰 : "周禮上瞽四十人, 中瞽百人, 下瞽百六十人."222)
정씨가 말하였다 : "『주례』에 상고는 40명이고, 중고는 100명이며, 하고는 160명이다."223)

朱註

○ 序以此爲始作樂, 而合乎祖之詩,
서(序)에서는 이것으로써 처음으로 풍악을 만들고 조묘(祖廟)에 합주하는 시(詩)라 하였으니,

詳說

○ 濮氏曰 : "王者功成作樂, 合奏于先祖."224)
복씨가 말하였다 : "왕자는 공이 이루어지면 음악을 지어 선조에게 합주하는 것이다."225)

朱註

兩句, 總序其事也.
두 구는 그 일을 총괄하여 서술한 것이다.

---

220) 『시전대전(詩傳大全)』에 풍성 주씨의 말로 실려 있다.
221) 『시전대전(詩傳大全)』에는 "풍성 주씨가 말하였다 : '「악사여」라고 거듭 말해 그들이 한 사람이 아니면서 모두 주나라의 조정에 있음을 드러낸 것이다.'(豐城朱氏曰 : 重言有瞽, 見其非一人, 而皆在於周之庭矣.)"라고 되어 있다.
222) 『시전대전(詩傳大全)』에 정씨의 말로 실려 있다.
223) 『시전대전(詩傳大全)』에는 "정씨가 말하였다 : '고(瞽)는 청맹과니로 눈으로 보는 것이 없어 소리에 밝은 것이다. 『주례』에 상고는 40명이고, 중고는 100명이며, 하고는 160명이다. ….'(鄭氏曰 : 瞽, 矇也. 目無所見, 於音聲審也. 周禮上瞽四十人, 中瞽百人, 下瞽百六十人. ….)"라고 되어 있다.
224) 『시전대전(詩傳大全)』에 복씨의 말로 실려 있다.
225) 『시전대전(詩傳大全)』에는 "복씨가 말하였다 : '왕자는 공이 이루어지면 음악을 지어 선조의 사당에서 합주하니, 이것이 공가이다.'(濮氏曰 : 王者功成作樂, 而始合奏于祖廟, 此工歌也.)"라고 되어 있다.

詳說

○ 兩字上, 一有此字.

　양(兩)자 위에 어떤 판본에는 차(此)자가 있다.

○ 慶源輔氏曰 : "瞽, 言作樂之人, 庭, 言作樂之處, 是總序也."226)

　경원 보씨가 말하였다 : "고(瞽)는 연주하는 사람을 말하고, 정(庭)은 연주하는 곳이니, 바로 총체적으로 서술할 것이다."227)

○ 按, 以韻叶言之, 亦爲總起云.

　살펴보건대, 운의 화합으로 말하면 또한 총체적으로 일으킨 것이라고 할 것이다.

設業設虡, 崇牙樹羽.

업(業)을 설치하고 쇠북틀을 설치하니 숭아(崇牙)에 깃털을 꽂아 놓도다.

詳說

○ 音巨.228)

　'거(虡)'의 음은 '거(巨)'이다.

應田縣鼓, 鞉磬柷圉,

큰 북과 작은 북의 매단 북과 소고와 경쇠와 축과 어가

詳說

○ 音桃.229)

　'도(鞉)'의 음은 '도(桃)'이다.

---

226) 『시전대전(詩傳大全)』에 경원 보씨의 말로 실려 있다.
227) 『시전대전(詩傳大全)』에는 "경원 보씨가 말하였다 : '고(瞽)는 연주하는 사람을 말하고, 정(庭)은 연주하는 곳이니, 두 구가 그 일을 총체적으로 서술했다는 것이 여기에 해당한다.'(慶源輔氏曰 : 瞽言作樂之人也, 庭, 言作樂之處也, 兩句, 總序其事, 是也.)"라고 되어 있다.
228) 音巨 : 『시전대전(詩傳大全)』에도 동일하게 되어 있다.
229) 音桃 : 『시전대전(詩傳大全)』에도 동일하게 되어 있다.

○ 尺叔反.230)
　'축(柷)'의 음은 '척(尺)'과 '숙(叔)'의 반절이다.

○ 音語.
　'어(圄)'의 음은 '어(語)'이다.

|旣備乃奏, 簫管備舉.|

갖추어 연주하니 퉁소와 피리가 구비하여 연주하도다.

|詳說|

○ 叶, 音祖.231)
　'주(奏)'는 협운으로 음은 '조(祖)'이다.

○ 以上叶瞽字.232)
　이상은 '고(瞽)'자와 협운이다.

|朱註|
業虡崇牙, 見靈臺篇. 樹羽, 置五采之羽於崇牙之上也.
업(業), 거(虡), 숭아(崇牙)는 「영대편(靈臺篇)」에 있다. 수우(樹羽)는 오채(五采)의 깃털을 숭아(崇牙)의 위에 꽂는 것이다.

|詳說|

○ 音現.
　'현(見)'의 음은 '현(現)'이다.

○ 孔氏曰 : "以爲文."233)
　공씨가 말하였다 : "이것으로 문식하는 것이다."234)

---

230) 尺叔反 : 『시전대전(詩傳大全)』에도 동일하게 되어 있다.
231) 叶, 音祖 : 『시전대전(詩傳大全)』에도 동일하게 되어 있다.
232) 以上叶瞽字 : 『시전대전(詩傳大全)』에도 동일하게 되어 있다.
233) 『시전대전(詩傳大全)』에 공씨의 말로 실려 있다.

朱註

應, 小鞞, 田, 大鼓也. 鄭氏曰田當作朄. 小鼓也. 縣鼓, 周制也,
응(應)은 작은 북이요, 전(田)은 큰 북이다. 정씨(鄭氏)는 "전(田)은 인(朄)이 되어야 하니, 작은 북이다."라고 하였다. 북을 매다는 것은 주(周)나라의 제도이니,

詳說

○ 音胤.
'인(朄)'의 음은 '윤(胤)'이다.

○ 音玄.
'현(縣)'의 음은 '현(玄)'이다.

○ 應與田, 皆所縣之鼓也
응(應)과 전(田)은 모두 매다는 북이다.

朱註

夏后氏, 足鼓, 殷楹鼓, 周縣鼓.
하후씨(夏后氏)는 북에 네 개의 발을 달아놓았고, 은(殷)나라는 북을 기둥 위에 올려놓았고, 주(周)나라는 북을 매달아 놓았다.

詳說

○ 出禮記明堂位.
『예기』「명당위」가 출처이다.

○ 曹氏曰 : "足以趺承之, 楹以柱貫之."235)
조씨가 말하였다 : "발을 달아놓은 것은 책상다리로 받드는 것이고, 기둥 위에 올려놓은 것은 기둥으로 꿰는 것이다."236)

---
234) 『시전대전(詩傳大全)』에는 "공씨가 말하였다 : '…. 오채의 깃을 꽂아 문식하는 것이다. ….'(孔氏曰 : …. 樹五采之羽以爲文. ….)"라고 되어 있다.
235) 『시전대전(詩傳大全)』에 조씨의 말로 실려 있다.
236) 『시전대전(詩傳大全)』에는 "조씨가 말하였다 : '발을 달아놓은 것은 책상다리로 받드는 것이고, 기둥 위에 올려놓은 것은 기둥으로 꿰는 것이다.(曹氏曰 : 足鼓, 則以趺承之, 楹鼓, 則以柱貫之. ….)"라고 되어 있

朱註

鼗如鼓而小, 有柄兩耳,

도(鼗)는 북과 같은데 작으니, 자루가 달려있고 두 귀가 있어서

詳說

○ 有柄及兩耳.

자루와 두 귀가 있을 뿐이다.

朱註

持其柄搖之, 則旁耳還自擊. 磬, 石磬也. 柷狀, 如漆桶, 以木爲之.

그 자루를 잡고 흔들면 옆에 있는 귀가 도리어 스스로 치게 되어 있다. 경(磬)은 석경(石磬)이다. 축(柷)은 형상이 칠통과 같은데 나무로 만든다.

詳說

○ 郭氏璞曰 : "方二尺四寸, 深一尺八寸."[237]

곽씨 박이 말하였다 : "사방 2척 4촌이고, 깊이는 1척 8촌이다."

朱註

中有椎, 連底,

가운데 방망이가 있어서 밑으로 이어져

詳說

○ 音隹.

'추(椎)'의 음은 '추(隹)'이다.

○ 句.

구두해야 한다.

다.
[237] 『모시주소(毛詩注疏)』에 동일하게 실려 있다.

朱註
摐之, 令左右擊以起樂者也.
당겼다 밀었다 하여 좌우로 치게 해서 풍악을 시작하는 것이다.

詳說
○ 杜孔反動也.
'동(摐)'은 구멍을 막아 되돌아가며 움직이는 것이다.

○ 平聲.
'령(令)'은 평성이다.

○ 起, 始之也.
'기(起)'는 시작하는 것이다.

圉亦作敔, 狀如伏虎, 背上有二十七鉏鋙刻, 以木長尺櫟之,
어(圉)는 또한 어(敔)로도 쓰니, 형상이 엎드려 있는 범과 같은데, 등 위에 27개의 들쑥날쑥한 조각이 있어서 나무 장척(長尺)으로 이것을 긁어

詳說
○ 音鉏鋙
'서어(鉏鋙)'의 음은 '저어(岨峿)'이다.

○ 歷略二音, 掠也.
'력(櫟)'의 음은 '력(歷)'과 '략(略)'으로 스치며 지나가는 것이다.

○ 郭氏璞曰 : "其名, 籈."
곽씨 박이 말하였다 : "그 이름은 진(籈)이다."

朱註
以止樂者也. 簫, 編小竹管爲之,
풍악을 그치는 것이다. 소(簫)는 작은 죽관을 엮어 만든 것이고,

詳說

○ 臨川王氏曰 : "大者, 二十三管, 長尺四寸, 小者, 十六管, 長尺二寸. 參差, 象鳳翼."238)

임천 왕씨가 말하였다 : "큰 것은 23개의 관으로 길이는 한 척 4촌이고, 작은 것은 16개의 관으로 한 척 2촌이다. 뒤섞이며 어긋난 것이 봉의 날개 같다."

朱註

管如篴, 倂兩而吹之者也.
관(管)은 피리와 같으니, 두 개를 아울러 부는 것이다.

詳說

○ 笛同.
'적(篴)'은 '적(笛)'과 같다.

○ 孔氏曰 : "並吹兩管.239)
공씨가 말하였다 : "함께 두 관을 부는 것이다."240)

喤喤厥聲, 肅雝和鳴,
횡횡한 그 소리가 엄숙하고 화(和)하게 울리니,

詳說

○ 音橫.241)
'황(喤)'의 음은 '횡(橫)'이다.

先祖是聽, 我客戾止, 永觀厥成.

---

238) 『시전대전(詩傳大全)』에 임천 왕씨의 말로 거의 동일하게 실려 있다.
239) 『시전대전(詩傳大全)』에 공씨의 말로 실려 있다.
240) 『시전대전(詩傳大全)』에는 "공씨가 말하였다 : 「소사(小師)」의 주에서 말하였다 : 「관은 적(笛)과 같고, 모양이 작으니, 대개 함께 두 관을 부는 것이다.」(孔氏曰 : 小師注云, 管如笛, 形小, 蓋並吹兩管也.)"라고 되어 있다.
241) 音橫 : 『시전대전(詩傳大全)』에도 동일하게 되어 있다.

선조들께서 이에 들으시며 우리 손님이 이르시어
그 음악의 연주를 길이 보시도다.

詳說
○ 以上叶庭韻.242)
이상은 '정(庭)'의 운과 맞다.

○ 喤諺音誤
'황(喤)'은 『언해』의 음이 잘못되었다.

朱註
我客, 二王後也. 觀, 視也. 成, 樂闋也. 如簫韶九成之成.
아객(我客)은 두 왕(王)의 후손이다. 관(觀)은 봄이다. 성(成)은 음악이 다하는 것이니, 소소구성(簫韶九成:소소를 아홉 번 연주하다)의 성(成)과 같다.

詳說
○ 古穴反.
'결(闋)'의 음은 '고(古)'와 '혈(穴)'의 반절이다.

○ 見書益稷.
『서경』「익직」에 있다.

○ 曹氏曰 : "永觀厥成, 觀之無厭斁也.243)
조씨가 말하였다 : "'그 음악의 연주를 길이 보이도다.'는 것을 그것을 봄에 싫어함이 없다는 것이다."

朱註
獨言二王後者, 猶言虞賓在位
유독 두 왕의 후손만을 말한 것은 우나라 손님이 자리에 있으며,

---

242) 以上叶庭韻 :『시전대전(詩傳大全)』에도 동일하게 되어 있다.
243) 『시전대전(詩傳大全)』에 조씨의 말로 동일하게 실려 있다.

詳說
○ 亦出益稷.
또한 「익직」이 출처이다.

朱註
我有嘉客
내 아름다운 손이 있다는 말과 같으니,

詳說
○ 見那.
「나」에 있다.

○ 引虞商事以證周.
우나라와 상나라의 일을 인용해서 주나라를 증명한 것이다.

朱註
蓋尤以是爲盛耳.
더욱 이것을 성대하게 여겼기 때문일 뿐이다.

詳說
○ 疊山謝氏曰：“以先代之後與先祖, 並言尊之至也.”
첩산 사씨가 말하였다 : "선대의 후손과 선조를 가지고 존귀함의 지극함을 함께 말하였다."244)

○ 豐城朱氏曰：“幽以感乎神, 明以感乎人.”245)
풍성 주씨가 말하였다 : "그윽하게 신에게 감동하고 분명하게 사람에게 감동하는 것이다."246)

---

244) 『시전대전(詩傳大全)』에는 "첩산 사씨가 말하였다 : '…. 「선조들께서 이에 들으시며 우리 손님이 이르시다」는 것은 선대의 후손과 선조를 가지고 존귀함의 지극함을 함께 말한 것이다. ….'(疊山謝氏曰 : …. 先祖是聽, 我客戾止, 以先代之後與先祖, 並言尊之至也. ….)"라고 되어 있다.
245) 『시전대전(詩傳大全)』에 풍성 주씨의 말로 실려 있다.
246) 『시전대전(詩傳大全)』에는 "풍성 주씨가 말하였다 : '음악소리가 횡횡히 화하게 울리기 때문에 선조들께서 이에 들으시니 그윽하게 사람들에게 감동함이 있는 것이다. 우리 손님이 이르시어 그 음악의 연주를

○ 周頌, 凡三言客.

「주송」에서는 모두 세 번 객에 대해 말하였다.

朱註

有瞽一章十三句

「유고」는 1장으로 13구이다.

詳說

○ 濮氏曰 : "始言樂官, 中言樂器, 終言樂聲之美."247)

복씨가 말하였다 : "처음에는 악관을 말하였고, 중간에는 악기를 말하였으며, 끝에는 음악소리의 아름다움을 말하였다."

[4-2-6-1]

猗與漆沮, 潛有多魚.

아름답다, 칠수와 저수에 고기갓에 많은 고기가 있도다.

詳說

○ 於宜反.248)

'의(猗)'의 음은 '어(於)'와 '의(宜)'의 반절이다.

○ 音余.249)

'여(與)'의 음은 '여(余)'이다.

○ 七余反.250)

'저(沮)'의 음은 '칠(七)'과 '여(余)'의 반절이다.

길이 보시니 분명하게 사람들에게 감동함이 있는 것이다.'(豊城朱氏曰 : 樂聲喤喤而和鳴, 故先祖是聽, 幽有以感乎人也. 我客戾止, 永觀厥成, 明有以感乎人也.)"라고 되어 있다.
247) 『시전대전(詩傳大全)』에 복씨의 말로 동일하게 실려 있다.
248) 於宜反 : 『시전대전(詩傳大全)』에도 동일하게 되어 있다.
249) 音余 : 『시전대전(詩傳大全)』에도 동일하게 되어 있다.
250) 七余反 : 『시전대전(詩傳大全)』에도 동일하게 되어 있다.

|有鱣有鮪, 鰷鱨鰋鯉,|

전어가 있고 상어가 있으며 피라미와 날치와 메기와 잉어가 있으니,

|詳說|

○ 張連反.251)

　'전(鱣)'의 음은 '장(張)'과 '연(連)'의 반절이다.

○ 叶, 于軌反.252)

　'유(鮪)'는 협운으로 음은 '우(于)'와 '궤(軌)'의 반절이다.

○ 音條.253)

　'조(鰷)'의 음은 '조(條)'이다.

○ 音常.254)

　'상(鱨)'의 음은 '상(常)'이다.

○ 音偃.255)

　'언(鰋)'의 음은 '언(偃)'이다.

|以享以祀, 以介景福.|

이것을 올리며 제사하여 큰 복을 크게 하리로다.

|詳說|

○ 叶, 逸織反.256)

　'사(祀)'는 협운으로 음은 '일(逸)'과 '직(織)'의 반절이다.

---

251) 張連反 :『시전대전(詩傳大全)』에도 동일하게 되어 있다.
252) 叶, 于軌反 :『시전대전(詩傳大全)』에도 동일하게 되어 있다.
253) 音條 :『시전대전(詩傳大全)』에도 동일하게 되어 있다.
254) 音常 :『시전대전(詩傳大全)』에도 동일하게 되어 있다.
255) 音偃 :『시전대전(詩傳大全)』에도 동일하게 되어 있다.
256) 叶, 逸織反 :『시전대전(詩傳大全)』에도 동일하게 되어 있다.

○ 叶, 筆力反.257)

'복(福)'은 협운으로 음은 '필(筆)'과 '력(力)'의 반절이다.

朱註

賦也. 猗與, 歎辭. 潛, 槮也,

부(賦)이다. 의여(猗與)는 감탄사이다. 잠(潛)은 고기갓이니,

詳說

○ 諺音誤.

'잠(潛)'은 『언해』의 음이 잘못되었다.

○ 音參.

'삼(槮)'의 음은 '삼(參)'이다.

○ 爾雅曰:"魚之所息, 謂之槮."258)

『이아』에서 말하였다:"물고기가 숨 쉬는 곳을 삼(槮)이라고 한다."259)

○ 大全曰:"字林作罧."260)

『대전』에서 말하였다:"『자림』에는 삼(罧)으로 되어 있다."261)

朱註

蓋積柴養魚, 使得隱藏避寒, 因以薄圍取之也. 或曰, 藏之深也

물속에 나무를 쌓아 고기를 길러서 고기들이 몸을 숨겨 추위를 피할 수 있게 하고 인하여 발로 포위하여 잡는 것이다. 어떤 이는 숨기를 깊이 하는 것이라 한다.

---

257) 叶, 筆力反:『시전대전(詩傳大全)』에도 동일하게 되어 있다.
258) 『시전대전(詩傳大全)』에 『이아』의 말로 실려 있다.
259) 『시전대전(詩傳大全)』에는 "『이아』에서 말하였다:'물고기가 숨 쉬는 곳을 삼(槮)이라고 한다. 음은 심(諶)·심(槮)·삼(槮)이다.'『자림』에는 삼(罧)으로 되어 있고, 음은 심이고 거성이다.(爾雅曰 : 魚之所息謂之槮. 音諶槮槮也. 字林, 作罧, 音心, 去聲.)"라고 되어 있다.
260) 『시전대전(詩傳大全)』에 『이아』의 말로 실려 있다.
261) 『시전대전(詩傳大全)』에는 "『이아』에서 말하였다:'…. 음은 심(諶)·심(槮)·삼(槮)이다.'『자림』에는 삼(罧)으로 되어 있고, 음은 심이고 거성이다.(爾雅曰 : …. 音諶槮槮也. 字林, 作罧, 音心, 去聲.)"라고 되어 있다.

詳說
○ 箔通.
'박(薄)'은 '박(箔)'과 통한다.

○ 解頤新語曰 : "魚喜潛."262)
『해이신어』에서 말하였다 : "물고기는 잠기기를 좋아한다."263)

朱註
鰷, 白鰷也.
조(鰷)는 흰 피라미이다.

詳說
○ 陸氏曰 : "形狹而長, 若條然."264)
육씨가 말하였다 : "모양이 좁고 긴 것이 가지와 같다."

朱註
月令, 季冬命漁師始漁, 天子親往,
「월령(月令)」에 계동에 어사에게 명하여 처음 고기를 잡고는 천자가 친히 가서

詳說
○ 禮記.
「월령(月令)」은 『예기』이다.

○ 鄭氏曰 : "此時魚潔美親往, 重漁事也."265)
정씨가 말하였다 : "이때에 물고기가 깨끗하고 아름다워 친히 가니, 물고기 잡는 일을 중시하기 때문이다."266)

---

262) 『시전대전(詩傳大全)』에 화곡 엄씨가 『해이신어』의 말을 인용한 것으로 실려 있다.
263) 『시전대전(詩傳大全)』에는 "화곡 엄씨가 말하였다 : '왕씨는 잠겨 숨는다고 할 때의 잠긴다는 것으로 깊이 들어가는 것에서 취했다는 말이다. 『해이신어』에서는 「물고기는 잠기기를 좋아한다.」라고 하였다.'(華谷 嚴氏曰 : 王氏以爲潛藏之潛, 言取之深也. 解頤新語云, 魚喜潛.)"라고 되어 있다.
264) 『시전대전(詩傳大全)』에 육씨의 말로 동일하게 실려 있다.
265) 『시전대전(詩傳大全)』에 정씨의 말로 실려 있다.
266) 『시전대전(詩傳大全)』에는 "정씨가 말하였다 : '천자가 친히 가서 고기 잡는 것으로 보니, 물고기 잡는 일이 비상의 일로 중시하기 때문임을 밝힌 것이다. 이때에 물고기가 깨끗하고 아름답다.'(鄭氏曰 : 天子必親

朱註

乃嘗魚, 先薦寢廟. 季春薦鮪于寢廟.
고기를 맛보되, 먼저 침묘(寢廟)에 올린다. 계춘에는 상어를 침묘에 올린다.

詳說

○ 鄭氏曰 "進時美物."267)
정씨가 말하였다 : "때에 맞춰 좋은 것을 올린다."

○ 按, 章下小註, 輔氏說誤二條, 皆出於月令.
살펴보건대, 장 아래의 소주에서 보씨의 설명이 잘못된 두 조목은 모두 「월령」에서 나온 것이다.

朱註

此其樂歌也.
이것이 그 악가(樂歌)이다.

詳說

○ 廬陵彭氏曰 : "必言其所興之地所産之物而薦之, 以示不忘本之意, 抑亦思其所嗜之意."268)
여릉 팽씨가 말하였다 : "반드시 일어난 땅에서 소산물을 말하고 올리는 것은 근본을 잊지 않음을 드러내는 의미이고, 또한 좋아하던 것들을 생각한다는 의미다."269)

朱註

潛一章六句

徃視漁, 明漁非常事重之也. 此時魚潔美.)"라고 되어 있다.
267) 『시전대전(詩傳大全)』에 정씨의 말로 동일하게 실려 있다.
268) 『시전대전(詩傳大全)』에 여릉 팽씨의 말로 실려 있다.
269) 『시전대전(詩傳大全)』에는 "여릉 팽씨가 말하였다 : '자손들이 그 선조를 제사함에 구주의 맛있는 것들을 모두 갖추지 않음이 없다. 그 악가에서는 반드시 일어난 땅을 말하고 소산물을 취하여 올리는 것은 근본을 잊지 않음을 드러내는 의미이고, 또한 좋아하던 것들을 생각한다는 의미다.'(廬陵彭氏曰 : 子孫之祭其先祖, 九州之美味, 莫不畢備然. 其樂歌必言其所興之地, 取其所産之物而薦之者, 以示不忘本之義, 抑亦思其所嗜之意.)"라고 되어 있다.

「잠」은 1장으로 6구이다.

[4-2-7-1]
有來雝雝, 至止肅肅.

옴이 화(和)하고 화(和)하여 이르러서는 엄숙하고 엄숙하도다.

詳說

○ 與公叶, 篇內同.270)

'옹(雝)'은 '공(公)'과 협운으로 편에서는 같다.

相維辟公, 天子穆穆.

제사를 돕는 이는 벽공인데 천자는 목목히 계시도다.

詳說

○ 息亮反.271)

'상(相)'의 음은 '식(息)'과 '량(亮)'의 반절이다.

○ 音璧.272)

'벽(辟)'의 음은 '벽(璧)'이다.

○ 篇內同者, 謂相間爲韻也.

편에서 같다는 것은 상(相)·간(間)이 운이 됨을 말한다.

朱註

賦也. 雝雝, 和也. 肅肅, 敬也. 相, 助祭也. 辟公, 諸侯也. 穆穆, 天子之容也.

부(賦)이다. 옹옹(雝雝)은 화(和)함이고, 숙숙(肅肅)은 공경함이다. 상(相)은 제사를

---

270) 與公叶, 篇內同 : 『시전대전(詩傳大全)』에도 동일하게 되어 있다.
271) 息亮反 : 『시전대전(詩傳大全)』에도 동일하게 되어 있다.
272) 音璧 : 『시전대전(詩傳大全)』에도 동일하게 되어 있다.

도움이다. 벽공(公)은 제후(諸侯)이다. 목목(穆穆)은 천자(天子)의 모양이다.

|詳說|
○ 朱子曰 : "天子主祭者."273)
주자가 말하였다 : "천자는 제사를 주제하는 분이다."274)

|朱註|
此武王祭文王之詩.
이것은 무왕(武王)이 문왕(文王)을 제사한 시(詩)이다.

|詳說|
○ 新安胡氏曰 : "以文母證之無疑."275)
신안 호씨가 말하였다 : "문왕의 모친으로 증명해도 의심할 것이 없다."276)

|朱註|
言諸侯之來
제후들이 올 때에

|詳說|
○ 先釋辟公以冠之.
먼저 벽공을 풀이해서 앞에 두었다.

|朱註|
皆和且敬
모두 화(和)하고 공경하게 해서

---

273) 『시전대전(詩傳大全)』에 주자의 말로 실려 있다.
274) 『시전대전(詩傳大全)』에는 "주자가 말하였다 : '제사를 돕는 이는 공후이고, 천자는 제사를 주제하는 이는 천자이다.'(朱子曰 : 其助祭者, 公侯, 其主祭者, 天子也.)"라고 되어 있다.
275) 『시전대전(詩傳大全)』에 신안 호씨의 말로 실려 있다.
276) 『시전대전(詩傳大全)』에는 "신안 호씨가 말하였다 : '문왕의 모친으로 증명하면 열고가 문왕임이 의심할 것이 없다. ….'(新安胡氏曰 : 以文母證之, 則烈考爲文王無疑. ….)"라고 되어 있다.

> 詳說

○ 安成劉氏曰："來者非一, 故以離離言其和, 至於廟中, 故以肅肅言其敬."277)

안성 유씨가 말하였다 : "오는 자들이 하나가 아니기 때문에 화하고 화함으로 그 화함을 말한 것이고, 사당까지 미쳤기 때문에 엄숙하고 엄숙한 것으로 그 공경을 말한 것이다."278)

> 朱註

以助我之祭事, 而天子有穆穆之容也.
자신의 제사를 돕고, 천자는 목목(穆穆)한 모양이 있다는 말이다.

> 於薦廣牡, 相予肆祀,

아, 큰 희생를 올려 나를 도와 제사를 베푸니,

> 詳說

○ 音烏.279)
'오(於)'의 음은 '오(烏)'이다.

○ 同上.280)
'상(相)'은 위와 같다.

○ 叶, 養里反.281)
'사(祀)'는 협운으로 음은 '양(養)'과 '리(里)'의 반절이다.

> 假哉皇考, 綏予孝子.

---

277) 『시전대전(詩傳大全)』에 안성 유씨의 말로 실려 있다.
278) 『시전대전(詩傳大全)』에는 "안성 유씨가 말하였다 : '제후들이 오는 자들이 하나가 아니기 때문에 화하고 화함으로 그 화함을 말한 것이고, 그것이 사당까지 미쳤기 때문에 엄숙하고 엄숙한 것으로 그 공경을 말한 것이다.'(安成劉氏曰 : 諸侯之來者, 非一, 故以離離言其和, 其止于廟中也, 故以肅肅言其敬.)"라고 되어 있다.
279) 音烏 : 『시전대전(詩傳大全)』에도 동일하게 되어 있다.
280) 同上 : 『시전대전(詩傳大全)』에도 동일하게 되어 있다.
281) 叶, 養里反 : 『시전대전(詩傳大全)』에도 동일하게 되어 있다.

위대하신 황고께서 나 효자의 마음을 편안하게 하시도다.

詳說

○ 古雅反.282)

'가(假)'의 음은 '고(古)'와 '아(雅)'의 반절이다.

○ 叶音口.283)

'고(考)'는 협운으로 음은 '구(口)'이다.

○ 叶, 獎里反.284)

'자(子)'는 협운으로 음은 '장(獎)'과 '리(里)'의 반절이다.

朱註

於, 歎辭. 廣牡, 大牲也.

오(於)는 감탄사(感歎詞)이다. 광모(廣牡)는 큰 희생이다.

詳說

○ 臨川王氏曰 : "碩大肥腯."285)

임천 왕씨가 말하였다 : "크고 살찐 것이다."286)

朱註

肆, 陳, 假, 大也. 皇考, 文王也. 綏, 安也. 孝子, 武王自稱也. ○ 言此和敬之諸侯

사(肆)는 베풂이고, 가(假)는 큼이다. 황고(皇考)는 문왕(文王)이다. 수(綏)는 편안함이다. 효자(孝子)는 무왕(武王)의 자칭(自稱)이다. ○ 이 화(和)하고 공경한 제후들이

---

282) 古雅反 : 『시전대전(詩傳大全)』에도 동일하게 되어 있다.
283) 叶音口 : 『시전대전(詩傳大全)』에도 동일하게 되어 있다.
284) 叶, 獎里反 : 『시전대전(詩傳大全)』에도 동일하게 되어 있다.
285) 『시전대전(詩傳大全)』에 임천 왕씨의 말로 실려 있다.
286) 『시전대전(詩傳大全)』에는 "임천 왕씨가 말하였다 : '크고 살쪘다는 말이다.(臨川王氏曰 : 碩大肥腯之謂也.)"라고 되어 있다.

|詳說|

○ 承上節.
위의 절을 이어받았다.

|朱註|

薦大牲, 以助我之祭事, 而大哉之文王, 庶其享之,
큰 희생을 올려 나의 제사를 도우니, 위대하신 문왕(文王)이 행여 흠향하여

|詳說|

○ 補此句.
이 구를 더하였다.

|朱註|

以安我孝子之心也.
나 효자(孝子)의 마음을 편안하게 하실 것이라는 말이다.

|詳說|

○ 補心字.
'심(心)'자를 더하였다.

|宣哲維人, 文武維后, 燕及皇天, 克昌厥後.|
선철(宣哲)한 사람이시며 문무겸전한 임금이시니,
편안하여 황천(皇天)에 미쳐 그 후손을 번창하게 하셨도다.

|詳說|

○ 叶, 鐵因反.[287]
'천(天)'은 협운으로 음은 '철(鐵)'과 '인(因)'의 반절이다.

|朱註|

---

[287] 叶, 鐵因反 : 『시전대전(詩傳大全)』에도 동일하게 되어 있다.

宣, 通, 哲, 知, 燕, 安也. ○ 此美文王之德.
선(宣)은 통(通)함이고, 철(哲)은 지혜이며, 연(燕)은 편안함이다. ○ 이는 문왕(文王)의 덕(德)을 찬미한 것이다.

詳說

○ 去聲.
'지(知)'는 거성이다.

○ 先總提.
먼저 총체적으로 제시하였다.

朱註
宣哲, 則盡人之道,
선철(宣哲)하면 사람의 도(道)를 다하고,

詳說

○ 慶源輔氏曰:"人爲萬物之靈維, 通與知, 所以盡人道."288)
경원 보씨가 말하였다 : "사람은 만물의 영장으로 통함이 지혜와 함께 하기 때문에 사람의 도리를 다하는 것이다."289)

朱註
文武, 則備君之德.
문무(文武)는 임금의 덕을 갖춘 것이다.

詳說

○ 添道德字.
'도(道)'자와 '덕(德)'자를 더하였다.

---

288) 『시전대전(詩傳大全)』에 경원 보씨의 말로 실려 있다.
289) 『시전대전(詩傳大全)』에는 "경원 보씨가 말하였다 : '문왕은 사람들을 편안하게 하고 하늘에 이르렀기 때문에 우리 후대의 사람들을 창성하게 하였다. 사람은 만물의 영장으로 통함이 지혜와 함께 하기 때문에 사람의 도리를 다하는 것이다. ….'(慶源輔氏曰 : 言文王之安于人, 而格于天, 所以能昌盛我後嗣之人也. 人爲萬物之靈維, 通與知, 所以盡人之道. ….)"라고 되어 있다.

朱註

故能安人,
그러므로 능히 사람을 편안하게 하여

詳說

○ 從及字而補人字
'급(及)'자를 따라서 '인(人)'자를 더하였다.

朱註

以及于天,
하늘에 미쳐서

詳說

○ 曹氏曰 : "陰陽和, 而風雨時, 日月星辰, 無錯行妄動之變."290)
조씨가 말하였다 : "음양이 조화롭고 풍우가 때에 맞춰 내리니, 일월성진이 어지럽게 운행되고 함부로 움직이는 변고가 없다."291)

朱註

而克昌其後嗣也. 蘇氏曰, 周人以諱事神,
그 후사를 창성하게 한 것이다. 소씨(蘇氏)가 말하였다. "주(周)나라 사람은 휘(諱)함으로써 신(神)을 섬겼는데,

詳說

○ 出左桓六年.
『좌전』 환공 6년이 출처이다.

朱註

---

290) 『시전대전(詩傳大全)』에 조씨의 말로 실려 있다.
291) 『시전대전(詩傳大全)』에는 "조씨가 말하였다 : '편안하여 황천에 미치면 음양이 조화롭고 풍우가 때에 맞춰 내리며, 일월이 빛나고, 성진이 고요하니, 어지럽게 운행되고 함부로 움직이는 변고가 없다.'(曹氏曰 : 安及皇天, 則陰陽和, 而風雨時, 日月光, 而星辰靜, 無錯行妄動之變.)"라고 되어 있다.

詩集傳詳說 卷之十七 311

文王名昌, 而此詩曰克昌厥後, 何也. 曰周之所謂諱, 不以其名號之耳,
문왕은 이름이 창(昌)인데도 이 시(詩)에서는 '극창궐후(克昌厥後:그 후손을 번창하게 하셨도다)'라고 말한 것은 어째서인가? 주나라에서 이른바 휘(諱)라는 것은 그 이름을 호칭하지 않는 것일 뿐이고,

詳說

○ 平聲, 猶稱呼也.
'호(號)'는 평성으로 일컬어 부르는 것과 같다.

○ 三山李氏曰 : "不敢斥之曰文王昌."292)
삼산 이씨가 말하였다 : "감히 배척해서 문왕창이라고 말하지 않았다."293)

朱註
不遂廢其文也,
마침내 그 글자를 폐하지는 않았으니,

詳說

○ 文, 字也.
'문(文)'은 글자이다.
○ 三山李氏曰 : "噫嘻言駿發爾私, 亦未嘗諱也."294)
삼산 이씨가 말하였다 : "'아 크게 네 밭을 갈아서(駿發爾私)'라고 말하는 것도 일찍이 휘하지 않은 것이다."295)

朱註
諱其名而廢其文者,

---

292) 『시전대전(詩傳大全)』에 삼산 이씨의 말로 실려 있다.
293) 『시전대전(詩傳大全)』에는 "삼산 이씨가 말하였다 : '주나라 사람들이 휘함으로 귀신을 섬긴 것은 이를테면 감히 배척해서 문왕창이라고 말하지 않은 것이다. ….'(三山李氏曰 : 周人以諱事神者, 如稱文王, 則不敢斥之曰文王昌. ….)"라고 되어 있다.
294) 『시전대전(詩傳大全)』에 삼산 이씨의 말로 실려 있다.
295) 『시전대전(詩傳大全)』에는 "삼산 이씨가 말하였다 : '…. 이것을 보면 여기 시에서의 「그 후손을 번창하게 하셨도다.(駿發爾私)」라는 것을 알 것이고, 「아 크게 네 밭을 갈아서(駿發爾私)」라고 말하는 것은 모두 일찍이 휘하지 않은 것이다. ….(三山李氏曰 : …. 觀此, 則知此詩克昌厥後, 噫嘻言駿發爾私, 皆未嘗諱也. ….)"라고 되어 있다.

그 이름을 휘(諱)하느라 그 글자를 폐한 것은

詳說
○ 如秦以楚爲荊, 漢以雉爲野雞之類.
이를테면 진나라에서는 초를 형이라고 하고, 한나라에서는 치를 야계라고 한 것들이다.

朱註
周禮之末失也.
주(周)나라 예(禮)의 말실(末失)[유폐(流弊)]이다"

詳說
○ 周之禮法.
'주례(周禮)'는 주의 예법이다.

○ 五字出禮記檀弓.
다섯 글자는 『예기』「단궁」이 출처이다.

○ 周之末世, 失其義.
주나라 말세에 그 의미를 잃었다.

○ 此, 論也.
이것은 경문의 의미설명이다.

綏我眉壽, 介以繁祉,
나를 편안히 하되 미수(眉壽)로써 하며 나를 돕되 큰 복으로써 하여

詳說
○ 叶, 殖酉反.296)

---
296) 叶, 殖酉反 : 『시전대전(詩傳大全)』에도 동일하게 되어 있다.

'수(壽)'는 협운으로 음은 '식(殖)'과 '유(酉)'의 반절이다.

旣右烈考, 亦右文母.

이미 열고(烈考)를 높이 모시고 또한 문모(文母)를 높이게 하셨도다.

詳說

○ 音又.297)

'우(右)'의 음은 '우(又)'이다.

○ 叶音口.298)

'고(考)'는 협운으로 음은 '구(口)'이다.

○ 叶, 滿彼反.299)

'모(母)'은 협운으로 음은 '만(滿)'과 '피(彼)'의 반절이다.

朱註

右, 尊也,

우(右)는 높임이니,

詳說

○ 已見我將

이미 「아장(我將)」에 있다.

朱註

周禮, 所謂享右祭祀, 是也. 烈考, 猶皇考也.

『주례(周禮)』에 이른바 '오른쪽에 제향하여 제사한다.'는 것이 이것이다. 열고(烈考)는 황고(皇考)와 같다.

---

297) 音又 : 『시전대전(詩傳大全)』에도 동일하게 되어 있다.
298) 叶音口 : 『시전대전(詩傳大全)』에도 동일하게 되어 있다.
299) 叶, 滿彼反 : 『시전대전(詩傳大全)』에도 동일하게 되어 있다.

|詳說|
○ 春官大祝.
『주례(周禮)』는 「춘관」「대축」이다.

○ 有功烈之考, 猶商言烈祖也.
공열이 있는 조고는 상나라에서 열조라고 하는 것과 같다.

|朱註|
文母, 大姒也.
문모(文母)는 태사(太)이다.

|詳說|
○ 音泰.
'태(大)'의 음은 '태(泰)'이다.

○ 從夫諡也.
남편의 시호를 따른 것이다.

|朱註|
○ 言文王昌厥後,
문왕이 그 후손을 창성하게 하고

|詳說|
○ 慶源輔氏曰 : "承上文."300)
경원 보씨가 말하였다 : "위의 글을 이어받은 것이다."301)

|朱註|
而安之, 以眉壽, 助之, 以多福,

---

300) 『시전대전(詩傳大全)』에 경원 보씨의 말로 실려 있다.
301) 『시전대전(詩傳大全)』에는 "경원 보씨가 말하였다 : '「나를 편안히 하되 미수(眉壽)로써 한다.」는 말 아래의 네 구는 위의 글을 이어받아 말한 것이다. …'(慶源輔氏曰 : 綏我眉壽下四句, 則承上文而言. ….)"라고 되어 있다.

詩集傳詳說 卷之十七   315

편안하게 하면서 미수(眉壽)로써 하고, 돕되 다복(多福)으로써 하여

> 詳說
>
> ○ 安成劉氏曰 : "先儒於介字, 皆訓助, 朱傳於此章亦然, 而於他詩, 皆訓大, 其義可互見也."302)
> 안성 유씨가 말하였다 : "선대의 학자들은 '개(介)'자에 대해 모두 '돕다'로 풀이했고, 주자의 전에서도 여기의 장에서는 또한 그렇다고 하였는데, 다른 시에서는 모두 '크다'로 풀이했으니, 그 의미가 서로 드러낼 수 있기 때문이다."

朱註
使我得以右于烈考文母也.
내가 열고(烈考)와 문모(文母)를 높일 수 있게 하셨다는 말이다.

> 詳說
>
> ○ 豊城朱氏曰 : "卽綏孝子昌厥後之實也."303)
> 풍성 주씨가 말하였다 : "곧 효자의 마음을 편안하게 하고 그 후손을 번창하게 한 실질이다."304)

朱註
雝一章十六句
「옹」은 1장으로 16구이다.

周禮, 樂師及徹,
주례(周禮)에 악사(樂師)가 제사상을 거둠에 미치거든

> 詳說
>
> ○ 春官.

---

302) 『시전대전(詩傳大全)』에 안성 유씨의 말로 동일하게 실려 있다.
303) 『시전대전(詩傳大全)』에 풍성 주씨의 말로 실려 있다.
304) 『시전대전(詩傳大全)』에는 "풍성 주씨가 말하였다 : '…. 문왕의 어머니는 오래될수록 쇠퇴하지 않으니, 곧 나 효자의 마음을 편안하게 하고 그 후손을 번창하게 한 실질이다.(豊城朱氏曰 : …. 文母愈久而不替, 卽綏予孝子克昌厥後之實也.)"라고 되어 있다.

악사는 춘관이다.

○ 直列反, 下並同.
'철(徹)'의 음은 '직(直)'과 '렬(列)'의 반절이고, 아래에서도 모두 같다.

朱註

帥學士
학사(學士)들을 거느리고

詳說
○ 入聲.
'수(帥)'는 입성이다.

○ 鄭氏曰 : "國子也.."305)
정씨가 말하였다 : "공경대부의 자제들이다."306)

朱註
而歌徹, 說者, 以爲卽此詩, 論語亦曰以雍徹,
철(徹)을 노래로 읊었는데, 해설하는 자가 바로 이 시(詩)라 하였고, 『논어』에서도 또한 이르기를 "옹(雍)으로써 제사상을 거둔다."하였으니,

詳說
○ 八佾
『논어』는 「팔일」이다.

○ 朱子曰 : "祭畢而收其俎."307)
주자가 말하였다 : "제사가 끝나고 제기를 거두는 것이다."308)

---

305) 『시전대전(詩傳大全)』에 정씨의 말로 실려 있다.
306) 『시전대전(詩傳大全)』에는 "정씨가 말하였다 : '학사는 공경대부의 자제들이다. ….'(鄭氏曰學士國子也. ….)"라고 되어 있다.
307) 『시전대전(詩傳大全)』에 송자의 말로 실려 있다.
308) 『시전대전(詩傳大全)』에는 "송자가 말하였다 : '철은 제사가 끝나고 제기를 거두는 것이다. ….'(宋子曰 : 徹祭畢而收其俎也. ….)"라고 되어 있다.

朱註

然, 則此蓋徹祭

그렇다면 이는 아마도 제사상을 거둘 때에

詳說

○ 徹祭物時

제물을 거둘 때이다.

朱註

所歌, 而亦名爲徹也.

노래하는 것일 것이니, 또한 철(徹)이라고도 이름한다.

[4-2-8-1]

載見辟王, 曰求厥章,

벽왕께 뵈어 그 법도를 구하니,

詳說

○ 音現, 下同.

'현(見)'의 음은 '현(現)'으로 아래에서도 같다.

○ 音璧.309)

'벽(辟)'의 음은 '벽(璧)'이다.

龍旂陽陽, 和鈴央央,

용 그린 기가 선명하고 화(和)와 영(鈴)이 화하게 울리며

詳說

○ 音秧.

---

309) 音璧 : 『시전대전(詩傳大全)』에도 동일하게 되어 있다.

'앙(央)'의 음은 '앙(秧)'이다.

條革有鶬, 休有烈光.

고삐에 달린 방울이 화하게 울리니, 아름답게 열광(烈光)이 있도다.

詳說

○ 音條.310)

'조(鞗)'의 음은 '조(條)'이다.

○ 音槍.

'창(鶬)'의 음은 '창(槍)'이다.

朱註

賦也. 載, 則也, 發語辭也. 章, 法度也. 交龍曰旂. 陽, 明也. 軾前曰和, 旂上曰鈴.

부(賦)이다. 재(載)는 칙(則)이니, 발어사(發語辭)이다. 장(章)은 법도(法度)이다. 교룡(交龍)을 기(旂)라 한다. 양(陽)은 밝음이다. 식(軾) 앞에 달린 방울을 화(和)라 하고, 깃발 위에 달린 방울을 영(鈴)이라 한다.

詳說

○ 在軾前, 在旂上.

식의 앞에 있고 깃발 위에 있다.

○ 孔氏曰 : "和亦鈴也."311)

공씨가 말하였다 : "화도 영이다."

朱註

央央有鶬, 皆聲和也. 休, 美也. ○ 此, 諸侯助祭武王廟之詩.

앙앙(央央)과 유창(有鶬)은 모두 소리가 화(和)함이다. 휴(休)는 아름다움이다. ○ 이것

---

310) 音鞗 :『시전대전(詩傳大全)』에도 동일하게 되어 있다.
311)『시전대전(詩傳大全)』에 공씨의 말로 동일하게 실려 있다.

은 제후가 무왕의 사당에서 제사를 도운 시이다.

> 詳說

○ 以昭考字觀之, 無疑.
'소고(昭考)'라는 글자로 보면 의심할 것이 없다.

> 朱註

先言其來朝,
먼저 그 조회와서

> 詳說

○ 音潮.
'조(朝)'의 음은 '조(潮)'이다.

○ 辟王, 指成王, 以昭考證之, 可見.
벽왕(辟王)은 성왕을 가리키니, 소고(昭考)로 증명하면 알 수 있는 것이다.

> 朱註

稟受法度, 其車服之盛如此.
법도를 받을 적에 그 거복의 성대함이 이와 같다는 말이다.

率見昭考, 以孝以享.
제후(諸侯)들을 거느리고 그 소고께 뵈어 효하며 제향하도다.

> 詳說

○ 叶, 虛良反.312)
'향(享)'은 협운으로 음은 '허(虛)'와 '량(良)'의 반절이다.

> 朱註

---

312) 叶, 虛良反 : 『시전대전(詩傳大全)』에도 동일하게 되어 있다.

昭考, 武王也. 廟制, 太祖居中, 左昭右穆,
소고(昭考)는 무왕이다. 종묘의 제도에 태조는 중앙에 위치하고, 왼쪽에는 소(昭), 오른쪽에는 목(穆)이 있으니,

詳說
○ 朱子曰 : "皆南向."313)
주자가 말하였다 : "모두 남향이다."314)

朱註
周廟, 文王當穆, 武王當昭.
주나라 사당은 문왕(文王)이 목(穆)에 해당하고 무왕(武王)이 소(昭)에 해당한다.

詳說
○ 安成劉氏曰 : "后稷居中, 二世爲昭, 三世爲穆, 而遞數十五世而文王, 十六世而武王."315)
안성 유씨가 말하였다 : "후직이 중앙에 있고, 2세가 소이고 3세가 목이며, 번갈아가며 헤아림에 15세는 문왕이고, 16세는 무왕이다."316)

故書稱穆考文王, 而此詩及訪落, 皆謂武王爲昭考.
그러므로 『서경(書經)』에 목고문왕(穆考文王)이라 칭하였고, 이 시(詩)와 「방락(訪落)」에 모두 무왕(武王)을 소고(昭考)라고 하였다.

詳說
○ 酒誥.

---

313) 『시전대전(詩傳大全)』에 주자의 말로 실려 있다.
314) 『시전대전(詩傳大全)』에는 "주자가 말하였다 : '태조의 사당은 북에 있고, 소목은 각기 차례로 남쪽의 묘로 모두 남향이다. ….'(朱子曰 : 太祖廟在北, 昭穆, 各以次而南廟, 皆南向. ….)"라고 되어 있다.
315) 『시전대전(詩傳大全)』에 안성 유씨의 말로 실려 있다.
316) 『시전대전(詩傳大全)』에는 "안성 유씨가 말하였다 : '후직이 처음 봉함을 받은 임금이라 그 사당이 중앙에 있고, 그로부터 2세가 소이고 3세가 목이며, 번갈아가며 헤아림에 15세에 와서 문왕의 사당은 차례로 목에 해당하고, 16세에 와서 무왕의 사당은 차례로 소에 해당한다.'(安成劉氏曰 : 后稷爲始封之君, 其廟居中, 自二世爲昭, 三世爲穆, 遞數至十五世而文王廟次當穆, 十六世而武王廟次當昭也.)"라고 되어 있다.

『서(書)』는 「주고」이다.

○ 後什.
후십(後什)이다.

○ 朱子曰 : "不以昭穆爲尊卑."317)
주자가 말하였다 : "소와 목으로 존과 비로 삼은 것은 아니다."318)

朱註
此乃言王率諸侯, 以祭武王廟也.
이는 바로 왕이 제후를 거느려 무왕(武王)의 사당에 제사함을 말한 것이다.

詳說
○ 成王.
'왕(王)'은 성왕이다.

○ 豐城朱氏曰 : "諸侯將以禀受法度也, 而我乃率以祀武王, 何也. 蓋先王者, 法度之所從出, 而宗廟者, 又禮法之所由施也."319)
풍성 주씨가 말하였다 : "제후는 법도를 받으려고 하는데, 자신이 이에 솔선해서 무왕을 제사하는 것은 무엇 때문인가? 대개 선왕은 법도가 나온 곳이고, 종묘는 또 법도를 그분으로 말미암아 시행하는 곳이기 때문이다."320)

以介眉壽, 永言保之, 思皇多祜, 烈文辟公,
미수(眉壽)를 크게 하고 길이 보전하여
아름다운 많은 복을 받음은 열문(烈文)한 벽공(公)들이

---
317) 『시전대전(詩傳大全)』에 주자의 말로 실려 있다.
318) 『시전대전(詩傳大全)』에는 "주자가 말하였다 : '⋯. 대개 좌와 우를 소와 목으로 삼은 것이지 소와 목을 존과 비로 삼은 것은 아니다.'(朱子曰 : ⋯. 蓋但以左右爲昭穆, 而不以昭穆爲尊卑也.)"라고 되어 있다.
319) 『시전대전(詩傳大全)』에 풍성 주씨의 말로 실려 있다.
320) 『시전대전(詩傳大全)』에는 "풍성 주씨가 말하였다 : '제후들이 와서 조회하는 것은 법도를 받으려고 하는 것인데, 자신이 이에 솔선해서 무왕을 제사하는 것은 무엇 때문인가? 대개 선왕은 법도가 나온 곳이고, 종묘는 또 법도를 그분으로 말미암아 시행하는 곳이기 때문이다.'(豐城朱氏曰 : 諸侯之來朝, 將以禀受法度也, 而我乃率之以祀武王, 何也. 蓋先王者, 法度之所從出, 而宗廟者, 又禮法之所由施也.)"라고 되어 있다.

詳說
○ 音戶
'호(祜)'의 음은 '호(戶)'이다.

綏以多福, 俾緝熙于純嘏.
편안히 하되 많은 복으로써 하여 이어 밝혀서 큰 복을 내리게 하도다.

詳說
○ 叶音古.321)
'하(嘏)'는 협운으로 음은 '고(古)'이다.

朱註
思語辭皇大也美也 ○ 又言孝享
사(思)는 어조사이다. 황(皇)은 큼이며, 아름다움이다. ○ 또 "효도하며 제향하여

詳說
○ 承上節末.
위의 절의 끝을 이어받은 것이다.

朱註
以介眉壽, 而受多福,
미수(眉壽)를 크게 하여 다복(多福)을 받으니,

詳說
○ 補受字
'수(受)'자를 더하였다.

○ 並釋祜福句.
'호(祜)'와 '복(福)'의 구를 함께 풀이한 것이다.

---

321) 叶音古 : 『시전대전(詩傳大全)』에도 동일하게 되어 있다.

詩集傳詳說 卷之十七 323

朱註

是皆諸侯助祭有以致之.

바로 모두 제후들이 제사를 도와서 이룸이 있게 한 것이다.

詳說

○ 補六字.

여섯 글자를 더하였다.

朱註

使我得繼而明之, 以至於純嘏也.

내가 이어 밝혀서 큰 복에 이르게 했다."라고 하였다.

詳說

○ 慶源輔氏曰 : "純嘏, 則又全備於多福也."322)

경원 보씨가 말하였다 : "순하(純嘏)는 또 많은 복을 온전히 구비한 것이다."323)

○ 鄭氏曰 : "大嘏."

정씨가 말하였다 : "대하(大嘏)이다."

朱註

蓋歸德于諸侯之辭, 猶烈文之意也.

대개 제후들에게 덕을 돌린 말이니,「열문(烈文)」에서의 뜻과 같다.

詳說

○ 論也.

경문의 의미설명이다.

朱註

---

322) 『시전대전(詩傳大全)』에 경원 보씨의 말로 실려 있다.
323) 『시전대전(詩傳大全)』에는 "경원 보씨가 말하였다 : '…, 내가 이어 밝혀서 「큰 복(純嘏)」에 이르게 한 것이다. 순하(純嘏)는 또 많은 복을 온전히 구비한 것이다.'(慶源輔氏曰 : …, 使我繼續以明之至于純嘏. 純嘏, 則又全備於多福也.)"라고 되어 있다.

載見一章十四句
「재현」은 1장으로 14구이다.

[4-2-9-1]
有客有客, 亦白其馬.

손님이여! 손님이여! 흰 그 말이로다.

詳說
○ 叶, 滿補反.324)
'마(馬)'는 협운으로 음은 '만(滿)'과 '보(補)'의 반절이다.

有萋有且, 敦琢其旅.

공경하고 삼가니 잘 가려뽑은 그 수행원이로다.

詳說
○ 七序反.325)
'차(且)'의 음은 '칠(七)'과 '서(序)'의 반절이다.

○ 音堆.
'퇴(敦)'의 음은 '퇴(堆)'이다.

朱註
賦也. 客, 微子也,
부(賦)이다. 객(客)은 미자이니,

詳說
○ 曹氏曰 : "微蓋商圻內國名."326)

---

324) 叶, 滿補反:『시전대전(詩傳大全)』에도 동일하게 되어 있다.
325) 七序反:『시전대전(詩傳大全)』에도 동일하게 되어 있다.
326)『시전대전(詩傳大全)』에 조씨의 말로 실려 있다.

詩集傳詳說 卷之十七 325

조씨가 말하였다 : "미는 상나라 경기 안의 나라 이름이다."327)

朱註
周旣滅商, 封微子於宋, 以祀其先王, 而以客禮待之, 不敢臣也.
주나라가 이미 상나라를 멸함에 미자를 송나라에 봉하여 그 선왕을 제사하게 하고는 객례로 대우하고 감히 신하로 삼지 않은 것이다.

詳說
○ 孔氏曰 : "客止一人, 而重言之, 是丁寧殊異以尊大之也."328)
공씨가 말하였다 : "손님이 한 사람일 뿐인데도 거듭 말한 것은 바로 정녕 특별하게 해서 존대한 것이다."

朱註
亦, 語辭也. 殷, 尙白, 修其禮物,
역(亦)은 어조사이다. 은나라는 백색을 숭상하였으니, 그 예물을 닦아

詳說
○ 四字, 出書微子之命.
네 글자는 『서경』「미자지명」이 출처이다.

朱註
仍殷之舊也.
은(殷)나라의 옛 것을 그대로 쓰게 한 것이다.

詳說
○ 九峯蔡氏曰 : "典禮文物以備一代之法."329)
구봉 채씨가 말하였다 : "전례에서의 문물은 한 세대의 법을 갖추는 것이다."330)

---

327) 『시전대전(詩傳大全)』에는 "조씨가 말하였다 : '미에 봉해 작위가 자이니, 미는 대개 상나라 경기 안의 나라 이름이다.'(曹氏曰 : 封于微, 而爵爲子, 微盖商圻內國名.)"라고 되어 있다.
328) 『시전대전(詩傳大全)』에 공씨의 말로 동일하게 실려 있다.
329) 『시전대전(詩傳大全)』에 구봉 채씨의 말로 실려 있다.
330) 『시전대전(詩傳大全)』에는 "구봉 채씨가 말하였다 : '전례에서의 문물을 닦아 없어지지 않게 하여 한 세

朱註

萋且, 未詳. 傳曰敬愼貌.

처(萋)와 저(且)는 미상(未詳)이다. 『전(傳)』에 "공경하고 삼가는 모양이다."라고 하였다.

詳說

○ 毛傳.

『전(傳)』은 『모전』이다.

○ 慶源輔氏曰 : "又似有文章貌.[331]

경원 보씨가 말하였다 : "또한 문장의 모양이 있는 것과 비슷하다."[332]

朱註

敦琢, 選擇也.

퇴탁(敦琢)은 가려 뽑음이다.

詳說

○ 孔氏曰 : "敦琢, 是治玉之名. 人而言敦琢, 故爲選擇."[333]

공씨가 말하였다 : "퇴탁(敦琢)은 옥을 다스리는 이름으로 사람이어서 퇴탁으로 말했기 때문에 선택이 되는 것이다."[334]

○ 慶源輔氏曰 : "亦有整飭之意."[335]

경원 보씨가 말하였다 : "또한 가지런히 정비하는 의미가 있다."[336]

대의 법을 갖추는 것이다.'(九峯蔡氏曰 : 修其典禮文物, 不使廢壞, 以備一代之法也.)"라고 되어 있다.
[331] 『시전대전(詩傳大全)』에 경원 보씨의 말로 실려 있다.
[332] 『시전대전(詩傳大全)』에는 "경원 보씨가 말하였다 : 「처(萋)」와 「차(且)」는 공경하고 삼가는 모양으로 또한 문장의 모양이 있는 것과 비슷하다. ….'(慶源輔氏曰 : 萋且, 敬愼貌, 又似有文章貌. ….)"라고 되어 있다.
[333] 『시전대전(詩傳大全)』에 공씨의 말로 실려 있다.
[334] 『시전대전(詩傳大全)』에는 "공씨가 말하였다 : '퇴탁(敦琢)은 옥을 다스리는 이름으로 사람이어서 퇴탁으로 말했기 때문에 선택이 되는 것이다. 분명히 그가 가는 것을 높였기 때문에 경대부의 현명한 자를 택해 그와 함께 왕을 알현하는 것이다.'(孔氏曰 : 敦琢, 是治玉之名. 人而言敦琢. 故爲選擇. 明尊其所往, 故擇其卿大夫之賢者, 與之朝王.)"라고 되어 있다.
[335] 『시전대전(詩傳大全)』에 경원 보씨의 말로 실려 있다.
[336] 『시전대전(詩傳大全)』에는 "경원 보씨가 말하였다 : 「처(萋)」와 「차(且)」는 공경하고 삼가는 모양으로 또

朱註

旅, 其卿大夫, 從行者也 ○ 此微子來見祖廟之詩
여(旅)는 그 경대부로서 따라온 자이다. ○ 이것은 미자가 조상의 사당에 와서 알현한 시이니,

詳說

○ 去聲
'종(從)'은 거성이다.

○ 音現
'현(見)'의 음은 '현(現)'이다.

○ 孔氏曰 : "周之祖廟."[337]
공씨가 말하였다 : "주나라 조상의 사당이다."[338]

而此一節言其始至也.
이 일 절은 그 처음 이르렀을 때를 말한 것이다.

詳說

○ 總提.
총체적으로 제시한 것이다.

○ 黃氏曰 : "馬有潔白之色, 人有萋且之敬, 旅有敦琢之賢, 則周人之於微子, 無往而不見其可愛也."[339]
황씨가 말하였다 : "말에게는 결백한 색이 있고, 사람에게는 공경하고 삼가는 바름이 있으며, 수행원에게는 잘 가려 뽑는 현명함이 있으니, 주나라 사람에게

한 문장의 모양이 있는 것과 비슷하다. 퇴탁(敦琢)은 선택으로 또한 가지런히 정비하는 의미가 있다. ….'(慶源輔氏曰 : 萋且, 敬愼貌, 又似有文章貌. 敦琢, 選擇也, 亦有整飭之意. ….)"라고 되어 있다.
[337] 『시전대전(詩傳大全)』에 공씨의 말로 실려 있다.
[338] 『시전대전(詩傳大全)』에는 "공씨가 말하였다 : '미자에게 송의 공이 되라고 명하니, 은나라 후예를 대신하여 와서 조회하면서 주나라 조상의 사당에서 알현한 것이다.'(孔氏曰 : 命微子爲宋公, 代殷後乃來朝, 而見於周之祖廟.)"라고 되어 있다.
[339] 『시전대전(詩傳大全)』에 황씨의 말로 실려 있다.

미자는 가서 뵙지 않을 수 없는 아껴야 할 분이다."

有客宿宿, 有客信信, 言授之縶, 以縶其馬.

손님이 유숙하고 유숙하며 손님이 이틀 밤을 묵고 묵으니,
끈을 받아 그 말을 동여매리라.

詳說

○ 陟立反.340)
'집(縶)'의 음은 '척(陟)'과 '립(立)'의 반절이다.

○ 同上.341)
'마(馬)'는 위와 같다.

朱註

一宿曰宿, 再宿曰信.
하룻밤을 유숙함을 숙(宿)이라 하고 이틀 밤을 유숙함을 신(信)이라 한다.

詳說

○ 東萊呂氏曰 : "宿宿, 一宿者, 再也, 信信, 再宿者, 再也."342)
동래 여씨가 말하였다 : "유숙하고 유숙하는 것은 하루 밤 유숙하기를 거듭하는 것이고, 이틀 밤을 묵고 묵는 것은 이틀씩 유숙하기를 거듭하는 것이다."343)

○ 華谷嚴氏曰 : "樂其留之久也."344)
화곡 엄씨가 말하였다 : "오래 유숙하기를 노래하는 것이다."

---

340) 陟立反 : 『시전대전(詩傳大全)』에도 동일하게 되어 있다.
341) 同上 : 『시전대전(詩傳大全)』에도 동일하게 되어 있다.
342) 『시전대전(詩傳大全)』에 동래 여씨의 말로 실려 있다.
343) 『시전대전(詩傳大全)』에는 "동래 여씨가 말하였다 : '초근 장씨는 「유숙하고 유숙하는 것은 하루 밤 유숙하기를 거듭하는 것이고, 이틀 밤을 묵고 묵는 것은 이틀씩 유숙하기를 거듭하는 것이다.」라고 하였다.'東萊呂氏曰 : 譙郡張氏云, 宿宿者, 凡一宿者, 再也. 信信者, 凡再宿者, 再也.)"라고 되어 있다.
344) 『시전대전(詩傳大全)』에 화곡 엄씨의 말로 동일하게 실려 있다.

> 朱註

縶其馬, 愛之不欲其去也.
그 말을 동여맨다는 것은 그를 사랑하여 보내고자 하지 않는 것이다.

> 詳說

○ 與白駒同意.
「백구」와 같은 의미이다.

> 朱註

此一節, 言其將去也.
여기의 일절(一節)은 떠나려함을 말한 것이다.

> 詳說

○ 總提.
총체적으로 제시한 것이다.

薄言追之, 左右綏之. 旣有淫威, 降福孔夷.
잠깐 쫓아가서 좌우로 편안히 하노라.
이미 큰 위엄을 두니 복을 내림이 심히 크도다.

> 朱註

追之, 已去而復還之, 愛之無已也.
쫓아간다는 것은 이미 갔는데 다시 돌아오게 함이니, 사랑함이 그침이 없는 것이다.

> 詳說

○ 去聲.
'부(復)'는 거성이다.

○ 照上註.

위의 주를 참조하라.

朱註
左右綏之, 言所以安而留之者, 無方也. 淫威, 未詳. 舊說, 淫, 大也, 統承先王,
좌우로 편안히 한다는 것은 편안히 머물게 함에 일정한 방법이 없는 것이다. 음위(淫威)는 미상(未詳)이다. 구설(舊說)에 "음(淫)은 큼이니, 선왕을 계승하여

詳說
○ 四字, 亦出微子之命.
네 글자도 「미자지명」이 출처이다.

用天子禮樂, 所謂淫威也.
천자의 예악을 쓰는 것이 이른바 큰 위엄이다."라고 하였다.

詳說
○ 曹氏曰 : "其等威之大異乎列國之諸侯."345)
조씨가 말하였다 : "그 등위는 열국의 제후와 크게 다르다."346)

朱註
夷, 易也, 大也.
이(夷)는 평탄함이요, 큼이다.

詳說
○ 去聲平也
'이(易)'는 거성으로 평탄함이다.

○ 段氏曰 : "有德而神降之福, 故以降福終焉."347)

---
345) 『시전대전(詩傳大全)』에 조씨의 말로 실려 있다.
346) 『시전대전(詩傳大全)』에는 "조씨가 말하였다 : '「위(威)」는 등위이다. 미자는 선왕의 선왕의 수레와 의복과 예악을 사용하니, 그 등위는 열국의 제후와 크게 다르다.'(曹氏曰 : 威, 等威也. 微子用其先王之車服禮樂, 其等威之大異乎列國之諸侯矣.)"라고 되어 있다.

단씨가 말하였다 : "덕이 있어 신이 복을 내려주기 때문에 복을 내림으로 마쳤다."348)

朱註
此一節, 言其留之也
이 일 절은 만류하여 머물게 함을 말한 것이다.

詳說
○ 總提.
총체적으로 제시한 것이다.

朱註
有客一章十二句
「유객」은 1장으로 12구이다.

[4-2-10-1]
於皇武王, 無競維烈.
아, 훌륭하신 무왕이시여 더 다툴 수 없는 공렬이시도다.

詳說
○ 音烏.349)
'오(於)'의 음은 '오(烏)'이다.

允文文王, 克開厥後, 嗣武受之, 勝殷遏劉, 耆定爾功.
진실로 문덕이 있는 문왕이 그 뒤를 열어 놓으시거늘,
뒤를 이어 무왕께서 이것을 받으사 은나라를 이겨 살륙을 저지해서
네 공(功)을 정함을 이룩하셨도다.

---

347) 『시전대전(詩傳大全)』에 단씨가 유씨의 말을 인용한 것으로 실려 있다.
348) 『시전대전(詩傳大全)』에는 "단씨가 말하였다 : '유씨는 「덕이 있어 신이 복을 내려주기 때문에 복을 내림으로 마쳤다.」라고 하였다.'(叚氏曰 : 劉氏云, 有德而神降之福, 故以降福終焉.)"라고 되어 있다.
349) 音烏 : 『시전대전(詩傳大全)』에도 동일하게 되어 있다.

詳說

○ 音指.350)

'지(耆)'의 음은 '지(指)'이다.

朱註

賦也. 於, 歎辭. 皇, 大, 遏, 止, 劉, 殺, 耆, 致也.

부(賦)이다. 오(於)는 감탄사(感歎辭)이다. 황(皇)은 큼이고, 알(遏)은 저지함이며, 유(劉)는 죽임이고, 지(耆)는 이룸이다.

詳說

○ 厎同.

'지(耆)'는 '지(厎)'와 같다.

○ 周公象武王之功, 爲大武之樂.

○ 주공(周公)이 무왕(武王)의 공(功)을 형상하여 대무(大武)의 음악을 만들었다.

詳說

○ 曹氏曰 : "伐紂以成武功."351)

조씨가 말하였다 : "주(紂)를 정벌해서 무공을 이룬 것이다."352)

朱註

言武王無競之功,

무왕의 다툴 수가 없는 공은

詳說

○ 烈.

'공(功)'은 본문의 '열(烈)'이다.

---

350) 音指:『시전대전(詩傳大全)』에도 동일하게 되어 있다.
351)『시전대전(詩傳大全)』에 조씨의 말로 실려 있다.
352)『시전대전(詩傳大全)』에는 "조씨가 말하였다 : '주(紂)를 정벌해 폐해를 제거하고, 그가 무공을 이룬 것에 대해 노래한 것이다.'(曹氏曰 : 伐紂以除害, 樂其能成武功也.)"라고 되어 있다.

○ 主武王言, 故以起之.
무왕을 위주로 말했기 때문에 그로써 일으킨 것이다.

朱註
實文王開之, 而武王嗣而受之,
실로 문왕께서 열어 놓으신 것이니, 무왕이 뒤를 이어 받아서

詳說
○ 後釋嗣字, 以便於文.
뒤에서 '사(嗣)'자를 해석해서 글을 바꾸었다.

○ 嗣武, 言嗣子武王也.
'뒤를 이어 무왕께서'라는 말은 자식 무왕을 말하는 것이다.

勝殷止殺,
은(殷)나라를 이겨 살륙을 저지함으로써

詳說
○ 三山李氏曰 : "大武之意, 在於止戈."353)
삼산 이씨가 말하였다 : "'대무(大武)'의 의미는 '지과(止戈)'에 있다."354)

○ 定宇陳氏曰 : "武烈之中, 寓文德."355)
정우 진씨가 말하였다 : "열의 가운데 실로 문덕이 그것에 깃들어 있는 것이다."356)

---

353) 『시전대전(詩傳大全)』에 삼산 이씨의 말로 실려 있다.
354) 『시전대전(詩傳大全)』에는 "삼산 이씨가 말하였다 : '「대무(大武)」의 의미는 「지과(止戈)」에 있고, 대무의 시는 지살에 있다.'(三山李氏曰 : 大武之意, 在於止戈, 大武之詩, 在於止殺也.)"라고 되어 있다.
355) 『시전대전(詩傳大全)』에 정우 진씨의 말로 실려 있다.
356) 『시전대전(詩傳大全)』에는 "정우 진씨가 말하였다 : '무왕의 공렬을 실로 문왕의 덕을 크게 이어받기 때문에 무로 무를 삼은 것이 아니라, 살육을 저지해서 안정을 이루는 것으로 무를 삼으니, 무열의 가운데 실로 문덕이 그것에 깃들어 있는 것이다.'(定宇陳氏曰 : 武王之烈, 實丕承乎文王之德, 故不以武爲武, 而以止殺致定爲武, 武烈之中, 實有文德寓焉.)"라고 되어 있다.

○ 豐城朱氏曰 : "以見伐暴之義, 止殺之仁."357)
　　풍성 주씨가 말하였다 : "포악함을 정벌하는 의와 살육을 저지하는 인을 드러낸
　　것이다."358)

朱註
以致定其功也.
그 공(功)을 정함을 이룩하였음을 말한 것이다.

武一章七句.
「무」는 1장으로 7구이다.

春秋傳
『춘추전(春秋傳)』에서는

詳說
○ 左宣十二年.
　　『좌전』 선공 12년이다.

朱註
以此爲大武之首章也.
이것을 가지고 "대무(大武)의 수장(首章)이다."라고 하였다.

詳說
○ 濮氏曰 : 以賚爲第三章, 桓爲第六章. 然周頌, 皆一章無疊章,
或者, 後世取而用之於其事不可知也.359)
　　복씨가 말하였다 : "복씨가 말하였다 : '「뢰(賚)」를 3장으로, 「환(桓)」을 6장으로

---

357) 『시전대전(詩傳大全)』에 풍성 주씨의 말로 실려 있다.
358) 『시전대전(詩傳大全)』에는 "풍성 주씨가 말하였다 : '무왕의 공이 천하에 막강한 것은 문왕이 앞에서 열어냈고, 무왕이 뒤에서 받았기 때문이다. 은나라를 이긴 것에서 포악함을 정벌하는 의를 드러내고, 살육을 저지하는 것에서 살인을 멈추는 인을 드러낸다. ….'(豐城朱氏曰 : 武王之功, 所以天下莫強者, 以文王開之於前, 而武王受之於後也. 於勝殷以見其伐暴之義, 於遏劉以見其止殺之仁. ….)"라고 되어 있다.
359) 『시전대전(詩傳大全)』에 복씨의 말로 실려 있다.

詩集傳詳說 卷之十七　335

여겼다. 그러나 「주송」에는 모두 1장뿐이고, 겹친 장이 없으니, 어쩌면 후세에 취하여 쓴 것으로 그 일에 대해서는 알 수 없을 수 있다."360)

○ 蓋樂之章次, 與詩之篇次不同耳.
대개 음악에서의 장의 차례가 시에서의 편의 차례와 같지 않은 것일 뿐이다.

朱註
大武, 周公象武王武功之舞,
대무(大武)는 주공(周公)이 무왕(武王)의 무공(武功)을 형상한 춤이니,

詳說
○ 句.
구두해야 한다.

朱註
歌此詩以奏之.
이 시(詩)를 노래로 읊어 연주한 것이다.

詳說
○ 奏樂舞.
음악과 춤으로 연주한 것이다.

禮曰, 朱干玉戚
예(禮)에 "붉은 방패와 옥도끼로

詳說
○ 記明堂位.

---

360) 『시전대전(詩傳大全)』에는 "복씨가 말하였다 : '『좌전』 선공 12년에는 이 시를 「대무」의 첫 장으로, 「뢰(賚)」를 3장으로, 「환(桓)」을 6장으로 여겼다. 그러나 「주송」에는 모두 1장뿐이고, 겹친 장이 없으니, 어쩌면 후세에 취하여 쓴 것으로 그 일에 대해서는 알 수 없을 수 있다.'濮氏曰 : 左傳宣十二年, 以此詩爲大武之首章, 賚爲第三章, 桓爲第六章. 然周頌, 皆一章而已, 無疊章也, 或者, 後世取而用之, 於其事不可知也.)"라고 되어 있다.

예(禮)는 『예기』「명당위」이다.

○ 斧也.
도끼이다.

○ 祭統注曰 : "舞所執也."
「제통」의 주에서 말하였다 : "춤에서 잡는 것이다."

朱註
冕而舞大武. 然傳以此詩爲武王所作,
면류관을 쓰고 대무(大武)를 춤춘다."하였다. 그러나 『전』에서 이 시를 무왕이 지은 것이라고 하였는데,

詳說
○ 左傳.
『전(傳)』은 『좌전』이다.

○ 按, 毛傳之意亦然
살펴보건대, 모전에서의 의미도 그렇다.

朱註
則篇內, 已有武王之諡, 而其說誤矣.
편안에 이미 무왕이란 시호가 있으니, 그 말이 잘못된 것이다.

臣工之什, 十篇十章一百六句.
「신공지십」은 십편으로 10장 106구이다.

4-3. 민여소자지십(閔予小子之什 四之三)

[4-3-1-1]
閔予小子, 遭家不造,

불쌍한 나 소자가 집이 완성되지 못함을 만나서

詳說

○ 叶, 徂候反.361)

'조(造)'는 협운으로 음은 '조(徂)'와 '후(候)'의 반절이다.

嬛嬛在疚, 於乎皇考,

외롭고 외로이 병듦에 있으니, 아, 황고여!

詳說

○ 音煢.

'경(嬛)'의 음은 '경(煢)'이다.

○ 音救.362)

'구(疚)'의 음은 '구(救)'이다.

○ 音烏.363)

'오(於)'의 음은 '오(烏)'이다.

○ 音呼.364)

'호(乎)'의 음은 '호(呼)'이다.

---

361) 叶, 徂候反:『시전대전(詩傳大全)』에도 동일하게 되어 있다.
362) 音救:『시전대전(詩傳大全)』에도 동일하게 되어 있다.
363) 音烏:『시전대전(詩傳大全)』에도 동일하게 되어 있다.
364) 音呼:『시전대전(詩傳大全)』에도 동일하게 되어 있다.

○ 叶, 祛候反.365)
'고(考)'는 협운으로 음은 '거(祛)'와 '후(候)'의 반절이다.

永世克孝.
길이 종신토록 효도하셨도다.

詳說
○ 叶, 呼候反.366)
'효(孝)'는 협운으로 음은 '호(呼)'와 '후(候)'의 반절이다.

朱註
賦也. 成王免喪, 始朝于先王之廟, 而作此詩也.
부(賦)이다. 성왕이 상을 벗고 비로소 선왕의 사당에 조회하면서 이 시를 지은 것이다.

詳說
○ 音潮, 下並同.
'조(朝)'의 음은 '조(潮)'로 아래에서도 모두 같다.

○ 不因而先序本事, 與執競同.
비실대면서 먼저 본래의 일을 차례로 하지 않았으니, 「집경(執競)」과 같다.

朱註
閔, 病也. 予小子, 成王自稱也. 造成也.
민(閔)은 병듦이다. 여소자(予小子)는 성왕이 자칭한 것이다. 조(造)는 이룸이다.

詳說
○ 慶源輔氏曰 : "王業雖成, 而成王之心, 常若未成. 如此然後能

---

365) 叶, 祛候反 : 『시전대전(詩傳大全)』에도 동일하게 되어 있다.
366) 叶, 呼候反 : 『시전대전(詩傳大全)』에도 동일하게 되어 있다.

保其成."367)

경원 보씨가 말하였다 : "왕업이 이루어졌을지라도 성왕의 마음은 언제나 아직 이루지 못한 것 같았다. 이와 같이 한 다음에야 그 이룸을 보전할 수 있다."368)

朱註

嬛, 與煢同, 無所依怙之意.

경(嬛)은 경(煢)과 같으니, 의지하고 믿을 곳이 없는 뜻이다.

詳說

○ 三山李氏曰 : "孤獨也."369)

삼산 이씨가 말하였다 : "고독하다는 것이다."370)

朱註

疚, 哀病也.

구(疚)는 슬퍼하여 병듦이다.

詳說

○ 三山李氏曰 : "左傳在疚, 亦是居喪之稱. 去喪未遠, 故以喪爲言."371)

삼산 이씨가 말하였다 : "『좌전』에서 '병듦이 있다.'는 것도 상을 치르고 있다는 말이다. 상을 벗은 지가 오래되지 않았기 때문에 상으로 말한 것이다."372)

匡衡曰, 煢煢在疚, 言成王喪畢思慕, 意氣未能平也,

---

367) 『시전대전(詩傳大全)』에 경원 보씨의 말로 실려 있다.
368) 『시전대전(詩傳大全)』에는 "경원 보씨가 말하였다 : '주나라가 성왕의 때에는 이루어졌다고 할 수 있는데, 「집이 완성되지 못함을 만났다.」고 한 것은 왕업이 이루어지고 천하가 다스려질지라도 성왕의 마음은 언제나 아직 이루지 못하고 다스려지지 않은 것 같았다. 이와 같이 한 다음에야 그 이룸을 보전할 수 있는 것이다. ….'(慶源輔氏曰 : 周至成王之時, 可謂成矣, 而曰遭家不造者, 王業雖成天下雖治, 而成王之心, 常若未成未治也. 如此然後能保其成. ….)"라고 되어 있다.
369) 『시전대전(詩傳大全)』에 삼산 이씨의 말로 실려 있다.
370) 『시전대전(詩傳大全)』에는 "삼산 이씨가 말하였다 : '…. 「경(嬛)」은 고독하다는 것이다. ….'(三山李氏曰 : …. 嬛, 孤獨也. ….)"라고 되어 있다.
371) 『시전대전(詩傳大全)』에 삼산 이씨의 말로 실려 있다.
372) 『시전대전(詩傳大全)』에는 "삼산 이씨가 말하였다 : '…. 「경(嬛)」은 고독하다는 것이다. 『좌전』에도 '병듦이 있다.'는 글이 있으니 또한 상을 치르고 있다는 말이다. 왕이 사당에 조회하고 있을지라도 상을 벗은 지가 별로 오래되지 않았기 때문에 여전히 상으로 말한 것이다.'(三山李氏曰 : …. 嬛, 孤獨也. 左傳, 亦有在疚之文, 亦是居喪之稱也. 王雖朝于廟, 然去喪未甚遠, 故猶以死喪爲言.)"라고 되어 있다.

「광형(匡衡)」에서 "외롭고 외로이 병듦에 있다는 것은 성왕이 상을 마치고도 사모하여 뜻과 기운이 화평하지 못함을 말한 것이니,

> 詳說

○ 漢書本傳.
「匡衡」은 『한서』「본전」이다.

○ 猶如在疚時.
여전히 병든 때와 같은 것이다.

> 朱註

蓋所以就文武之業, 崇大化之本也.
문왕과 무왕의 업을 성취하고 큰 교화의 근본을 높인 것이다."라고 하였다.

> 詳說

○ 德敎.
'화(化)'는 덕의 교화이다.

○ 匡說止此.
「광형(匡衡)」에서의 말은 여기까지이다.

○ 慶源輔氏曰 : "又以言其效驗."373)
경원 보씨가 말하였다 : "또 이것으로 그 효험을 말하였다."374)

> 朱註

皇考, 武王也, 歎武王之終身能孝也.
황고(皇考)는 무왕이니, 무왕이 종신토록 능히 효도함을 감탄한 것이다.

---

373) 『시전대전(詩傳大全)』에 경원 보씨의 말로 실려 있다.
374) 『시전대전(詩傳大全)』에는 "경원 보씨가 말하였다 : '…. 대개 문왕와 무왕의 업을 성취하고 큰 교화의 근본을 높였으니, 또 이것으로 그 효험을 말한 것이다. ….(慶源輔氏曰 : …. 蓋所以就文武之業, 崇大化之本, 則又以言其效驗也. ….)"라고 되어 있다.

詳說
○ 永世.
'종신(終身)'은 본문의 '영세(永世)'이다.

○ 安成劉氏曰 : "此釋第四五句."375)
안성 유씨가 말하였다 : "여기에서는 4구와 5구를 해석하였다."376)

○ 慶源輔氏曰 : "惟成王之能如此, 所以知武王之繼志述事者, 爲終身能孝也."377)
경원 보씨가 말하였다 : "성왕이 이와 같이 할 수 있는 것은 무왕의 계승되는 뜻과 이어지는 일을 아는 것이 종신의 효도가 될 수 있기 때문이다."378)

○ 此節言成王思武王.
여기의 절에서는 성왕이 무왕을 사모하는 것에 대해 말하였다.

念玆皇祖, 陟降庭止,

이 황조(皇祖)를 생각하여 뜰을 오르내림을 보는 듯하니,

詳說
○ 叶, 去聲.379)
'정(庭)'은 협운으로 거성이다.

---

375) 『시전대전(詩傳大全)』에 안성 유씨의 말로 실려 있다.
376) 『시전대전(詩傳大全)』에는 "안성 유씨가 말하였다 : '여기에서는 경문의 제 4구와 5구를 해석하였다.'(安成劉氏曰 : 此釋經文第四第五句.)"라고 되어 있다.
377) 『시전대전(詩傳大全)』에 경원 보씨의 말로 실려 있다.
378) 『시전대전(詩傳大全)』에는 "경원 보씨가 말하였다 : '…. 대개 문왕과 무왕의 업을 성취하고 큰 교화의 근본을 높였으니, 또 이것으로 그 효험을 말한 것이다. 성왕이 이와 같이 할 수 있는 것은 무왕의 계승되는 뜻과 이어지는 일을 아는 것이 종신의 효도가 될 수 있기 때문이다.'(慶源輔氏曰 : …. 盖所以就文武之業, 崇大化之本, 則又以言其效驗也. 惟成王之能如此, 所以知武王之所以繼志述事者, 爲終身能孝也.)"라고 되어 있다.
379) 叶, 去聲 : 『시전대전(詩傳大全)』에도 동일하게 되어 있다.

|維予小子, 夙夜敬止.|

나 소자(小子)가 밤낮으로 공경할지어다.

朱註
皇祖, 文王也. 承上文, 言武王之孝. 思念文王, 常若見其陟降於庭,

황조(皇祖)는 문왕이다. 위의 글을 이어 무왕의 효를 말하였다. 문왕을 생각하여 항상 그 분이 뜰에 오르내림을 보는 듯이 하였으니,

詳說
○ 補若見字.

'약견(若見)'자를 더하였다.

朱註
猶所謂見堯於牆, 見堯於羹也.

이른바 요임금을 담장에서도 보고, 국에서도 보았다는 것과 같은 것이다.

詳說
○ 後漢書李固傳曰 : "堯沒舜仰慕三年, 坐則見堯於牆, 飮則見堯於羹.380)

『후한서』「이고전」에서 말하였다 : "요임금이 돌아가시자 순임금이 삼년동안 그리워함에 앉아 있으면, 담에서 요임금을 뵙고, 음식을 먹으면 국에서 요임금을 뵈었다."

朱註
楚辭云, 三公揖讓, 登降堂只,

『초사(楚詞)』에서 "삼공들이 읍하고 사양하며 당에 오르내린다."라고 하였으니,

詳說
○ 大招.

---

380) 『시전대전(詩傳大全)』에 『후한서』의 말로 동일하게 실려 있다.

『초사(楚詞)』는 「대초(大招)」이다.

○ 音紙.
'지(只)'의 음은 '지(紙)'이다.

朱註
與此文勢, 正相似,
여기의 문세와 바로 서로 유사하고,

詳說
○ 安成劉氏曰 : "其言三公登降堂, 正猶此言皇祖陟降庭, 其言只, 猶此言止也. 但揖讓二字, 彼文正作穆穆, 此或傳寫之誤也.381)
안성 유씨가 말하였다 : "그곳에서 삼공들이 당에 오르내린다는 것은 바로 여기에서 황조가 뜰을 오르내린다고 말한 것과 같으니, 그곳에서 지(只)라고 말한 것은 여기에서 지(止)라고 말한 것과 같다. 다만 읍양(揖讓) 두 글자는 저기의 글에서는 바로 목목(穆穆)으로 되어 있으니, 여기에서는 어쩌면 베껴 전하면서 잘못된 것인 듯하다."382)

朱註
而匡衡引此句,
「광형(匡衡)」에서 이 구(句)를 인용하였는데,

詳說
○ 漢書本傳.
「광형(匡衡)」은 『한서』「본전」이다.

○ 此詩此句.

---

381) 『시전대전(詩傳大全)』에 안성 유씨의 말로 실려 있다.
382) 『시전대전(詩傳大全)』에는 "안성 유씨가 말하였다 : '「대초에서 「삼공들이 목목하게 당에 오르내린다.」라고 하였다. 그곳에서 삼공들이 당에 오르내린다고 말한 것은 여기가 황조가 뜰을 오르내린다고 말한 것과 같으니, 그곳에서 지(只)라고 말한 것은 여기에서 지(止)라고 말한 것과 같다. 다만 「집전」에서 인용한 읍양(揖讓) 두 글자는 저기의 글에서는 바로 목목(穆穆)으로 되어 있으니, 여기에서는 어쩌면 베껴 전하면서 잘못된 것인 듯하다.'(安成劉氏曰 : 大招曰, 三公穆穆登降堂只, 其言三公登堂只, 猶此言皇祖陟降庭, 其言只爲語已詞正, 猶此言止也. 但集傳所引揖讓二字, 彼文正作穆穆, 則此或傳寫之誤也.)"라고 되어 있다.

여기의 시에서 여기의 구이다.

朱註
顔註亦云, 若神明臨其朝廷, 是也.
안사고의 주에서도 "신명(神明)이 그 조정에 임한 듯하다."라고 하였으니, 여기에 해당한다.

詳說

○ 唐秘書監顔師古註漢書
    '안주(顔註)'는 당나라 비서감 안사고의 『한서』 주석이다.

○ 朱子曰 : "余舊讀詩而愛顔說, 然尙疑其無据, 及讀此辭, 乃有登降堂只之文, 於是益信陟降庭止之爲古語也."383)
    주자가 말하였다 : "내가 과거에 시를 읽으면서 안사고의 설명을 좋아했지만 근거가 없는 것에 의문을 품었는데, 『초사』를 읽게 되자 바로 「당에 오르내린다(登降堂只)」는 글이 있었고, 여기에서 「뜰을 오르내린다(陟降庭止)」는 것이 옛말임을 더욱 믿었다."384)

○ 按, 毛鄭, 皆訓庭爲直, 故集傳引楚辭漢註, 以明之, 蓋以下篇證之, 亦已然矣.
    살펴보건대, 모씨와 정씨가 모두 뜰로 풀이한 것은 옳기 때문에 「집전」에서 『초사』와 『한서』의 주를 인용해서 밝혔으니, 아래의 편으로 증명하여도 이미 그런 것이다.

○ 此節言武王思文王.
    여기의 절에서는 무왕이 문왕을 그리워하는 것에 대해 말하였다.

---

383) 『시전대전(詩傳大全)』에 주자의 말로 실려 있다.
384) 『시전대전(詩傳大全)』에는 "주자가 말하였다 : 「광형」은 당시에 아직 유행하지 않았고, 모씨의 설명과 안감은 또 사학에 정밀한데도 오로지 경을 연구하는 데 장애가 되는 것으로 죄를 씌우지 않았기 때문에 그 말에서 유독 경의 본래 의미를 얻을 수 있었다. 내가 과거에 시를 읽으면서 안사고의 설명을 좋아했지만 근거가 없는 것에 의문을 품었는데, 『초사』를 읽게 되자 바로 「당에 오르내린다(登降堂只)」는 글이 있었고, 여기에서 「뜰을 오르내린다(陟降庭止)」는 것이 옛말임을 더욱 믿었다.'(朱子曰 : 匡衡時未行, 毛說顔監, 又精史學, 而不梏於專經之陋, 故其言獨得經之本旨也. 余舊讀詩而愛顔說, 然尙疑其無據, 及讀楚詞, 乃有登降堂只之文, 於是益信陟降庭止之爲古語也.)"라고 되어 있다.

|於乎皇王, 繼序思不忘.|

아, 황왕(皇王)이여 대를 이을 것을 생각하여 잊지 못하리로다.

|詳說|

○ 二字同上.385)
두 글자와 위와 같다.

|朱註|

|皇王, 兼指文武也. 承上文, 言我之所以夙夜敬止者, 思繼此序|
황왕(皇王)은 문왕과 무왕을 겸하여 가리킨 것이다. 위의 글을 이어 "내 밤낮으로 공경하는 것은 이 차례를 이을 것을 생각하여

|詳說|

○ 思字釋於此
사(思)자를 여기까지 해석한다.

○ 先釋思字, 以便於文.
먼저 사(思)자를 풀이하여 글을 바꾸었다.

|朱註|

|而不忘耳.|
잊지 못해서이다."라고 한 것이다.

|詳說|

○ 三山李氏曰 : "武王能以念玆皇祖爲孝, 則成王亦當以思繼祖考爲孝."386)
삼산 이씨가 말하였다 : "무왕은 이 황조를 생각하는 것을 효도로 여겼으니, 성왕도 당연히 조고의 계승을 생각하는 것을 효도로 여겼다."

---

385) 二字同上 : 『시전대전(詩傳大全)』에도 동일하게 되어 있다.
386) 『시전대전(詩傳大全)』에 삼산 이씨의 말로 동일하게 실려 있다.

○ 安成劉氏曰 : "成王因見于廟, 對越祖考惻然自念, 而歎所感深矣."387)

안성 유씨가 말하였다 : "성왕이 이어 사당에서 뵙고 조고가 멀어지는 것에 대해 슬프게 스스로 생각하고는 느끼는 것에 깊이 한탄한 것이다."388)

朱註

閔予小子, 一章十一句.
「민여소자」는 1장으로 11구이다.

此成王除喪, 朝廟所作, 疑後世遂以爲嗣王朝廟之樂. 後三篇放此.
이것은 성왕(成王)이 상(喪)을 벗고 사당에 조회하면서 지은 것으로 후세에 마침내 뒤를 잇는 왕이 사당에 조회하는 음악으로 삼은 듯하다. 뒤의 세 편(篇)도 이와 같다.

詳說

○ 安成劉氏曰 : 四詩詞意, 相表裏, 如云遭家不造, 未堪家多難. 乃懲創管蔡之事, 可驗其爲成王之詩, 而小序於四詩, 皆汎言嗣王, 故又疑其後爲嗣王朝廟通用之樂歌也.389)

안성 유씨가 말하였다 : "네 시는 말의 의미가 서로 표리가 되니, 「집이 완성되지 못함을 만났다」「집에 다난(多難)함을 견디지 못한다.」라고 말한 것과 같다. 이에 관채의 일을 징창하는 것은 모두 그것이 무왕의 시임을 증험할 수 있는데, 소서에서는 네 시에 대해 모두 범범하게 뒤를 잇는 왕이라고 했기 때문에 또 후세에 마침내 뒤를 잇는 왕이 사당에 조회하면서 통용하는 악가로 삼은 듯하다."390)

---

387) 『시전대전(詩傳大全)』에 안성 유씨의 말로 실려 있다.
388) 『시전대전(詩傳大全)』에는 "안성 유씨가 말하였다 : '성왕이 이어 사당에서 뵙고 조고가 멀어지는 것에 대해 슬프게 스스로 생각하고는 탄식하여「아 황왕이여」라고 하고 나서 또「아 황왕이여」라고 하였으니, 감회가 깊었던 것이다.'(安成劉氏 : 成王因見於廟, 對越祖考惻然自念, 而歎旣曰於乎皇考, 又曰於乎皇王, 所感之意深矣.)라고 되어 있다.
389) 『시전대전(詩傳大全)』에 안성 유씨의 말로 실려 있다.
390) 『시전대전(詩傳大全)』에는 "안성 유씨가 말하였다 : '여기의 편과「방락」·「경지」·「소비」네 시는 말의 의미가 서로 표리가 되니, 「집이 완성되지 못함을 만났다」「소고를 따르려 한다」「집에 다난(多難)함을 견디지 못한다.」라고 말한 것과 같다. 관채의 일을 징창하는 것은 모두 그것이 무왕의 시임을 증험할 수 있는데, 소서에서는 네 시에 대해 모두 범범하게 뒤를 잇는 왕이라고 했기 때문에 또 후세에 마침내 뒤를 잇는 왕이 사당에 조회하면서 통용하는 악가로 삼은 듯하다.'(安成劉氏曰: 此篇及訪落敬之小毖, 四詩詞意, 相表

[4-3-2-1]
訪予落止, 率時昭考,

내 처음 시작할 때 물어서 이 소고(昭考)를 따르려 하나

於乎悠哉, 朕未有艾.

아, 아득히 멀어 내 미칠 수 없노라.

詳說

○ 音烏.391)
　　'오(於)'의 음은 '오(烏)'이다.

○ 音呼.392)
　　'호(乎)'의 음은 '호(呼)'이다.

○ 五蓋反.393)
　　'애(艾)'의 음은 '오(五)'와 '개(蓋)'의 반절이다.

將予就之, 繼猶判渙.

나를 나아가게 하려고 하지만 이음이 오히려 나누어지고 흩어지도다.

維予小子, 未堪家多難,

나 소자(小子)가 집에 다난(多難)함을 견디지 못하나니,

詳說
○ 去聲

裏, 如云遭家不造, 率時昭考, 未堪家多難. 及懲創管蔡之事, 皆可驗其爲成王之詩, 而小序於四詩, 皆泛言嗣王, 故又疑其後爲嗣王朝廟通用之樂歌也.)"라고 되어 있다.
391) 音烏:『시전대전(詩傳大全)』에도 동일하게 되어 있다.
392) 音呼:『시전대전(詩傳大全)』에도 동일하게 되어 있다.
393) 五蓋反:『시전대전(詩傳大全)』에도 동일하게 되어 있다.

'난(難)'은 거성이다.

> 紹庭上下, 陟降厥家, 休矣皇考, 以保明其身.

뜰에 오르내리며 집에 오르내림을 계승하여
아름다운 황고(皇考)로써 그 몸을 보호하며 드러낼지어다.

朱註

賦也. 訪, 問, 落, 始, 悠, 遠也. 艾, 如夜未艾之艾.

부(賦)이다. 방(訪)은 물음이고, 낙(落)은 시작함이며, 유(悠)는 멂이다. 애(艾)는 '야미애(夜未艾 : 밤이 다하지 않았다)'의 애(艾)와 같다.

詳說

○ 猶謀也
  '문(問)'은 '모(謀)'와 같다.

○ 曹氏曰 : 宮室始成, 則落之, 故以落爲始. "394)
  조씨가 말하였다 : "궁실이 처음 완성되면 낙성식을 하기 때문에 낙으로 시작을 삼은 것이다."

○ 見小雅庭燎.
  「소아」「정료」에 있다.

朱註

判, 分, 渙, 散, 保, 安, 明, 顯也.
판(判)은 나눔이고, 환(渙)은 흩어짐이며, 보(保)는 편안함이고, 명(明)은 드러남이다.

詳說

○ 臨川王氏曰 : "無危亾之憂昏塞之患."395)

---

394) 『시전대전(詩傳大全)』에 조씨의 말로 동일하게 실려 있다.
395) 『시전대전(詩傳大全)』에 임천 왕씨의 말로 실려 있다.

임천 왕씨가 말하였다 : "위험하여 도망하고 어두워서 막히는 우환이 없다."396)

朱註
○ 成王旣朝于廟,
성왕이 사당에 조회하고 나서

詳說
○ 音潮.397)
'조(朝)'의 음은 '조(潮)'이다.

○ 承上篇.
위의 편을 이어받은 것이다.

朱註
因作此詩, 以道延訪羣臣之意言. 我將謀之於始, 以循我昭考武王之道.
이어서 이 시를 지어서 군신들을 맞이해 물어보려는 뜻을 말한 것이다. 내 시작에 도모하여 우리 소고(昭考) 무왕의 도를 따르려 한다.

詳說
○ 言也.
'도(道)'는 말하다는 것이다.

○ 率.
'순(循)'은 본문의 '솔(率)'이다.

○ 時.
'아(我)'는 본문의 '시(時)'이다.

---

396) 『시전대전(詩傳大全)』에는 "임천 왕씨가 말하였다 : '편안함을 지키면, 위험하여 도망가는 근심이 없고, 분명하게 드러나면 어두워서 막히는 걱정이 없다.'(臨川王氏曰 : 保安, 則無危亡之憂, 明顯, 則無昏塞之患.)"라고 되어 있다.
397) 音潮 :『시전대전(詩傳大全)』에도 동일하게 되어 있다.

○ 添道字.
'도(道)'자를 더하였다.

朱註
然而其道遠矣, 予不能及也.
그러나 그 도(道)가 멀어 내 미칠 수가 없다.

詳說
○ 未艾.
다하지 않음이다.

朱註
將使予勉强以就之,
나를 억지로 힘써서 나아가게 하려 하나

詳說
○ 上聲.
'강(强)'은 상성이다.

○ 進也.
'취(就)'는 나아가는 것이다.

○ 依靠群臣而言使字, 自任而言勉强.
군신에 의지해서 '사(使)'자를 말하였고, 자임에 의지해서 힘씀을 말하였다.

朱註
而所以繼之者, 猶恐其判渙而不合也,
잇는 것이 오히려 흩어져 합하지 못할까 두려우니,

詳說

○ 慶源輔氏曰：" 不能收拾聚蓄其道於我之一身也. 多難, 蓋指武
庚之事."398)

경원 보씨가 말하였다 : "내 자신의 몸에 그 도를 수합해서 축적할 없다는 것이
다. 다난은 대개 그 무경의 일을 가리킨다."399)

朱註

則亦繼其上下於庭陟降於家,

또한 그 뜰에 오르내리며 집에 오르내림을 계승하여

詳說

○ 上聲.

'상(上)'은 상성이다.

○ 去聲

'하(下)'는 거성이다.

○ 慶源輔氏曰 : "上下於庭, 指武王外事也, 陟降于家, 指武王內
事也."400)

경원 보씨가 말하였다 : "뜰을 오르내린다는 것은 무왕의 외사를 가리키고, 집
에 오르내린다는 것은 무왕의 내사를 가리킨다."401)

○ 定宇陳氏曰 : "武王之上下於庭陟降於家, 其迹未遠, 而成王可

---

398)『시전대전(詩傳大全)』에 경원 보씨의 말로 실려 있다.
399)『시전대전(詩傳大全)』에는 "경원 보씨가 말하였다 : '…. 「나를 나아가게 하려고 이음이 오히려 나
누어지고 흩어지도다.」라는 말은 나를 힘써 나아가게 하려고 하지만 여전히 그 역량이 부족하고 생각이
이어지지 않아 나누어지고 흩어질 수 있으니, 내 자신의 몸에 그 도를 수합해서 축적할 없다는 말이다. 이
때에 또 내가 어리고 머리에 든 게 없어 소자가 국가의 다난을 감당할 수 없음을 탄식했으니, 이것은 대
개 무경의 일을 가리켜서 말하는 것이다. ….'(慶源輔氏曰 : …. 將予就之, 繼猶判渙, 言將使我勉強以就之,
猶恐其力量不足, 意思不能接續, 或至於判渙, 不能收拾聚蓄其道於我之一身也. 於是又歎以爲予乃幼冲. 小
子未能任家國之多難, 此盖指武庚之事而言. ….)"라고 되어 있다.
400)『시전대전(詩傳大全)』에 경원 보씨의 말로 실려 있다.
401)『시전대전(詩傳大全)』에는 "경원 보씨가 말하였다 : '…. 이것은 대개 무경의 일을 가리켜서 말하는 것이
니, 또한 무왕이 내외로 거행한 일을 당연히 이어가야 하는 것으로, 뜰을 오르내린다는 것은 무왕의 외사
를 가리키고, 집에 오르내린다는 것은 무왕의 내사를 가리킨다. ….'(慶源輔氏曰 : …. 此盖指武庚之事而
言, 則亦當繼紹武王內外所行之事, 上下於庭, 指其外事也, 陟降於家指其內事也. ….)"라고 되어 있다.

繼, 是卽武王念文王, 而見其陟降於庭者也. 二詩語意, 相照應."402)

정우 진씨가 말하였다 : "무왕이 뜰에 오르내리고, 집에 오르내림은 그 흔적이 멀지 않아 무왕이 계승할 수 있었던 것으로 이것은 곧 무왕이 문왕을 생각하면서 뜰에서 오르내림을 본 것이다. 두 시에서의 말의 의미가 서로 호응한다."403)

○ 按, 並下篇, 三陟降, 雖所指不同, 其義則不異.

살펴보건대, 아래의 편을 아울러 세 번의 오르내림이 가리키는 것은 같지 않을지라도 그 의미는 다르지 않다.

朱註

庶幾賴皇考之休, 以保明吾身而已矣.

거의 황고(皇考)의 아름다움에 힘입어 내 몸을 보전하고 드러냄이 있기를 바랄 뿐이라고 말한 것이다.

詳說

○ 補賴字.

'뢰(賴)'자를 더하였다.

○ 吾.

'오(吾)'는 본문의 '기(吾)'이다.

○ 新安胡氏曰 : "成王之思慕皇考, 微婉懇切, 反覆曲盡, 有無窮之歎詠也."404)

신안 호씨가 말하였다 : "성왕이 황고를 사모함에 부드럽고 완곡하며 간절하고

---

402)『시전대전(詩傳大全)』에 정우 진씨의 말로 실려 있다.
403)『시전대전(詩傳大全)』에는 "정우 진씨가 말하였다 : '무왕의 도가 멀어 계승하기 어려울 것 같으나 무왕이 뜰에 오르내리고 집에 오르내림은 그 흔적이 멀지 않아 계승할 수 있는 것이다. 성왕이 무왕의 집과 뜰에서 오르내림을 이어받은 것은 곧 무왕이 문왕을 생각하면서 뜰에서 오르내림을 본 것이다. …. 두 시에서의 말의 의미가 이처럼 서로 호응한다.'(定宇陳氏曰 : 武王之道, 若悠遠而難繼, 而武王之上下陟降於家者, 其迹未遠則近而可繼. 成王紹武王之上下陟降於家庭者, 是卽武王念文王而見其陟降於庭者也. …. 二詩語意, 相照應如此.)"라고 되어 있다.
404)『시전대전(詩傳大全)』에 신안 호씨의 말로 실려 있다.

반복해서 곡진하니 무궁하게 탄식하며 노래하는 것이 있다."405)

朱註

訪落一章十二句.
「방락」은 1장으로 12구이다.

說同上篇.
설명은 상편과 같다.

詳說

○ 嗣王朝廟之樂.
이어받은 왕이 사당에서 조회하는 음악이다.

○ 眉山蘇氏曰 : "上篇言將繼其祖考之詩也. 訪落謀所以繼之之詩也."406)
미산 소씨가 말하였다 : "위의 편에서는 그 조고를 계승하려는 시를 말하였다. 「방락」은 그 때문에 계승을 도모하는 시이다."

○ 黃氏曰 : "皆一時所作."407)
황씨가 말하였다 : "모두 한 때에 지은 것이다."408)

○ 安成劉氏曰 : "武王善繼述, 而成王之繼紹武王, 其孝可謂不匱矣."409)
안성 유씨가 말하였다 : "무왕이 잘 계승해서 성왕이 무왕을 이어받았으니, 그 효도를 다함이 없다고 할 수 있다."410)

---

405) 『시전대전(詩傳大全)』에는 "신안 호씨가 말하였다 : '···. 성왕이 황고를 사모함에 이에 계승하고 이에 이어받으니, 어쩌면 그리도 부드럽고 완곡하며 간절하고 반복하며 곡진함에 무궁하게 탄식하며 노래는 것이 있겠는가!'(新安胡氏曰 : ···. 成王之思慕皇考, 爰繼爰述, 何其微婉懇切, 反覆曲盡, 有無窮之嘆詠也哉.)"라고 되어 있다.
406) 『시전대전(詩傳大全)』에 미산 소씨의 말로 동일하게 실려 있다.
407) 『시전대전(詩傳大全)』에 황씨의 말로 실려 있다.
408) 『시전대전(詩傳大全)』에는 "황씨가 말하였다 : '···. 「황고(皇考)로써 그 몸을 보호하며 드러낸다.」는 것은 모두 모두 한 때에 지은 것이다.'(黃氏曰 : ···. 皇考以保明其身, 皆是一時所作.)"라고 되어 있다.
409) 『시전대전(詩傳大全)』에 안성 유씨의 말로 실려 있다.

○ 三山李氏曰 : 伊尹告太甲曰, 新服厥命, 惟新厥德, 召公亦曰, 王乃初服, 此訪落所由作也.411)

삼산 이씨가 말하였다 : "이윤이 태갑에게 '천명을 새로 받으려면 덕을 새롭게 해야 한다.'라고 하였고, 소공이 또한 '왕이 처음 일을 시작한다'.라고 하였으니, 「방락」은 그 때문에 지은 것이다."412)

[4-3-3-1]

敬之敬之. 天維顯思,

공경할지어다, 공경할지어다. 천명이 밝은지라

詳說

○ 叶, 新夷反.413)

'사(思)'는 협운으로 음은 '신(新)'과 '이(夷)'의 반절이다.

命不易哉, 無曰高高在上.

명을 보전하기가 쉽지 아니하니, 높고 높아 저 위에 있다고 말하지 말지어다.

詳說

○ 去聲.

'이(易)'는 거성이다.

○ 叶, 獎黎反.414)

---

410) 『시전대전(詩傳大全)』에는 "안성 유씨가 말하였다 : '공자가 무왕은 뜻을 잘 계승하고 일을 잘 이어받아 …, 진실로 무왕이 통용되는 효자임을 알 수 있다고 하였다. 성왕이 무왕을 이어받아 …, 그 효도를 다함이 없다고 할 수 있다.'(安成劉氏曰 : 夫子稱武王善繼志善述事, …, 固可見武王之達孝矣. …. 成王之繼武王, …, 其孝可謂不匱矣.)"라고 되어 있다.
411) 『시전대전(詩傳大全)』에 삼산 이씨의 말로 실려 있다.
412) 『시전대전(詩傳大全)』에는 "삼산 이씨가 말하였다 : '임금은 천하의 근본이다. 처음 즉위해서 정사에 임하는 것은 또 임금의 근본이다. 그러므로 이윤이 태갑에게 '이어받아 왕이 된 자가 천명을 새로 받으려면 덕을 새롭게 해야 한다.'라고 하였고, 소공이 또한 '왕이 처음 일을 시작한다'.라고 하였으니, 「방락」은 그 때문에 지은 것이다.(三山李氏曰 : 人君者, 天下之本也. 始即位臨政者, 又人君之本也. 故伊尹告太甲, 以嗣王新服厥命, 惟新厥德, 召公亦曰, 王乃初服, 此訪落所由作也.)"라고 되어 있다.
413) 叶, 新夷反 : 『시전대전(詩傳大全)』에도 동일하게 되어 있다.
414) 叶, 獎黎反 : 『시전대전(詩傳大全)』에도 동일하게 되어 있다.

'재(哉)'는 협운으로 음은 '장(獎)'과 '려(黎)'의 반절이다.

陟降厥士, 日監在玆.

그 일에 오르내리어 날로 살펴보심이 이에 계시니라.

詳說

○ 叶, 津之反.415)

'자(玆)'는 협운으로 음은 '진(津)'과 '지(之)'의 반절이다.

朱註

賦也, 顯, 明也. 思, 語辭也. 士, 事也. ○ 成王受羣臣之戒而述其言

부(賦)이다. 현(顯)은 밝음이다. 사(思)는 어조사이다. 사(士)는 일이다. ○ 성왕이 군신의 경계를 받고 그 말을 기술하여

詳說

○ 從下節, 而主成王言.

아래의 절을 따라 성왕을 위주로 말하였다.

朱註

曰, 敬之哉敬之哉. 天道甚明

"공경할지어다. 공경할지어다. 천도가 심히 밝아서

詳說

○ 添道字.

'도(道)'자를 더하였다.

朱註

其命不易保也,

그 명을 보전하기가 쉽지 아니하니,

---

415) 叶, 津之反:『시전대전(詩傳大全)』에도 동일하게 되어 있다.

詳說
○ 補保字.
'보(保)'자를 더하였다.

○ 華谷嚴氏曰 : "天道甚明, 禍福不爽, 故予奪無常, 其命難保也."416)
화곡 엄씨가 말하였다 : "천명은 아주 밝아 화복을 틀림없이 하기 때문에 나에게서 빼앗아감에 일정함이 없어 그 명을 보전하기 어려운 것이다."417)

朱註
無謂其高而不吾察, 當知其聰明明畏, 常若陟降於吾之所爲,
그 높이 있어 나를 살피지 못한다고 이르지 말고 마땅히 총명하여 밝고 두려워서 항상 나의 하는 바에 오르내리는 듯하여

詳說
○ 蒙上天字.
'기(其)'는 위의 천(天)자를 이어받은 것이다.

○ 四字出書皐陶謨
'총명명외(聰明明畏)' 네 글자는 『서경』「고요모」가 출처이다.

○ 補而不以下.
'이불(而不)'이하를 더하였다.

○ 厥.
'오(吾)'는 본문에서 '궐(厥)'이다.

---

416) 『시전대전(詩傳大全)』에 화곡 엄씨의 말로 실려 있다.
417) 『시전대전(詩傳大全)』에는 "화곡 엄씨가 말하였다 : '공경하고 또 공경하는 것은 정성을 그치지 않는 것이다. 대개 천명은 아주 밝아 화복을 틀림없이 하기 때문에 나에게서 빼앗아감에 일정함이 없어 그 명을 보전하기 어려운 것이다.'(華谷嚴氏曰 : 敬而又敬者, 誠之不已也. 盖以天道甚明, 禍福不爽, 故予奪無常, 其命難保也.)"라고 되어 있다.

○ 士.

'위(爲)'는 본문에서 '사(士)'이다.

朱註

而無日不臨監于此者,

날마다 여기에 임하여 보지 않음이 없음을 알아서

詳說

○ 慶源輔氏曰 : "卽所謂及爾出王遊衍也."418)

경원 보씨가 말하였다 : "곧 이른바 「그대 어디를 가도 함께 하고, 노닐 적에 살펴본다.」는 것이다."419)

朱註

不可以不敬也.

공경하지 않으면 안된다."라고 한 것이다.

詳說

○ 補此句, 以終首句意.

이 구를 더해 첫 구의 의미를 마쳤다.

○ 慶源輔氏曰 : "若曰, 高高在上, 則便是不敬."420)

경원 보씨가 말하였다 : "높고 높아 저 위에 있다고 할 수 있으면 곧 공경하지 않는 것이다."421)

維予小子, 不聰敬止,

---

418) 『시전대전(詩傳大全)』에 경원 보씨의 말로 실려 있다.
419) 『시전대전(詩傳大全)』에는 '경원 보씨가 말하였다 : '⋯. 「그 일에 오르내린다.」는 것은 곧 이른바 「하늘은 밝은지라 그대가 어딜 나가든 함께하고, 하늘을 훤히 아는지라 그대 노닐 적에도 살펴본다.」는 것이다.'(慶源輔氏曰 : ⋯. 陟降厥土, 即所謂昊天曰明, 及爾出王, 昊天曰旦, 及爾游衍也.)"라고 되어 있다.
420) 『시전대전(詩傳大全)』에 경원 보씨의 말로 실려 있다.
421) 『시전대전(詩傳大全)』에는 "경원 보씨가 말하였다 : '⋯. 높고 높아 저 위에 있다고 할 수 있으면 곧 공경하지 않는 것이다. 공경하지 않으면 천명을 스스로 끊어버리는 것이다. ⋯.'(慶源輔氏曰 : ⋯. 若曰, 高高在上, 則便是不敬. 不敬則自絶於天矣. ⋯.)"라고 되어 있다.

나 소자(小子)가 총명하지 못하여 공경하지 못하나,

詳說
○ 叶, 獎里反.422)
'자(子)'는 협운으로 음은 '장(獎)'과 '리(里)'의 반절이다.

日就月將, 學有緝熙于光明,
날로 나아가며 달로 진전하여 배움이 이어 밝혀서 광명함에 이르려 하며,

詳說
○ 叶, 謨郎反.423)
'명(明)'은 협운으로 음은 '모(謨)'와 '랑(郎)'의 반절이다.

佛時仔肩, 示我顯德行.
이 맡은 짐을 도와주어서 나에게 드러난 덕행을 보여줄지어다.

詳說
○ 符弗反, 又音弼.424)
'불(佛)'의 음은 '부(符)'와 '불(弗)'의 반절이다. 또 '필(弼)'로도 한다.

○ 音玆.425)
'자(仔)'의 음은 '자(玆)'이다.

○ 去聲, 叶戶郞反.426)
'행(行)'은 거성이고, 협운으로 음은 '호(戶)'와 '랑(郎)'의 반절이다.427)

---

422) 叶, 獎里反:『시전대전(詩傳大全)』에도 동일하게 되어 있다.
423) 叶, 謨郎反:『시전대전(詩傳大全)』에도 동일하게 되어 있다.
424) 符弗反, 又音弼:『시전대전(詩傳大全)』에도 동일하게 되어 있다.
425) 音玆:『시전대전(詩傳大全)』에도 동일하게 되어 있다.
426) 去聲, 叶戶郞反:『시전대전(詩傳大全)』에는 다소 다르게 되어 있다.
427)『시전대전(詩傳大全)』에는 "'행(行)'의 음은 '하(下)'와 '맹(孟)'의 반절이고, 협운으로 음은 '호(戶)'와 '랑(郎)'의 반절이다.(下孟反, 叶戶郞反.)"라고 되어 있다.

朱註

將, 進也. 佛, 弼通.

장(將)은 나아감이다. 필(佛)은 필(弼)과 통한다.

詳說

○ 鄭氏曰 : "輔也."428)

정씨가 말하였다 : "돕다는 것이다."

○ 華谷嚴氏曰 : "正救其失也."429)

화곡 엄씨가 말하였다 : "바로 그 잘못을 구하는 것이다."430)

朱註

仔肩, 任也. ○ 此乃自爲答之之言

자견(仔肩)은 짐이다. ○ 이것은 바로 스스로 답하는 말을 하여

詳說

○ 照上註.

위의 주를 참조하라.

朱註

曰, 我不聰, 而未能敬也.

"내 총명하지 못하여 공경하지 못한다.

詳說

○ 添未字, 以分聰與敬, 各爲一事.

'미(未)'자를 더해 총(聰)과 경(敬)을 나눠 각기 하나의 일로 하였다.

---

428) 『시전대전(詩傳大全)』에 정씨의 말로 동일하게 실려 있다.
429) 『시전대전(詩傳大全)』에 화곡 엄씨의 말로 실려 있다.
430) 『시전대전(詩傳大全)』에는 "화곡 엄씨가 말하였다 : '필(佛)을 필(弼)이라고 한 것은 바로 그 잘못을 구한다는 말이다. ….'(華谷嚴氏曰 : 佛謂之弼者, 言正救其失. ….)"라고 되어 있다.

○ 定宇陳氏曰 : "戒王以天之當敬者, 臣之忠也, 答以未能敬者, 君之謙也."431)
정우 진씨가 말하였다 : "임금에게 천명을 당연히 경계시키는 것은 신하의 충성이고, 공경할 수 없다고 답하는 것은 임금의 겸손이다."432)

朱註
然願學焉
그러나 배우기를 원하여

詳說
○ 取下學字冠之, 以便於事.
아래의 학자를 취하여 앞에 둠으로써 일을 편하게 했다.

朱註
庶幾日有所就
거의 날로 나아가는 바가 있고,

詳說
○ 諺音誤.
『언해』의 음은 잘못되었다.

○ 朱子曰 : "成也."433)
주자가 말하였다 : "이루는 것이다."434)

---

431) 『시전대전(詩傳大全)』에 정우 진씨의 말로 실려 있다.
432) 『시전대전(詩傳大全)』에는 "정우 진씨가 말하였다 : '임금에게 천명을 당연히 경계시키는 것은 신하의 충성이고, 공경할 수 없다고 답하는 것은 임금의 겸손이다. 공경할 수 없음을 염려하여 안으로 자신에게 배움을 행하고, 밖으로 신하에게 도움을 구하면 이것이 곧 이 경을 다하려고 구하는 것이다. ….'(定宇陳氏曰 : 戒王以天之當敬者, 臣之忠也, 答群臣以未能敬者, 君之謙也. 憂其未能敬, 而內爲學於已, 外求助於臣, 是即求所以盡此敬也. ….)"라고 되어 있다.
433) 『시전대전(詩傳大全)』에 주자의 말로 실려 있다.
434) 『시전대전(詩傳大全)』에는 "주자가 말하였다 : '일취월장은 날로 이루고 달로 성장하는 것으로 취(就)는 이루는 것이고, 장(將)은 크게 하는 것이다.'(朱子曰 : 日就月將, 是日成月長, 就, 成也. 將, 大也.)"라고 되어 있다.

朱註

月有所進, 續而明之, 以至于光明,
달로 진전하는 바가 있어서 이어 밝혀서 광명함에 이르려 하며,

詳說

○ 慶源輔氏曰 : "先生嘗曰, 詩中此句最好. 蓋心地本自光明, 只被利欲昏了, 今要其光明處轉光明, 所以下緝熙, 緝連緝不已之意. 熙則訓明字."435)

경원 보씨가 말하였다 : "선생께서 일찍이 '시에서 이 구가 가장 좋다. 대개 마음은 본래 저절로 밝은데, 단지 이익과 욕심에 가려져 어두우니, 이제 이 밝음을 맞아 밝음으로 굴러가야 하기 때문에 아래의 밝힌다는 말로 이은 것이다. 집(緝)은 연결해서 그치지 않는다는 의미이다. 희(熙)는 명(明)자로 풀이한다.'라고 하였다."436)

○ 按, 詩中至此, 凡四言緝熙, 蓋古之雅言也.
살펴보건대, 시에서 여기까지 모두 집희(緝熙)라는 말을 네 번 하였는데, 대개 옛날의 바른 말이었다.

朱註

又賴羣臣
또 군신들이

詳說

○ 補此句.
이 구를 더하였다.

---

435) 『시전대전(詩傳大全)』에 경원 보씨의 말로 실려 있다.
436) 『시전대전(詩傳大全)』에는 "경원 보씨가 말하였다 : '…. 선생께서 일찍이 배우는 자들에게 시에서 「배움이 이어 밝혀서 광명함에 이르려 한다.」는 구절을 설명하면서 이 구가 가장 좋다. 대개 마음은 본래 저절로 밝은데, 단지 이익과 욕심에 가려져 어두우니, 이제 배우는 자들은 이 밝음을 맞아 밝음으로 굴러가야 하기 때문에 아래의 밝힌다는 말로 이은 것이다. 집(緝)은 삼으로 길쌈한다고 할 때의 길쌈한다는 것과 같으니, 연결해서 그치지 않는다는 의미이다. 희(熙)는 명(明)자로 풀이한다.'라고 하였다. ….'(慶源輔氏曰 : …. 先生嘗語學者曰, 詩中説得學有緝熙于光明, 此句最好. 蓋心地本自光明, 只被利欲昏了, 今所以爲學者, 要令其光明處, 轉光明, 所以下緝熙. 緝, 如緝麻之緝, 連緝不已之意. 熙則訓明字. ….)"라고 되어 있다.

朱註

輔助我所負荷之任, 而示我以顯明之德行, 則庶乎其可及爾.

내가 지고 있는 바의 짐을 보조해주어 나에게 드러나 밝은 덕행을 보여줌에 힘입으면 거의 미칠 수 있을 것이다."라고 한 것이다.

詳說

○ 時
'아(我)'는 본문의 '시'이다.

○ 合可何佐二反.
'하(荷)'의 음은 '합(合)'과 '가(可)', '하(何)'와 '좌(佐)', 두 가지 반절이다.

○ 補此句.
이 구를 더하였다.

○ 慶源輔氏曰 : "不聰, 知有所不及之事, 不敬, 行有所未至之事.437)
경원 보씨가 말하였다 : "총명하지 못하면 앎에 미치지 못하는 일이 있고, 공경하지 않으면 행동에 지극하지 않은 일이 있다."438)

朱註

敬之一章十二句
「경지」는 1장으로 12구이다.

[4-3-4-1]
予其懲, 而毖後患.

---

437) 『시전대전(詩傳大全)』에 경원 보씨의 말로 실려 있다.
438) 『시전대전(詩傳大全)』에는 "경원 보씨가 말하였다 : '총명하지 못하면 앎에 미치지 못하는 일이 있고, 공경하지 않으면 행동에 지극하지 않은 일이 있다. 일취(日就)는 일로 말한 것이고, 월장(月將)은 대본으로 말한 것이다. ….'(慶源輔氏曰 : 不聰, 知有所不及之事, 不敬, 行有所未至之事. 日就, 就事上言, 月將, 就大本上言. …)"라고 되어 있다.

내 그 징계하는지라 후환을 삼갈 수 있을까!

詳說

○ 直升反.439)

'징(懲)'의 음은 '직(直)'과 '승(升)'의 반절이다.

莫予荓蜂. 自求辛螫.

내 벌을 부리지 말지어다. 스스로 맵게 쏨을 구하는 것이로다.

詳說

○ 普經反.440)

'병(荓)'의 음은 '보(普)'와 '경(經)'의 반절이다.

○ 音釋.

'석(螫)'의 음은 '석(釋)'이다.

肇允彼桃蟲, 拚飛維鳥.

처음에 저 도충(桃蟲)으로 믿었더니 훨훨 날아가니 큰 새로다.

詳說

○ 音翻.

'변(拚)'의 음은 '번(翻)'이다.

未堪家多難, 予又集于蓼.

집에 다난(多難)함을 견디지 못하거늘 내 또 독한 여뀌 플에 앉았노라.

詳說

○ 去聲.

---

439) 直升反 : 『시전대전(詩傳大全)』에도 동일하게 되어 있다.
440) 普經反 : 『시전대전(詩傳大全)』에도 동일하게 되어 있다.

'난(難)'은 거성이다.

○ 音了.441)
'료(蓼)'의 음은 '료(了)'이다.

朱註
賦也. 懲有所傷, 而知戒也. 毖, 愼, 拚, 使也. 蜂, 小物, 而有毒. 肇, 始, 允, 信也. 桃蟲, 鷦鷯, 小鳥也.
부(賦)이다. 징(懲)은 상한 것이 있어 경계할 줄을 아는 것이다. 비(毖)는 삼감이고, 병(拚)은 부림이다. 봉(蜂)은 작은 것인데도 독이 있다. 조(肇)는 비로소이고, 윤(允)은 믿음이다. 도충(桃蟲)은 뱁새로 작은 새이다.

詳說
○ 音焦遼.
'초료(鷦鷯)'의 음은 '초료(焦遼)'이다.

○ 埤雅曰 : "俗呼巧婦, 一名工雀, 一名女匠."442)
『비아』에서 말하였다 : "세상에서는 공부라고 부르는데, 한편으로 공작이라고 하고 다른 한편으로는 여장이라고 한다."

○ 二小字, 已設名篇張本.
두 글자에 대한 것은 이미 편명의 장본에서 세웠다.

拚, 飛貌. 鳥, 大鳥也. 鷦鷯之雛, 化而爲鵰. 故古語曰, 鷦鷯生鵰言, 始小而終大也.
번(拚)은 나는 모양이다. 조(鳥)는 큰 새 이다. 뱁새의 새끼가 변화하여 보라매가 된다. 그러므로 옛날 말에 "뱁새가 보라매를 낳는다."라고 하였으니, 처음에는 작아도 끝에는 커진다는 말이다.

---

441) 音了 : 『시전대전(詩傳大全)』에도 동일하게 되어 있다.
442) 『시전대전(詩傳大全)』에 『비아』의 말로 실려 있다.

詳說

○ 諺音誤.
'변(拚)'은 『언해』의 음이 잘못되었다.

○ 說苑曰 : "其巢, 精密, 以麻紩之, 如刺襪然, 故一名襪雀, 化輒爲鵰."443)
『설원』에서 말하였다 : "그 둥지가 촘촘한 것은 마로 엮어놓는 것이 버선을 누빈 것 같기 때문에 한편으로 말작이라고 부르는데, 모양이 바뀌어 갑자기 독수리로 변한다."444)

○ 按, 集傳仍用舊說, 而此與螟蛉之說相類. 蓋凡世俗之語, 不必深究其理云.
살펴보건대, 「집전」에서는 그대로 옛 설명대로 했는데, 여기에서는 명과의 설명과 서로 비슷하다. 대개 세속의 말로는 굳이 그 이치를 깊이 탐구할 필요가 없다고 하는 것이다.

朱註

蓼, 辛苦之物也.
요(蓼)는 맵고 쓴 것이다.

詳說

○ 從上辛字而言蓼, 蜂與蓼, 皆毒物也.
위에서의 '신(辛)'자를 따라 여뀌를 말하였으니, 벌과 여뀌는 모두 독이 있는 것들이다.

朱註

○ 此亦訪落之意. 成王自言予何所懲, 而謹後患乎.

---

443) 『시전대전(詩傳大全)』에 산음 육씨가 『설원』의 말을 인용한 것으로 실려 있다.
444) 『시전대전(詩傳大全)』에는 "산음 육씨가 말하였다 : '초료는 위초에 둥지를 만듦에 머리에 매달아 놓는데, 둥지가 아주 촘촘한 것은 마로 엮어놓는 것이 버선을 누빈 것 같기 때문에 한편으로 말작이라고 부르는데, 모양이 바뀌어 갑자기 독수리로 변한다.'(山陰陸氏曰 : 説苑云 : 鷦鷯巢於葦苕, 繫之以髮. 其巢至精密, 以麻紩之, 如刺襪然, 故一名襪雀, 化輒爲鵰.)"라고 되어 있다.

이것도 「방락(訪落)」의 뜻이다. 성왕이 스스로 "내 무엇을 징계하여 후환을 삼갔는가?

詳說
○ 其.
'하(何)'는 본문의 '기(其)'이다.

○ 眉山蘇氏曰：" 成王始信管蔡而疑, 周公旣而悟其姦, 故曰, 予其懲而謹後患也."445)
미산 소씨가 말하였다 : "성왕은 처음에 관숙과 채숙을 믿었다가 의심했는데, 주공은 벌써부터 그 간사함을 알았기 때문에 '내 그 징계하는지라 후환을 삼갈 수 있을까!'라고 한 것이다."

朱註
拚蜂而得辛螫
벌을 부리다가 맵게 쏨을 얻고,

詳說
○ 朱子曰 : "蜂不可使而使之, 則是自求辛螫也."446)
주자가 말하였다 : "벌은 부려서는 안되는 것인데 부린다면 스스로 맵게 쏨을 구하는 것이다."447)

○ 按, 使謂侵動之也.
살펴보건대, 부린다는 것은 습격해서 움직이게 하는 것이다.

朱註
肇允彼桃蟲, 拚飛維鳥,

---

445) 『시전대전(詩傳大全)』에 미산 소씨의 말로 동일하게 실려 있다.
446) 『시전대전(詩傳大全)』에 송자의 말로 실려 있다.
447) 『시전대전(詩傳大全)』에는 "송자가 말하였다 : '벌은 부려서는 안되는 것인데 부린다면 스스로 맵게 쏨을 구하는 것이다. 처음에는 그것이 도충인줄 믿었는데, 훨훨 날아가게 되니 큰 새였다. ⋯.'(宋子曰：蜂不可使而使之, 則是自求辛螫矣. 始信其爲桃蟲, 及其拚飛, 則維鳥矣.)"라고 되어 있다.

도충(桃蟲)인줄로 믿다가 그 큰 새가 됨을 알지 못했으니,

詳說

○ 朱子曰 : "以比信二叔, 則其禍如此."448)
주자가 말하였다 : "두 숙을 믿는 것은 그 화가 이와 같다는 것을 비유한 것이다."449)

朱註

此其所當懲者.
이것은 그 경계해야 할 것이다."라고 하였으니,

詳說

○ 補此句, 以終首句意.
이 구를 더해 첫 구의 의미를 종결했다.

朱註

蓋指管蔡之事也.
아마도 관숙(管叔), 채숙(蔡叔)의 일을 가리킨 듯하다.

詳說

○ 補此句, 以幷總前篇多難之語.
이 구를 더해 앞 편에서 다난(多難)이라는 말까지 아울러 통괄했다.

○ 安成劉氏曰 : "武王方崩, 流言卽興, 周公居東二年之秋, 有雷風之變, 王迎歸. 明年免喪朝廟, 而此四詩繼作."450)
안성 유씨가 말하였다 : "무왕이 돌아가시자 유언비어가 바로 일어났고, 주공이

---

448) 『시전대전(詩傳大全)』에 송자의 말로 실려 있다.
449) 『시전대전(詩傳大全)』에는 "송자가 말하였다 : '벌은 부려서는 안되는 것인데 부린다면 스스로 맵게 쏨을 구하는 것이다. 처음에는 그것이 도충인줄 믿었는데, 훨훨 날아가게 되니 큰 새였으니, 두 숙을 믿는 것은 그 화가 이와 같다는 것을 비유한 것이다.'(宋子曰 : 蜂不可使而使之, 則是自求辛螫矣. 始信其爲桃蟲, 及其拚飛, 則維鳥矣. 以比信二叔則其禍如此也.)"라고 되어 있다.
450) 『시전대전(詩傳大全)』에 안성 유씨의 말로 실려 있다.

동쪽에 있은지 2년 가을에 번개와 바람의 변고가 있어 왕이 돌아오는 것을 맞이하였다. 다음해에 상복을 벗고 사당을 조회하면서 이 네 시를 이어서 지었다."451)

○ 蓋亦周公所作耳.
또한 주공이 지은 것이다.

朱註
然我方幼冲
그러나 내가 막 어려서

詳說
○ 補此句.
이 구를 더하였다.

朱註
未堪多難, 而又集于辛苦之地,
다난(多難)함을 견딜 수가 없는데, 또 신고(辛苦)한 처지에 앉았으니,

詳說
○ 鄭氏曰 : "四國之亂."
정씨가 말하였다 : "네 나라의 어지러움이다."

朱註
羣臣奈何捨我而弗助哉
군신들은 어찌하여 나를 버리고 도와주지 않는가!

---

451) 『시전대전(詩傳大全)』에는 "안성 유씨가 말하였다 : '주자는 이 시가 성왕이 상복을 벗을 때에 지은 것으로 여겼으니, 무왕이 돌아가신 후 3년이다. 살펴보건대, 『서』에서 「주공이 총재로 있으면서 백공을 바로 잡았다.」고 했으니, 여러 숙의 유언비어는 무왕이 돌아가시자 바로 유언비어가 일어난 것이다. 주공이 그것을 피해 동쪽에 있은지 2년 가을에 번개와 바람의 변고가 있어 왕이 그가 돌아오는 것을 맞이하였다. 다음해에 상복을 벗고 사당을 조회하면서 이 네 시를 이어서 지었다. 그러므로 이 시는 관숙과 채숙의 일을 깊이 징계하는 것이다.'(安成劉氏曰 : 朱子以此詩作於成王免喪之際, 則是武王崩後之三年也. 按, 書曰周公位冢宰, 正百工. 群叔流言, 則是武王方崩, 流言即興. 周公避而居東, 二年之秋, 天有雷風之變. 於是王迎公歸. 明年免喪, 朝廟而此四詩繼作. 故此詩深懲管蔡之事也.)"라고 되어 있다.

詳說

○ 補此句, 以終前篇訪字佛字之意.
　이 구를 더해 앞 편에서의 '방(訪)'자 '불(佛)'자의 의미를 마쳤다.

朱註

小毖, 一章八句
「소비」는 1장으로 8구이다.

蘇氏曰 : 小毖者, 謹之於小也, 謹之於小, 則大患無由至矣
소씨(蘇氏)가 말하였다. "소비(小毖)란 것은 작은 일에서 삼가는 것이니, 작은 일에 삼가면 큰 화(禍)가 그 때문에 올 수가 없다."

詳說

○ 安成劉氏曰 : "謹之於小, 卽訪落之意. 名篇者, 特於毖字上, 加一小字, 其意深矣."452)
　안성 유씨가 말하였다 : "작은 것에 삼가는 것이 바로 「방락」의 의미이다. 편명에서 '비(毖)'자에 '소(小)'자를 더한 것은 그 의미가 깊다."453)

○ 按, 此視小雅之加小者, 又別是一例也.
　살펴보건대, 여기에서 「소아」의 소자를 더한 것을 보는 것은 또 별도로 하나의 사례이다.

[4-3-5-1]
載芟載柞, 其耕澤澤.

---

452) 『시전대전(詩傳大全)』에 안성 유씨의 말로 실려 있다.
453) 『시전대전(詩傳大全)』에는 "안성 유씨가 말하였다 : '작은 것에 삼가는 것이 바로 처음에 삼가는 것으로 바로 이른바 「방락」의 의미이다. 처음에 삼가 벌이 작아도 부리지 않으면 그 후에 맵게 쏘는 우환이 없다. 작은 도충을 믿지 않았다면, 그 후에 훨훨 날아가는 큰 새의 후완이 없다. 편명에서 '비(毖)'자에 '소(小)'자를 더한 것은 그 의미가 깊다.'(安成劉氏曰 : 謹之於小者, 即謹之於始也, 即所謂訪落之意也. 謹之於始, 不以蜂爲小而使之, 則其後無辛螫之患矣. 不信其爲挑蟲之小, 則其後無拚飛大鳥之患矣. 名篇者, 特於毖字上, 加一小字, 其意深矣.)"라고 되어 있다.

풀을 베고 나무를 베니 밭을 갊이 퍼슬퍼슬하도다.

詳說

○ 音窄, 叶疾各反.454)

'작(柞)'의 음은 '착(窄)'으로 협운으로 음은 '질(疾)'과 '각(各)'의 반절이다.455)

○ 音釋, 叶徒洛反.456)

'석(澤)'의 음은 '석(釋)'이고, 협운으로 음은 '도(徒)'와 '락(洛)'의 반절이다.

朱註

賦也. 除草曰芟, 除木曰柞,

부(賦)이다. 풀을 제거하는 것을 삼(芟)이라 하고, 나무를 제거하는 것을 작(柞)이라 하니,

詳說

○ 諺音用叶.

'작(柞)'은 『언해』에서의 음은 협운을 사용한 것이다.

朱註

秋官柞氏掌攻草木, 是也.

「추관(秋官)」에 작씨(柞氏)가 초목을 다스리는 것을 맡았다는 것이 여기에 해당한다.

詳說

○ 周禮.

「추관(秋官)」은 『주례』이다.

---

454) 音窄, 叶疾各反 : 『시전대전(詩傳大全)』에는 다소 다르게 되어 있다.
455) 『시전대전(詩傳大全)』에는 "'작(柞)'의 음은 '측(側)'에서의 'ㅊ'과 '백(百)'에서의 'ㅐㄱ'을 합한 '책'이고, 협운으로 음은 '질(疾)'에서의 'ㅈ'과 '각(各)'에서의 'ㅏ'을 합한 '작'이다.(側百反, 叶疾各反)"라고 되어 있다.
456) 音釋, 叶徒洛反 : 『시전대전(詩傳大全)』에도 동일하게 되어 있다.

○ 曹氏曰 : "秋官薙氏掌殺草."457)
조씨가 말하였다 : "「추관」에서 치씨는 풀 베는 것을 담당한다."458)

朱註
澤澤, 解散也.
석석(澤澤)은 흙이 풀려 흩어지는 것이다.

詳說
○ 下買反
'해(解)'의 음은 '하(下)'와 '매(買)'의 반절이다.

○ 釋文曰 : "土解也."459)
『석문』에서 말하였다 : "흙이 풀리는 것이다."

○ 華谷嚴氏曰 : "專言新墾之田者, 其用力尤難故也."460)
화곡 엄씨가 말하였다 : "새로 개간한 밭에 때에 오로지 말하는 것은 힘쓰기가 더욱 어렵기 때문이다."

○ 安成劉氏曰 : "一節言墾土也."461)
안성 유씨가 말하였다 : "1절에서는 땅을 개간하는 것에 대해 말하였다."

千耦其耘, 徂隰徂畛.
천 짝이 김을 매니 습한 곳에 가며 밭두둑에 가도다.

詳說

---

457) 『시전대전(詩傳大全)』에 조씨의 말로 실려 있다.
458) 『시전대전(詩傳大全)』에는 "조씨가 말하였다 : '「추관」에서 치씨는 풀 베는 것을 담당한다. 가을에 열매를 맺을 때 벤다는 것이 여기에 해당한다.'(曹氏曰 : 秋官薙氏掌殺草, 秋繩而芟之, 是. ….)"라고 되어 있다.
459) 『시전대전(詩傳大全)』에 『석문』의 말로 동일하게 실려 있다.
460) 『시전대전(詩傳大全)』에 화곡 엄씨의 말로 동일하게 실려 있다.
461) 『시전대전(詩傳大全)』에 안성 유씨의 말로 거의 비슷하게 실려 있다.

○ 音眞.462)
'진(畛)'의 음은 '진(眞)'이다.

朱註
耘, 去苗間草也.
운(耘)은 묘(苗) 사이의 풀을 제거하는 것이다.

詳說
○ 上聲.
'거(去)'는 상성이다.

○ 安成劉氏曰:"朱子初解從鄭箋, 以耘爲除草木根株, 今此傳改爲除苗間草, 然以下文次序觀之, 恐此句未遽說耘苗也. 故曹氏以爲反土後, 草木根株有荂柞不盡者, 則復耘之."463)
안성 유씨가 말하였다:"주자의 처음 풀이는 정전을 따라 김매는 것을 초목의 뿌리를 제거하는 것으로 여겼는데, 이제 여기의 전에서는 묘 사이의 풀을 제거하는 것으로 고쳤다. 그러나 이하 글의 순서로 보면, 아마 여기의 구에서 갑자기 묘에서 김매는 것으로 설명할 수 없다. 그러므로 조씨는 흙은 뒤집은 다음에 초목의 뿌리에 제거가 다 되지 않은 것이 있다면, 다시 김매는 것으로 여겼던 것이다."464)

朱註
隰, 爲田之處也,
습(隰)은 농사를 짓는 곳이고,

---

462) 音眞:『시전대전(詩傳大全)』에도 동일하게 되어 있다.
463)『시전대전(詩傳大全)』에 안성 유씨의 말로 실려 있다.
464)『시전대전(詩傳大全)』에는 "안성 유씨가 말하였다: '주자의 처음 풀이는 정전을 따라 김매는 것을 초목의 뿌리를 제거하는 것으로 여겼으니, 대개 초목의 뿌리는 제거하는 것인데, 이제 여기의 전에서는 묘 사이의 풀을 제거하는 것으로 고쳤다. 그러나 이하 글의 순서로 보면, 아마 여기의 구에서 갑자기 묘에서 김매는 것으로 설명할 수 없다. 그러므로 조씨는 흙은 뒤집은 다음에 초목의 뿌리에 제거가 다 되지 않은 것이 있다면, 다시 김매는 것으로 여겼던 것이다.'(安成劉氏曰:朱子初鮮嘗從鄭箋, 以耘爲除根株, 盖除草木之根株也. 今此傳改爲去苗間草. 然以下文之次序觀之, 恐此句未遽說耘苗也. 故曹氏以爲反土之後, 草木根株有荂柞不盡者, 則復耘之也.)"라고 되어 있다.

詳說

○ 華谷嚴氏曰 : "下濕."465)

　　화곡 엄씨가 말하였다 : "낮아 습한 곳이다."466)

畛, 田畔也.
진(畛)은 밭두둑이다.

○ 高燥之處.

　　높아 메마른 곳이다.

○ 王氏曰 : "千, 言其多也. 或徂隰或徂畛, 言耕夫遍野, 無曠土也."467)

　　왕씨가 말하였다 : "천은 많다는 말이다. 혹 습한 곳에 가고 혹 밭두둑에 가는 것은 모든 들을 갈아 빈곳이 없다는 말이다."468)

○ 安成劉氏曰 : "二節言治田也."469)

　　안성 유씨가 말하였다 : "2절에서는 밭을 다스리는 것에 대해 말하였다."

侯主侯伯, 侯亞侯旅, 侯彊侯以, 有噴其饁,

가장(家長)과 장자(長子)와 차자(次子)와 여러 자제들과
이웃집의 일 도와주는 자와 품팔이 일꾼들이 그 내온 밥을 여럿이 먹도소니,

詳說

○ 他感反.470)

---

465) 『시전대전(詩傳大全)』에 화곡 엄씨의 말로 실려 있다.
466) 『시전대전(詩傳大全)』에는 "화곡 엄씨가 말하였다 : '낮아 습한 곳을 습이라고 한다.'(華谷嚴氏曰 : 下溼曰, 隰.)"라고 되어 있다.
467) 『시전대전(詩傳大全)』에 왕씨의 말로 실려 있다.
468) 『시전대전(詩傳大全)』에는 "왕씨가 말하였다 : '천은 많다는 말이고, 짝은 나란히 밭을 간다는 말이다. 혹 습한 곳에 가고 혹 밭두둑에 가는 것은 모든 들을 갈아 빈곳이 없다는 말이다.'(王氏曰 : 千, 言其多也. 耦, 言竝耕也. 或徂隰或徂畛, 言耕夫遍野, 無曠土也.)"라고 되어 있다.
469) 『시전대전(詩傳大全)』에 안성 유씨의 말로 거의 비슷하게 실려 있다.
470) 他感反.『시전대전(詩傳大全)』에도 동일하게 되어 있다.

'탐(噉)'의 음은 '타(他)'와 '감(感)'의 반절이다.

○ 音曄.
'엽(饁)'의 음은 '엽(曄)'이다.

思媚其婦, 有依其士,

그 부인에게 온순하고 그 남편에게 의지하여

詳說

○ 與以叶.471)
'사(士)'는 '이(以)'와 협운이다.

有略其耜, 俶載南畝.

날카로운 보습으로 비로소 남쪽 이랑에서 일하도다.

詳說

○ 叶, 養里反.472)
'사(耜)'는 협운으로 음은 '양(養)'과 '리(里)'의 반절이다.

○ 叶, 滿委反.473)
'무(畝)'는 협운으로 음은 '만(滿)'과 '위(委)'의 반절이다.

朱註

主, 家長也, 伯, 長子也. 亞, 仲叔也,
주(主)는 가장(家長)이고, 백(伯)은 장자(長子)이다. 아(亞)는 중(仲)과 숙(叔)이고,

詳說

○ 上聲, 下同.

---

471) 與以叶 : 『시전대전(詩傳大全)』에도 동일하게 되어 있다.
472) 叶, 養里反 : 『시전대전(詩傳大全)』에도 동일하게 되어 있다.
473) 叶, 滿委反 : 『시전대전(詩傳大全)』에도 동일하게 되어 있다.

'장(長)'은 상성으로 아래에서도 같다.

○ 三山李氏曰 : "伯之次."474)
　　삼산 이씨가 말하였다 : "백의 다음이다."475)

朱註
旅衆子弟也.
여(旅)는 여러 자제이다.

詳說
○ 或弟, 或姪.
　　혹은 동생이고 혹은 조카이다.

朱註
彊, 民之有餘力, 而來助者. 遂人
강(彊)은 백성 중에 여력(餘力)이 있어서 와서 돕는 자이니,「수인(遂人)」에서

詳說
○ 周禮地官.
　　『주례』「지관」이다.

朱註
所謂以彊予任甿者也.
이른바 강력하여 힘이 남아 다른 농부의 일을 도와주는 자이다.

詳說
○ 音與.
　　'여(予)'의 음은 '여(與)이다.

---

474) 『시전대전(詩傳大全)』에 삼산 이씨의 말로 실려 있다.
475) 『시전대전(詩傳大全)』에는 "삼산 이씨가 말하였다 : '아(亞) 백의 다음이다.'(三山李氏曰 : 亞, 伯之次也.)" 라고 되어 있다.

○ 氓同.
'맹(甿)'은 '맹(氓)'과 같다.

○ 以彊與而用氓也. 彊與, 謂彊力及人者.
강력하여 힘이 남아 농부들에게 쓰는 것이다. 강력해서 힘이 남는 것은 강력해서 남에게 미치는 자이다.

○ 孔氏曰 : 謂其人强壯治一夫之田, 有餘力能佐助他事者也.476)
공씨가 말하였다 : "강하고 씩씩한 사람은 한 농부의 밭을 가꾸고 남은 힘으로 남의 일을 도울 수 있는 자를 말한다."

朱註

能左右之曰以, 太宰

좌지우지(左之右之)할 수 있음을 이(以)라 하니, 「태재(太宰)」에서

詳說

○ 並去聲, 下同.
'좌우(左右)'은 모두 거성으로 아래에서도 같다.

○ 周禮天官.
「태재(太宰)」는 『주례』「천관」이다.

朱註

所謂閒民, 轉移執事者,

이른바 한가한 백성으로서 돌아다니며 일을 찾는 자이니,

詳說

○ 鄭氏曰 : "無事業者, 轉移爲人執事".477)
정씨가 말하였다 : "일삼을 일이 없는 자들은 돌아다니며 남을 위해 일을 찾는다."478)

---

476) 『시전대전(詩傳大全)』에 공씨의 말로 동일하게 실려 있다.
477) 『시전대전(詩傳大全)』에 정씨의 말로 실려 있다.

○ 按, 是不受夫田者也.
살펴보건대, 농토를 받지 않은 자들이다.

朱註
若今時, 傭力之人, 隨主人所左右者也. 饁, 衆飮食聲也. 媚, 順, 依, 愛, 士, 夫也, 言餉婦, 與耕夫, 相慰勞也.
지금 세상에 힘으로 품팔아 먹는 사람이 주인의 좌지우지하는 바를 따르는 것과 같은 것이다. 탐(饁)은 여럿이 음식을 먹는 소리이다. 미(媚)는 순함이고, 의(依)는 사랑함이며, 사(士)는 남편이니, 밥을 내온 부인과 밭가는 지아비가 서로 위로함을 말한 것이다.

詳說
○ 去聲.479)
'로(勞)는 거성이다.

○ 三山李氏曰 : "夫順其婦, 婦依其夫."480)
삼산 이씨가 말하였다 : "남편은 부인에게 온순하고, 부인은 남편에게 의지한다."481)

朱註
略, 利,
약(略)은 예리함이고,

詳說
○ 曹氏曰 : "利則入土深."482)
조씨가 말하였다 : "날카로우면 땅을 가는 것이 깊다."483)

---

478) 『시전대전(詩傳大全)』에는 "정씨가 말하였다 : '한가한 백성들은 일삼을 일이 없는 자들을 말하니, 돌아다니며 남을 위해 일을 찾는다.'(鄭氏曰 : 閒民謂無事業者, 輔 移爲人執事.)"라고 되어 있다.
479) 去聲 : 『시전대전(詩傳大全)』에도 동일하게 되어 있다.
480) 『시전대전(詩傳大全)』에 삼산 이씨의 말로 실려 있다.
481) 『시전대전(詩傳大全)』에는 "삼산 이씨가 말하였다 : '부인이 들밥을 내가니, 남편은 곧 부인에게 온순하고, 부인도 남편에게 의지한다.'(三山李氏曰 : 婦人行饁, 夫則順其婦, 婦亦依其夫也.)"라고 되어 있다.
482) 『시전대전(詩傳大全)』에 조씨의 말로 실려 있다.

○ 華谷嚴氏曰 : "夫耕婦饁, 驩然相愛, 見治世之氣象焉."484)
　화곡 엄씨가 말하였다 : "남편이 밭을 갈고 부인이 들밥을 내가는 것은 즐겁게 서로 사랑하는 것으로 치세의 기상을 볼 수 있는 것이다."

朱註
俶, 始, 載, 事也.
숙(俶)은 비로소이며, 재(載)는 일이다.

詳說
○ 曹氏曰 : "前曰澤澤, 初反土也, 今曰俶載, 則將種矣."485)
　조씨가 말하였다 : "앞에서 '퍼슬퍼슬하다.'고 한 것은 처음 흙을 뒤집는 것이고, 이제 '일한다'고 한 것은 파종하려는 것이다."486)

○ 安成劉氏曰 : "三節言男女長幼, 齊力於治耕也."487)
　안성 유씨가 말하였다 : "3절에서는 남녀와 장유가 밭을 가는 데에 힘을 가지런히 함을 말하였다."

播厥百穀, 實函斯活.
그 백곡(百穀)을 파종하여 열매가 기운을 머금어 이에 나온다.

詳說
○ 叶, 呼酷反.488)
　'활(活)'은 협운으로 음은 '호(呼)'와 '혹(酷)'의 반절이다

---

483) 『시전대전(詩傳大全)』에는 "조씨가 말하였다 : '보습은 머리를 받들어 나무를 깎아 만드는데. 날카로우면 땅을 가는 것이 깊다.'(曹氏曰 : 耙, 奉首斲木爲之, 利則入土也深.)"라고 되어 있다.
484) 『시전대전(詩傳大全)』에 화곡 엄씨의 말로 동일하게 실려 있다.
485) 『시전대전(詩傳大全)』에 조씨의 말로 실려 있다.
486) 『시전대전(詩傳大全)』에는 "조씨가 말하였다 : '앞에서 '밭을 가니 퍼슬퍼슬하다.'고 한 것은 처음 흙을 뒤집는 것이고, 이제 '남쪽 이랑에서 일한다'고 한 것은 파종하려는 것이다.曹氏曰 : 前曰, 其耕澤澤, 初反土也, 今曰, 俶載南畝, 則將種矣.)"라고 되어 있다.
487) 『시전대전(詩傳大全)』에 안성 유씨의 말로 거의 동일하게 실려 있다.
488) 叶, 呼酷反 : 『시전대전(詩傳大全)』에도 동일하게 되어 있다.

朱註

函, 含, 活, 生也, 旣播之
함(函)은 머금음이고, 활(活)은 나옴이니, 파종한 뒤에

詳說

○ 曹氏曰：" 百穀之性, 各有所宜, 而水旱豐凶, 不可預料, 故悉種之所以爲備也.."489)

조씨가 말하였다：" 백곡의 특성에는 각기 마따한 것이 있어 홍수와 가뭄과 풍년과 흉년을 미리 헤아릴 수 없기 때문에 종자가 갖추고 있는 것을 다 알아야 하는 것이다."

其實含氣而生也.
그 열매가 기운을 머금고 나오는 것이다.

詳說

○ 鄭氏曰："種子也.."490)
정씨가 말하였다："종자이다."491)

○ 安成劉氏曰："四節言苗生也.492)
안성 유씨가 말하였다："4절에서는 싹이 나오는 것에 대해 말하였다."

驛驛其達, 有厭其傑.

우북히 싹이 나오며 기운을 듬뿍 받은 그 걸출한 싹이며,

詳說

○ 叶, 佗悅反.493)

---

489) 『시전대전(詩傳大全)』에 조씨의 말로 동일하게 실려 있다.
490) 『시전대전(詩傳大全)』에 정씨의 말로 실려 있다.
491) 『시전대전(詩傳大全)』에는 "정씨가 말하였다 : '열매는 종자이다.'(鄭氏曰 : 實, 種子也.)"라고 되어 있다.
492) 『시전대전(詩傳大全)』에 안성 유씨의 말로 거의 비슷하게 실려 있다.
493) 叶, 佗悅反：『시전대전(詩傳大全)』에도 동일하게 되어 있다.

'달(達)'은 협운으로 음은 '타(佗)'와 '열(悅)'의 반절이다.

朱註
驛驛, 苗生貌. 達, 出土也. 厭, 受氣足也. 傑, 先長者也.
역역(驛驛)은 싹이 나오는 모양이다. 달(達)은 땅에서 나오는 것이다. 염(厭)은 기운을 받기를 풍족히 한 것이다. 걸(傑)은 먼저 자라는 것이다.

詳說
○ 上聲.
'장(長)'은 상성이다.

○ 安成劉氏曰 : "五節言苗生之盛也.",494)
안성 유씨가 말하였다 : "5절에서는 싹이 성대하게 나오는 것에 대해 말하였다."

厭厭其苗, 綿綿其麃.
기운을 듬뿍 받은 그 싹이며 꼼꼼한 그 김맴이로다.

詳說
○ 表驕反.495)
'포(麃)'의 음은 '표(表)'와 '교(驕)'의 반절이다.

○ 厭厭, 承上節, 而言受氣足而又足也.
'염염(厭厭)'은 위의 절을 이어 기운을 받음이 풍족하고 또 풍족하다는 말이다.

朱註
綿綿, 詳密也.
면면(綿綿)은 상세하고 치밀함이다.

---

494) 『시전대전(詩傳大全)』에 안성 유씨의 말로 거의 비슷하게 실려 있다.
495) 音黃 : 『시전대전(詩傳大全)』에도 동일하게 되어 있다.

詳說

○ 臨川王氏曰 : "恐傷苗也."496)
임천 왕씨가 말하였다 : "싹이 상할까 염려하기 때문이다."497)

朱註

麃, 耘也.
표(麃)는 김맴이다.

詳說

○ 華谷嚴氏曰 : "芟耘麃, 皆除草也. 芟, 是新闢田, 除地上之草, 耘, 是反土, 而除土中之草根, 麃, 是除苗間之草也."498)
화곡 엄씨가 말하였다 : "삼(芟)·운(耘)·포(麃)는 모두 풀을 제거하는 것이다. 삼(芟)은 새로 개간한 밭에 땅위의 풀을 제거하는 것이고, 운(耘)은 흙을 뒤집어 흙속의 풀뿌리를 제거하는 것이며, 포(麃)는 싹 사이의 풀을 제거하는 것이다."499)

○ 安成劉氏曰 : "六節言耘苗也."500)
안성 유씨가 말하였다 : "6절에서는 싹을 김매는 것에 대해 말하였다."

載穫濟濟, 有實其積,
수확하기를 많이 하고 많이 하니 꽉찬 그 노적(露積)이

詳說

---

496) 『시전대전(詩傳大全)』에 임천 왕씨의 말로 실려 있다.
497) 『시전대전(詩傳大全)』에는 "임천 왕씨가 말하였다 : '…. 싹이 난 다음에 김을 매는 것은 꼼꼼하게 하는 것이 최선이니, 싹이 상할까 염려하기 때문이다.'(臨川王氏曰 : …. 既苗而耘, 則以緜緜爲善, 恐傷苗也.)"라고 되어 있다.
498) 『시전대전(詩傳大全)』에 화곡 엄씨의 말로 실려 있다.
499) 『시전대전(詩傳大全)』에는 "화곡 엄씨가 말하였다 : '삼(芟)·운(耘)·포(麃)는 모두 풀을 제거하는 것이다. 삼(芟)은 작(柞)과 아울러 말하니, 새로 개간한 밭에 땅위의 풀을 제거하는 것이다. 밭을 간 다음에 운(耘)하는 것은 흙을 뒤집어 흙속의 풀뿌리를 제거하는 것이다. 싹이 나온 다음에 포(麃)하는 것은 싹 사이의 풀을 제거하는 것이다.'(華谷嚴氏曰 : 芟耘麃, 皆除草也. 芟, 與柞並言, 是新闢田, 除地上之草. 既耕而言耘, 是反土, 而除土中之草根也. 既苗而言麃, 是除苗間之草也.)"라고 되어 있다.
500) 『시전대전(詩傳大全)』에 안성 유씨의 말로 거의 비슷하게 실려 있다.

○ 上聲.
　'제(濟)'는 상성이다.

○ 子賜反, 叶上聲.501)
　'적(積)'의 음은 '자(子)'와 '사(賜)'의 반절이고, 협운으로 음은 상성이다.

萬億及秭, 爲酒爲醴, 烝畀祖妣, 以洽百禮.
만(萬)이며 억(億)이며 자(秭)이거늘 술을 만들고 단술을 만들어
조비(祖妣)에게 나아가 올려서 온갖 예를 두루 하도다.

朱註
濟濟, 人衆貌. 實, 積之實也.
제제(濟濟)는 사람이 많은 모양이다. 실(實)은 노적(露積)이 꽉차있는 것이다.

詳說
○ 牢密.
　'실(實)'은 둘러쌓아놓은 것이 꽉 차있는 것이다.

朱註
積, 露積也.
적(積)은 노적(露積)이다.

詳說
○ 鄭氏曰 : "百禮, 燕享之屬."502)
　정씨가 말하였다 : "온갖 예는 잔치하는 것이다."

○ 安成劉氏曰 : "七節, 言收入之多, 以供祭祀也."503)
　안성 유씨가 말하였다 : "7절에서는 거둬들인 것이 많아 제사로 올리는 것이

---

501) 子賜反, 叶上聲 :『시전대전(詩傳大全)』에도 동일하게 되어 있다.
502)『시전대전(詩傳大全)』에 정씨의 말로 실려 있다.
503)『시전대전(詩傳大全)』에 안성 유씨의 말로 거의 비슷하게 실려 있다.

다."

有飶其香, 邦家之光,

음식이 그 향기로우니 국가의 영광이며,

詳說

○ 音邲.

'필(飶)'의 음은 '필(邲)'이다.

有椒其馨, 胡考之寧.

후추가 향기로우니 호고의 편안함이로다.

朱註

飶, 芬香也, 未詳何物.
필(飶)은 향기로움인데, 어떤 것인지는 자세하지 않다.

詳說

○ 豊城朱氏曰 : "皆酒醴芬芳之氣也."504)
풍성 주씨가 말하였다 : "모든 술과 단술의 향기로운 기운이다."

○ 椒所以調和者.
후추는 조화를 고르게 하는 것이다.

朱註

胡, 壽也.
호(胡)는 수(壽)함이다.

詳說

---
504) 『시전대전(詩傳大全)』에 풍성 주씨의 말로 동일하게 실려 있다.

○ 孔氏曰 : "周書諡法保民耆艾曰胡."505)
　　공씨가 말하였다 : "『주서』「시법」에서 백성을 보전하여 오래 살게 하는 것에 대해 '호'라고 하였다."

○ 三山李氏曰 : "胡, 考老也."506)
　　삼산 이씨가 말하였다 : "호(胡)'는 고로(考老)이다."

朱註
以燕享賓客,
이것으로 빈객(賓客)을 연향(燕享)하면

　詳說
　○ 承上節末百禮
　　위의 절에서 온갖 예를 이어받았다.

朱註
則邦家之所以光也
국가가 영광스럽고,

　詳說
　○ 與南山有臺, 同意.
　　「남산유대」와 같은 의미이다.

朱註
以共養耆老, 則胡考之所以安也.
이것으로 기로(耆老)를 공양하면 호고(胡考)가 편안한 것이다.

　詳說
　○ 供同.

---

505) 『시전대전(詩傳大全)』에 공씨의 말로 동일하게 실려 있다.
506) 『시전대전(詩傳大全)』에 삼산 이씨의 말로 동일하게 실려 있다.

'공(共)'은 '공(供)'과 같다.

○ 去聲.
'양(養)'은 거성이다.

○ 安成劉氏曰 : "八節又言可以待賓養老也."507)
안성 유씨가 말하였다 : "8절에서는 또 손님을 대우하고 노인을 보양하는 것에 대해 말하였다."

匪且有且, 匪今斯今.
이곳에 있을 뿐만이 아니며 지금 뿐만이 아니라

詳說
○ 今音經.508)
'금(今)'은 협운으로 음은 '경(經)'이다.

振古如玆.
예로부터 이와 같았도다.

詳說
○ 無韻, 未詳.509)
'자(玆)'는 운이 없는데, 자세하지 않다.

○ 今音經, 則與上節叶.
이제 음을 경으로 하면 위의 절과 협운이다.

朱註
且, 此, 振, 極也. 言非獨此處, 有此稼穡之事

---

507) 『시전대전(詩傳大全)』에 안성 유씨의 말로 거의 비슷하게 실려 있다.
508) 叶音經 : 『시전대전(詩傳大全)』에도 동일하게 되어 있다.
509) 無韻, 未詳 : 『시전대전(詩傳大全)』에도 동일하게 되어 있다.

차(且)는 이것이고, 진(振)은 지극함이다. 단지 이곳에만 가색(稼穡)의 일이 있는 것이 아니고,

> 詳說
> ○ 先橫說.
> 먼저 횡설한 것이다.

非獨今時有今豐年之慶.
단지 지금에만 풍년(豊年)의 경사가 있는 것이 아니다.

> 詳說
> ○ 竪說, 是主意
> 수설은 뜻을 위주로 하는 것이다.

朱註
蓋自極古以來, 已如此矣, 猶言自古有年也
대개 아주 옛날부터 이미 이와 같았다고 말하였으니, '옛날부터 풍년(豊年)'이라고 하는 말과 같다.

> 詳說
> ○ 見小雅甫田.
> 「소아」「보전」에 있다.
>
> ○ 安成劉氏曰 : "九節言田事之所由來者遠."510)
> 안성 유씨가 말하였다 : "9절에서는 농사일의 유래가 먼 것에 대해 말하였다."511)

朱註

---

510) 『시전대전(詩傳大全)』에 안성 유씨의 말로 실려 있다.
511) 『시전대전(詩傳大全)』에는 "안성 유씨가 말하였다 : '9절에서는 농사일의 유래가 먼 것에 대해 거슬러 올라가서 말하였다.'(安成劉氏曰 : 第九節則追言田事之所由來者遠矣.)"라고 되어 있다.

載芟, 一章三十一句.
「재삼(載芟)」은 1장으로 31구이다.

詳說
○ 此及下篇分節, 蓋從其韻叶也.
여기와 아래의 편에서 절을 나눈 것은 대개 그 운협을 따른 것이다.

此詩未詳所用, 然辭意, 與豐年, 相似, 其用應亦不殊
이 시(詩)가 쓰인 곳은 자세하지 않지만 말의 의미가 「풍년(豐年)」과 서로 유사하니, 그 쓰임도 당연히 다르지 않았을 것이다.

詳說
○ 平聲.
'응(應)'은 평성이다.

○ 此篇之首, 不序其本事, 故特著於此, 以並該良耜云.
여기의 편의 첫머리에서 그 본래의 일에 대해 순서로 하지 않았기 때문에 「양사(良耜)」를 아울러 갖추어 말하는 것이다.

○ 安成劉氏曰：“朱子旣辨此詩, 無祈田之意, 又以豐年之序所謂秋冬報者爲誤矣, 而又謂此詩之用, 當與豐年不殊, 蓋據此篇第七節而言也. 然則此詩所謂爲酒醴畀祖妣, 其亦秋成之際, 薦新於宗廟而歌之也歟.”512)
안성 유씨가 말하였다 : "주자는 이미 이 시에는 전조에게 기원하는 의미가 없다고 분명하게 하였고, 또 풍년의 순서에서 이른바 가을과 겨울에 보답하는 것을 잘못으로 여겼으며, 또 이 시의 사용이 풍년과 다르지 않아야 하였으니, 대개 여기 제 7절에 근거해서 말한 것이다. 그렇다면 이 시에서 말한 술과 단술을 조비께 올리는 것은 그것 또한 가을이 이루어진 때에 사당에 올리며 노래 부른 것일 것이다."

---

512) 『시전대전(詩傳大全)』에 안성 유씨의 말로 동일하게 실려 있다.

[4-3-6-1]
畟畟良耜, 俶載南畝,

날카로운 좋은 보습으로 비로소 남쪽 이랑에서 일하여

詳說

○ 音測

'측(畟)'의 음은 '측(測)'이다.

○ 叶, 養里反

'사(耜)'는 협운으로 음은 '양(養)'과 '리(里)'의 반절이다.

○ 尺叔反.513)

'숙(俶)'의 음은 '척(尺)'과 '숙(叔)'의 반절이다.

○ 叶, 滿委反.514)

'무(畝)'의 음은 '만(滿)'과 '위(委)'의 반절이다.

朱註

賦也. 畟畟, 嚴利也.

부(賦)이다. 축축(畟畟)은 엄하고 날카로운 것이다.

詳說

○ 孔氏曰 : "刃利之狀."515)

공씨가 말하였다 : "칼날이 날카로운 모양이다."

○ 安成劉氏曰 : "一節言始耕也."516)

안성 유씨가 말하였다 : "1절에서는 비로소 밭가는 것에 대해 말하였다."

---

513) 尺叔反 : 『시전대전(詩傳大全)』에도 동일하게 되어 있다.
514) 叶, 滿委反 : 『시전대전(詩傳大全)』에도 동일하게 되어 있다.
515) 『시전대전(詩傳大全)』에 공씨의 말로 거의 비슷하게 실려 있다.
516) 『시전대전(詩傳大全)』에 안성 유씨의 말로 거의 비슷하게 실려 있다.

| 播厥百穀, 實函斯活. |

저 백곡(百穀)을 파종하니 열매가 기운을 머금어 이에 나오도다.

| 詳說 |

○ 叶, 呼酷反.517)

'활(活)'은 협운으로 음은 '호(呼)'와 '혹(酷)'의 반절이다.

| 朱註 |

說見前篇.
설명은 앞의 편에 있다.

| 詳說 |

○ 音現.

'현(見)'의 음은 '현(現)'이다.

○ 安成劉氏曰：＂二節言苗生也.＂518)

안성 유씨가 말하였다：＂2절에서는 싹이 나오는 것에 대해 말하였다.＂

| 或來瞻女, 載筐及筥, |

혹 와서 너를 보니 네모진 광우리와 둥근 광우리로소니

| 詳說 |

○ 音汝.519)

'여(女)'의 음은 '여(汝)'이다.

| 其饟伊黍. |

---

517) 叶, 呼酷反：『시전대전(詩傳大全)』에도 동일하게 되어 있다.
518) 『시전대전(詩傳大全)』에 안성 유씨의 말로 거의 비슷하게 실려 있다.
519) 音汝：『시전대전(詩傳大全)』에도 동일하게 되어 있다.

그 밥은 기장이로다.

○ 式亮反.520)

'양(饟)'의 음은 '식(式)'과 '량(亮)'의 반절이다.

朱註

或來瞻女, 婦子之來饁者也.

혹 와서 너를 본다는 것은 부인(婦人)과 아들이 와서 밥을 먹이는 것이다.

詳說

○ 載, 則也.

본문의 '재(載)'는 '즉(則)'이다.

朱註

筐筥, 饟具也.

광(筐)과 거(筥)는 밥을 담는 기구이다.

詳說

○ 三山李氏曰 : "言行饁之器與所盛之物."521)

삼산 이씨가 말하였다 : "들밥을 가지고 오는 그릇과 담아온 것에 말하였다."522)

○ 安成劉氏曰 : "三節言餉田也."523)

안성 유씨가 말하였다 : "3절에서는 밥에서 식사하는 것에 대해 말하였다."

其笠伊糾, 其鎛斯趙.

그 삿갓이 가뿐하며 그 호미로 이에 땅을 파도소니

詳說

---

520) 式亮反 : 『시전대전(詩傳大全)』에도 동일하게 되어 있다.
521) 『시전대전(詩傳大全)』에 삼산 이씨의 말로 실려 있다.
522) 『시전대전(詩傳大全)』에는 "삼산 이씨가 말하였다 : '여기에서는 부인과 아들이 들밥을 가지고 오는 그릇과 담아온 것에 대해 말하였다.'(三山李氏曰此言婦子行饁之器與所盛之物也.)"라고 되어 있다.
523) 『시전대전(詩傳大全)』에 안성 유씨의 말로 거의 비슷하게 실려 있다.

○ 叫, 其了反.524)

'규(糾)'는 협운으로 음은 '기(其)'와 '료(了)'의 반절이다.

○ 音博.525)

'박(鎛)'의 음은 '박(博)'이다.

○ 直了反.526)

'조(趙)'의 음은 '직(直)'과 '료(了)'의 반절이다.

以薅荼蓼.

여뀌를 제거하도다.

詳說

○ 呼毛反.527)

'호(薅)'의 음은 '호(呼)'와 '모(毛)'의 반절이다.

朱註

糾然, 笠之輕擧也.

규연(糾然)은 삿갓이 가볍게 들림이다.

詳說

○ 毛氏曰:"笠所以禦暑雨也."528)

모씨가 말하였다: "삿갓은 더위와 비를 막기 위한 것이다."

朱註

趙, 刺, 薅, 去也.

조(趙)는 찌름이고, 호(薅)는 제거함이다.

---

524) 叫, 其了反:『시전대전(詩傳大全)』에도 동일하게 되어 있다.
525) 音博:『시전대전(詩傳大全)』에도 동일하게 되어 있다.
526) 直了反:『시전대전(詩傳大全)』에도 동일하게 되어 있다.
527) 呼毛反:『시전대전(詩傳大全)』에도 동일하게 되어 있다.
528)『시전대전(詩傳大全)』에 모씨의 말로 동일하게 실려 있다.

詳說
○ 入聲.
'자(刺)'는 입성이다.

○ 上聲.
'거(去)'는 상성이다.

朱註
荼, 陸草, 蓼, 水草, 一物而有水陸之異也
도(荼)는 육지에 나는 풀이고, 요(蓼)는 수초(水草)이니, 한 물건인데 물과 육지의 다름이 있다.

詳說
○ 孔氏曰 :"有原有隰, 故並擧水陸之草."529)
공씨가 말하였다 : "벌판과 습지가 있기 때문에 수륙의 풀을 함께 들었다."

朱註
今南方人, 猶謂蓼爲辣荼, 或用以毒溪取魚, 卽所謂荼毒也.
지금 남방(南方) 사람들은 아직도 여뀌를 날도(辣荼)라 하는데, 혹 이것으로 시냇물에 독(毒)을 풀어 고기를 잡으니, 바로 이른바 도독(毒)이라는 것이다.

詳說
○ 盧達反.
'날(辣)'의 음은 '노(盧)'와 '달(達)'의 반절이다.

○ 安成劉氏曰 :"四節言耘苗也."530)
안성 유씨가 말하였다 : "4절에서는 묘를 김매는 것에 대해 말하였다."

---

529) 『시전대전(詩傳大全)』에 공씨의 말로 동일하게 실려 있다.
530) 『시전대전(詩傳大全)』에 안성 유씨의 말로 거의 비슷하게 실려 있다.

|荼蓼朽止, 黍稷茂止.|

여뀌가 썩으니 서직(黍稷)이 무성하도다.

詳說

○ 茂, 莫口反.531)

'무(茂)'는 협운으로 음은 '막(莫)'과 '구(口)'의 반절이다.

朱註

毒草

독초(毒草)가

詳說

○ 承上節末句

위의 절에서 끝의 구를 이어받았다.

朱註

朽, 則土熟而苗盛.

썩으면 땅이 숙성되어 묘(苗)가 무성하게 된다.

詳說

○ 安成劉氏曰 : "五節言苗盛也."532)

안성 유씨가 말하였다 : "5절에서는 묘가 무성한 것에 대해 말하였다."
『시전대전(詩傳大全)』에는 "安成劉氏曰第五節言苗盛也

|穫之挃挃, 積之栗栗,|

베기를 질질히 하며 쌓기를 차곡차곡하여

詳說

---

531) 茂, 莫口反 : 『시전대전(詩傳大全)』에도 동일하게 되어 있다.
532) 『시전대전(詩傳大全)』에 안성 유씨의 말로 거의 비슷하게 실려 있다.

○ 音窒.

 '질(挃)'의 음은 '질(窒)'이다.

|其崇如墉, 其比如櫛,|

그 높음과 담과 같으며 그 즐비함이 빗과 같으니

|詳說|

○ 毗至反.533)

 '비(比)'의 음은 '비(毗)'와 '지(至)'의 반절이다.

○ 側瑟反.534)

 '즐(櫛)'의 음은 '측(側)'과 '슬(瑟)'의 반절이다.

|以開百室.|

백실(百室)을 열도다.

|朱註|

挃挃, 穫聲也, 栗栗, 積之密也. 櫛, 理髮器, 言密也. 百室, 一族之人也. 五家爲比, 五比爲閭, 四閭爲族,

질질(挃挃)은 수확하는 소리이고, 율률(栗栗)은 쌓기를 빽빽히 하는 것이다. 즐(櫛)은 머리를 빗는 기구로 빽빽하다는 말이다. 백실(百室)은 일족(一族)의 사람이다. 오가(五家)를 비(比)라 하고, 오비(五比)를 여(閭)라 하고, 사려(四閭)를 족(族)이라 하니,

|詳說|

○ 見周禮地官.

 『주례』「지관」에 있다.

---

533) 毗至反 : 『시전대전(詩傳大全)』에도 동일하게 되어 있다.
534) 側瑟反 : 『시전대전(詩傳大全)』에도 동일하게 되어 있다.

朱註

族人輩作相助.

족인(族人)들이 함께 일하여 서로 도왔다.

詳說

○ 鄭氏曰 : "共洫而耕."535)

정씨가 말하였다 : "봇도랑을 함께 하여 밭을 가는 것이다."536)

朱註

故同時入穀也.

그러므로 동시에 곡식을 들여다 쌓은 것이다.

詳說

○ 安成劉氏曰 : "六節言收穫多而齊也."537)

안성 유씨가 말하였다 : "수확하여 쌓아 놓은 것이 많고 가지런한 것에 대해 말하였다."

百室盈止, 婦子寧止.

백실(百室)이 모두 가득하니 부인과 아들이 편안하도다.

朱註

盈, 滿, 寧, 安也.

영(盈)은 가득함이고, 영(寧)은 편안함이다.

詳說

○ 三山李氏曰 : "農事勤動, 不得安寧, 今農事已畢, 故各享其樂

---

535) 『시전대전(詩傳大全)』에 정씨의 말로 실려 있다.
536) 『시전대전(詩傳大全)』에는 "정씨가 말하였다 : '…. 백실은 나가면 반드시 봇도랑 사이를 함께 하여 밭을 가는 것이고, 들어오면 반드시 족의 중심을 함께 하여 사는 것이다.'(鄭氏曰 : …. 百室者, 出必共洫間而耕, 入必共族中而居也.)"라고 되어 있다.
537) 『시전대전(詩傳大全)』에 안성 유씨의 말로 거의 비슷하게 실려 있다.

也."538)
삼산 이씨가 말하였다 : "농사는 부지런히 움직여 편안할 수 없는데, 이제 농사가 이미 끝났기 때문에 각기 그 즐거움을 누리는 것이다."539)

○ 安成劉氏曰 : "七節言共樂豐稔也."540)
안성 유씨가 말하였다 : "7절에서는 풍년에 곡식이 익은 것을 함께 즐거워하는 것에 대해 말하였다."

殺時犉牡, 有捄其角.
이 입술이 검은 숫짐승을 잡으니 굽어 있는 그 뿔이로다.

詳說
○ 音淳.
'순(犉)'의 음은 '순(淳)'이다.

○ 音求.541)
'구(捄)'의 음은 '구(求)'이다.

○ 叶, 盧谷反.542)
'각(角)'은 협운으로 음은 '노(盧)'와 '곡(谷)'의 반절이다.

以似以續, 續古之人.
이으며 계속하여 옛 사람을 세승하여 제사하노다.

---

538) 『시전대전(詩傳大全)』에 삼산 이씨의 말로 실려 있다.
539) 『시전대전(詩傳大全)』에는 "삼산 이씨가 말하였다 : 「백실(百室)이 이미 가득해 부인과 아들이 편안하다.」는 것은 대개 농사는 부지런히 움직여 편안할 수 없는데, 이제 농사가 이미 끝났기 때문에 각기 그 즐거움을 누린다는 것이다.'(三小李氏曰 : 百室既盈, 婦子於是寧, 盖農事勤動, 不得安寧, 今農事已畢, 故各享其樂也.)"라고 되어 있다.
540) 『시전대전(詩傳大全)』에 안성 유씨의 말로 거의 비슷하게 실려 있다.
541) 音求 : 『시전대전(詩傳大全)』에도 동일하게 되어 있다.
542) 叶, 盧谷反 : 『시전대전(詩傳大全)』에도 동일하게 되어 있다.

詳說

○ 無韻, 未詳.543)

'인(人)'은 협운이 없는데, 자세하지 않다.

朱註

黃牛黑脣曰犉. 捄, 曲貌. 續, 謂續先祖以奉祭祀.

누런 소가 입술이 검은 것을 순(犉)이라 한다. 구(捄)는 굽어 있는 모양이다. 속(續)은 선조(先祖)를 계승하여 제사를 받듦을 말한다.

詳說

○ 似嗣也

○ 眉山蘇氏曰 : "庶幾不替其先也."544)

미산 소씨가 말하였다 : "그 선조를 버리지 않기를 바란 것이다."545)

○ 安成劉氏曰 : "篇末言田事畢而以祭祀也, 其曰續古之人, 亦上篇振古如玆之意."546)

안성 유씨가 말하였다 : "편의 끝에서 농사가 끝나 제사를 지낸다고 말하면서 '옛 사람을 계승한다.'고 한 것은 또한 위의 편에서 '예로부터 이와 같았다.'는 의미이다."

朱註

良耜, 一章二十三句.

「양사(良耜)」는 1장으로 23구이다.

詳說

---

543) 無韻, 未詳:『시전대전(詩傳大全)』에도 동일하게 되어 있다.
544) 『시전대전(詩傳大全)』에 미산 소씨의 말로 실려 있다.
545) 『시전대전(詩傳大全)』에는 "미산 소씨가 말하였다 : '…. 「옛 사람을 계승한다.」는 것은 그 선조를 버리지 않기를 바란 것이다.'(眉山蘇氏曰 : …. 續古之人, 庶幾不替其先也.)"라고 되어 있다.
546) 『시전대전(詩傳大全)』에 안성 유씨의 말로 동일하게 실려 있다.

○ 此篇大概, 與上篇相類, 而末節之無韻, 亦同. 蓋叶韻之法, 雖若無所不通, 而實不然. 故集傳所著叶韻, 莫不皆有明據. 至其窮不通處, 輒曰無韻未詳, 東門之枌, 東山, 正月, 瞻彼洛矣, 賓之初筵三, 烝民, 江漢, 是也. 又曰, 叶韻未詳, 小雅谷風桑柔烝民召旻二, 是也. 又曰用韻未詳, 思齊二, 是也. 又曰不用韻, 抑, 是也. 至於周頌尤多不叶韻處. 故於首篇特總之, 曰未詳, 其說以該其他, 至載芟良耜, 又特著曰, 無韻未詳, 所以致其丁寧也. 然則韻豈可以強叶爲哉.

여기의 편은 대개 위의 편과 서로 유사한데, 끝 절의 운이 없다는 것도 같다. 대개 협운을 하는 법은 통하지 않는 곳이 없을 것 같은데도 실로 그렇지 않다. 그러므로 「집전」에서 협운으로 나타낸 것에는 모두 분명한 근거가 있지 않음이 없다. 그런데 막혀서 통하지 않는 곳에서는 갑자기 '운이 없는데 자세하지 않다.'고 하였으니, 「동문지분」·「동산」·「정월」·「첨피낙의」·「빈지초연」셋·「증민」·「강한」이 여기에 해당한다. 또 '협운이 자세하지 않다.'고 하였으니, 「소아」의 「곡풍」·「상유」·「증민」·「소민」 둘이 여기에 해당한다. 또 '운을 사용함이 자세하지 않다.'고 하였으니, 「사제」 둘이 여기에 해당한다. 또 '운을 사용하지 않았다.'고 하였으니, 「억」이 여기에 해당하다. 「주송」에서는 협운으로 하지 않은 곳이 더욱 많다. 그러므로 첫 편에서 특히 총괄해서 '자세하지 않다.'고 하였으니, 그 설명으로 기타를 갖춘 것이고, 「재삼」·「양사」에서는 또 특별히 나타내어 '운이 없는데 자세하지 않다.'고 했으니, 거짓 없이 진실함을 이루기 위한 것이다. 그렇다면 운이 어찌 억지로 협운으로 하려고 해서 한 것이겠는가!

朱註
或疑思文臣工, 噫嘻豐年, 載芟良耜等篇, 卽所謂豳頌者, 其詳見於豳風及大田篇之末, 亦未知其是否也

어떤 이는 「사문(思文)」·「신공(臣工)」·「희희(噫)」·「풍년(豐年)」·「재삼(載芟)」·「양사(良)」 등의 편(篇)이 이른바 빈송(頌)이라 의심하는데, 그 자세한 것은 「빈풍(風)」과 「대전편(大田篇)」의 끝에 있는데, 또한 그것이 옳은지는 알지 못하겠다.

詳說
○ 音現.

'현(見)'의 음은 '현(現)'이다.

[4-3-7-1]
絲衣其紑, 載弁俅俅.

생사로 만든 제복(祭服)이 깨끗하니 작변(爵弁)을 쓴 것이 공손하고 공손하도다.

詳說
○ 孚浮反.547)
'부(紑)'의 음은 '부(孚)'와 '부(浮)'의 반절이다.

○ 音求.548)
'구(俅)'의 음은 '구(求)'이다.

自堂徂基, 自羊徂牛, 鼐鼎及鼒. 兕觥其觩,

당(堂)으로부터 문숙(門塾)의 터에 가며 양으로부터 소에 가며, 가마솥과 옹솥을 보도다. 외뿔소 잔이 굽어 있어

詳說
○ 音柰
'내(鼐)'의 '내(柰)'이다.

○ 叶, 津之反.549)
'자(鼒)'의 음은 '진(津)'과 '지(之)'의 반절이다.

○ 音求.550)
'구(觩)'의 음은 '구(求)'이다.

---

547) 孚浮反:『시전대전(詩傳大全)』에도 동일하게 되어 있다.
548) 音求:『시전대전(詩傳大全)』에도 동일하게 되어 있다.
549) 叶, 津之反:『시전대전(詩傳大全)』에도 동일하게 되어 있다.
550) 音求:『시전대전(詩傳大全)』에도 동일하게 되어 있다.

旨酒思柔, 不吳不敖,

맛있는 술이 부드러운데, 떠들지 아니하며 오만하지 아니하니,

詳說

○ 音話.551)
'화(吳)'의 음은 '화(話)'이다.

○ 音傲.552)
'오(敖)'의 음은 '오(傲)'이다.

胡考之休.

호고(胡考)의 아름다운 복을 누리리로다.

朱註

賦也. 絲衣, 祭服也.
부(賦)이다. 사의(絲衣)는 제복(祭服)이다.

詳說

○ 孔氏曰："玄衣纁裳, 皆絲爲之."553)
공씨가 말하였다："검의 상의와 분홍빛 치마는 모두 생사로 만든 것이다."554)

朱註

紑, 潔貌. 載, 戴也. 弁, 爵弁也,
부(紑)는 깨끗한 모양이다. 재(載)는 머리에 씀이다. 변(弁)은 작변(爵弁)이니,

詳說

---

551) 音話：『시전대전(詩傳大全)』에도 동일하게 되어 있다.
552) 音傲：『시전대전(詩傳大全)』에도 동일하게 되어 있다.
553) 『시전대전(詩傳大全)』에 공씨의 말로 실려 있다.
554) 『시전대전(詩傳大全)』에는 "공씨가 말하였다：'작변의 복과 검의 상의와 분홍빛 치마는 모두 생사로 만든 것이다. ….'(孔氏曰：爵弁之服, 玄衣纁裳, 皆絲爲之. ….)"라고 되어 있다.

○ 儀禮士冠禮注曰, 其色赤而微黑, 如爵頭然.
『의례』「사관」의 주에서 말하였다 : "그 색이 붉으면서 살짝 검어 참새 머리와 같다."

朱註
士祭於王之服.
사(士)가 왕(王)에게 제사할 때 입는 옷이다.

詳說
○ 見禮記雜記.
『예기』「잡기」에 있다.

○ 曹氏曰 : "餘皆用布, 惟冕與爵弁服用絲. 大夫以上祭服, 謂之冕士, 祭服, 謂之冕弁. 其首服弁, 則衣用絲, 故知絲衣爲助祭之服也."555)
조씨가 말하였다 : "나머지는 모두 베를 사용하고, 면류관과 작변의 옷만 생사를 사용한다. 대부 이상의 제복을 면사라고 하고, 제복을 면변이라고 한다. 그 머리에 고깔을 쓰고, 옷은 생사를 사용하였기 때문에 생사의 옷이 제사를 돕는 옷임을 아는 것이다."

朱註
俅俅, 恭順貌.
구구(俅俅)는 공손한 모양이다.

詳說
○ 孔氏曰 : "人貌恭順."556)
공씨가 말하였다 : "사람의 모습이 공손한 것이다."

朱註

---

555) 『시전대전(詩傳大全)』에 조씨의 말로 거의 비슷하게 실려 있다.
556) 『시전대전(詩傳大全)』에 공씨의 말로 동일하게 실려 있다.

基, 門塾之基.
기(基)는 문숙(門塾)의 터이다.

> 詳說
>
> ○ 安成劉氏曰 : "門側之堂謂之塾, 蓋門之內外, 夾其東西, 皆有塾, 一門凡四塾. 外兩塾南向, 內兩塾北向, 謂之堂, 則亦有基矣. 詩所指, 則內塾之基矣."557)
> 안성 유씨가 말하였다 : "문 옆의 당을 숙이라고 하는데, 문의 내외로 동서를 끼고 모두 숙이 있으니, 한 문에 모두 네 개의 숙이다. 밖의 두 숙은 남향이고, 안의 두 숙은 북향을 당이라고 하니, 터가 있어야 한다. 시에서 가리키는 것은 안에 있는 숙의 터이다."

朱註
鼐, 大鼎, 鼒, 小鼎也. 思, 語辭. 柔, 和也. 吳, 譁也. ○ 此亦祭而飮酒之詩.
내(鼐)는 큰 솥이요, 자(鼒)는 작은 솥이다. 사(思)는 어조사(語助辭)이다. 유(柔)는 화함이다. 화(吳)는 떠듦이다. ○ 이 또한 제사하고 술을 마시는 시(詩)이다.

> 詳說
>
> ○ 亦字, 蓋照上二篇. 然則上二篇之爲祭而飮酒之詩, 有可推而言也.
> 역(亦)'자는 대개 위의 두 편을 참조하라는 것이다. 그렇다면 위의 두 편이 제사를 지내고 술을 마시는 시임을 미루어 말한 것이다.

朱註
言此服絲衣爵弁之人,
이 사의(絲衣)와 작변(爵弁)을 입은 사람이

> 詳說

---
557) 『시전대전(詩傳大全)』에 안성 유씨의 말로 동일하게 실려 있다.

○ 助祭之士.
　제사를 돕는 선비이다.

[朱註]
升門堂.
문(門)과 당(堂)에 올라가

　[詳說]
　○ 門側之堂.
　　문 옆의 당이다.

[朱註]
視壺濯
병의 씻는 물과

　[詳說]
　○ 壺之溉濯.
　　병에 있는 씻는 물이다.

[朱註]
籩豆之屬
변두(豆)의 등속을 시찰하고

　[詳說]
　○ 補此句.
　　이 구를 더하였다.

[朱註]
降, 往於基, 告濯具,
내려와 문숙(門塾)의 터에 가서 씻는 물과 도구가 갖추어졌음을 아뢰며,

詳說
○ 補三字.
세 글자를 더하였다.

○ 告祭器之濯漑, 几席之備具
제기의 씻는 물과 자리를 갖추는 기구를 고하는 것이다.

○ 段氏曰 : "省器也."558)
단씨가 말하였다 : "기(器)라는 말을 생략했다."559)

朱註
又視牲從羊至牛
또 희생(犧牲)을 시찰하여 양으로부터 소에 가보고는

○ 毛氏曰 : "先小後大也."560)
모씨가 말하였다 : "작은 것을 먼저 보고 큰 것을 나중에 본 것이다."

朱註
反告充, 己
돌아와서 희생이 충실함을 아뢰고, 끝난 다음에는

○ 補此句.
이 구를 더하였다.

○ 充, 謂肥腯.
충실함은 살쪘다는 말이다.

朱註

---

558) 『시전대전(詩傳大全)』에 단씨의 말로 실려 있다.
559) 『시전대전(詩傳大全)』에는 "단씨가 말하였다 : 「씻는 물과 도구가 갖추어졌음을 아뢴다.」는 것에서 기(器)라는 말을 생략했다. ….'(段氏曰 : 告濯具, 省器也. ….)"라고 되어 있다.
560) 『모시주소(毛詩注疏)』에 동일하게 실려 있다.

詩集傳詳說 卷之十七 405

乃擧鼎冪
마침내 솥을 덮어놓은 것을 들어

詳說
○ 莫狄反.
'멱(冪)'의 음은 '막(莫)'과 '적(狄)'의 반절이다.

朱註
告潔,
깨끗함을 아뢰니,

詳說
○ 補二字.
두 자를 더하였다.

○ 並見儀禮特牲.
『의례』「희생」에 모두 있다.

○ 臨川王氏曰 : "鼐鼎及鼒, 先大後小也."561)
임천 왕씨가 말하였다 : "가마솥과 옹솥은 큰 것을 먼저하고 작은 것을 나중에 한 것이다."562)

朱註
禮之次也.
예(禮)의 차례이다.

詳說
○ 四字, 論也.

---

561) 『시전대전(詩傳大全)』에 임천 왕씨의 말로 실려 있다.
562) 『시전대전(詩傳大全)』에는 "임천 왕씨가 말하였다 : '「양으로부터 소에 갔다.」는 것은 작은 것을 먼저하고 큰 것을 나중에 한 것이고, 「가마솥과 옹솥을 봤다.」는 것은 큰 것을 먼저하고 작은 것을 나중에 한 것이다. ….'(臨川王氏曰 : 自羊徂牛, 先小後大也. 鼐鼎及鼒, 先大後小也先後. ….)"라고 되어 있다.

네 글자는 경문의 의미설명이다.

○ 孔氏曰 : "堂基, 但言所往之處, 牛羊, 但言所視之物, 互相足也."563)
공씨가 말하였다 : "당과 터는 간 곳만 말한 것이고, 소와 양은 본 것만 말한 것인데, 서로 도와 풍족하게 하는 것이다."

朱註
又能謹其威儀,
또 능히 그 위의(威儀)를 삼가서

詳說
○ 先補一句.
먼저 한 구를 더하였다.

朱註
不諠譁不怠傲.
떠들지 아니하고 태만하거나 오만하지 아니하였다.

詳說
○ 鄭氏曰 : "飮美酒者, 不諠慢."
정씨가 말하였다 : "맛있는 술을 마시는 자들이 시끄럽고 오만하지 않았다."

朱註
故能得壽考之福.
그러므로 수고(壽考)의 복(福)을 얻은 것이다.

詳說
○ 休.

---

563) 『시전대전(詩傳大全)』에 공씨의 말로 동일하게 실려 있다.

'복(福)'은 본문의 '휴(休)'이다.

○ 三山李氏曰 : "上五句, 未祭之先, 整潔謹勅如此, 下四句, 旣祭之後, 敬謹如此, 則祭時謹禮可知矣."564)
삼산 이씨가 말하였다 : "위의 다섯 구는 제사에 앞서 이처럼 정결하고 삼가는 것이고, 아래의 네 구는 제사를 지낸 다음 이처럼 경근한 것이니, 제사 때에 삼가는 예를 알 수 있다."

○ 兕觥旨酒二句, 正指飮酒事.
외뿔소 잔과 맛있는 술 두 구는 바로 술마시는 일을 가리킨 것이다.

○ 慶源輔氏曰 : "玩此一詩, 行禮有序, 眞可畫也."565)
경원 보씨가 말하였다 : "이 한 시를 완미하면 예를 행함에 순서가 있는 것을 진실로 그려볼 수 있다."566)

朱註

絲衣一章九句.
「사의」는 1장으로 9구이다.

詳說

○ 振鷺載見絲衣之先後, 是尊卑之序也.
「진로」와 「재현」과 「사의」의 선후는 존비의 순서이다.

朱註

此詩, 或紑俅牛觩柔休, 並叶基韻, 或基鼐並叶紑韻.
이 시(詩)는 혹 부(紑), 구(俅), 우(牛), 굉(觩), 유(柔), 휴(休)가 모두 기자(基字) 운

---

564) 『시전대전(詩傳大全)』에 삼산 이씨의 동일하게 말로 실려 있다.
565) 『시전대전(詩傳大全)』에 경원 보씨의 말로 실려 있다.
566) 『시전대전(詩傳大全)』에는 "경원 보씨가 말하였다 : '일이 구에서는 의관이 깨끗하고 정숙함을 말하였다. 삼사오 구에서는 예를 행함에 순서대로 익숙하고 차례가 있음을 말하였다. 육칠 구에서는 술과 그릇이 법도대로 되어 있고 술맛이 좋음을 말하였다. 팔구 구에서는 위위가 경건하고 고요하며 삼감을 말하였다. 이와 같으면 수고의 복을 얻음이 마땅하다. 이 한 시를 완미하면 진실로 그려볼 수 있다.'(慶源輔氏曰 : 第一二句, 言其衣冠鮮潔, 而整肅也. 三四五句, 言其行禮順習而有序也. 六七句, 言其酒器如式而酒味和旨也. 八九句, 言其威儀敬靜而謹飭也. 如是, 則宜乎得壽考之福矣. 玩此一詩, 眞可畫也.)"라고 되어 있다.

(韻)에 맞고, 혹은 기(基), 자(齋)가 모두 부자(字) 운(韻)에 맞기도 한다.

詳說
○ 與烈文韻法相類.
「열문」의 운법과 서로 비슷하다.

[4-3-8-1]
於鑠王師, 遵養時晦,

아, 성대한 왕사로 도에 따라 힘을 길러 때로 감추어

詳說
○ 音烏.567)
'오(於)'의 음은 '오(烏)'이다.

○ 音爍.
'삭(鑠)'의 음은 '삭(爍)'이다.

時純熙矣, 是用大介. 我龍受之, 蹻蹻王之造.

당시에 크게 밝아진 뒤에야 이에 큰 갑옷을 쓰셨도다.
내 영광스럽게 이것을 받으니 굳세고 굳센 왕의 하신일이로다.

詳說
○ 音矯.
'교(蹻)'의 음은 '교(矯)'이다.

○ 叶徂候反.
'조(造)'는 협운으로 음은 '조(徂)'와 '후(候)'의 반절이다.

載用有嗣, 實維爾公允師.

---

567) 音烏:『시전대전(詩傳大全)』에도 동일하게 되어 있다.

곧 뒤를 잇는 자들이 실로 네 일을 진실로 스승 삼을 것이로다.

詳說

○ 刑, 音祠.568)

'사(嗣)'는 협운으로 음은 '사(祠)'이다.

朱註

賦也. 於, 歎辭. 鑠, 盛, 遵, 循, 熙, 光. 介, 甲也, 所謂一戎衣也. 龍, 寵也.

부(賦)이다. 오(於)는 감탄사(感歎辭)이다. 석(鑠)은 성대함이고, 준(遵)은 따름이며, 희(熙)는 밝음이다. 개(介)는 갑옷이니, 이른바 한번 전복(戰服)을 입었다는 것이다. 용(龍)은 총애를 받는 것이다.

詳說

○ 猶愛樂也.

사랑해서 좋아하는 것과 같다.

朱註

蹻蹻, 武貌. 造, 爲, 載, 則. 公, 事. 允, 信也 ○ 此亦

교교(蹻蹻)는 힘찬 모양이다. 조(造)는 함이고, 재(載)는 곧이며, 공(公)은 일이고, 윤(允)은 진실로이다. ○ 이 또한

詳說

○ 照武.

「무」를 참조하라.

朱註

頌武王之詩. 言其初有於鑠之師, 而不用退, 自循養,

무왕을 송축한 시(詩)이다. 그 처음에 성대한 군사를 두고도 쓰지 않고 물러가 스

---

568) 刑, 音祠:『시전대전(詩傳大全)』에도 동일하게 되어 있다.

스로 도에 따라 힘을 길러서

> 詳說

○ 添二字及下退字.
두 글자와 아래의 '퇴(退)'자를 더하였다.

○ 指觀兵盟津時事.
맹진(盟津)569)에서 관병할 때의 일을 가리킨 것이다.

○ 依昔養民.
옛날의 도에 의지해서 백성을 기른 것이다.

> 朱註

與時皆晦,
때에 따라 모두 감추었다가,

> 詳說

○ 慶源輔氏曰 : "與時俱晦, 不見其有迹."570)
경원 보씨가 말하였다 : "'때에 따라 모두 감추었다.'는 것은 그 흔적을 드러내지 않는 것이다."571)

> 朱註

旣純光矣,
이미 크게 밝아지거든

---

569) 맹진(盟津) : 주 무왕(周武王)이 은(殷) 나라 주왕(紂王)을 정벌할 때에 8백 제후가 맹진에 모여 맹약을 한 것을 말한다. 맹진은 황하(黃河) 도구(渡口)의 이름이다.
570) 『시전대전(詩傳大全)』에 경원 보씨의 말로 실려 있다.
571) 『시전대전(詩傳大全)』에는 "경원 보씨가 말하였다 : '여기의 시에서는 무왕의 무공을 기렸으니, 그 초기에 아주 강성한 군대가 있어도 물러나 스스로 순리대로 수양하고 있었다는 말이다. 「때에 따라 모두 감추었다.」는 것은 그 흔적을 드러내지 않는 것이다.(慶源輔氏曰 : 此詩頌武王之武功, 言其初雖有甚盛之師, 而退自循養, 與時俱晦, 不見其有跡. ….)"라고 되어 있다.

詳說

○ 蒙上句而略時字, 言時旣大而光也. 諺釋作是義, 恐合更商.
위의 구를 이어받아 '시(時)'자를 생략했으니, 당시에 이미 성대하고 밝아졌다는 말이다. 『언해』에서는 '시(是)'의 의미해로 했는데, 맞는지 다시 생각해야 봐야 한다.

○ 慶源輔氏曰 : "時節到來, 旣純光矣."572)
경원 보씨가 말하였다 : "시절이 도래하니, 이미 크게 밝아진 것이다."573)

朱註
然後一戎衣, 而天下大定,
그런 뒤에야 한 번 융의(戎衣)를 입음에 천하가 크게 안정되었는지라,

詳說
○ 出書武成.
『서경』「무성」이 출처이다.

○ 慶源輔氏曰 : "不先時而動, 不後時而靡."574)
경원 보씨가 말하였다 : "때에 앞서지 않게 움직이고, 때에 늦지 않게 늦추었다."575)

朱註
後人於是寵, 而受此蹻蹻然王者之功,
후대의 사람들이 이에 영광스럽게 이 굳세고 굳센 왕자(王者)의 공을 받으니,

---

572) 『시전대전(詩傳大全)』에 경원 보씨의 말로 실려 있다.
573) 『시전대전(詩傳大全)』에는 "경원 보씨가 말하였다 : '여기의 시에서는 무왕의 무공을 기렸으니, 그 초기에 아주 강성한 군대가 있어도 물러나 스스로 순리대로 수양하고 있었다는 말이다. 「때에 따라 모두 감추었다.」는 것은 그 흔적을 드러내지 않는 것이다. 곧장 시절이 도래하니, 이미 크게 밝아진 것이다. ….'(慶源輔氏曰 : 此詩頌武王之武功, 言其初雖有甚盛之師, 而退自循養, 與時俱晦, 不見其有跡. 直至時節到來, 旣純光矣. ….)"라고 되어 있다.
574) 『시전대전(詩傳大全)』에 경원 보씨의 말로 실려 있다.
575) 『시전대전(詩傳大全)』에는 "경원 보씨가 말하였다 : '…. 때에 앞서지 않게 움직이고, 때에 늦지 않게 늦추는 것이 임금의 용병이다. 이와 같이 할 수 있으니, 이것이 또한 무왕이기 때문이다.'(慶源輔氏曰 : …. 不先時而動, 不後時而靡, 君之用武也. 能如是, 是亦武王也已.)"라고 되어 있다.

詳說

○ 我.
 '후인(後人)'은 본문의 '아(我)'이다.

○ 造.
 '공(功)'은 본문의 '조(造)'이다.

朱註

其所以嗣之者, 亦維武王之事, 是師爾.
이 뒤를 잇는 자들이 또한 무왕의 일을 스승으로 삼을 뿐이라고 말한 것이다.

詳說

○ 以嗣之之道言也.
 이어받는 도로 말한 것이다.

○ 實.
 '역(亦)'은 본문의 '실(實)'이다.

○ 爾.
 '무왕(武王)'은 본문의 '이(爾)'이다.

○ 允.
 '시(是)'는 본문의 '윤(允)'이다.

朱註

酌一章八句.
「작」은 1장으로 8구이다.

詳說

○ 小序曰, "酌, 告成大武也." 言能酌先祖之道, 以養天下也.

「소서」에서 "'작(酌)'은 대무(大武)를 이룸을 고한 것이다."라고 하였으니, 선조의 도를 참작해서 천하를 기른다는 말이다.

○ 眉山蘇氏曰 : "方其不可, 而遵養時晦, 見其可而後爲之, 此所以爲酌也."576)
미산 소씨가 말하였다 : "불가하면 도에 따라 때로 감추고, 가한 것을 본 다음에 그것을 하니, 이 때문에 작이라고 한 것이다."

○ 按, 兩時字, 有斟酌時宜之意.
살펴보건대, 두 번의 '시(時)'자에는 때의 마땅함을 참작한다는 의미가 있다.

朱註

酌, 卽勺也, 內則十三舞勺,
작(酌)은 바로 작(勺)이니, 「내칙(內則)」에서 "13세에 작(勺)으로 춤을 춘다."라고 하였으니,

詳說

○ 音酌.
'작(勺)'의 음은 '작(酌)'이다.

○ 禮記.
「내칙」은 『예기』이다.

○ 孔氏曰 : "籥舞不用兵器, 以其尚幼, 故習小舞也."577)
공씨가 말하였다 : "약무에서는 병기를 사용하지 않으니, 그들이 아직 어리기 때문에 작은 춤을 익히는 것이다."578)

---
576) 『시전대전(詩傳大全)』에 미산 소씨의 말로 동일하게 실려 있다.
577) 『시전대전(詩傳大全)』에 건안구씨가 공씨의 말을 인용한 것으로 실려 있다.
578) 『시전대전(詩傳大全)』에는 "건안 구씨가 말하였다 : '작(勺)은 피리이다. 피리로 춤을 추는 것은 문무이다. 공씨는 〈약무에서는 병기를 사용하지 않으니, 그들이 아직 어리기 때문에 작은 춤을 익히는 것이다.〉라고 하였다. ….'(建安何氏曰 : 勺, 籥也. 舞籥, 文舞也. 孔氏云, 籥舞不用兵器, 以其尚幼, 故習小舞也. ….)"라고 되어 있다.

朱註

卽以此詩爲節而舞也.
바로 이 시(詩)를 가지고 가락을 맞추어 춤추는 것이다.

詳說

○ 賈氏曰:"詩爲樂章與舞人爲節, 故以詩爲舞也."579)
가씨가 말하였다:"시는 악장과 춤추는 사람을 위해 가락으로 하기 때문에 이 시를 가지고 춤을 추는 것이다."580)

朱註

然此詩與賚般, 皆不用詩中字名篇. 疑取樂節之名, 如曰武宿夜云爾.
그러나 이 시(詩)와 「뇌(賚)」·「반(般)」은 모두 시(詩) 가운데 있는 글자를 사용하여 편명(篇名)을 삼지 않았다. 아마도 악절(樂節)의 이름을 취한 듯하니, 무숙야(武宿夜)라는 말과 같은 것이다.

詳說

○ 音盤.
'반(般)'의 음은 '반(盤)'이다.

○ 禮記祭統注曰:"曲名疏曰, 武王至南郊停止宿夜, 士卒皆歡樂歌舞以待旦故名焉."
『예기』「제통」의 주에서 말하였다:"「곡명」의 소에서 '무왕이 남교정에 와서 숙야를 머무름에 사졸들이 모두 즐거워 노래와 춤으로 아침을 맞았기 때문에 그것으로 이름을 붙인 것이다.'라고 하였다."581)

---

579) 『시전대전(詩傳大全)』에 건안구씨가 가씨의 말을 인용한 것으로 실려 있다.
580) 『시전대전(詩傳大全)』에는 "건안 구씨가 말하였다:'작(勺)은 피리이다. 피리로 춤을 추는 것은 문무이다. 공씨는 「약무에서는 병기를 사용하지 않으니, 그들이 아직 어리기 때문에 작은 춤을 익히는 것이다.」라고 하였다. 가씨는 「시는 악장과 춤추는 사람을 위해 가락으로 하기 때문에 이 시를 가지고 춤을 추는 것이다.」라고 하였다.'(建安何氏曰:勺, 籥也. 舞籥, 文舞也. 孔氏云, 籥舞不用兵器, 以其尙幼, 故習小舞也. 賈氏云, 詩爲樂章與舞人爲節, 故以詩爲舞也.)"라고 되어 있다.
581) 『시전대전(詩傳大全)』에는 "『예기』에서 말하였다:'춤으로는 「무숙야」보다 중요한 것이 없으니, 주에서 「무는 곡명이다.」라고 하였다. 「정의」에서 「무왕이 남교정에 와서 숙야를 머무름에 사졸들이 모두 즐거워 노래와 춤으로 아침을 맞았기 때문에 그것으로 이름을 붙인 것이다.」라고 하였다.'(禮記曰:舞莫重於武宿夜, 注云, 武曲名. 正義云, 武王至商郊停止宿夜, 士卒皆歡樂歌舞, 以待旦故名焉.)"라고 되어 있다.

[4-3-9-1]

|綏萬邦, 屢豐年.|

만방을 편안하게 하니 여러 번 풍년이 들도다.

|詳說|

○ 力注反.582)

'루(屢)'의 음은 '력(力)'과 '주(注)'의 반절이다.

|天命匪解, 桓桓武王,|

천명을 게으르게 하지 않은지라 굳세고 굳센 무왕이

|詳說|

○ 音懈.

'해(解)'의 음은 '해(懈)'이다.

|保有厥士, 于以四方, 克定厥家, 於昭于天,|

그 선비들을 보유하사 사방에 사용하여
그 집안을 안정시키니, 아, 하늘에 빛난지라

|詳說|

○ 音烏.583)

'오(於)'의 음은 '오(烏)'이다.

|皇以間之.|

황제가 되어 대신하셨도다.

|朱註|

賦也. 綏, 安也.

---

582) 力注反:『시전대전(詩傳大全)』에도 동일하게 되어 있다.
583) 音烏:『시전대전(詩傳大全)』에도 동일하게 되어 있다.

부(賦)이다. 수(綏)는 편안함이다.

詳說

○ 解諺音誤.

『언해』의 음이 잘못되었다.

朱註

桓桓, 武貌. 大軍之後, 必有凶年,
환환(桓桓)은 굳센 모양이다. 대군(大軍)의 뒤에는 반드시 흉년(凶年)이 드는데,

詳說

○ 臨川王氏曰 "師之所處荊棘生焉."584)

임천 왕씨가 말하였다 : "군대가 주둔한 곳에는 가시나무가 자란다."585)

○ 廢害農事故也.

농사를 해치기 때문이다.

朱註

而武王克商, 則除害以安天下.
무왕이 상나라를 이김은 해독을 제거하여 천하를 편안하게 하신 것이다.

詳說

○ 萬邦.

'천하(天下)'는 본문이 '만방(萬邦)'이다.

○ 三山李氏曰 : "能召和氣."586)

삼산 이씨가 말하였다 : "화사한 기운을 부를 수 있는 것이다."587)

---

584) 『시전대전(詩傳大全)』에 임천 왕씨의 말로 실려 있다.
585) 『시전대전(詩傳大全)』에는 "임천 왕씨가 말하였다 : '군대가 주둔한 곳에는 가시나무가 자라는데,「여러 번 풍년이 들었다.」고 했으니, 그의 무력은 사람들의 무력과는 다른 것이다.'(臨川王氏曰 : 師之所處, 荊棘生焉, 而曰屢豐年, 則其爲武也, 異乎人之武矣.)"라고 되어 있다.
586) 『시전대전(詩傳大全)』에 삼산 이씨의 말로 실려 있다.

> 朱註

故屢獲豐年之祥
그러므로 여러 번 풍년의 상서로움을 얻었으니,

> 詳說

○ 豐城朱氏曰 : "以人心和於下, 天時應於上也."588)
풍성 주씨가 말하였다 : "인심이 아래로 조화로워 천시가 위에서 호응하는 것이다."589)

> 朱註

傳, 所謂周饑克, 殷而年豐, 是也. 然天命之於周久而不厭也.
전(傳)에 이른바 "주나라가 흉년이 들다가 은나라를 이기고서야 풍년이 들었다."는 것이 이것이다. 그러나 천명이 주나라에 대해서 오래도록 싫어하지 않았다.

> 詳說

○ 左傳十九年.
『전』은 『좌전』 희공 19년이다.

○ 厭之, 則必懈, 故釋解爲厭.
싫어하면 반드시 나태해지기 때문에 싫어하다로 풀이한 것이다.

> 朱註

故此桓桓之武王, 保有其士, 而用之於四方,
그러므로 이 굳세고 굳센 무왕이 그 선비들을 보유하여 사방에 사용하여

> 詳說

○ 以

---
587) 『시전대전(詩傳大全)』에는 "삼산 이씨가 말하였다 : '무왕의 용병은 천하의 폐해를 없애기 때문에 화사한 기운을 부를 수 있는 것이다.'(三山李氏曰 : 武王用兵爲天下除害, 故能召和氣也.)"라고 되어 있다.
588) 『시전대전(詩傳大全)』에 풍성 주씨의 말로 실려 있다.
589) 『시전대전(詩傳大全)』에는 "풍성 주씨가 말하였다 : ' …. 여러 번 풍년의 상서로움을 얻은 것은 인심이 아래로 조화로워 천시가 위에서 호응했기 때문이다. ….'(豐城朱氏曰 : …. 其屢獲豐年之祥, 則以人心和於下, 天時應於上也. ….)"라고 되어 있다.

'용(用)'은 본문의 '이(以)'이다.

○ 曹氏曰 : "武王之致此, 由得士以爲用也."590)
조씨가 말하였다 : "무왕이 이렇게 된 것은 선비를 얻어 사용했기 때문이다."591)

朱註
以定其家,
그 집을 안정하시니,

詳說
○ 豐城朱氏曰 : "天子以天下爲家者也."592)
풍성 주씨가 말하였다 : "천자는 천하를 집으로 여기는 것이다."593)

朱註
其德上昭于天也.
그 덕(德)이 위로 하늘에 밝혀진 것이다.

詳說
○ 補德字.
'덕(德)'자를 더하였다.

○ 豐城朱氏曰 "詩言於昭于天者, 二, 大雅, 以文王之神言, 此以武王之德言也."594)
풍성 수씨가 말하였다 : "시에서 '하늘에 빛났다.'고 한 것이 둘이니, 「대아」에

---

590) 『시전대전(詩傳大全)』에 조씨의 말로 실려 있다.
591) 『시전대전(詩傳大全)』에는 "조씨가 말하였다 : '금년의 풍년은 자주 호응하는 것이니, 하늘의 돌봄에는 주나라가 진실로 게으르지 않음이 있었던 것이다. 그러나 무왕이 이렇게 된 것은 선비를 얻어 사용했기 때문이다.'(曹氏曰 : 今年豐屢應, 則天之眷佑, 有周固匪懈矣. 然武王之所以致此者, 由得士以爲用也.)"라고 되어 있다.
592) 『시전대전(詩傳大全)』에 풍성 주씨의 말로 실려 있다.
593) 『시전대전(詩傳大全)』에는 "풍성 주씨가 말하였다 : '…. 대개 천자는 천하를 집으로 여기는 것이니, 반드시 사방을 안정시킨 다음에 그 집안을 안정시킬 수 있는 것이다. ….'(豐城朱氏曰 : …. 盖天子以天下爲家者也, 必有以安定乎四方, 而後有以克定乎厥家. ….)"라고 되어 있다.
594) 『시전대전(詩傳大全)』에 풍성 주씨의 말로 실려 있다.

서는 문왕의 덕으로 말한 것이고, 여기에서는 무왕의 신으로 말한 것이다."[595]

朱註
間字之義未詳. 傳曰, 間, 代也.
간자(間字)의 뜻은 미상(未詳)이다. 전(傳)에서 "간(間)은 대신함이다."라고 하였으니,

詳說
○ 毛傳
전(傳)은 『모전』이다.

○ 去聲.
'간(間)'은 거성이다.

○ 傳說止此.
『전』의 설명은 여기까지이다.

朱註
言君天下以代商也.

천하의 임금이 되어 상나라를 대신한 것이다.

詳說
○ 皇.
'군천하(君天下)'는 본문의 '황(皇)'이다.

○ 華谷嚴氏曰 : "多方云, 有邦間之."[596]

---

595) 『시전대전(詩傳大全)』에는 "풍성 주씨가 말하였다 : '…. 시에서 「하늘에 빛났다」고 한 것이 둘이니, 「대아」에서의 이른바 「아, 빛나다」는 것은 문왕의 신으로 말한 것이고, 여기에서의 이른바 「아, 빛나다」는 무왕의 덕으로 말한 것이다.'(豊城朱氏曰 : …. 詩言於昭于天者, 二, 大雅所謂於昭, 以文王之神言也, 此所謂於昭, 以武王之德言也. ….)"라고 되어 있다.
596) 『시전대전(詩傳大全)』에 화곡 엄씨의 말로 동일하게 실려 있다.

화곡 엄씨가 말하였다 : "「다방」에서 '대신할 나라가 있다'라고 하였다."

朱註
此, 亦頌武王之功.
이 또한 무왕의 공을 칭송한 것이다.

詳說
○ 因訓而釋之, 故序在釋末
풀이에 따라 해석하기 때문에 서가 풀이의 끝에 있는 것이다.

朱註
桓一章九句
「환」은 1장으로 9구이다.

春秋傳
『춘추전(春秋傳)』에

詳說
○ 左宣十二年.
『춘추전(春秋傳)』은 『좌전』 선공 12년이다.

朱註
以此爲大武之六章, 則今之篇次, 蓋已失其舊矣.
이것을 「대무」의 육장이라 하였으니, 지금의 편차는 이미 그 옛 것을 잃은 것이다.

詳說
○ 上與武不相蒙, 而賚反在下.
위로 「무(武)」와 서로 이어지지 않고, 「뢰(賚)」가 도리어 아래에 있다.

朱註
又篇內已有武王之諡, 則其謂武王時作者, 亦誤矣. 序以爲講武, 類禡之詩,

豈後世取其義,
또 편내(篇內)에 이미 무왕(武王)이라는 시호(諡號)가 있으니, 그가 무왕(武王) 때에 지었다고 하는 것도 또한 잘못이다. 서(序)에 강무(講武)하고 유마(類禡)하는 시(詩)라 하였으니, 아마도 후세에서 그 뜻을 취하여

詳說

○ 指左氏
'기(其)'는 좌씨를 가리킨다.

○ 照武.
「무」를 참조하라.

○ 祭天
'류(類)'는 하늘에 제사하는 것이다.

○ 馬嫁反, 軍祭也.
'마(禡)'의 음은 '마(馬)'와 '가(嫁)'의 반절이고, 군대의 제사이다.

○ 猶或也.
'기(豈)'는 아마도이다.

○ 武王除害之義

朱註
而用之於其事也歟.
그 일에 사용하였나 보다.

詳說
○ 講武類禡之事
'기사(其事)'는 강무하고 유마하는 일이다.

[4-3-10-1]

文王旣勤止, 我應受之, 敷時繹思, 我徂維求定. 時周之命, 於繹思.

문왕이 이미 근로하셔서 내가 맡아서 받으니,
여기서 찾아 생각할 것을 펴서 내 가서 안정을 구함이니라.
여기 주나라의 명이시니 아, 찾아 생각할지어다.

詳說

○ 音烏.

'오(於)'의 음은 '오(烏)'이다.

朱註

賦也. 應, 當也.

부(賦)이다. 응(應)은 맡음이다.

詳說

○ 承也.

이어받음이다.

朱註

敷, 布, 時, 是也. 繹, 尋繹也. 於, 歎辭. 繹思, 尋繹而思念也.

부(敷)는 폄이고, 시(時)는 이것이다. 역(繹)은 찾는 것이다. 오(於)는 감탄사이다. 역사(繹思)는 찾아서 사념(思念)히는 것이다.

詳說

○ 一訓兩繹思, 故在於於訓之下.

한 번으로 두 역사(繹思)를 풀이하기 때문에 풀이한 것에서의 아래에 두었다.

朱註

此頌文武之功, 而言其大封功臣之意也.

이것은 문왕과 무왕의 공을 칭송하여 크게 공신으로 봉한 뜻을 말한 것이다.

詳說
○ 慶源輔氏曰 : "大封于廟而歌此詩."597)
경원 보씨가 말하였다 : "사당에 크게 봉하고 이 시를 노래한 것이다."598)

朱註
言文王之勤勞天下至矣, 其子孫
문왕이 천하에 근로하심이 지극하시어 그 자손들이

詳說
○ 我.
'자손(子孫)'은 본문의 '아(我)'이다.

○ 武王亦在此中與, 酌詩我字, 所指有廣狹.
무왕도 여기 가운데 함께 하는 것은 시에서의 '아(我)'자를 참작함에 가리키는 것에 광협이 있는 것이다.

朱註
受而有之, 然而不敢專也,
받아서 소유하였으나 그러나 감히 오로지 하지 못하고,

詳說
○ 補此句.
이 구를 더하였다.

朱註

---

597) 『시전대전(詩傳大全)』에 경원 보씨의 말로 실려 있다.
598) 『시전대전(詩傳大全)』에는 "慶源輔氏曰 : '…. 사당에 공신으로 크게 봉하고 이 시를 노래한 것이다. 그런데 그 말이 단지 여기에서 그치고 수레와 의복과 하사한 물건을 언급하지 않았으니, 이것을 중요한 것으로 여기고 물건을 중요하게 여기지 않은 것이다.'(…. 大封功臣于廟而歌此詩. 其言只止於此, 而不及車服錫予之物, 蓋以是爲重, 而不以物爲重也.)"라고 되어 있다.

布此文王功德之在人,
이 문왕의 공덕이 사람에게 있어서

詳說
○ 補七字.
일곱 글자를 더하였다.

朱註
而可繹思者,
찾아 생각해야 할 것을 펴서

詳說
○ 此繹思, 自任其已然.
여기에서의 역사(繹思)는 이미 그렇게 할 것을 자임한 것이다.

○ 慶源輔氏曰 : "封賞之恩, 自武王之心言之, 乃是文王功德之在人心, 而可思繹者耳, 非武王之恩也."599)
경원 보씨가 말하였다 : "봉하고 상을 주는 은혜는 무왕의 마음에서 말하면 바로 문왕의 공덕이 사람의 마음에 있어서 생각하고 찾을 것일 뿐이지 무왕의 은혜가 아닌 것이다."600)

朱註
以賚有功,
공이 있는 이에게 주어

詳說
○ 補此句.

---

599) 『시전대전(詩傳大全)』에 경원 보씨의 말로 실려 있다.
600) 『시전대전(詩傳大全)』에는 "경원 보씨가 말하였다 : '무왕이 공신에게 봉하고 상을 주는 은혜를 사람들은 무왕의 은혜로 보는데, 무왕의 마음에서 말하면 바로 문왕의 공덕이 사람의 마음에 있어서 생각하고 찾을 것일 뿐이지 자신의 은혜가 아닌 것이다. ….'(慶源輔氏曰 : 武王之封賞功臣, 人見其爲武王之恩也, 自武王之心言之, 乃是文王功德之在人心, 而可思繹者耳, 非已之恩也. ….)"라고 되어 있다.

이 구를 더하였다.

朱註
而往求天下之安定.
천하의 안정을 가서 구한다는 말이다.

詳說
○ 臨川王氏曰 : "封建諸侯. 與共天下, 所以求天下之定也."601)
임천 왕씨가 말하였다 : "제후로 봉하여 세우는 것과 천하를 함께 하는 것은 천하의 안정을 구하기 위한 것이다."602)

朱註
又以爲凡此皆周之命, 而非復商之舊矣.
또 "이것은 모두 주나라의 명이고, 상나라의 옛 것을 회복한 것이 아니다."라고 하고,

詳說
○ 去聲.
'부(復)'는 거성이다.

○ 補此句.
이 구를 더하였다.

朱註
遂歎美之, 而欲諸臣受封賞者.
마침내 찬미하여 봉함과 상을 받은 모든 신하들이

---

601) 『시전대전(詩傳大全)』에 임천 왕씨의 말로 실려 있다.
602) 『시전대전(詩傳大全)』에는 "임천 왕씨가 말하였다 : '훌륭한 사람에게 주어 제후로 봉하여 세우는 것과 천하를 함께 하는 것은 천하의 안정을 구하기 위한 것이다.'(臨川王氏曰 : 大賚善人, 封建以爲諸侯, 與共天下, 則所以求天下之定也.)"라고 되어 있다.

詳說

○ 補此句.

이 구를 더하였다.

朱註

繹思文王之德,

문왕의 덕을 찾아 생각해서 잊지

詳說

○ 補四字.

네 글자를 더하였다.

朱註

而不忘也.

잊게 하도록 한 것이다.

詳說

○ 此繹思勉人以將然.

이것은 찾아 생각하며 사람들에게 권해서 그렇게 되도록 한 것이다.

○ 慶源輔氏曰 : "以興起人心也. 此大封功臣, 而其言只止於此, 初不及車服錫予之物, 蓋以是爲重而不以物爲重也."603)

경원 보씨가 말하였다 : "사람들의 마음을 흥기시킨 것이다. 이것은 크게 공신들을 봉하면서 그 말이 단지 여기에서 그칠 뿐이고, 애초에 하사한 수레와 의복을 언급하지 않았으니, 대개 이것을 중요하게 여기고 물건을 중요하게 여기지 않는 것이다."604)

---

603) 『시전대전(詩傳大全)』에 경원 보씨의 말로 실려 있다.
604) 『시전대전(詩傳大全)』에는 "경원 보씨가 말하였다 : '…. 이것은 또 보내올 말을 제기해서 사람들의 마음을 흥기시킨 것이다. 사당에서 크게 공신들을 봉하면서 이 시를 노래했는데, 그 말이 단지 여기에서 그칠 뿐이고, 하사한 수레와 의복을 언급하지 않았으니, 대개 이것을 중요하게 여기고 물건을 중요하게 여기지 않는 것이다.'(慶源輔氏曰 …. 此又提起來說以興起人心也. 大封功臣于廟, 而歌此詩, 其言只止於此, 而不及車服錫予之物, 蓋以是爲重, 而不以物爲重也.)"라고 되어 있다.

朱註

賚, 一章六句.
「뇌」는 1장으로 6구이다.

詳說

○ 小序曰 : "賚, 予也, 所以錫予善人也."
「소서」에서 말하였다 : "뇌는 주는 것으로 훌륭한 사람에게 주기 위한 것이다."

○ 鄭氏曰 : "封有功者."
정씨가 말하였다 : "공이 있는 자들에게 봉하는 것이다."

朱註

春秋傳, 以此爲大武之三章,
『춘추전(春秋傳)』에서는 이것을 「대무(大武)」의 3장으로 여겼고,

詳說

○ 左宣十二年.
『좌전』 선공 12년이다.

○ 安成劉氏曰 : "詩中頌文武之功, 亦若大武首章, 兼頌文武之德也."605)
안성 유씨가 말하였다 : "시 가운데 문왕과 무왕의 공을 기리는 것은 또한 「대무」 첫 장에서 아울러 문왕과 무왕의 덕을 기린 것과 같다."606)

朱註

而序以爲大封於廟之詩, 說同上篇.
「서(序)」에서는 사당에서 크게 봉해주는 시(詩)라 하였는데, 설명은 위의 편과 같다.

---

605) 『시전대전(詩傳大全)』에 안성 유씨의 말로 실려 있다.
606) 『시전대전(詩傳大全)』에는 "안성 유씨가 말하였다 : '「대무」는 무왕이 돌아가신 다음에 지어졌고, 이 송은 「무악」의 3장이기 때문에 시 가운데 모두 무왕이 봉하고 상을 주는 의미를 기리면서 문왕의 덕에 미루어 근본하였다. 그러니 「주전」에서 말한 문왕과 무왕의 공을 기리는 것은 또한 「대무」 첫 장에서 아울러 문왕과 무왕의 덕을 기린 것과 같다는 것일 것이다.'(安成劉氏曰 : 大武作於武王崩後, 此頌爲武樂第三章, 故詩中皆述武王封賞之意, 而推本文王之德. 朱傳所謂頌文武之功, 亦若大武首章兼頌文武之德也歟.)"라고 되어 있다.

詳說

○ 安成劉氏曰 : "作於武王崩後."607)
　안성 유씨가 말하였다 : "무왕이 돌아가신 다음에 지어졌다."608)

[4-3-11-1]
於皇時周, 陟其高山,

아, 위대한 이 주(周)나라가, 고산(高山)과

詳說

○ 音烏.609)
'오(於)'의 음은 '오(烏)'이다.

墮山喬嶽, 允猶翕河,

회리봉과 큰 산악(山嶽)에 오르시고 진실로 흡하(翕河)를 따라

詳說

○ 音惰.
'타(墮)'의 음은 '타(惰)'이다.

○ 音吸.
'흡(翕)'의 음은 '흡(吸)'이다.

敷天之下, 裒時之對,

온 너른 하늘의 아래를 모아 이에 보답하시니,

詳說

---

607) 『시전대전(詩傳大全)』에 안성 유씨의 말로 실려 있다.
608) 『시전대전(詩傳大全)』에는 "안성 유씨가 말하였다 : '「대무」는 무왕이 돌아가신 다음에 지어졌고, 이 송은 「무악」의 3장이기 때문에 시 가운데 모두 무왕이 봉하고 상을 주는 의미를 기리면서 문왕의 덕에 미루어 근본하였다. ….'(安成劉氏曰 : 大武作於武王崩後, 此頌爲武樂第三章, 故詩中皆述武王封賞之意, 而推本文王之德. ….)"라고 되어 있다.
609) 音黃 : 『시전대전(詩傳大全)』에도 동일하게 되어 있다.

○ 音抔

'부(裒)'의 음은 '부(抔)'이다.

|時周之命.|

이 주나라의 명이시니라.

|朱註|

賦也. 高山, 泛言山耳, 墮則其狹而長者. 喬, 高也, 嶽, 則其高而大者. 允猶, 未詳. 或曰, 允, 信也, 猶, 與由同.

부(賦)이다. 고산(高山)은 산(山)을 범범히 말한 것이고, 타(墮)는 좁고도 긴 것이다. 교(喬)는 높음이고, 악(嶽)은 높고도 큰 것이다. 윤유(允猶)는 미상(未詳)이다. 어떤 이는 "윤(允)은 진실로요, 유(猶)는 유(由)와 같다."라고 하였다.

|詳說|

○ 遵也.

'유(由)'는 따른다는 것이다.

|朱註|

翕河, 河善泛溢, 今得其性, 故翕而不爲暴也.

흡하(翕河)는 강이 잘 범람했는데, 이제 그 특성을 알았기 때문에 화합해서 포학하게 하지 않았다.

|詳說|

○ 翕, 猶斂也.

'흡(翕)'은 거두는 것이다.

|朱註|

裒, 聚也. 對, 答也.

부(裒)는 모음이다. 대(對)는 답함이다.

詳說
○ 此無圈, 恐偶爾耳.
여기에 ○가 없는 것은 아마도 우연히 그런 것일 뿐이다.
○ 巡守柴望之本事在釋中, 故不別著於此.
순수하며 불을 태워 하늘에 제사하고 산천에 망제(望祭)를 지내는 본래의 일은 풀이 중에 있기 때문에 여기에 특별히 나타내지 않았다.

朱註
言美哉,
"아름다운

詳說
○ 皇, 大也. 大可以該於美中, 故不別釋之
'황(皇)'은 위대하다는 것이다. 위대한 것은 아름다운 가운데 갖춰지기 때문에 특별히 해석하지 않은 것이다.

朱註
此周也, 其巡守
이 주(周)나라여! 그 순수(巡守)하면서

詳說
○ 音狩.
'수(守)'의 음은 '수(狩)'이다.

朱註
而登此山, 以柴望, 又道於河, 以周四嶽,
이 산에 올라가 불을 태워 하늘에 제사하고 산천에 망제를 지니고, 또 황하를 따라 사악(四嶽)을 두루 하여

詳說
○ 由.

詩集傳詳說 卷之十七 431

'도(道)'는 따라서이다.

○ 補此句.
이 구를 더했다.

朱註
凡以敷天之下, 莫不有望於我.
모든 온 하늘의 아래가 나에게 기대함이 있지 않은 이가 없었다.

詳說
○ 猶溥也.
'부(敷)'는 '부(溥)'와 같다.
○ 補此句.
이 구를 더했다.

朱註
故聚而朝之方嶽之下,
그러므로 이들을 모아 방악(方嶽)의 아래에서 조회를 받아

詳說
○ 音潮.
'조(朝)'의 음은 '조(潮)'이다.

○ 是.
'이것으로'이다.

朱註
以答其意耳.
그 뜻에 보답했다."라고 한 것이다.

詳說

○ 補朝意字.
'조(朝)'자와 '의(意)'자를 더했다.

○ 卽有望之意.
곧 바람이 있는 뜻이다.

○ 安成劉氏曰 :"上四句, 言巡守而祭告河嶽之事, 下三句, 言巡守而朝會諸侯之事.610)
안성 유씨가 말하였다 : "위의 네 구에서는 순수하면서 산천과 산악에 제사하며 고하는 일에 대해 말하였고, 아래의 세 구에서는 순수하면서 제후를 조회하는 일에 대해 말하였다."

○ 黃氏曰 :"得天下, 必告于名山大川, 禮也. 故此詩首末, 皆言是周之受命."611)
황씨가 말하였다 : "천하를 얻으면 반드시 명산대천에 고하는 것이 예이다. 그러므로 이 시의 처음과 끝에서 모두 이 주나라가 명을 받은 것에 대해 말한 것이다."612)

○ 上下篇之末, 皆言時周之命, 所以大武王之功, 而推本於文王之受命以終之與. 頌首三篇相照應云.
상하편의 끝에서 모두 '이 주나라의 명이다.'라고 한 것은 위대한 무왕의 공을 가지고 문왕이 명을 받은 것으로 근본을 미뤄 마쳤기 때문일 것이다. 송의 첫머리 세 편이 서로 호응한다.

朱註
般.

---

610) 『시전대전(詩傳大全)』에 안성 유씨의 말로 거의 비슷하게 실려 있다.
611) 『시전대전(詩傳大全)』에 황씨의 말로 실려 있다.
612) 『시전대전(詩傳大全)』에는 "황씨가 말하였다 : '천하를 얻으면 반드시 명산대천에 고하는 것이 예이다. 순임금이 요임금에게 천하를 받았을 때도 오히려 반드시 산천에 제사를 지내고, 여러 신들에게 두루 했으니, 명을 받은 처음에는 그렇게 하지 않을 수 없는 것이다. 그런데 하물며 무왕이 혁명의 주체임에야 말해 무엇 하겠는가? 그러므로 이 시의 처음과 끝에서 모두 이 주나라가 명을 받은 것에 대해 말한 것이다.'(黃氏曰 : 得天下, 必告于名山大川, 禮也. 舜受天下於堯, 猶必望于山川, 徧于羣神. 受命之始, 不得不然也, 而況武王革命之主乎. 故此詩首末, 皆言是周之受命也.)"라고 되어 있다.

詳說
○ 音盤.
'「반(般)」의 음은 '반(盤)'이다.

朱註
一章七句.
1장으로 7구이다.

詳說
○ 華谷嚴氏曰 : "朱傳, 以桓賚, 皆大武篇中之一章. 又以酌賚般名篇, 取樂節之名. 然則酌般與賚一體, 亦大武篇中之一章歟."613)
화곡 엄씨가 말하였다 : "「주전」에서는 「환(桓)」과 「뇌(賚)」는 모두 「대무」편의 한 장으로 여겼다. 또 「작(酌)」·「뇌(賚)」·「반(般)」의 편명은 악절의 이름을 취한 것으로 여겼다. 그렇다면 「작(酌)」과 「반(般)」이 「뇌(賚)」와 한 문체인 것도 「대무」편의 한 장이기 때문일 것이다."614)

朱註
般義未詳
반(般)은 뜻이 미상이다.

詳說
○ 鄭氏曰 : "樂也."
정씨가 말하였다 : "즐겁다는 것이다."

○ 眉山蘇氏曰 : "遊也."615)
미산 소씨가 말하였다 : "즐겁게 지낸다는 것이다."616)

---

613) 『시전대전(詩傳大全)』에 화곡 엄씨의 말로 실려 있다.
614) 『시전대전(詩傳大全)』에는 "화곡 엄씨가 말하였다 : 「주전」에서는 「환(桓)」과 「뇌(賚)」는 모두 「대무」편의 한 장으로 여겼다. 또 「작(酌)」·「뇌(賚)」·「반(般)」의 편명은 악절의 이름을 취한 것으로 여겼으니, 「무숙야」라고 말한 것과 같다. 그렇다면 「작(酌)」과 「반(般)」이 「뇌(賚)」와 한 문체인 것도 「대무」편의 한 장이기 때문일 것이다.'(華谷嚴氏曰 : 朱傳以桓賚, 皆大武篇中之一章. 又以酌賚般名篇, 取樂節之名, 如曰武宿夜云耳. 然則酌與賚般一體, 亦大武篇中之一章歟.)"라고 되어 있다.
615) 『시전대전(詩傳大全)』에 미산 소씨의 말로 실려 있다.

○ 曹氏曰 : "旋也, 取盤旋之義, 巡守而徧乎四岳, 所謂盤旋也."617)
조씨가 말하였다 : "'신(旋)'으로 반선(盤旋)의 의미를 취한 것이니, 순수해서 사악을 두루 하는 것이 이른바 반선(盤旋)이다."618)

朱註

閔予小子之什, 十一篇, 一百三十六句.
「민여소자지십」은 11편으로 136구이다.

---

616) 『시전대전(詩傳大全)』에는 "미산 소씨가 말하였다 : '반(般)'은 즐겁게 지낸다는 것이다.'(眉山蘇氏曰 : 般, 遊也.)"라고 되어 있다.
617) 『시전대전(詩傳大全)』에 조씨의 말로 실려 있다.
618) 『시전대전(詩傳大全)』에는 "조씨가 말하였다 : '지금 편명을 반(般)으로 한 것은 반선(盤旋)의 의미를 취한 것이니, 순수해서 사악을 두루 하는 것이 이른바 반선(盤旋)이다.'(曹氏曰 : '…. 今名篇曰般, 取盤旋之義, 巡守而遍乎四岳, 所謂盤旋也.)"라고 되어 있다.

연구번역자 소개

신창호(申昌鎬)
현) 고려대학교 교수, 고려대학교 박사(동양철학/교육사철학 전공), 고려대학교 교육문제연구소 소장, 한국교육철학학회 회장, 한중철학회 회장 역임, 현) 한국학중앙연구원 이사
저서에는 「『중용』 교육사상의 현대적 조명」(박사학위논문), 『유교의 교육학 체계』 외 다수의 논문·번역·저서가 있음

김학목(金學睦)
전) 고려대학교 연구교수, 건국대학교 박사(한국철학 전공), 해송학당 원장(동양학·사주명리 강의)
저서에는 「박세당의 『신주도덕경』 연구」(박사학위논문), 『한국주역대전』 외 다수의 논문·번역·저서가 있음

빈동철(賓東哲)
현) 고려대학교 철학연구소 연구교수, 미국 인디애나대학 박사(동아시아 언어와 문화/고대 중국 전공)
저서에 「Calligraphy and Scribal Tradition in Early China」(박사학위논문), 「문헌 전통의 물줄기, 그 생성과 저장에 대한 비판적 접근: '논어'의 경우」 외 다수의 논문·번역·저서가 있음

조기영(趙麒永)
전) 고려대학교 연구교수, 연세대학교 박사(한문학 전공), 서정대 교수·연세대국학연구원 연구원
저서에 「하서 김인후 시 연구」(박사학위논문), 『한국시가의 정신세계』 외 다수의 논문·번역·저서가 있음

김언종(金彦鍾)
현) 고려대학교 명예교수, 國立臺灣師範大學(韓國經學 전공), 한국고전번역원 이사 및 고전번역학회 회장 역임, 현) 한국고전번역원장
저서에 「丁茶山論語古今注原義總括考徵」(박사학위논문), 『(역주)시경강의』 외 다수의 논문·번역·저서가 있음

임헌규(林憲圭)
현) 강남대학교 교수, 한국학중앙연구원 박사(동양철학 전공). 동양고전학회 회장 역임, 현) 강남대학교 참인재대학장
저서로 『유가의 심성론 연구-맹자와 주희를 중심으로』(박사학위논문), 『공자에서 다산 정약용까지 - 유교인 문학의 동서철학적 성찰』 외 다수의 논문·번역·저서가 있음

허동현(許東賢)
현) 경희대학교 교수. 고려대학교 박사(한국근대사 전공). 경희대학교 학부대학 학장·한국현대사연구원 원장 역임. 현) 국사편찬위원장
저서로 「1881년 조사시찰단 연구」(박사학위논문), 『한국의 국가 형성과 민주주의』 외 다수의 논문 번역 저서가 있음

시집전상설 8

초판 1쇄 | 2024년 8월 15일

책임역주(주저자) | 신창호
전임역주 | 김학목·빈동철·조기영
공동역주 | 김언종·임헌규·허동현

편   집 | 강완구
디자인 | S-design
브랜드 | 우물이있는집
펴낸곳 | 써네스트
펴낸이 | 강완구
출판등록 | 2005년 7월 13일 등록번호 제2017-000293호
주   소 | 서울시 마포구 망원로 94, 203호
전   화 | 02-332-9384   팩   스 | 0303-0006-9384
이메일 | sunestbooks@yahoo.co.kr
홈페이지 | www.sunest.co.kr
ISBN 979-11-94166-19-1 94140 값 24,000원
       979-11-94166-11-5 94140 (전 9권)
* <우물이 있는 집>은 써네스트의 인문브랜드입니다.

이 책은 신저작권법에 따라 보호받는 저작물이므로 무단 전재와 복제를 금하며, 내용의 전부 또는 일부를 재사용하려면 반드시 저작권자와 도서출판 써네스트 양측의 동의를 받아야 합니다.
정성을 다해 만들었습니다만, 간혹 잘못된 책이 있습니다. 연락주시면 바꾸어 드리겠습니다.